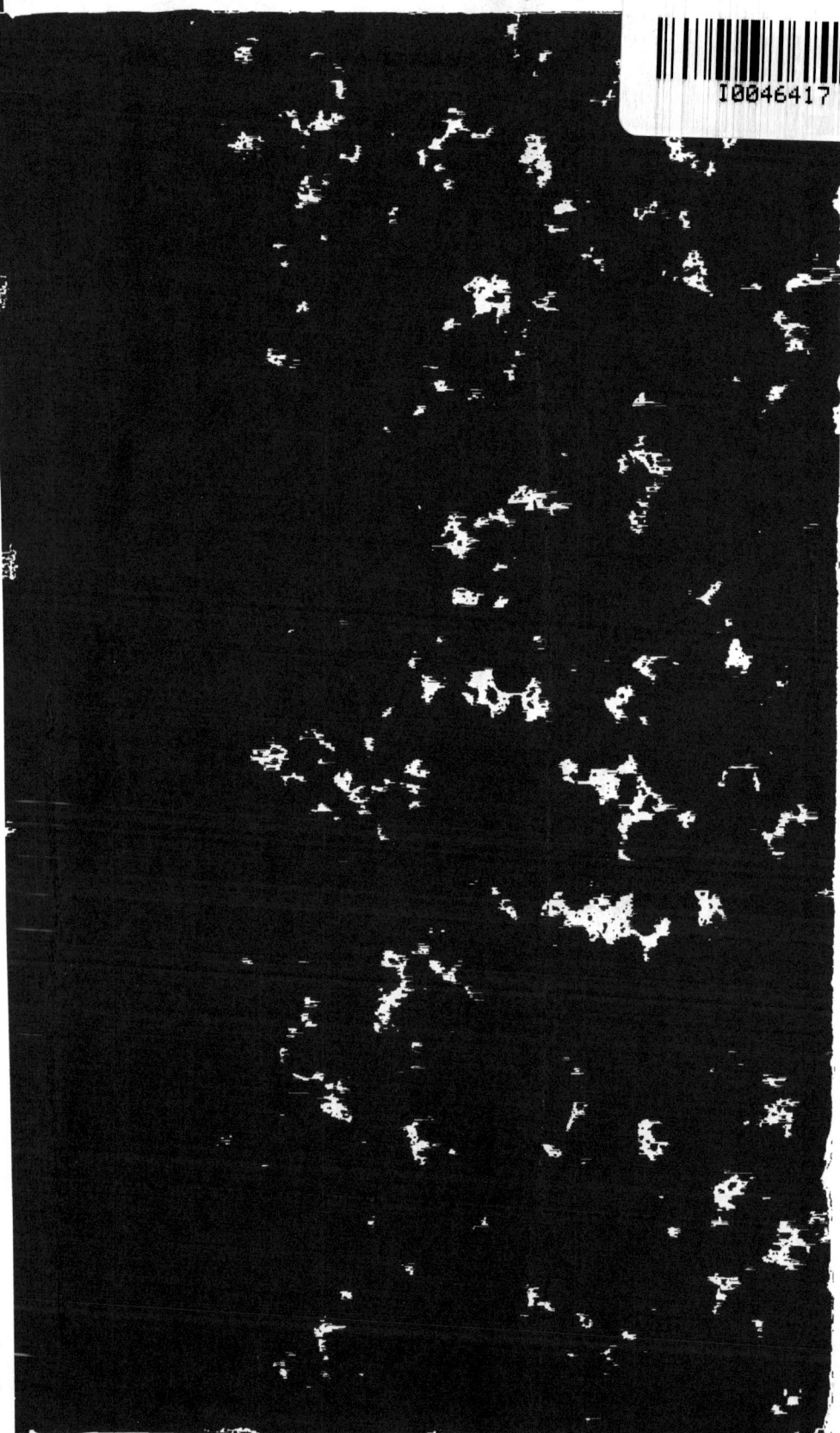

ee

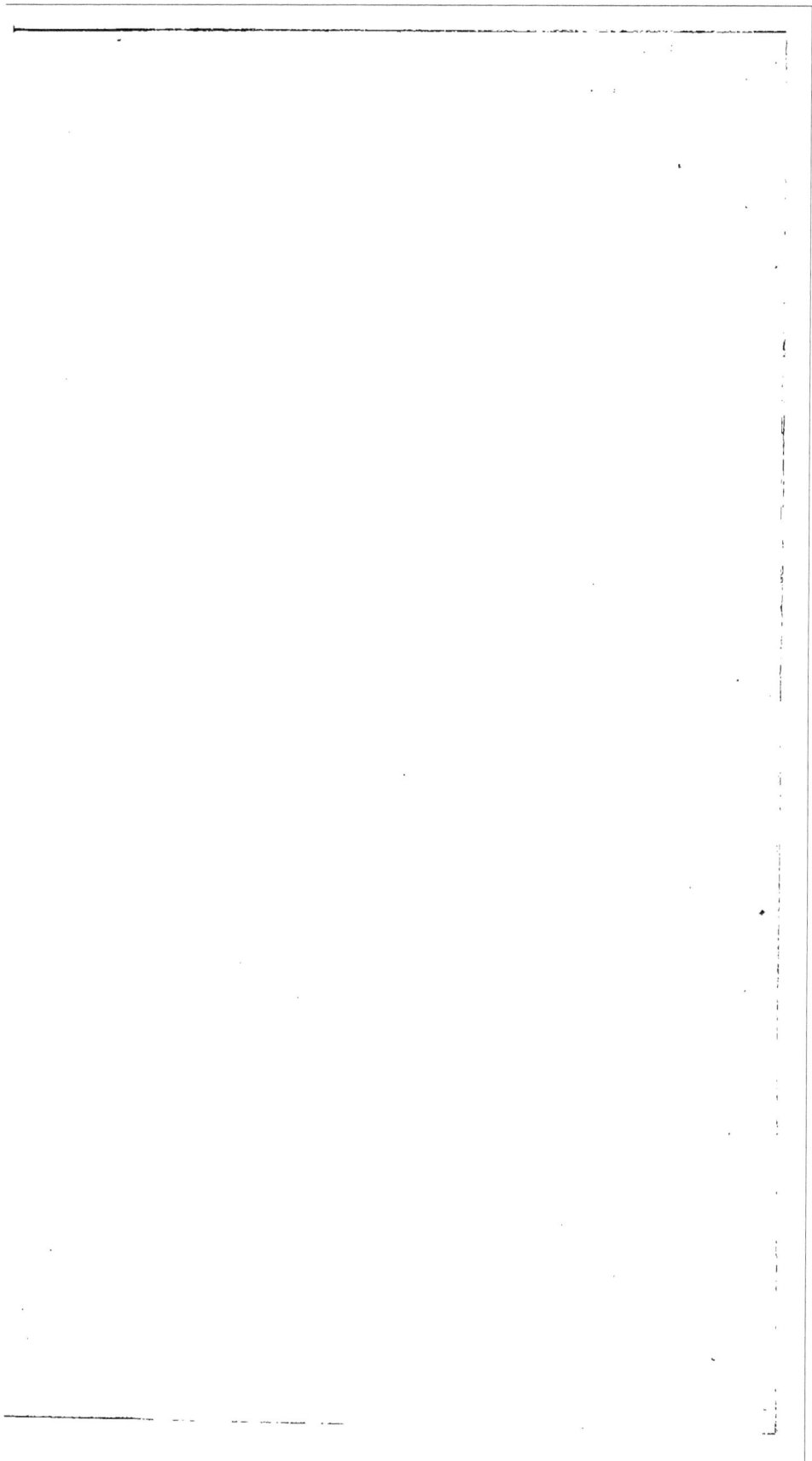

THÉORIE

DE

LA PROCÉDURE

CIVILE.

Poitiers. — Imp. de F. A. SAURIN.

THÉORIE

DE

LA PROCÉDURE

CIVILE,

PRÉCÉDÉE D'UNE INTRODUCTION;

PAR M. Boucenne,

AVOCAT A LA COUR ROYALE

DOYEN DE LA FACULTÉ DE DROIT DE POITIERS.

INTRODUCTION.

Deuxième Édition, revue, corrigée et augmentée.

Paris,

LIBRAIRIE DE VIDECOQ,

PLACE DU PANTHÉON, 6.

POITIERS,

SAURIN FRÈRES, IMPRIMEURS.

1837.

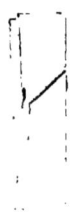

AVIS DES ÉDITEURS.

La première édition de ce volume étant entièrement épuisée, l'auteur a dû s'occuper d'en donner une seconde. Il n'a fait des changemens et des additions notables que dans les chapitres qui se trouvaient en rapport avec les nouveaux projets de loi destinés à modifier l'organisation et la compétence des tribunaux.

Un seul projet qui embrassait toutes les modifications proposées, avait été présenté à la chambre des députés, dans le mois de janvier 1835; la commission chargée de l'examiner avait fait son rapport; la Cour de cassation et les Cours royales avaient fourni leurs observations, lorsqu'il a été retiré. Le gouvernement a pensé que les diverses parties de ce travail n'ayant pas entre elles une relation nécessaire, leur séparation pourrait en simplifier la discussion. M. le garde des sceaux vient, en conséquence, de reproduire à part le titre relatif aux justices de paix, et les articles concernant *l'autorité des arrêts rendus par la Cour de cassation, à la suite de seconds pourvois.*

Il était impossible de ne pas consacrer quelques nouvelles pages de cette seconde édition aux réflexions que les nouveaux systèmes doivent naturellement provoquer ; c'est ainsi , par exemple, que l'auteur s'est vu obligé de recomposer, dans son chapitre XVII, tout ce qui a trait à l'interprétation des lois , et à la nature du pouvoir qui doit en fixer le sens. Il a aussi ajouté quelque chose à ce qui concerne les commissaires-priseurs , dans le chapitre *des officiers ministériels*.

La seconde partie du tome troisième de la *Théorie de la Procédure civile* paraîtra à la fin d'avril prochain. Nous pouvons assurer que l'auteur a pris la ferme résolution de se dévouer tout entier à la continuation de son ouvrage, et de renoncer à d'autres travaux qui , jusqu'à présent , avaient trop partagé son temps.

INTRODUCTION.

—

CHAPITRE Ier.

DES LOIS. — DES JUGES. — DE LA PROCÉDURE. — DE SON OBJET. — DES ABUS. — DU STYLE DE LA PROCÉDURE.

———o———

Il y a sur l'administration de la justice des idées fondamentales qui se trouvent partout, et que le simple instinct de notre existence sociale a dû suggérer.

Je ne veux les placer ici qu'en substance et comme des points de départ.

Quand l'esprit de propriété s'introduisit

I.   I

dans le monde, l'intérêt se développa, l'industrie créa des besoins et des arts, l'homme eut des lois.

Les mœurs, les transactions civiles, tout était simple encore; seulement l'équité naturelle se changea en justice exacte, et l'autorité de la raison en droit positif.

Chez les peuples actifs, riches, entreprenans, au sein desquels la civilisation fit éclore ces combinaisons infinies qui agitent et croisent tous les intérêts, les lois se multiplièrent successivement pour embrasser les relations diverses des individus avec la société, et celles des individus entre eux.

Les lois civiles, considérées en elles-mêmes, sont des abstractions, des principes inanimés, qui ne peuvent être mis en action que par leur application aux circonstances pour lesquelles ils ont été établis.

Il leur faut donc des voix vivantes, s'il est permis d'ainsi parler, qui les appliquent et les fassent exécuter.

Dans les premiers âges qui suivirent le règne barbare du droit du plus fort, lorsqu'un débat s'élevait sur quelque possession, il est naturel de croire que les chefs de famille, les amis, les voisins, intervenaient ou étaient appelés pour le terminer, et que l'administration de la justice se bornait alors à ce naïf usage.

Mais la législation, en s'étendant, devint plus compliquée; la connaissance de toutes ses règles, de toutes ses distinctions, exigea des études profondes, suivies, et une expérience consacrée; les juges furent institués.

Les juges sont les organes de la loi. Ils ne font pas le droit, ils le déclarent. Ils en sont les dispensateurs et non les maîtres.

« Si les jugemens étaient une opinion particulière du juge, on vivrait dans la société sans savoir précisément les engagemens qu'on y contracte (1). »

L'établissement des juges dut conduire à la nécessité d'un régime judiciaire qui donne à tous l'accès des tribunaux, la faculté de s'y faire entendre, et des garanties contre les surprises, les erreurs, l'arbitraire ou la faveur.

Ces garanties se trouvent dans la méthode et les formes de procéder. Cette méthode, ces formes n'étaient dans l'origine que des précautions imaginées pour un petit nombre

_____

(1) *Esprit des Lois*, liv. 11, chap. 6.

d'événemens prévus; les législateurs les ont multipliés, à mesure que leur prévoyance plus éclairée a pu calculer les efforts des passions et les ruses de la mauvaise foi.

Répéterai-je ici tout ce qu'on a dit et écrit pour ou contre les formes de la procédure?

La plupart des gens du monde se récrient contre cet axiome : *La forme emporte le fond*, contre les nullités, les déchéances, qu'ils signalent comme autant d'écueils où vient se perdre la justice.

M. de Voltaire écrivait à un magistrat, qu'il ne serait pas mal de trouver un jour quelque *biais* pour que le fond l'emportât sur la forme. Le mot était joli, si l'on veut; mais avec quelques réflexions sur la marche des affaires et sur l'esprit du temps, on verra que ce *biais* ne serait autre chose qu'un pouvoir arbitraire et une funeste précipitation de jugement.

Les auteurs d'un ouvrage périodique qui s'imprimait il y a cinquante ans (1) conseillaient sérieusement aux souverains qui voudraient composer de nouveaux codes, de n'y point employer des jurisconsultes.

(1) Journal littéraire, dédié au Roi, vol. 10.

Ces académiciens s'estimant seuls capables de réformer la législation, croyaient qu'il suffisait d'un nouveau code pour faire d'un vieux peuple un peuple nouveau, pour substituer à ses institutions et à ses mœurs une candeur native, et le faire rentrer d'un saut dans la simplicité des voies de la nature.

Il serait désirable sans doute qu'on pût retrancher les procédures ou les réduire à la seule comparution des parties devant le juge, pour expliquer leur différend, et recevoir la décision.

Mais cette théorie ne peut être appliquée qu'à un pays pauvre, rétréci, où les relations sont peu multipliées et peu actives, où les mots d'industrie et de commerce sont à peine connus. Les procès doivent y être simples et rares.

Encore faut-il supposer que l'esprit humain y sera toujours docile à porter le joug de la règle, et que la vigilance du législateur n'aura pas besoin de le suivre dans mille détours ; que les parties appelées devant le juge ne manqueront pas de se présenter ; que les moyens seront bien déduits de part et d'autre ; que les témoins seront incorruptibles ; que les juges, toujours éclairés, toujours

irrécusables, poseront d'eux-mêmes des limites à leur autorité; que l'on s'en rapportera,
pour l'exécution de la sentence, à la sagesse
de celui qui aura gagné son procès et à la soumission de celui qui l'aura perdu.

Cette sorte d'utopie judiciaire ressemble aux
fables dont les vieux livres sont remplis sur
la perfection de la justice chez les anciens,
et que beaucoup de gens prennent pour des
vérités historiques.

On répète encore de bonne foi, d'après
Diodore de Sicile, qu'en Égypte on ne connaissait point de *légistes;* que toutes les
affaires y étaient traitées par écrit, et que les
parties étaient obligées de rédiger elles-mêmes
leurs actes et leurs mémoires; que la cause
étant instruite, et les juges ayant suffisamment lu et délibéré, les portes du tribunal
s'ouvraient; que le président avait un collier
d'or auquel était attachée une petite figure
enrichie de pierres précieuses, symbole de
la justice ou de la vérité, et que, sans pro-
férer une parole, il tournait la petite figure
du côté de celui qui avait gagné son procès.

Il faut remarquer d'abord que cette justice
muette devait être fort embarrassée, lorsque
l'une des parties n'obtenait pas gain de cause

en entier, et que la sentence contenait, soit des restrictions, soit des conditions.

Mais il est surtout difficile d'admettre qu'il fut un temps où les habitans de l'Égypte savaient tous écrire, et où ils étaient tous assez initiés dans la science des lois pour composer eux-mêmes leurs demandes et leurs défenses.

C'est ainsi que de beaux-esprits qui se servent plus de leur mémoire que de leur raison, et qui transcrivent plus qu'ils n'examinent, se soumettent à payer aux conteurs de l'antiquité le tribut d'une frivole crédulité, pour acquérir le droit de critiquer un ordre de choses dont ils ne connaissent pas l'utilité, parce qu'ils ont dédaigné de s'en instruire.

Les essais des novateurs, dans les premières années de la révolution, ont fait ressortir à la fois le danger et la vanité de ces systèmes de simplification judiciaire. Notre âge est devenu trop fertile en artifices, la fraude a trop de calculs, l'erreur a trop de subtilités, les actions ont trop de variétés, pour qu'un petit nombre de règles suffise à tous les cas.

Il parut en 1765 un *Essai sur les motifs d'éviter les procès et sur les moyens d'en tarir la source.* La première partie de ce livre offre le tableau des inquiétudes, des longueurs et des frais qui affligent les plaideurs. Voilà les motifs d'éviter les procès. Quant aux moyens d'en tarir la source et de faire disparaître l'appareil des formes, l'auteur n'en a pas trouvé d'autre que celui de rendre les hommes bons et justes, en leur apprenant de bonne heure les devoirs qu'ils doivent remplir les uns envers les autres.

Ainsi, jusqu'à ce que le rêve de cet homme de bien soit devenu une heureuse réalité, il y aura des procès et il faudra des règles de procédure.

Enfin, comme le disait Frédéric dans le préambule de son Code, puisque l'injustice a créé un art d'embrouiller les affaires, ne faut-il pas que la justice ait un art de les débrouiller ?

Une maxime d'éternelle justice veut que nul ne soit condamné s'il n'a pu se défendre; c'est l'idée dominante qui se développe, s'étend et se ramifie dans tous les détails des règles de la procédure.

Si la faveur d'une demande légitime réclame simplicité et célérité dans les formes, celui que l'on poursuit ou que l'on accuse injustement peut-être, doit y trouver protection et sûreté.

Si la prolongation des luttes judiciaires est un mal, une imprudente promptitude nuit à la recherche des titres, à la découverte de la vérité et au droit de défense.

« Il ne faut pas donner à l'une des parties le bien de l'autre sans examen, ni les ruiner toutes les deux à force d'examiner (1). »

Tels sont les intérêts qu'un système de procédure doit concilier ; de là ces règlemens où les délais sont mesurés suivant la nature des affaires, l'éloignement ou la position des parties; de là ces présomptions légales, comme dans la loi civile, ces prescriptions, ces déchéances sans lesquelles un procès, triste héritage, serait transmis de génération en génération.

« Le repos des familles et de la société tout entière se fonde non-seulement sur ce qui est juste, mais encore sur ce qui est fini. »

Cependant un tumulte de voix s'est élevé contre les abus qui se sont glissés dans la pra-

(1) *Esp. des Lois*, liv. 29, chap. 1.

tique de la procédure. On est à peu près
convenu d'appeler les officiers de justice les
suppôts de la chicane, la forme l'hydre de
la chicane, et le palais l'antre de la chicane.

Les hommes n'ont rien créé de parfait ; le
ciment de leurs institutions n'a jamais été
à l'épreuve de la filtration des abus qui
pénètrent, comme en toutes choses, dans un
régime judiciaire. Mais ce serait une grande
erreur que de croire qu'ils tiennent essentiellement au système de la procédure, puisque
son but est de les prévenir : ne taxons pas
les lois d'imprévoyance à cet égard. Il y avait
beaucoup d'abus autrefois ; l'expérience a
mis à nu tous les points sur lesquels ils ont
laissé quelques empreintes ; ni les codes,
ni les règlemens de discipline ne manquent
de précautions et de sévérité contre les né-
gligences ou les prévarications de tout ce qui
concourt à l'administration de la justice ;
c'est aux magistrats de les surveiller et de
les réprimer.

Quand on parle de formes, il faut bien
se garder de dire que tout ce qui n'est pas
défendu est permis ; il faut au contraire se
rappeler sans cesse que tout ce qui n'est pas

permis est défendu. Si le juge laisse franchir la limite, les lois n'ont plus d'ensemble, plus d'uniformité ; le premier abus est la source d'une infinité d'autres. L'origine de ces abus étant ignorée, on fait aux lois des reproches qui ne devraient être adressés qu'à ceux qui étaient chargés de les faire exécuter (1).

Les vices de nos anciennes institutions judiciaires devaient nécessairement exercer une maligne influence sur la procédure, et jeter du mépris sur des formes qui semblaient ne produire que des effets désastreux.

« Mes amis, disait Henri IV luttant à la fois contre les soldats et contre les argumens de la ligue, la barbarie et la confusion de la jurisprudence, voilà l'ennemi. »

Il y avait jadis un nombre infini de *cohues* ou petits siéges ; on y voyait une foule de procureurs cumulant toutes sortes de fonctions et exerçant toutes sortes de métiers. « Celui qui est aujourd'hui juge dans un village, disait Loiseau (2) en son langage

---

(1) Rapport de M. Faure au Corps législatif, sur les deux premiers livres du Code de procéd.

(2) Discours sur l'abus des justices de village.

libre et naïf , est demain greffier en l'autre ;
après-demain procureur de seigneurie en un
autre ; puis sergent en un autre , et encore en
un autre il postule pour les parties. Et ainsi
vivant ensemble et s'entr'entendant, ils se ren-
voient la pelote , ou , pour mieux dire, la
bourse l'un à l'autre comme larrons en foire. »

Des contestations de la plus faible importance passaient par cinq ou six tribunaux , et
subissaient les longueurs et les frais d'autant
de jugemens.

« Ce grand nombre de justices , disait
encore Loiseau, ôte le moyen au peuple d'a-
voir justice ; car qui est le pauvre paysan qui,
plaidant (comme dit le procès-verbal de la
coutume de Poitou) de ses brebis et de ses
vaches, n'aime mieux les abandonner à celui
qui les retient injustement, qu'être contraint
de passer par cinq ou six justices avant qu'a-
voir arrêt ; et s'il se résout de plaider jusqu'au
bout, y a-t-il brebis ou vaches qui puissent
tant vivre ? même que le maître mourra
avant que son procès soit jugé en dernier
ressort (1). »

Des priviléges innombrables donnaient le

(1) *Ibidem.*

droit d'échapper au juge naturel, et de réclamer un juge d'attribution.

La vénalité des offices avait fait des émolumens de justice une propriété du juge ; on voyait des tribunaux se disputer entre eux leurs justiciables et l'espèce de *fredum* qu'ils leur imposaient sous le nom *d'épices* (1).

Il existait dans le royaume une multitude de tribunaux particuliers qui faisaient autant d'exceptions à la justice ordinaire : la plupart de leurs membres n'étaient pas tenus d'être gradués.

C'était une ample matière à débattre, et les plaideurs, ne sachant où porter leurs causes, se consumaient en disputes de compétence.

Il y avait des procès éternels et dévorans, tels que les saisies réelles, les contributions, les ordres et les retraits que Montesquieu appelait les mystères de la jurisprudence.

A la fin de 1793, les hommes qui voulaient tout régénérer, et qui ne connurent d'autre moyen pour nous rajeunir que le remède

(1) *Ut curiæ de jurisdictione digladientur et conflictentur, turpe quiddam est.* Bacon.

enseigné par Médée aux filles de Pélias, ces hommes, dans un accès de perfectibilité, rabaissèrent la science des lois au niveau des notions les plus communes, et se vantèrent de l'avoir dépouillée du prestige qui faisait son importance et ses difficultés; ils supprimèrent les avoués et l'instruction des procès; ils ne gardèrent de ses formes que ce qu'il en fallait pour les cas les plus simples. Bientôt l'ignorance aborda les tribunaux avec une insultante familiarité; on y entendit le plus vil langage; les droits les plus clairs y furent sacrifiés. Des gens étrangers à toutes espèces d'études et de préparations, guidés par un méprisable intérêt, accoururent pour fonder leur fortune sur les débris de celles dont une aveugle confiance les rendait dépositaires. Tantôt ils se moquaient des règles que leurs maîtres avaient été obligés de conserver, tantôt ils en faisaient de burlesques applications : toutes les garanties étaient méprisées, violées. Le frein des taxes n'existait plus ; jamais la justice ne fut plus chère ; jamais la procédure ne fut plus perfide et plus hideuse, que dans cet état de nudité où ils l'avaient mise.

Je pourrais ajouter d'autres parties au

tableau; mais c'en est assez pour indiquer les causes du dégoût, j'ai presque dit de l'effroi que la procédure a inspiré.

Ces causes ont disparu. Nous avons des règles fixes, une procédure uniforme et deux degrés de juridiction seulement. Nos fastes judiciaires ne présentent point autant d'exemples de désordres et d'exactions que pourrait le faire supposer le nombre des épigrammes semées dans le monde ou jetées sur le théâtre. On connaît le privilége des poètes. S'il est vrai qu'on puisse citer des avoués capables de trahir les devoirs de leur ministère, en spéculant sur la faiblesse ou l'ignorance de ceux qu'ils sont chargés d'introduire et de représenter dans le sanctuaire des lois, combien d'autres ont mérité l'estime publique par un esprit conciliant, par une sévère probité, par le désintéressement et la délicatesse qui honorent toutes les professions ! Des jeunes gens distingués par les principes les plus purs, et par d'excellentes études dans les écoles de droit, ont élevé leurs fonctions au dessus des traditions surannées qui tendaient à les déprimer, et le scandale d'une honteuse prévarication, ou d'un abus de confiance au palais, n'est plus qu'une exception rare.

On parle avec dédain du style de la procédure, de cet amas de mots inutilement ré-
pétés, de cette rouille des siècles qui couvre
encore nos actes.

Sous quelques rapports on a raison. Toutes
les actions dans le droit français sont de bonne
foi; elles ne sont point soumises à des formules spéciales : il suffit que les actes contiennent
les énonciations exigées par la loi, et qu'ils rendent clairement l'intention de celui qui les fait.

Chez les Romains, au contraire, la procédure
était une science obscure de paroles et de
formes symboliques. Il y avait, pour les différentes espèces d'actions, des formules tissues
de mots consacrés qu'il fallait rigoureusement
employer; car la moindre omission entraînait
la perte de la cause; leur conservation était
confiée au collége des pontifes, comme celle
du feu sacré aux prêtresses de Vesta.

Le mystère de ces formules fut dévoilé deux
fois. Elles disparurent dans le Bas-Empire;
cependant chaque action conserva son nom
particulier (1).

(1) Une loi des Visigoths, transcrite dans les Capitulaires, liv. 6, c. 343, portait : « Nous permettons et
nous souhaitons même que les personnes de nation

Au temps des épreuves, des combats judiciaires et de tous ces usages barbares du moyen
âge, le clergé parvint heureusement à secouer par degrés le joug de la juridiction
séculière. Le droit ecclésiastique se forma des
règles de la jurisprudence romaine, qui s'é-
taient conservées par tradition , ou qui se
trouvaient dans le Code Théodosien et dans
d'autres livres anciens.

Bientôt ce fut un précieux privilége que
celui d'être jugé selon les formes et les principes du droit canonique, et d'être affranchi
de la sauvage juridiction des barons. Parmi
les immunités promises aux Croisés qui par-
taient pour aller délivrer la Terre-Sainte, on
mit au premier rang celle de n'être justiciable
que des tribunaux ecclésiastiques (1).

On vit poindre une sorte d'ardeur pour
l'étude du droit romain (2); mais les clercs

étrangère (c'est-à-dire les Romains) s'instruisent des lois
afin de s'y conformer; mais nous leur défendons de
s'immiscer dans la discussion des affaires ; car, quoique
ces personnes parlent bien , *elles sont très-pointilleuses.* »

(1) Ducange , *verb. Crucis privilegia.*

(2) La découverte des Pandectes à Amalfi , en 1125 ,
et la disparition entière du droit romain , en Occident ,
pendant le moyen-âge , sont loin d'être prouvées.

seuls s'y appliquaient et l'entendaient fort
mal. Les laïques vivaient toujours dans une
profonde ignorance. Les officiers de justice,
ceux qui jugeaient, ceux qui plaidaient, ceux
qui rédigeaient les actes et les traités, tous
étaient clercs. Ils voulurent se rendre de plus
en plus nécessaires, et s'envelopper d'une
subtile érudition qui pouvait d'autant moins
être pénétrée et entendue, que le langage
qu'ils prêtèrent aux lois était comme un
idiome étranger. Ce fut à cette époque qu'ils
commencèrent à charger les actes d'une infinité de clauses, de conditions, de restrictions,
de renonciations, de réserves. Ils appelaient
cela des *cautèles;* le rédacteur qui en mettait
le plus, passait pour le plus habile (1).

Il est encore des praticiens qui ont conservé
des prétentions à ce genre d'habileté, et qui
pensent qu'on ne peut décemment s'exprimer
au palais, qu'en vieux termes d'édits et de
coutumes.

Cette affectation de redondance, cette manie
de protester contre ce que l'on n'entend pas
faire, plutôt que d'exprimer nettement ce que
l'on veut faire, toutes ces antiques *cautèles* ne

---

(1) Histoire du Droit français, par Fleury.

sont que des ajustemens parasites dont les bons esprits savent dégager le style de la procédure.

Nous avons, comme dans toutes les sciences et dans tous les arts, des termes consacrés qui servent à définir et à distinguer la nature et l'espèce des actes judiciaires; mais le sens de ces termes n'est point hors de la portée d'une intelligence commune, et leur emploi n'est pas d'ailleurs prescrit avec une rigueur si exclusive, qu'il ne soit permis d'y suppléer par des équivalens.

Ce qu'il y a de mieux en toutes matières, c'est la netteté des idées et la clarté des expressions; il faut surtout tâcher de s'entendre et de se faire entendre.

CHAPITRE II.

DE LA NATURE DES LOIS CONCERNANT LA PROCÉDURE.

Un jurisconsulte anglais, J. Bentham, propose de donner aux lois de procédure de nom de *lois adjectives,* pour les distinguer des lois principales ou civiles qu'on appellerait *lois substantives.*

L'analogie de ces dénominations empruntées à la grammaire manque ici d'exactitude. La procédure n'a point pour objet de qualifier ou de modifier la loi civile; elle fait plus, elle lui donne son utilité finale, le mouvement et l'action.

Il est évident que les principes généraux de l'une et de l'autre dérivent de la même source. Tout ce qui anime l'administration de la justice doit être comme la justice elle-même : *constans et perpetua volun tasjussuum cuique tribuendi.*

Cependant la marche de la procédure, ses
expédiens, ses prescriptions, les conditions et
la gêne qu'elle semble imposer, les nouvelles
lignes de défense que *les ingénieurs de la
loi* ont été obligés de tracer contre les atta-
ques successivement inventées par l'artifice
des plaideurs, tout ce qui est réglémentaire,
tient à ce qu'on appelle le droit positif ou arbitraire, par opposition au droit naturel ou
immuable (1).

(1) Bentham dit, dans ses *Traités de législation*, que
la loi naturelle est une loi imaginaire; que ces mots :
loi naturelle, *droit naturel*, ne sont que des espèces de
fictions et de métaphores inventées par les *dogmatistes*.
Il n'admet pour idée première que le *principe d'utilité*.
Il fallait donner à ces termes trop vagues une signification précise; pour y parvenir il a composé deux
tables, l'une *de tous les plaisirs et de toutes les peines*,
l'autre des *circonstances qui font varier la sensibilité*. Ces
tables servent à *évaluer* une action, ce qui signifie
« additionner tous les biens et tous les maux qui en résultent, et trouver ce qui reste, après avoir soustrait
telle somme de plaisirs ou telle somme de peines. »
   Il ne peut entrer dans mon plan de discuter ce système nouveau d'arithmétique morale et législative,
qui n'a point détruit pour moi le témoignage unanime
de la conscience de tous les âges. Je crois toujours à
cette loi gravée au fond de nos cœurs, que nous n'avons

On ne pourrait ni abolir ni changer les lois naturelles sans détruire l'ordre de la société. Elles sont justes toujours et partout. Elles ont été inspirées à l'homme pour régler ses actions, comme la morale pour diriger son cœur et ses affections.

Les lois arbitraires ont été inventées afin d'aplanir les difficultés qui se présentent dans l'application des lois naturelles; leur justice consiste dans l'utilité particulière de

point apprise, qui est née en nous, dont nous sommes imbus. « *Est non scripta sed nata lex; quam non didicimus, accepimus, legimus, verùm ex naturâ ipsâ arripuimus, hausimus, expressimus; ad quam non docti sed facti, non instituti sed imbuti sumus.* » Cic. *pro Milone.*

S. Paul dit la même chose; mais le tour et la douceur de sa pensée me semblent bien préférables.

« *Cùm enim gentes quæ legem non habent, naturaliter ea quæ legis sunt faciunt; ejus modi legem non habentes, ipsi sibi sunt lex.*

» *Qui ostendunt opus legis scriptum in cordibus suis, testimonium reddente illis conscientiâ ipsorum, et inter se invicem cogitationibus accusantibus, aut etiam defendentibus.* » *Epist. ad Roman. cap.* 2, *v.* 14 et 15.

La question se réduirait peut-être à une dispute sur la stricte acception de ces mots *loi* et *naturelle.* Alors rien de plus inutile, puisque tout le monde s'entend. La métaphore est légitimée.

lcur établissement. Elles peuvent être chan-
gées, abrogées selon les temps et les lieux,
sans que l'ordre social en souffre, parce
qu'elles n'ont point d'adhérence à ses fondemens.

Ce n'est pas l'arbitraire du caprice, mais
l'arbitraire de la raison qui a donné le nom
à ces lois.

La faculté de se défendre ne peut être
interdite à personne (1).

La charge de la preuve tombe sur celui
qui affirme (2).

On ne doit pas permettre au demandeur ce
qui n'est pas permis au défendeur (3).

Voilà, pour ne parler que de la procédure,
des principes immuables qui ont dû éclore
chez les peuples, en même temps que les
idées primitives de procès, de juge, de jugement. Il n'y a ni justice, ni ordre, ni sûreté,
là où ils sont méconnus.

Mais on conçoit que les nombreuses lois
qui ont créé les formes de la citation, fixé les

(1) L. 7 Cod. de jure fisci.
(2) L. 12 ff. de prob. et præsumpt.
(3) L. 41 ff. de reg. juris.

délais pour comparaître, déterminé le genre des preuves, le mode du jugement, les règles d'exécution, etc., sont des lois arbitraires. Elles ont presque toujours suivi les variations des mœurs et de la nature des gouvernemens, les progrès de la civilisation et la mesure du respect qu'ont obtenu les droits de propriété. Il y a bien loin du temps où le demandeur jetait son manteau autour du cou de son adversaire, pour l'emmener de force devant le magistrat, *obtorto collo*, à celui où l'on a créé des officiers chargés de notifier les ordres de comparution.

Les lois arbitraires sont comme des faits, on peut les ignorer. Elles n'obligent qu'à compter du moment où leur promulgation a pu être connue. En général leur effet ne s'étend que sur l'avenir.

Les lois naturelles obligent sans promulgation; elles règlent le passé et l'avenir. Dire qu'on les ignore, ce serait dire qu'on est privé de cette lumière de la raison qui les enseigne.

Il est essentiel de distinguer dans les lois positives ou arbitraires celles qui ont pour objet direct et principal l'intérêt général de la société, c'est-à-dire l'ordre public et les bonnes mœurs, et celles qui ne concernent que les intérêts particuliers des individus.

On ne peut par des conventions privées déroger aux premières. Ainsi l'ordre des juridictions tient essentiellement à l'ordre public; ni la volonté des parties, ni même le consentement des juges, ne peuvent l'intervertir et donner à un tribunal le pouvoir de statuer sur des matières qui ne lui ont pas été attribuées.

Mais il est permis à chacun de renoncer au droit établi en sa faveur, c'est-à-dire, au bénéfice et à l'effet des lois qui ne règlent que les intérêts des particuliers. Par exemple, celui qui a reçu, pour comparaître devant un tribunal, une assignation que rend nulle l'omission de quelques-unes des formalités prescrites, peut négliger de faire valoir la nullité, se présenter comme s'il eût été régulièrement appelé, et débattre le fond de la cause. Sa volonté rend inutiles et sans objet les garanties que ces formalités lui avaient assurées; elle n'offense ni l'ordre public ni les bonnes mœurs.

Chaque nation a ses lois arbitraires. Autre-

fois il y en avait de diverses sur la procédure
et sur certaines matières du droit civil, dans
les différentes provinces de la France.

Les meilleures sont celles qui conservent
plus purement le type des lois immuables.
*Jus naturale stirps et radix omnis positivi
juris.*

Il suit de là que les dispositions obscures
ou douteuses d'une loi arbitraire doivent
naturellement s'interpréter par les principes
du droit immuable. On se sent soulagé au
milieu de cette foule de règles dont la procédure est hérissée, et dont l'étude présente
d'abord un aspect si aride, de pouvoir remonter aux sources de la justice universelle,
et d'y trouver, sous la rigide enveloppe des
formes, le secret des garanties les plus précieuses et des plus utiles combinaisons.

CHAPITRE III.

DE L'ÉTUDE DE LA PROCÉDURE.—DE L'EXPOSÉ DES
MOTIFS DES LOIS.

On pense assez communément que la procédure doit être apprise, mais qu'elle ne vaut pas la peine d'être étudiée.

Cette opinion se rattache à d'anciens souvenirs et aux préventions que soulevèrent autrefois les nombreux abus dont j'ai parlé. Non-seulement elle entretient encore de fausses idées dans le monde, mais elle peut produire au palais des maux bien plus sérieux ; de mauvaises discussions et de mauvaises décisions ; l'arbitraire dans l'instruction, bientôt suivi de l'arbitraire dans le jugement.

« Le sage dit qu'en vain seroit loi en ville ou cité, s'il n'étoit aucun en icelle qui la sût tenir, garder, et la faire mettre à exécution. A laquelle chose faire, faut savoir les droits,

les usages , les coutumes et erremens de justice (1). »

Cette voix du sage s'adresse à tous les degrés
de l'ordre judiciaire, depuis les derniers bancs
de l'audience jusqu'aux fleurs de lis.

On n'a jamais assez distingué la *pratique*
de la science de la procédure.

La pratique, isolément prise, est la mémoire
des articles , l'art des formules , le calcul des
délais , l'habitude d'instrumenter , la tradition
des usages ; cela s'apprend comme un chemin,
en le parcourant tous les jours.

Un praticien était désigné à Rome sous les
noms de *præco actionum, cantor formularum,
auceps syllabarum* (2).

C'étaient des praticiens que les gens non
lettrés qui peuplaient autrefois les hautes ,
moyennes et basses justices de village, « qui,
sous le prétexte d'un peu de routine qu'ils
avaient apprise de recors de sergens , ou clercs
de procureurs , accommodaient ce qu'ils savaient à toutes causes , *docti cupressum si-
mulare,* et instruisaient si mal les procès, que

(1) Somme rurale de Bouteiller , tit. 1er.
(2) Cic. *de Orat.*

bien souvent , après qu'ils avaient traîné un an ou deux devant eux, quand ils étaient dévolus par appel devant un juge capable , on était contraint d'en recommencer l'instruction (1). »

La science de la procédure s'étend à tout ce qui compose l'administration de la justice, à la juridiction des différens tribunaux, à leur compétence , à cette complication et à cette immense variété d'affaires qui se forment dans la région orageuse des intérêts humains.

Sans la procédure , la loi civile ne serait qu'une lettre morte. La procédure , en l'animant , s'unit intimement à ses vues et à ses fins. Comme la loi civile , elle s'élève aux grandes théories du droit naturel , les organise, et scelle par l'autorité des jugemens les principes conservateurs de l'ordre et de la paix publique.

Une pareille matière mérite d'être étudiée.

L'étude de la procédure offrait autrefois des difficultés rebutantes ; c'était une matière éparse dans une multitude d'ordonnances et d'édits modifiés par des dispositions de

(1) Discours sur l'abus , etc. , par Loiseau.

coutumes, par des arrêts de règlement, et par des jurisprudences locales qu'un long usage avait sanctionnées; « dédale obscur et tortueux dont l'entrée semblait interdite au plus grand nombre, et dans lequel les hommes les plus éclairés s'égaraient, » comme disait François Ier (lit de justice de 1518). On n'enseignait point la procédure dans les écoles; il fallait l'apprendre en copiant des *écritures*, ou en feuilletant des dossiers chez les procureurs. Les discussions de l'audience ne pouvaient profiter qu'à ceux qui savaient déjà; les arrêts tranchaient, mais n'éclairaient point les questions, car ils n'étaient pas motivés.

Aujourd'hui l'enseignement de la procédure s'allie à celui de la loi civile, dans les facultés de droit.

Il n'y a plus pour toute la France qu'une seule loi de procédure; on a gardé, dans le système du Code, un juste milieu entre la tyrannie des vieilles habitudes et les ardeurs d'une soif immodérée de perfectibilité. On peut y trouver quelques dispositions à redresser, quelques lacunes à remplir, quelques défauts d'ordre et des vices de rédaction à corriger; mais il n'en serait pas moins injuste de contester sa supériorité sur tout ce qui l'a précédé.

L'étude des lois consiste surtout dans la recherche de leur *esprit* et de leur *raison* (1).

Ne savoir que leurs termes, c'est les connaître mal (2).

Il n'est plus indispensable de chercher à de grandes profondeurs le fond de la pensée du législateur; nous avons des secours qui manquaient autrefois, les *exposés des motifs* et les *rapports*. On avait bien publié le procès-verbal des conférences de l'ordonnance de 1667 ; mais les conférences ne donnent pas toujours des explications nettes, et la solution des difficultés ; on pourrait citer beaucoup d'articles fortement attaqués, renvoyés à un nouvel examen, puis conservés dans la rédaction définitive de la loi, sans que le résultat de l'examen et la réponse aux objections se retrouvent dans les procès-verbaux.

Les *exposés des motifs* et les *rapports* sont

---

(1) *Præsertim cùm voluntas legis ex hoc colligi possit.* L. 19 ff. *de legibus.*

(2) *Scire leges non est verba earum tenere, sed vim ac potestatem.* L. 17 *eodem.*

un supplément nécessaire à la discussion des conférences. Celles-ci présentent, comme des pensées détachées, les ébauches de la loi et les transformations qu'elle a subies; les autres offrent à la fois le résumé des travaux préparatoires, un ensemble de dispositions et des principes arrêtés.

Les Romains convenaient qu'il était impossible de rendre raison de toutes les lois établies par leurs pères, *à majoribus* (1). Cela se conçoit et pourrait s'appliquer à plusieurs dispositions de nos anciennes ordonnances. Elles ne tenaient point à un ordre complet; leurs auteurs sentaient un mal, ils en cherchaient confusément le remède. On a dit fort ingénieusement que les lois étaient faites alors à peu près comme on a bâti les premières villes. Chercher un plan dans cet entassement divers d'articles, dont les causes accidentelles ont disparu dans la nuit des siècles, ce serait chercher un système d'architecture dans les chaumières d'un village.

Il n'en est pas de même aujourd'hui.

Les rédacteurs de nos codes ont choisi leurs matériaux; ils ont abrogé toutes les lois,

_____

(1) L. 20 ff. *de legibus.*

toutes les coutumes, tous les règlemens et tous les usages antérieurs. Il était donc convenable, et heureusement il était conforme aux institutions politiques du temps, qu'ils rendissent compte des motifs de leurs choix, de leurs réformes et de leurs innovations.

Autant il était pénible de s'épuiser en conjectures sur la raison d'un vieux texte, autant il est facile de saisir l'esprit d'une loi contemporaine, donnée avec le commentaire du législateur lui-même.

Il est permis de s'enorgueillir des facilités que cette alliance du pouvoir qui sanctionne les lois, et de la sagesse qui les explique, fournit chez nous à l'étude et à l'application du droit, lorsqu'on jette les yeux sur la législation de nos voisins.

Blackstone a dit que de son temps l'étude des lois anglaises exigeait vingt-cinq années.

Il en faut bien davantage aujourd'hui. Les Anglais ont une loi écrite dans les statuts du royaume *(Statute Law)*, dans le droit romain *(Civil Law)*, dans le droit canon *(Eclesiastic Law)*, et dans les règlemens du commerce *(Law Merchant)*. Leur loi non écrite, qu'ils appellent la loi commune *(Common Law)*, est une masse informe et

indigeste d'*us* et de coutumes, dont les recueils
de jugemens sont l'unique dépôt. Leur jurisprudence n'est pas la science du droit ; elle
n'est, à vrai dire, que la mémoire des *précédens*. Ils ne s'attachent point, dans la discussion d'une affaire, à examiner la loi et à
en développer les principes, mais seulement
à rechercher ces *précédens*, et à prouver que
l'espèce actuelle est la même que celle jugée
par tel arrêt, ou qu'elle en est entièrement
différente. M. Meyer assure que les *reports*
ou recueils d'arrêts y sont plus nombreux que
dans tout le reste de l'Europe pris ensemble,
et que chaque année produit plusieurs nouveaux volumes.

Ainsi la plus grande partie des lois qui
régissent les personnes et les propriétés en
Angleterre, n'a été éditée que par la bouche
d'un juge statuant sur un cas particulier.

« Promulguer les lois anglaises telles qu'elles
sont à présent, soit les décisions antérieures
des juges, soit même les statuts des parlemens, ce ne serait rien faire pour le public,
a dit Bentham. Que sont des recueils qu'on
ne peut entendre? Qu'est-ce qu'une encyclo-
pédie pour ceux qui n'ont que des momens
fugitifs de loisir? Un point n'a pas de parties,

disent les mathématiciens; un chaos n'en a pas non plus. »

Passant aux diverses branches d'un système de promulgation, le même écrivain a placé dans le plus beau jour les avantages de la *promulgation des raisons des lois* (1).

« Si les lois étaient constamment accompagnées d'un commentaire raisonné, dit-il, elles rempliraient mieux à tous égards le but du législateur; elles seraient plus agréables à étudier, plus faciles à concevoir, plus aisées à retenir.

» C'est un repos ménagé dans une carrière fatigante et aride; ce sera un moyen de plaisir, si, à chaque pas qu'on fait, on trouve la solution de quelque énigme; si on entre dans l'intimité du conseil des sages; si on participe aux secrets du législateur; si, étudiant le livre des lois, on y trouve encore un manuel de philosophie et de morale. C'est une source d'intérêt que vous faites jaillir du sein d'une étude dont l'ennui repousse aujourd'hui tous ceux qui n'y sont pas attirés par la nécessité de leur condition. »

La pratique s'élèvera peut-être contre cette

(1) *Traités de Législation*, tom. 3.

théorie ; elle l'accusera de dépouiller les formes de leur imposante et salutaire austérité, et de conduire à une sorte de détachement de la lettre de la loi.

Les formes de la procédure sont nécessaires, je l'ai déjà dit ; elles sont « comme les cerceaux du muid ou comme le ciment qui colle et retient les pièces de l'édifice (1). » Il faut les respecter et les observer ; car la loi ne doit pas dégénérer en un précepte vain. Mais cette imposante austérité ne défend pas qu'on les explique, qu'on en cherche le *pourquoi*, qu'on les rende plus abordables, et qu'on écarte ce voile mystérieux sous lequel la prévention soupçonne toujours des piéges tendus à la bonne foi.

La lettre de la loi doit être courte et précise ; *non disceptatione, sed jure uti debet.* Elle est l'expression nue d'un commandement. C'est pour l'exécuter mieux, que l'intelligence de celui qui la lit aspire à se mettre en communication avec l'intelligence de celui qui l'a faite. La lettre de la loi se grave plus profondément dans la mémoire, quand le raisonnement sert de burin.

(1) Dialogue des avocats de Loysel.

Pénétrez un homme de bon sens, étranger aux affaires, de l'idée principale d'un titre de la procédure, de celui des Ajournemens, par exemple.

Dites-lui : On ne peut condamner celui qui ne peut se défendre.

Pour qu'il puisse se défendre, il faut qu'il soit appelé devant le juge.

Cela ne suffit pas. Il est indispensable qu'il sache ce qu'on lui demande, et sur quoi l'on se fonde ; qu'on lui indique le juge devant lequel il devra comparaître ; qu'on lui donne le temps de chercher les titres qu'il pourra opposer, et de faire ses dispositions pour se rendre au tribunal.

Il faut qu'on lui désigne clairement celui qui le fait assigner ; qu'il ne soit pas exposé à le prendre pour un autre, et qu'il puisse le trouver au besoin. Le même motif exige qu'il connaisse l'avoué qui représentera son adversaire.

Il n'y a rien là qui ne soit essentiellement nécessaire pour assurer et protéger le droit sacré de la défense. On pourra bien rencontrer des cas particuliers où l'utilité de quelques-unes de ces précautions se fera moins sentir ; mais la loi dispose pour ce qui arrive le plus ordinairement, et nous serions bientôt envahis par l'arbitraire et livrés au danger des surprises, si chaque cas particulier obtenait la faveur d'une dispense.

Ce n'est pas tout. Celui contre lequel l'action est intentée ne se présente point ; le condamner, tant qu'il n'apparaît pas qu'il ait été réellement appelé, serait une révoltante iniquité.

A qui le juge s'en rapportera-t-il ? Dans la plus haute antiquité, le demandeur sommait lui-même le défendeur de le suivre au tribunal, ou l'y traînait de force, ou prenait des témoins. On conçoit que cette brutale simplicité n'est plus dans nos mœurs. La preuve testimoniale a beaucoup perdu de son crédit ; on ne l'admet plus guère que lorsqu'il n'est pas possible d'en avoir une autre. Il faut donc confier à des officiers revêtus d'un caractère spécial le droit de citer devant les tribunaux et de certifier par écrit le fait de la citation, avec toutes ses circonstances. Voilà une garantie légale pour la conscience du juge.

L'officier chargé de donner la citation la laissera-t-il au premier venu, si celui auquel elle est destinée n'est pas à son domicile ? Quelle sûreté y aura-t-il de la remise de cette citation à l'assigné, si elle n'est pas déposée entre les mains d'une personne de sa maison, que des liens étroits ou des rapports journaliers d'habitation attachent à ses intérêts?

L'homme de bon sens à qui vous tiendrez ce langage comprendra parfaitement votre principe et ses conséquences; il ira au devant de vos doutes, il les résoudra. Mis sur la voie, il esquisserait lui-même les articles d'un règlement; il aviserait, en y réfléchissant, aux difficultés que vous auriez omises et aux moyens de prévenir les fraudes. Il voudrait que l'officier public fût tenu de se faire connaître, et, pour ainsi dire, de se légitimer; il trouverait l'expédient de faire remettre la citation à un voisin ou au maire, dans les cas que le législateur a prévus.

On objectera que si le bon sens indique la nécessité d'un délai dans telle circonstance donnée, le raisonnement ne fera pas deviner la durée de ce délai, dont le terme fatal peut être fixé à dix jours, comme à huit ou à quinze, sans que les principes de la loi naturelle en soient blessés; qu'il en est ainsi de beaucoup d'autres règles de détail où la lettre de la loi est tout.

Chaque délai a dû être calculé en raison
des distances , suivant la nature des actes et
la position des parties. Un terme était surtout nécessaire, et le terme le plus conforme
à ces vues a été fixé. Les points purement
réglémentaires ont beaucoup d'importance
pour le palais, et fort peu pour l'école. Les
plus intrépides praticiens ne manquent pas
d'ouvrir le Code et de le tenir sous leurs yeux,
lorsqu'ils ont à commencer et à conduire une
procédure neuve ou compliquée. On aura
donc recours au texte pour ces détails, jusqu'à
ce que l'habitude les ait rendus familiers. Je
pourrais même ajouter qu'il n'est point d'é-
tudiant qui ne retienne avec la plus prompte
facilité la mesure des principaux délais, tels
que ceux de l'ajournement, de l'opposition,
des enquêtes , de la péremption, de l'appel,
de la requête civile, etc.

Mais le législateur ne descend pas toujours
jusqu'aux difficultés trop minutieuses et trop
mobiles que peut faire naître inopinément
l'instruction d'un procès ; cependant leur solution doit se trouver dans la loi (1). Or la

---

(1) *Quasi hoc legibus inesse credi oportet.* L. 27 ff. de
leg.

raison de la loi revient ici avec toute son importance, pour diriger la justice dans le choix
des analogies.

CHAPITRE IV.

PLAN DE L'OUVRAGE. — DE LA JURISPRUDENCE DES
ARRÊTS.

———•———

JE trouve, dans un article de l'instruction
donnée, en 1807, pour les écoles de droit,
l'esquisse du plan que j'essaierai de suivre
dans cet ouvrage. « L'enseignement des matières positives consiste moins à faire connaître les textes qui sont entre les mains de
tout le monde, qu'à bien développer les principes généraux sur lesquels ces textes sont
appuyés. Un étudiant aura beaucoup profité
dans ses cours, s'il en rapporte une bonne
méthode pour étudier, pour entendre la loi
et pour en faire une juste application. »

En effet, l'étude de la procédure n'offrira
que des mots et des formules à retenir, elle
ne produira qu'une tendance à la subtilité

et une malheureuse confusion du juste et de l'injuste, si les premiers pas dans la carrière ne sont éclairés par ce développement des principes généraux, et dirigés, de conséquence en conséquence, jusqu'aux règles de détail, qui s'expliquent alors d'elles-mêmes, et semblent, s'il est permis de le dire, se revêtir de leur utilité.

Pour la procédure surtout, l'enseignement doit marcher du *connu* à *l'inconnu*. Il serait imprudent de franchir les idées intermédiaires et de les laisser derrière soi, sans les avoir soigneusement explorées. Il faut s'arrêter souvent pour indiquer des origines, donner des définitions et fixer des points de reconnaissance. Les définitions sont comme les sondes que les navigateurs ont toujours à la main, lorsqu'ils s'avancent vers des bords ignorés.

Cette méthode peut présenter de l'intérêt et de la variété, sans admettre de frivoles distractions et sans donner à l'enseignement une étendue démesurée. Si je ne me trompe, quelques recherches historiques sur les anciennes formes, un coup d'œil sur les usages pratiqués chez nos voisins, des rapprochemens adaptés avec sobriété à l'explication des titres du Code qui semblent les provoquer, peuvent relever par une sorte d'attrait l'étude de la procédure, répandre sur ses fins un jour favorable, et faire mieux apprécier les réformes et les améliorations qu'elle doit aux leçons du passé. *Cognito uno, cognoscitur et alter.*

Nos jeunes gens avides d'instruction, l'espoir de la magistrature et du barreau, ne me reprocheraient point de reculer trop loin les limites de la science, si je leur disais : Remontez à l'idée première d'où sortit la nécessité des formes, et attachez à ce point fixe le premier anneau de leur chaîne.

Dès qu'il fut reconnu, pour l'établissement et le maintien de l'ordre, que chacun ne pourrait être le juge et le vengeur de sa querelle, il y eut des magistrats.

L'autorité des magistrats n'a jamais pu s'exercer sans des règles bonnes ou mauvaises, simples ou compliquées, raisonnables ou absurdes, suivant les temps et les lieux. Il y avait des formes pour les épreuves du fer chaud et de l'eau bouillante, pour les combats judiciaires; il y en a même pour la justice des cadis.

Les lois de procédure, comme toutes les lois, ont rencontré, suivant l'expression de

Montesquieu, les passions et les préjugés du
législateur. Quelquefois elles ont passé au travers, et s'y sont teintes; quelquefois elles y ont
resté, et s'y sont incorporées.

Sous cet aspect, croyez-vous que l'étude
de la procédure et de ses formes, qu'on pourrait appeler les mœurs judiciaires, soit dépourvue de cet intérêt qui excite et soutient
la curiosité? Vous auriez sans doute beaucoup
à fouiller et à recouvrir : *hos labyrinthos
partìm fodere, partìm retegere* (1). Mais,
avec un peu de persévérance, vous y trouve-
riez l'origine d'un grand nombre de lois et
d'usages dont les traces subsistent encore dans
nos Codes ; des causes dont les effets paraissent bizarres, parce qu'elles ne sont pas connues ; des théories qui ne sont plus que des
souvenirs ou des leçons de l'histoire ; des
points dont l'obscurité se dissipe à mesure
qu'on en approche, et l'explication d'une
foule de contradictions et de difficultés par
la différence des époques, des institutions et
du caractère des peuples.

C'est ainsi, comme nous l'apprend Pasquier,
en ses *Recherches de la France*, qu'on allait

(1) Dumoulin.

puiser jusque dans les fabliaux des trouverres
des documens précieux pour l'intelligence des
coutumes , sur les droits des fiefs et sur l'administration de la justice. Les poètes et les
romanciers d'alors n'étaient pas encore assez
habiles pour draper leurs figures d'imagination , ils appliquaient naïvement aux personnages qu'ils mettaient en scène les usages de
leur pays et de leur temps.

Mais il est des élèves à qui des circonstances
de position et une destination particulière
peuvent ne pas permettre ces excursions hors
du cercle d'un cours annuel de procédure.

L'enseignement doit être à la portée de
tous ; il doit aplanir et préparer pour tous la
route du savoir , que chacun pourra prolonger
au gré d'une noble émulation.

Le Code contient les formes suivant lesquelles on doit intenter les demandes, y défendre, instruire, juger, se pourvoir contre
les jugemens et les faire exécuter. C'est l'idée
générale que Pothier a donnée de la procédure
civile. On y trouve aussi des règles particulières pour certaines affaires dont le fond
n'est pas contentieux , et dans lesquelles le

juge n'intervient que pour apposer le sceau d'une consécration.

Mais on y chercherait vainement ce qui concerne l'organisation judiciaire, les attributions et la compétence des tribunaux, l'établissement des officiers ministériels et la nature des différentes actions.

Il eût été mieux de réunir ces fragmens du droit public et du droit civil, disséminés dans une foule de lois dont il ne subsiste plus que des articles isolés, pour en composer les prolégomènes du Code. C'était le vœu de quelques Cours, et principalement celui de la Cour de cassation.

Un livre préliminaire sur l'administration de la justice serait une belle introduction à la procédure ; cette part faite à la théorie compléterait le système ; l'ordre y serait plus naturel, et les premières dispositions n'auraient pas l'inconvénient de supposer la connaissance de celles qui suivent.

Il est question, dès l'ouverture du Code, des actions personnelles et mobilières, des actions réelles et mixtes et de leurs subdivisions ; un élève qui n'aura point de notions acquises là-dessus, comprendra difficilement les diverses règles de compétence qui en résultent. Ce mot de *compétence*, ceux de *dernier ressort*, de *juridiction*, n'auront pour lui qu'un sens obscur et inapplicable, tant qu'il ne connaîtra pas les attributions et les pouvoirs des tribunaux ordinaires et des tribunaux d'exception. Mais quels sont les tribunaux ordinaires, et quels sont les tribunaux d'exception? Ces choses ne sont point dans le Code; rien n'y est défini, préparé; il ne s'adresse qu'à des initiés qui savent déjà la langue et les principes de la procédure.

Je crois donc qu'il est utile de donner préalablement une idée générale de notre organisation judiciaire et des révolutions qu'elle a subies depuis 1790. J'en prendrai occasion de dire un mot sur l'administration de la justice chez les Anglais, et sur les tentatives qui furent faites pour importer en France leurs jurés au civil.

Je traiterai de la juridiction et de ses principales divisions, de la compétence et des diverses espèces d'actions; puis, abordant les titres du Code, je rattacherai, selon l'exigence de la matière, les principes du droit civil, commercial et criminel aux règles de la procédure. Comment expliquerait-on les enquêtes, sans parler de la législation sur la preuve testimoniale ; le désaveu, sans parler du mandat ; la vérification des écritures, sans parler des titres privés et authentiques ; le faux incident, sans parler du faux principal ; les redditions de compte , sans parler des différens comptables ; la réception des cautions, sans parler du cautionnement ; la distribution par contribution , sans parler des priviléges ; la saisie immobilière, les surenchères , l'ordre, sans parler des hypothèques, des aliénations volontaires et des expropriations forcées ; l'arbitrage volontaire , sans parler de l'arbitrage forcé ?

Il est indispensable d'exposer les règles générales, avant d'en venir aux exceptions ; c'est ce qui me détermine à reporter la justice de paix immédiatement après le titre des matières sommaires.

De même que la justice commerciale, la justice de paix est un tribunal extraordinaire. Ses attributions sont spéciales, elles ne comprennent que des choses simples et d'une petite valeur. Les formes y sont familièrement adoucies, et comme abandonnées à l'instinct de la nécessité.

Malheureusement tout cela n'est que d'exception. La rigueur et la solennité des formes établies pour les tribunaux ordinaires, voilà la règle générale. Ainsi le veut notre état de société. La sagesse de l'antiquité était la sagesse d'une heureuse ignorance; la sagesse d'aujourd'hui est la sagesse de l'expérience qui sait les ruses et les inventions de la fraude pour éluder la loi.

L'explication de la manière de procéder en justice de paix n'est donc que l'indication méthodique des retranchemens qu'on a faits, en faveur de cette institution, sur les formes de la procédure ordinaire; ce qui suppose celle-ci déjà connue.

Tel est l'ordre que le Code a suivi pour les *matières sommaires* et les *matières commerciales;* il y avait même raison pour les justices de paix.

J'écris sur la procédure après des professeurs et des jurisconsultes habiles. Ils ont redressé beaucoup d'erreurs et éclairci beaucoup de doutes qui s'étaient élevés à l'apparition du Code; ma tâche en sera plus facile. Cependant il reste des questions très-graves dont la solution flotte encore incertaine entre les divers avis des auteurs et les hésitations de la jurisprudence ; j'y apporterai le tribut de mes réflexions.

Je citerai peu d'arrêts ; on l'a fort bien dit : *La science du droit n'est point un art d'imitation.*

Nos Codes sont encore trop nouveaux pour que les arrêts puissent avoir une autorité doctrinale, surtout dans les écoles. C'est à la loi elle-même qu'il faut s'élever. Un examen approfondi de ses dispositions, l'étude de son esprit, l'aperçu de son but inspirent une heureuse confiance, et donnent cette sûreté de jugement que n'ont guère les chercheurs d'arrêts. Pour eux, une décision nouvelle est comme une dernière loi qui abroge tout ce qu'ils avaient appris jusque-là ; leur variable intelligence ne peut suffire à la distinction des nuances dans les espèces, et finit par se briser au milieu des autorités qui s'entrechoquent. *Longum iter per præcepta, breve per exempla ;* si la voie des préceptes est la plus longue, elle est la plus sûre.

La jurisprudence des arrêts se forme d'une longue suite de décisions semblables sur un point de droit pur et dégagé des faits et des circonstances qui peuvent influer dans son application (1). Il y avait là-dessus une belle loi dans le droit romain. *Imperator noster Severus rescripsit, in ambiguitatibus quæ ex legibus proficiscuntur, consuetudinem aut rerum* PERPETUÒ SIMILITER JUDICATARUM *auctoritatem, vim legis obtinere debere* (2). Cette autorité, établie par la constance unanime des Cours, jette une grande clarté sur les monumens de la législation; sans changer les lois, elle restreint un sens trop large; elle étend par analogie des dispositions trop resserrées; elle concilie des textes qui semblaient se contrarier; elle comble leur vide et fait parler leur silence. C'est alors qu'on peut dire avec le chancelier Bacon : Les arrêts sont les ancres de l'État.

Le temps n'a point assez consacré pour nous la jurisprudence des arrêts ; « c'est un subject encore trop ondoyant et trop divers, » pour me servir d'une expression de Montaigne.

Je choisis une preuve entre mille. La Cour de cassation avait jugé jusqu'en l'an 12, qu'un juge de paix ne pouvait pas statuer en dernier

(1) *Modica enim circumstantia facti inducit magnam juris diversitatem.* Dumoulin.

(2) L. 38 ff. *de legib.*

ressort sur une possession dont la valeur était indéterminée, quelque modiques que fussent d'ailleurs les dommages-intérêts réclamés à cause du trouble. Bientôt elle adopta un autre système, et elle décida cinq fois de suite qu'il y avait lieu au dernier ressort toutes les fois que le demandeur au possessoire ne réclamait pas des dommages-intérêts au dessus de 50 fr. Ce fut pour le plus grand nombre des auteurs et des magistrats un point arrêté et hors de toute discussion. Cependant le tribunal de Bourges a eu la noble fermeté de combattre un préjugé qui semblait si solidement établi ; il a décidé autrement. On n'a pas manqué de se pourvoir en cassation. La Cour suprême est revenue sur ses pas ; elle a dit, comme ce monarque auquel l'histoire a donné le nom de Grand : *Propter justitiam et pro lege servandâ, patimur nobis contradici* (1).

Les arrêts sont aujourd'hui des armes avec lesquelles on lutte beaucoup trop au Palais.

Les arrêts offrent sans doute un préjugé favorable pour les questions semblables à celles qu'ils ont résolues. Il est utile, il est même nécessaire pour un avocat de se tenir

(1) THEODORICUS *apud Cassiod.*

au courant et de les bien connaître ; mais
l'autorité de l'exemple ne doit pas dépouiller
la raison de ses droits et de sa force. L'habitude de ne chercher des ressources que dans
les recueils nourrit l'indolence , arrête les
progrès de l'étude et ces heureux élans du
génie auxquels la justice est redevable de ses
triomphes les plus brillans. Quand on s'ap-
puie sur la loi, il n'est ni téméraire ni indé-
cent de remettre en question ce qui paraît
avoir été jugé pour d'autres (1).

(1) *Res inter alios judicatæ neque emolumentum afferre
his qui judicio non interfuerunt , neque præjudicium
solent inrogare.... Nec , in simili negotio, res inter alios
actas absenti præjudicare, sæpè constitutum est.* L. 2 et 4
Cod. quib. res judic.

CHAPITRE V.

DES ACTIONS. — DES EXCEPTIONS.

Avoir une action contre quelqu'un, former une action contre quelqu'un, sont deux choses très-distinctes.

Le mot *action* a donc deux acceptions.

Dans la première, c'est le droit que nous avons de poursuivre en justice ce qui nous est dû ou ce qui nous appartient.

Dans la seconde, c'est l'exercice de ce droit, ou la demande judiciaire.

L'action proprement dite, ou le droit, existe avant la demande : *actio, ut quisque contraxit, statim ei competit, et dominus, amissâ possessione, jus habendi habet statim, id est, antequàm prætor adeatur* (1). Souvent aussi une demande est formée sans

(1) Vinnius, *Institut.*

qu'il y ait réellement une action ou un droit;
car elle peut n'être pas fondée, et il ne suffit
pas toujours de demander pour obtenir.

Chez les Romains les actions avaient un
nom spécial qu'elles tiraient ou des contrats
nommés, ou d'une loi, ou du préteur qui
les avait créées, ou d'un fait particulier (1).
Ainsi, de la vente sortaient les actions *empti
et venditi ;* du dépôt, l'action *depositi ;* du
mandat, l'action *mandati ;* de la société,
l'action *pro socio ;* de la loi *aquilia*, l'action
aquilienne; de l'édit du préteur Publicius,
l'action publicienne; du vol, l'action *furti*,
etc., etc.

Lorsqu'une action nommée manquait, *cùm
proprium nomen invenire non possumus* (2),

_____

(1) Cette analyse très-sommaire de *quelques* principes du droit romain sur les actions et sur les exceptions, n'a été placée ici que pour faire ressortir par une
brièvre comparaison la nature beaucoup plus simple de
notre système de procédure.

Tout ce qui concerne cette matière et les découvertes
que la science y a faites, se trouve traité avec une méthode parfaite et une admirable clarté par M. le professeur Decauroy, dans son 4e vol. des *Institutes de Justinien nouvellement expliquées.*

(2) L. 8 ff. *de præscript. verb.*

on avait recours à l'action *præscriptis ver-*
bis, ainsi appelée parce qu'elle s'intentait
d'après les termes de la convention : *secun-*
dùm id quod contrahentes habuére præscrip-
tum et conventum. On l'appelait aussi *in fac-*
tum, parce qu'elle se formait par le récit du
fait.

Les actions étaient *civiles*, lorsqu'elles
prenaient leur source dans la loi. Celles qui
furent introduites successivement par les
édits des préteurs, pour suppléer à la loi,
ou pour modifier ses dispositions suivant les
principes de l'équité, prirent le nom de
prétoriennes.

Il y avait les actions de *bonne foi*, dans
lesquelles le juge avait la liberté d'estimer ce
qui devait être accordé au demandeur : *ex*
æquo et bono æstimandi, quantùm actori
restitui debeat (1) ; les actions *arbitraires,*
dans lesquelles le juge pouvait ajouter une
peine et augmenter la condamnation, pour
le cas où la partie condamnée n'obéirait pas
à la sentence : *in quibus, nisi arbitrio ju-*
dicis is cum quo agitur actori satisfaciat,
veluti rem restituat, vel exhibeat, vel sol-

_____

(1) *Institut. de act.* § 30.

vat , etc. , condemnari debeat (1). Les actions qui n'étaient ni de bonne foi , ni arbitraires , étaient de droit étroit, *stricti juris ;* le juge y devait suivre littéralement les conventions des parties , accorder la totalité de la demande, ou acquitter entièrement le défendeur.

Dans certaines affaires, et suivant la qualité des personnes , la condamnation n'était que « pour autant que ces personnes pouvaient faire; » il fallait leur laisser de quoi subsister : *in condemnatione personarum quæ in id quod facere possunt damnantur , non totum quod habent extorquendum est , sed ipsarum ratio habenda est ne egeant* (2). Ce privilége s'appelait *beneficium competentiæ ;* il était accordé au mari poursuivi en restitution de la dot , au père poursuivi par ses enfans , au donateur poursuivi par le donataire, aux associés, aux militaires , à ceux qui avaient fait cession de biens. Il ne s'étendait point aux cautions; le dol le faisait cesser.

L'action tombait en déchéance , s'il était demandé plus qu'il n'était dû. Il y avait quatre

(1) *Ibid.* § 31.
(2) L. 73 ff. *de reg. jur.*

cas de *plus-pétition* : 1° *Par la chose* ;
exemple : celui auquel il n'était dû que dix
écus en demandait quinze. 2° *Par le temps*,
lorsqu'une chose payable à terme ou sous
condition était réclamée avant l'expiration du
terme ou l'événement de la condition. 3° *Par
le lieu*, lorsque la délivrance d'une chose
était demandée dans un lieu autre que celui
qui avait été convenu. 4° *Par la cause*,
lorsque la demande n'était pas conforme à
l'obligation du débiteur, comme si, après la
stipulation de donner un esclave ou dix écus
d'or, le créancier se faisait lui-même l'arbitre
du choix en exigeant l'esclave.

La rigueur de l'ancien droit romain touchant la plus-pétition fut tempérée par les
constitutions des empereurs ; elles permirent
de réformer la demande avant la contestation
en cause, c'est-à-dire avant l'exposition de
l'affaire devant le juge. *Lis contestata videtur, cùm judex per narrationem negotii causam audire cœpit* (1).

Le droit français n'a point adopté ces dénominations et ces distinctions multipliées à

(1) L. *unic. Cod. de lit. contest.*

l'infini. Chez nous les actions s'expliquent
sans qu'il soit nécessaire de les nommer. Elles
sont toutes de bonne foi, en ce sens que le
juge estime ce qu'il faut accorder et ce qu'il
faut refuser au demandeur : *quantùm*, *vel
quid æquius*, *melius*. Toutefois il ne peut
ajouter à la demande, et juger *ultrà petita*.
S'il est demandé plus qu'il n'est dû, ce n'est
point un motif de rejeter l'action, mais seulement de la réduire.

Nous n'avons point admis le *beneficium
competentiæ*; nous avons su concilier le
respect pour l'entier accomplissement des
conventions avec les devoirs de la nature et
les devoirs de l'humanité; car il est des débiteurs, comme un père, un époux, auxquels
on devrait des alimens, si la condamnation
obtenue et exécutée contre eux les laissait dans
la détresse.

Nous n'avons pris des Romains que les
grandes divisions qui servent à faire connaître
les principaux genres d'action; nous disons
avec eux que l'action est ou *personnelle*,
ou *réelle*, ou *mixte;* que l'action *réelle* est
ou *réelle mobilière*, ou *réelle immobilière*,
et que cette dernière se divise en action *pétitoire* et en action *possessoire*. C'est là que

se borne l'utilité de la nomenclature. Diviser et sous-diviser encore serait hérisser de vaines difficultés les abords de la science.

L'action purement personnelle est celle que l'on dirige contre un individu *personnellement* obligé à donner, ou à faire, ou à ne pas faire quelque chose. Une pareille obligation ne peut se concevoir séparée de l'individu ; elle y est attachée, adhérente ; *ejus ossibus hæret ut lepra cuti* (1). On ne peut en demander l'accomplissement qu'à lui ou à ceux qui le représentent.

L'action personnelle dérive d'une convention, comme d'un prêt, d'un dépôt, d'un mandat ; ou de l'autorité de la loi, comme lorsqu'un père demande des alimens à son fils (2) ; ou d'un quasi-contrat, ainsi celui qui reçoit ce qui ne lui est pas dû s'engage à le restituer (3) ; ou d'un délit, d'un quasi-délit, c'est-à-dire d'un fait quelconque qui cause un dommage et qui oblige à une réparation (4).

(1) Loiseau, *du Déguerpissement*, liv. 2, chap 1ᵉʳ, n. 3 et suivans.

(2) Art. 205 Cod. civ.

(3) Art. 1376 Cod. civ.

(4) Art. 1382 Cod. civ.

Par l'action réelle, on revendique la propriété ou la possession d'une *chose*, contre toute personne qui la détient, et en quelques mains qu'elle passe.

La revendication d'une chose suppose nécessairement quelqu'un qui la possède indûment ; mais elle n'en est pas moins l'unique objet de l'action, car les possesseurs peuvent changer et se succéder sans que l'action se détache de la chose.

L'action réelle est *réelle mobilière* ou *réelle immobilière*, suivant qu'elle tend à la revendication d'un meuble ou d'un immeuble. Dans le langage des lois on donne simplement le nom d'action mobilière à la revendication d'un effet mobilier, et l'on entend plus ordinairement par action réelle l'action réelle immobilière. C'est en ce sens que les articles 59 et 64 du Code de procédure ont été rédigés.

L'action réelle immobilière se divise en action *pétitoire* et en action *possessoire*.

L'action pétitoire est la revendication de la *propriété* d'un immeuble ou d'un droit réel sur un immeuble, contre celui qui le possède et qui prétend aussi en être propriétaire. Il faut bien supposer que le demandeur, en ce cas, est privé de la possession, et que la propriété ou le droit lui sont contestés ; autrement l'intérêt de son action ne se concevrait pas.

L'action possessoire n'a trait qu'à la *possession* d'un immeuble ou d'un droit réel.

La possession fut le premier des titres, et, jusqu'à la preuve contraire, nous présumons toujours que celui qui possède est le propriétaire.

Il importe au bon ordre et à la paix publique que la possession soit protégée ; mais cette faveur ne s'étend pas sur toute espèce de possession.

La possession à laquelle la loi attache une présomption du droit de propriété et l'effet d'acquérir ce droit, s'appelle *possession civile,* pour la distinguer d'une occupation purement physique et naturelle, souvent disputée, fugitive ou passagère. La possession civile doit avoir duré au moins pendant une année sans interruption ; elle doit avoir été paisible, publique, et empreinte de l'esprit de propriété, *animo domini* (1). Sans ces conditions, le

___

(1) Cod. civ. art. 2229, Cod. de procéd. art. 23.

possesseur serait-il l'image du propriétaire ?
Un fermier occupe ou détient le domaine
dont le bail lui a été consenti; mais il possède
pour le maître, à titre précaire, et ce titre,
tant qu'il subsiste, est une protestation constante contre les effets ordinaires de la possession (1).

La possession étant un acheminement, par
la prescription, au droit de propriété, elle
n'est jamais utile à l'égard des choses immobilières qui ne peuvent s'acquérir que par
un titre (2). Ainsi le droit de passage ou
de pacage sur le fonds d'autrui ne s'établit
point par la possession, quelque longue
qu'elle ait été, parce qu'une pareille servitude
serait discontinue (3), et parce que des présomptions tirées de la tolérance ou de quelques relations de voisinage, peuvent combattre la supposition d'un droit primitif; alors

---

(1) *Qui ex conducto possidet, quamvis corporaliter
teneat, non tamen sibi, sed domino rei creditur possidere.*
L. 2 Cod. *de usucap.*

(2) En fait de meubles, la possession vaut titre; la
possession et la propriété se confondent. Cod. civ., art.
2279.

(3) Cod. civ., art. 688 et 691.

la possession devient équivoque, et les faits ne tirent plus à conséquence.

Dans les cas généraux où la possession est utile, l'action possessoire se réduit aux termes les plus simples : Lequel des concurrens possède, lequel ne possède pas ?

L'action pétitoire au contraire conduit à cette question : Lequel est propriétaire ? Car celui qui ne possède pas peut être le véritable propriétaire. Ici c'est un fait, là c'est un droit à juger (1).

L'action possessoire se nomme *complainte*, lorsque celui qui l'exerce n'a éprouvé qu'un trouble dans sa possession, et *réintégrande*, lorsqu'il a été tout-à-fait dépossédé. C'est ce que les Romains appelaient l'interdit *retinendæ possessionis*, et l'interdit *recuperandæ possessionis*.

Les interdits (*interim dicta*) étaient des décrets du préteur sur la possession , jusqu'à

_____

(1) *Separata esse debet possessio à proprietate. Fieri enim potest ut alter possessor sit , dominus non sit ; alter dominus quidem sit , possessor verò non sit : fieri potest ut et possessor idem et dominus sit.* L. 1 , § 2, ff. *uti possid.*

In interdicto , possessio ; in actione , proprietas vertitur. L. 14 , § ult., ff. *de except. rei judic.*

ce que les débats sur la propriété fussent vidés (1).

Un fragment de la loi des douze tables, conservé par Aulu-Gelle, portait : *Si qui in jure manum conserunt, secundùm eum qui possidet vindicias dato.* Les Romains mettaient partout des figures; un procès pour la possession d'un champ était comme la représentation d'une lutte. Dans les premiers temps, l'entrelacement des mains, se faisait sur le terrain litigieux, où les parties se rendaient accompagnées du préteur. Mais la multitude des affaires rendit bientôt ce mode impraticable; on y suppléa en prescrivant aux contendans d'aller chercher une motte de terre, pour la déposer aux pieds du tribunal. Puis chacun, saisissant les mains de son adversaire, plaidait alternativement, et le préteur réglait la possession, *vindicias dabat* (2).

On appelait *vindiciæ* la jouissance par provision de la chose contestée; d'autres donnaient ce nom aux mottes de terre symboliques (3).

(1) Cujas *in Cod, de interdict.*
(2) Aulu-Gelle, liv. 20, chap. 10.
(3) Festus.

Dans les questions d'état, la provision était toujours adjugée en faveur de la liberté. Appius Claudius, l'un des décemvirs, épris d'un fol amour pour Virginie, aposta un homme qui la revendiqua devant lui, comme son esclave, et il adjugea la provision à cet homme, au mépris du droit sacré qu'il avait lui-même établi dans les douze tables. Virginius tua sa fille pour lui sauver l'honneur; son couteau tout sanglant fut le signal d'une révolte qui se termina par la mort d'Appius et par la ruine des décemvirs (1).

Je me propose de revenir sur diverses questions concernant les actions possessoires, en traitant des justices de paix.

Lorsque le droit de revendiquer une chose se fonde sur une obligation, l'action, en thèse générale, doit être dirigée contre la personne obligée; car il faut faire juger l'existence ou la validité de son obligation. Il y a donc mélange de *réalité* et de *personnalité;* voilà l'action mixte, c'est-à-dire l'action contre la chose et contre la personne.

On remarque quelque confusion dans le

(1) L. 2, § 24, ff. *de orig. jur.*

droit romain et dans les auteurs sur la distinction de cette espèce d'action.

Justinien donne seulement pour exemples
celles formées par des cohéritiers ou dès co-
propriétaires, afin de parvenir au partage
d'un immeuble commun, *familiæ erciscundæ*,
vel communi dividundo, et celles en bornage,
finium regundorum ; parce que dans ces cas
le juge remplace ordinairement une égalité
trop difficile à conserver dans la désignation
des lots, par des prestations personnelles, des
soutes ou des retours (1).

Ulpien cite également ces actions comme
des actions mixtes, et se détermine par une
considération différente. C'est, dit-il, que
chacun des plaideurs y est demandeur : *mixtæ
sunt actiones in quibus uterque actor est* (2).

(1) *Quædam actiones mixtam causam obtinere videntur,
tàm in rem quàm in personam : qualis est familiæ erciscundæ actio, quæ competit cohæredibus de dividendâ
hæreditate. Item communi dividundo, quæ inter eos red-
ditur, inter quos aliquid commune est, ut id dividatur.
Item finium regundorum actio, quâ inter eos agitur qui
confines agros habent. In quibus tribus judiciis permittitur
judici rem alicui ex litigatoribus ex bono et æquo adjudi-
care, et si unius pars prægravari videbitur, eum invicem
certâ pecuniâ alteri condemnare. Instit. de act. § 20.*

(2) L. 37, § 1, ff. *de oblig. et act.*

Des auteurs, et Pothier entre autres, reconnaissent bien dans les actions en bornage et en partage des signes de nature mixte, mais par d'autres raisons encore. Suivant eux, ces actions sont mixtes, parce qu'on y joint ordinairement à la revendication d'une chose la demande d'un rapport, d'un remboursement d'impenses, d'une restitution de fruits, etc.

Ni les unes ni les autres de ces considérations ne paraissent satisfaisantes. Il est peut-être difficile d'admettre, avec Ulpien, que les actions en partage et en bornage tirent leur nature mixte de ce motif que chacune des parties y est *demanderesse*. Le demandeur dans ces sortes d'actions, comme dans toutes les autres, est celui qui a ouvert l'instance ; c'est l'opinion de Gaius : *in tribus istis judiciis, familiæ erciscundæ, communi dividundo, et finium regundorum, quæritur quis actor intelligatur, quia par causa omnium videtur? sed magis placuit eum videri actorem qui ad judicium provocasset* (1). Si les deux parties concluent ensemble à ce qu'un héritage soit partagé ou borné, il n'y a pas de procès sur ce point. Mais, lorsque

____

(1) L. 13, ff. *de judiciis et ubi quisque*, etc.

l'une d'elles résiste, soit parce que l'opération aurait déjà été faite, soit parce que l'adversaire serait sans droit, sans qualité, soit parce que l'action serait prescrite, il ne faut plus qu'on répète alors : *Uterque actor est.*

Est-il plus vrai de dire que l'action en partage et l'action en bornage sont mixtes, à cause des retours, des remboursemens, des restitutions et des autres prestations personnelles qu'on a coutume de mêler à la demande ? Je ne le crois pas, car il s'ensuivrait que ces actions deviendraient purement réelles, lorsqu'elles seraient formées et jugées sans accession de la moindre prestation personnelle. M. Favard a été entraîné jusqu'à cette conséquence, lorsqu'il a dit :

« Ce n'est qu'autant que la demande *principale*, c'est-à-dire celle en pétition d'hérédité, en partage ou en bornage, est accompagnée de la demande *accessoire* de prestations, que l'action est mixte : si la demande principale est seule, elle est réelle ; elle ne devient mixte que par la jonction de celle de prestations.

» Cette distinction résulte de la nature même des choses. En effet, que le copropriétaire d'un immeuble indivis, par exemple, se borne à en demander le partage contre son copropriétaire, il exerce l'action appelée *communi dividundo*.

» Dès qu'il ne réclame aucune restitution de fruits, aucune prestation, son action n'est personnelle sous aucun rapport ; elle est purement réelle immobilière, puisqu'elle tend uniquement à faire déterminer sa part dans un immeuble. Mais si à l'action en partage le demandeur joint celle en restitution de fruits ou en dommages-intérêts, il agit alors contre son copropriétaire à deux titres distincts : il l'actionne comme copropriétaire d'immeuble, ce qui constitue l'action réelle, et comme obligé à des prestations résultant de son fait, ce qui forme l'action personnelle. Or c'est le concours de ces deux actions personnelle et réelle qui constitue l'action mixte (1). »

C'est avec une grande défiance de moi-même que je me hasarde à présenter des doutes contre l'opinion d'un magistrat dont les lumières et l'expérience étaient si imposantes.

On le sait déjà : l'action réelle se distingue de l'action personnelle, en ce que, par la

(1) Répertoire de nouvelle législation civile et commerciale, *verb.* action, § 1, n° 5.

première, une chose est demandée sans considération de la personne qui la détient, et que, dans l'autre, on agit en vertu d'une obligation contre une personne engagée.

L'une et l'autre se confondent, quand on revendique une chose contre celui qu'un engagement personnel oblige à la remettre; l'action devient mixte.

Toutes fictions à part, l'action en partage est moins une revendication de la chose qu'une demande tendante à la détermination de la portion de chacun dans cette chose; elle se dirige nécessairement contre le cohéritier ou le copropriétaire; elle naît du quasi-contrat de communauté, et de la disposition de la loi qui veut que nul ne soit forcé de rester dans l'indivision (1).

Ces caractères de *personnalité* subsistent indépendamment des prestations personnelles qui peuvent être jointes à la demande.

Voët trouve dans les actions en partage et en bornage une prédominance de réalité (2).

_____

(1) Nul ne peut être contraint à demeurer dans l'indivision, et le partage peut toujours être provoqué, nonobstant prohibitions et conventions contraires. Art. 815 Cod. civ.

(2) *Mixtæ actiones sunt quæ partim ex jure in re,*

Vinnius au contraire dit que ces actions sont plus personnelles que réelles (1).

Je pencherais pour ce dernier avis. Il est possible que l'action du demandeur tende seulement à obtenir une consécration du droit de propriété, *à part et à divis*, et que le partage ne lui attribue que ce qu'il possède déjà. Les conclusions se réduisent à un fait; le droit dérive d'une obligation légale ; c'est donc de la *personnalité* presque toute pure.

Quant à l'action en bornage, souvent elle se complique de la revendication d'une portion de terrain usurpée dans la confusion des li-

---

partìm ex obligatione nascuntur : ut tamen semper in hisce prædominetur, vel natura actionis in rem, quod fit in actionibus familiæ erciscundæ, communi dividundo, finium regundorum et petitione hœreditatis , vel natura actionis in personam , quod evenit in illis quæ dicuntur actiones personales in rem scriptæ : veluti actio quod metûs causâ et similes. Defin. ac divis. juxtà seriem Institut. pag. 58.

(1) *Notandum autem , quod non simpliciter ait [Justinianus] has actiones mixtam causam obtinere , tàm in rem quàm in personam, sed obtinere videri. Nimirùm quià id præ se ferunt. Re verâ autem sunt actiones in personam omninò : quippè quæ tales origine et essentiâ suâ , quamvis fine et effectu nonnihil cum actionibus in rem commune habeant. Comment. ad § 20 Instit.*

mites ; sous cet aspect, elle serait réelle. Mais
reste toujours le caractère de *personnalité* qui
sort du quasi-contrat de voisinage et d'une
obligation imposée par la loi (1). Elle est donc
mixte, soit qu'il y ait ou qu'il n'y ait pas de
conclusions accessoires afin d'obtenir des
prestations personnelles.

Il peut arriver aussi que la plantation de
bornes soit demandée pour l'état actuel de la
possession, sans application de titres, sans
arpentage et sans revendication de terrain; on
aperçoit alors dans l'action une grande prédominance de *personnalité.*

La loi 1re ff. *finium regund.* était bien
plus tranchante; elle qualifiait l'action de
personnelle, quoiqu'il y eût revendication
d'une chose : *finium regundorum actio in
personam est*, *licèt pro vindicatione rei est.*
Et remarquez que Justinien, dans ses Institutes, n'a pas dit qu'elle était mixte,
mais qu'elle semblait devoir être considérée
comme mixte : *mixtam causam obtinere
videri.*

---

(1) Tout propriétaire peut obliger son voisin au
bornage de leurs propriétés contiguës. Art. 646 Cod.
civ.

De ce que le droit romain, en parlant des actions mixtes, n'a indiqué pour exemples que les actions *finium regundorum*, *familiæ erciscundæ* et *communi dividundo*, ce que l'on appelait *les trois jugemens divisoires*, il ne faut pas conclure que ce soit une limitation d'espèces.

Toutes les fois qu'une chose est demandée, et que pour l'obtenir il faut faire juger contre une certaine personne qu'elle est tenue de la remettre par l'effet d'une obligation résultante d'un contrat, d'une loi ou d'un fait, l'action est mixte. Telles sont, entre autres, l'action en rescision de la vente d'un immeuble, pour cause de lésion, de dol, d'erreur ou de tout autre vice; celle en résolution à défaut de paiement du prix; celle en restitution à raison de l'incapacité de l'une des parties.

C'est encore une action mixte que celle d'un créancier qui agit pour se faire payer une somme ou une rente, et pour faire déclarer que tel immeuble du débiteur est hypothéqué à la sûreté de la créance. Si l'immeuble hypothéqué n'est plus dans la possession du débiteur, une distinction est

à faire : le créancier demande-t-il au tiers
détenteur le paiement de la dette ou le délaissement de l'immeuble? l'action est mixte.
Conclut-il simplement au délaissement? l'action n'est que réelle.

Dans les actions mixtes on peut donc
quelquefois agir *contra quemlibet possessorem*,
comme dans les actions réelles; mais on y
conclut toujours *adversarium dare aut facere
oportere*, comme dans les actions personnelles (1).

Je dois maintenant expliquer le but et l'utilité de cette division principale des actions en
personnelles, *réelles mobilières*, *réelles immobilières* et *mixtes*. Elle sert surtout à
déterminer lequel, du tribunal du domicile du défendeur, ou du tribunal de la situation de l'objet litigieux, doit connaître de
l'action.

L'action personnelle est adhérente à la
personne ; elle doit être poursuivie devant
les juges du domicile de la personne.

Les choses mobilières n'ont pas de situation
fixe, elles se meuvent avec celui qui les dé-

_____

(1) Loyseau, du Déguerpissement, liv. 2, chap. 1er.

tient, elles le suivent ; ainsi l'action réelle mobilière doit également être portée au tribunal du domicile du défendeur.

Par l'action réelle immobilière ce n'est plus une personne que l'on poursuit , c'est une chose que l'on revendique et que l'on va chercher au lieu où elle est assise. Le possesseur, quel qu'il soit, n'est appelé que pour servir de contradicteur. Cette action doit donc toujours être intentée devant le tribunal de la situation de l'objet litigieux.

L'action mixte étant marquée du double caractère de l'action personnelle et de l'action réelle immobilière , le demandeur peut , à son choix, la porter devant le tribunal du domicile du défendeur, comme une action personnelle, ou devant le tribunal de la situation de l'objet litigieux , comme une action réelle immobilière.

Telles sont les règles générales.

M. Thouret , qui prit une si grande part , dans l'Assemblée Constituante , à la réforme de l'organisation judiciaire (1), s'était occupé d'un *projet de procédure civile ;* son fils l'a

(1) Il prononça neuf discours dans cette discussion.

fait imprimer en l'an ix (1800). On y lit, titre 2, art. 6 : « La distinction des actions mixtes est abrogée. » C'était ôter beaucoup d'épines au buisson. Mais en n'admettant que l'action personnelle, l'action mobilière et l'action réelle, M. Thouret permettait de porter cette dernière indifféremment, soit au tribunal du domicile du défendeur, soit à celui de la situation de la chose. Ce système ne valait rien. Sans qu'il soit besoin de reproduire les raisons tirées de la nature de l'action réelle en faveur de son attribution exclusive au tribunal *rei sitæ*, on sent que là seulement peuvent se trouver des moyens prompts et faciles pour les vérifications, des preuves presque sous la main, et des juges instruits des localités; on sent que la justice ne doit pas abandonner des avantages si précieux au caprice ou au calcul du demandeur.

L'exercice de l'action ou la demande judiciaire se divise en demande *principale*, en demande *incidente* et en demande *reconventionnelle* (1).

(1) Je ne fais que les indiquer dans ce chapitre. Voyez le chapitre suivant et les titres de la Conciliation, des Incidens et de l'Appel.

La demande principale introduit l'instance.

La demande incidente est celle qui survient, d'une part ou de l'autre, dans le cours d'un procès ; elle est comme un épisode de l'action.

Lorsque le défendeur forme à son tour une demande en réponse à celle originairement intentée contre lui, cette demande prend le nom de reconventionnelle. Il y a alors *mutua litigantium coram eodem judice petitio* (1). Les Romains appelaient la demande introductive *conventio* (2), d'où l'on a fait *reconventio*. Ainsi nous dirions *action* et *réaction*, si l'usage l'avait permis.

L'ordre naturel des idées exige que je place ici quelques mots sur les exceptions; comme le disait Justinien, après avoir traité des actions, *sequitur ut de exceptionibus dispiciamus*.

Pris dans le sens le plus étendu, ce mot *exception* comprend tous les moyens qui

---

(1) Heineccius *ad Pand*.

(2) *Convenire, in rus vocare et judicio persequi significat*. Brisson, *de verborum quæ ad jus pertinent significatione*.

peuvent être opposés contre une demande, tout ce qui tend à repousser l'action (1).

C'est avec cette signification qu'il a été employé aux articles 1360 et 1361 du Code civ.

Dans le langage de la procédure on distingue les *exceptions* des *défenses.*

Les exceptions ne frappent point sur le fond du droit : elles tendent uniquement à faire suspendre la marche de la procédure, à en différer les effets, telles sont les exceptions dilatoires ; ou à la faire déclarer nulle , si quelques formes prescrites ont été négligées, telles sont les exceptions de nullité ; ou à faire renvoyer l'affaire devant un autre tribunal, telles sont les exceptions déclinatoires (2).

Ce sont des *fins de non-procéder*, ou, comme on disait autrefois, des barres mises en travers : *quod nempè exceptionibus*, *quasi cancellis*, *actiones circumscribantur.*

---

(1) *Exceptio dicta est quasi quædam exclusio quæ opponi actioni cujusque rei solet, ad excludendum id quod in intentionem condemnationemve deductum est. L.* 2 *ff. de except. et præscript.*

(2) Dans toutes les matières qui font l'objet d'un titre du Code, et les exceptions sont de ce nombre, je réserve les développemens pour l'explication de ces titres.

Au contraire, les défenses sont dirigées contre l'action ; elles tendent à la détruire, à la faire déclarer mal fondée, ou non recevable : mal fondée, parce qu'elle serait contraire à la loi, à l'équité, dépourvue de preuves, ou appuyée sur des titres vicieux ; non recevable, parce qu'elle serait déjà proscrite par un premier jugement, ou frappée de prescription, ou éteinte de toute autre manière ; ou bien encore parce que le demandeur serait sans qualité, sans intérêt. Dans ces cas, les défenses prennent la dénomination de *fins de non-recevoir*.

On trouve dans beaucoup d'auteurs les fins de non-recevoir désignées sous le nom d'*exceptions péremptoires*.

Le Code de procédure, qui règle l'ordre dans lequel les différentes exceptions doivent être proposées, ne parle point de celles-là, et le motif de son silence est facile à saisir. C'est, comme le disait l'orateur du Tribunat (1), que ces prétendues exceptions péremptoires appartiennent au Code civil. Suivant

----

(1) M. Faure, rapport au Corps législatif sur le livre 1er et sur les neuf premiers titres du livre 2 du Code de procédure.

le Code de procédure, ce sont de véritables *défenses*.

Les défenses peuvent être proposées en tout état de cause. Les exceptions, à moins qu'elles n'intéressent l'ordre public, doivent être présentées dès l'entrée de la cause, *à limine litis*, avant tous débats sur le fond : autrement elles sont couvertes, c'est-à-dire qu'on est censé y avoir renoncé.

En considérant ce qu'étaient les exceptions dans le droit romain, avant Constantin, on est presque tenté de demander aujourd'hui si nous avons de véritables exceptions.

Les institutions passent, elles se perdent dans la succession des temps ; quelques mots s'échappent et vont, à la faveur de l'habitude, s'attacher plus ou moins convenablement aux usages nouveaux. C'est l'histoire des exceptions.

Elles étaient à Rome une dépendance du système des formules.

Je ne puis parler des *formules* sans dire un mot de cette erreur commune qui les a confondues avec les *actions de la loi*, jusqu'à la découverte des Institutes de Gaïus.

La différence mérite d'être remarquée.

On croit que les actions de la loi remontaient plus haut que la loi des douze tables ; elles avaient été composées pour l'exercice de la juridiction contentieuse ; leur but était d'imprimer au peuple un respect religieux pour les formes symboliques que les Romains aimaient tant, de resserrer les liens qui le tenaient sous la dépendance des interprètes , et de lui rendre moins facile l'accès des tribunaux : *ne populus prout vellet institueret* (1).

Les actions de la loi se nommaient ainsi , à cause de leur rapport direct avec le texte des lois : *quia ipsarum legum verbis accommodatæ erant...... legibus proditæ erant* (2). Il fallait qu'une loi eût fait naître le droit que l'on voulait poursuivre , et c'était d'après cette loi que les termes de l'action étaient rigoureusement établis : *quòd si uno verbo erratum fuisset , totâ causâ cecidisse videbatur* (3).

Voici un exemple tiré de Gaïus : Un particulier avait formé une action contre un autre qui avait coupé des ceps de sa vigne ; mais il

___

(1) L. 2 , § 6 ff. *de orig. jur.*
(2) *Gaïus*, lih. 4 , § 11.
(3) Quintilien.

perdit son procès , *responsum est rem per-
didisse* , parce qu'il s'était servi du mot *ceps* ,
au lieu du mot *arbres* , qu'il aurait dû employer ; la loi des douze tables, de laquelle il
faisait dériver son action, n'ayant parlé en
général que des arbres coupés (1).

Ce n'est pas tout : les actions de la loi ne
pouvaient être intentées pendant toute la
durée des *jours néfastes* , ni pendant une
partie de ceux appelés *intercisi*. Les patriciens possédaient seuls la clef de ce calen-
drier judiciaire.

On comptait cinq actions de la loi (2) ;

(1) *Gaïus* , *ibid.*

(2) 1° *Sacramentum : c'était une sûreté réciproque
que les parties se donnaient au moment où le procès
allait être plaidé ; elle consistait dans le dépôt d'une
somme d'argent. (Gaïus, lib. 4 , § 13 , 14, 15, 16.)
Le gagnant retirait ce qu'il avait consigné ; la mise
du perdant était confisquée au profit du trésor sacré ;
de là ce nom de *sacramentum*.

2° *Judicis postulatio : c'était, après l'instruction
préparatoire faite devant le magistrat , la demande
qu'on lui adressait , pour avoir un *judex* qui devait
rendre le jugement définitif. (Gaïus, lib. 4 , § 15.)

3° *Condictio : espèce de *judicis postulatio*. (Gaïus ,
lib. 4 , § 18 et 19.) Ce mode de procéder fut introduit
pour les créances d'une somme déterminée , *certa pecu·*

dans la suite, les préteurs inventèrent diverses fictions , à l'aide desquelles les actions de la loi, *juris civilis*, furent étendues au nouveau droit introduit par leurs édits , *jus honorarium*. On disait à Rome, comme aujourd'hui en Angleterre : *in fictione juris consistit æquitas*.

Les actions de la loi étaient une sorte de

nia, et pour toutes celles d'un objet déterminé, *de omni certâ re*. La *condictio* était moins solennelle que la *judicis postulatio* , car elle n'exigeait pas le *sacramentum*.

4° *Manûs injectio* ; on en distinguait deux : l'une , appelée *pura* , était l'action d'entraîner devant le tribunal le défendeur qui refusait de s'y rendre , *vi rapere* ; l'autre représentait, avec des accessoires beaucoup plus sévères, l'exercice de notre contrainte par corps , pour l'exécution des jugemens , *pro judicato* (Gaïus , lib. 4 , § 12) ; celle-là tirait son origine de la loi des douze tables.

5° *Pignoris capio* : par cette action , le créancier saisissait de sa propre autorité , sans permission du magistrat , et pour la sûreté de ce qui lui était dû , un objet mobilier appartenant à son débiteur ; c'était un gage qu'il conservait jusqu'à ce que son droit eût été jugé. La *pignoris capio* n'était pas admise pour toutes espèces de créances. (Gaïus , lib. 4 , § 26 , 27 et 28.)

représentation dramatique des combats que les hommes se livraient, dans l'enfance des sociétés, pour revendiquer et soutenir leurs droits. Les signes de cette représentation étaient accompagnés de certaines *formules* (1), ou *conceptions de mots*, immuables comme la loi de laquelle elles procédaient.

L'an de Rome 449, Ch. Flavius, secrétaire d'Appius Claudius, déroba à son maître le secret des formules. Le peuple récompensa cette infidélité en le comblant d'honneurs ; mais les patriciens inventèrent de nouvelles conceptions de mots, qu'ils appelèrent *notæ ;* et, pour en assurer mieux le mystère, ils eurent le soin d'indiquer chacun des mots par une lettre initiale seulement, *per siglas.*

Enfin les vœux des plébéiens furent accomplis. Ces actions de la loi, avec leurs périlleuses subtilités, qui donnaient plus au mot qu'à la chose, furent abrogées par la loi *æbutia* et par les deux lois *julia.*

Les solennités et les rites des actions de la

---

(1) C'est de ces formules que j'ai entendu parler ci-dessus, chap. 1er, page 16. Il faut bien les distinguer des autres *formules* qui remplacèrent les actions de la loi, comme je le dirai bientôt.

loi ne subsistèrent plus que pour les actes de la juridiction volontaire, *actus legitimi.*

J'en parlerai au chapitre suivant.

Le système des formules qui fut substitué à l'ancienne manière de procéder, n'eut rien de commun avec les conceptions de mots qui avaient accompagné les actions de la loi. Ces nouvelles formules ne furent autre chose que la position de la question résultant du procès.

Le préteur ne jugeait pas, il donnait aux parties un *judex,* devant lequel il les renvoyait avec la formule de l'action (1), c'est-à-dire avec l'ordre alternatif de condamner le défendeur, ou de ne pas le condamner, suivant que la question posée serait résolue contre lui, ou pour lui. *Si paret, condemna; si non paret, absolve* (2).

La formule du préteur était *in jus concepta,* lorsqu'il s'agissait d'une question de droit ; elle était *in factum concepta,* quand le *judex* n'avait qu'un fait à vérifier.

Il est temps de revenir aux exceptions.

(1) Voyez ci-après, pag. 102 et 103.
(2) *Gaïus,* lib. 4, § 39 *et seq.*

Elles exprimaient, en général, le contraire de ce que le demandeur affirmait (1).

Mais tous les moyens que le défendeur pouvait avoir contre l'action, n'étaient pas indistinctement proposables. Lorsqu'ils se tiraient du droit civil proprement dit, *ipso jure* (2), ils étaient, par leur nature même, soumis à l'examen du *judex*. Au contraire, quand il s'agissait des moyens d'équité fournis par le droit prétorien (3), le *judex* ne pouvait les prendre en considération, à moins qu'il n'y eût été spécialement autorisé par le préteur. Il devait se borner à déclarer, par exemple, qu'une obligation existait ou n'existait pas; la question de savoir si le consentement avait été surpris par dol, ou extorqué par violence, n'ayant pas été posée dans la formule, il ne lui était pas permis de s'en oc-

(1) *Omnes autem exceptiones concipiuntur in contrarium ejus quod affirmat is cum quo agitur.* Gaïus, lib. 4, § 110.

(2) *Ipso jure* ne doit pas se traduire ici par ces mots, *de plein droit.* — *Ipsum jus* signifiait le droit civil primitif, par opposition au droit prétorien.

(3) *Sæpe enim accidit ut quis jure civili teneatur; sed iniquum sit eum judicio condemnari.* Gaïus, lib. 4, § 116.

cuper. La ligne de son attribution était strictement limitée par cet ordre absolu : *si paret,*
condemna.

Toutefois, si le préteur, après le *condemna,*
avait EXCEPTÉ le cas où le défendeur aurait été
trompé par des manœuvres frauduleuses, s'il
avait ajouté : *nisi, in eâ re, aliquid dolo malo*
factum sit, alors le *judex* pouvait admettre
la défense *per exceptionem.* Voilà l'exception
du droit romain. Elle était toujours sous-
entendue dans les actions de bonne foi (1).

L'usage des formules fut aboli par la fameuse constitution de Constantin, *de for-*
mulis et impetrationibus actionum sublatis.
Tous les moyens devinrent proposables de
plein droit, contre toutes les espèces d'actions. La faveur de la défense fut une règle
de justice, et cessa d'être une exception.

---

(1) *L. 7, ff. de pactis,* § 6.

Il faut voir, sur cette matière, l'excellent mémoire
de M. Everard Dupont, couronné à Liége, en 1821, et
portant pour titre : *Disquisitiones in commentarium* **IV**
institutionum Gaii, recenter repertarum. Lugduni-Bata-
vorum, 1822.

CHAPITRE VI.

DE LA JURIDICTION. — DE LA COMPÉTENCE. — DES TRIBUNAUX ORDINAIRES ET DES TRIBUNAUX EXTRAORDINAIRES.

LA juridiction est cette émanation de la puissance souveraine, qui est communiquée aux magistrats, pour rendre la justice au nom du prince (1).

La juridiction, *juridictio*, est le pouvoir du juge ; la compétence est la mesure de ce pouvoir.

On dit le ressort, le détroit (2) ou l'arron-

(1) Toute justice émane du Roi. Elle s'administre en son nom par des juges qu'il nomme et qu'il institue. Charte constit., art. 57.

(2) Du vieux mot *districtus*, district, qui a été rajeuni de nos jours.

dissement d'une juridiction, pour exprimer le territoire sur lequel elle s'étend. C'est la sphère d'activité du juge.

Lorsqu'une personne est traduite devant un tribunal dont la juridiction ne comprend pas le territoire qu'elle habite, le juge est incompétent *ratione personæ*. Cette personne peut *décliner la juridiction*, et demander d'être renvoyée au tribunal de son domicile.

Il est certaines matières dont la connaissance a été distraite de la juridiction d'un tribunal, ou ne lui a point été attribuée ; le juge est, quant à ce, incompétent *ratione materiæ*.

Ici se présente naturellement la distinction des diverses espèces de tribunaux.

L'autorité des tribunaux primitifs s'étendait indistinctement sur toutes les matières contentieuses. Les affaires, tournant dans un cercle étroit de mœurs et de coutumes, n'offraient ni assez de variété, ni des questions assez détachées du droit commun, pour exiger des règles particulières et des juges spéciaux.

Mais l'industrie, le commerce, les progrès de l'administration firent germer d'autres in-

térêts, suscitèrent des débats imprévus, ajou-
tèrent de nouvelles branches à la législation,
et réclamèrent de nouvelles combinaisons
judiciaires et des études à part. Telle fut l'origine des tribunaux extraordinaires.

Les tribunaux ordinaires ont conservé la
juridiction à titre universel des tribunaux
primitifs. Toutes les matières sont de leur
compétence, à l'exception de celles qui ont
été spécialement distraites, pour être attribuées aux tribunaux extraordinaires.

On divise encore les tribunaux en tribunaux
de première instance et en tribunaux *d'appel* :
il faut bien que les erreurs des premiers juges
puissent être réparées. Cependant il est des
affaires d'une importance si mince, que l'objet du litige ne supporterait pas, sans être
absorbé, le déchet inévitable des frais d'une
seconde instruction et d'un second jugement.
Dans ces cas, que la loi a déterminés, le recours au juge supérieur n'est pas ouvert.

Le droit de décliner la juridiction d'un
tribunal incompétent *ratione personæ*, est un
privilége auquel on peut renoncer. Il importe
peu à la société qu'un particulier, lorsqu'il y
consent, aille plaider devant un autre juge

que celui de son domicile , si, abstraction faite de la question de territoire , l'affaire est d'un genre compris dans les attributions de l'un comme de l'autre.

Une personne de Versailles est assignée à Paris, pour la restitution d'un dépôt : le tribunal de Paris n'est incompétent que parce que le domicile de cette personne est hors de ses limites ; car il peut connaître, comme celui de Versailles , de la restitution d'un dépôt. Le renvoi n'est pas demandé ; l'incompétence est couverte , comme on dit au palais ; la cause est plaidée et jugée à Paris. Cette extension ou prorogation volontaire de la juridiction territoriale d'un tribunal ne fait pas ressentir à l'ordre public la plus légère atteinte (1).

Mais je suppose qu'une action concernant la propriété d'un domaine soit portée devant un tribunal de commerce : il y aura incompétence *ratione materiæ*. Cette incompétence pourra-t-elle être couverte , si les parties

---

(1) Autrefois le juge pouvait intervenir et revendiquer la cause, pour ramener devant lui le justiciable qui consentait à plaider ailleurs; c'est qu'alors le droit de justice était attaché au patrimoine d'un fief , c'était une propriété qu'il fallait respecter.

le veulent bien ? Non. Les tribunaux de commerce, comme tous les tribunaux d'exception, ont reçu le pouvoir spécial de juger un certain genre d'affaires ; ils sont sans attribution pour toutes les autres. Consentir à ce qu'elles leur soient soumises, ce serait leur créer une juridiction, et non pas seulement étendre ou proroger celle qu'ils ont reçue ; ce serait mettre le caprice d'une volonté particulière à la place d'une disposition d'ordre public, confondre les pouvoirs, détourner le cours de la justice, et le troubler jusqu'à sa source.

Ces principes fournissent d'autres conséquences.

Il y a des juges dont la compétence est bornée à une certaine somme. Un juge de paix par exemple, en matière purement personnelle et mobilière, ne connaît d'une cause qu'autant qu'elle n'excède pas la valeur de 100 francs (1). Toutefois les parties peuvent s'accorder pour l'autoriser à statuer sur la demande en paiement d'une plus forte somme. C'est qu'elles ne font que reculer les bornes de sa juridiction, sans lui en conférer une nouvelle ; elles développent en lui le

_____

(1) Loi du 24 août 1790, tit. 3, art. 9.

germe préexistant d'un pouvoir qui s'étend, sans usurper un autre genre de cause (1).

Ainsi la juridiction peut être prorogée d'une somme à une somme plus forte, *de quantitate ad quantitatem* (2); mais jamais d'un genre d'affaires à un autre genre.

On concevra plus facilement encore qu'il soit permis aux parties de consentir à être jugées sans appel, dans les causes où la loi ne donne au tribunal que la compétence du premier ressort (3). Chacun est libre de renoncer au droit introduit en sa faveur.

J'ai parlé de la juridiction prorogée par le consentement des parties ; mais il est une prorogation forcée qui s'opère par la seule volonté de la loi.

(1) M. le président Henrion de Pansey a traité de la *juridiction* dans son excellent ouvrage DE L'AUTORITÉ JUDICIAIRE, etc. On ne peut trop le consulter. Quand on écrit sur une matière après M. le président Henrion de Pansey, il faut se résigner à copier ou à extraire.

(2) *Judex qui usquè ad certam summam judicare jussus est, etiam de re majori judicare potest, si inter litigatores conveniat.* L. 74, ff. *de judic.*

(3) Loi du 24 août 1790, tit. 4, art. 6. Code de procéd., art. 7.

On sait que la reconvention est la demande
que forme à son tour le défendeur, en ré-
pondant à l'action principale intentée contre
lui (1).

Or, si les parties ont leur domicile dans
deux juridictions différentes, le demandeur
dira-t-il au défendeur : « Votre reconvention
change nos rôles : laissez juger ma demande
principale par votre tribunal, où j'ai dû vous
traduire; puis vous reporterez vos prétentions contre moi devant le juge de mon domicile? » Il n'en sera point ainsi : la loi, dans
ce cas, soumet les deux demandes aux mêmes
juges ; elle couvre l'incompétence *ratione
personæ;* elle attire sur le demandeur principal l'autorité qu'il avait invoquée contre
son adversaire.

Cette prorogation légale cesse, si la demande
reconventionnelle appartient à un genre de
cause qui n'est pas dans les attributions du
tribunal saisi de la demande principale; car il
y aurait alors une incompétence *ratione materiæ*, qui ne se couvre jamais.

Il est bon d'observer aussi que le juge peut
disjoindre les demandes, et renvoyer la recon-

(1) Voyez ci-dessus, page 79.

vention devant le tribunal qui devrait naturellement en connaître, lorsqu'elle paraît exiger une instruction beaucoup plus longue et
plus compliquée que la demande principale ;
comme dans le cas où un défendeur assigné
pour le remboursement d'un simple prêt,
réclamerait reconventionnellement l'exercice
d'un droit de servitude, et une application de
titres sur le terrain.

La juridiction est *pleine, jurisdictio ple-
nior*, lorsqu'elle comprend à la fois le droit
de juger et le droit de faire exécuter les jugemens.

Les tribunaux ordinaires ont cette plénitude de juridiction.

Les tribunaux extraordinaires ou d'exception n'ont que le droit de juger ; ils ne
connaissent point de l'exécution de leurs jugemens.

J'ai dit que ces tribunaux avaient été institués pour décider certaines affaires dont le
genre exige des connaissances spéciales.

Leur mission est remplie, lorsqu'ils ont prononcé. Les moyens d'exécution du jugement,
les voies de contrainte, et les difficultés qui
peuvent en résulter, rentrent naturellement

I.

dans la direction de la justice ordinaire.

Remarquez que cette incompétence des tribunaux d'exception ne s'entend que par rapport à l'exécution de leurs jugemens définitifs, c'est-à-dire des décisions qui terminent le procès devant eux. Lorsqu'un juge de paix ou des juges de commerce, avant de statuer et pour obtenir des éclaircissemens utiles, ordonnent une preuve, une vérification, une expertise, une communication de pièces ou une comparution personnelle des parties, l'exécution de ces mesures préliminaires doit nécessairement leur appartenir; car leur juridiction n'est pas encore finie, *nondùm judex officio suo functus est* (1).

En résumé : le droit de faire comparaître en cause, *vocatio;* celui d'ordonner les actes d'instruction, *notio;* celui de faire respecter la dignité de l'audience, *coercitio* (2); celui de juger, *judicium;* voilà la juridiction moins pleine. C'est là que se borne le pouvoir des

____

(1) *Cui jurisdictio data est, ea quoque concessa esse videntur sine quibus jurisdictio explicari non potest.* L. 2 ff. *de jurisdict.*

(2) Art. 88 et suiv. du Code de procédure : art. 504 et suiv. du Code d'instruction criminelle.

juges d'exception. Ils n'ont des attributs de la Justice que la balance.

Ajoutez-y le droit de faire exécuter les décrets de la justice, suivant les formes indiquées par la loi, *imperium*, *executio*, et vous aurez la juridiction pleine. C'est celle des tribunaux ordinaires. Ils ont la balance et le glaive.

Sous un autre aspect, la juridiction est ou *volontaire* ou *contentieuse*.

Elle est volontaire, lorsque, sur la demande d'une seule personne, ou de plusieurs qui sont d'accord, le juge consacre et légitime certains actes par le sceau de son autorité. Tels sont la dation de tutelle, l'adoption, l'émancipation, l'ouverture des testamens, l'envoi en possession des biens, etc. Là il n'y a point de contradicteur; cependant le juge pourrait de son propre mouvement refuser la sanction, si l'acte pour lequel on la réclame ne lui paraissait pas conforme aux conditions de la loi (1).

La juridiction est contentieuse, quand il

(1) Voyez M. Merlin, *Répertoire*, verb. *Juridiction volontaire*.

s'agit de prononcer sur les débats d'une contestation portée devant un tribunal.

L'une s'exerce *inter volentes*, et l'autre
inter litigantes.

L'intervention d'un contradicteur change
la juridiction volontaire en juridiction contentieuse ; car alors il y a opposition, résistance et procès. *Jurisdictio voluntaria*, dit
d'Argentrée, *transit in contentiosam inter-
ventu justi adversarii* (1).

Les Romains appelaient *actes légitimes* les
actes de la juridiction volontaire : *actus legitimi lege jussi aut liciti*, *publicè vel privatìm
solemni ritu celebrandi*. Ils donnaient le nom
d'*actions de la loi* aux actes de la juridiction
contentieuse : *actiones legis compositæ quibus homines inter se disceptarent* (2).

Des interprètes ont cru que la dénomination
d'actions de la loi s'appliquait également aux
actes de la juridiction volontaire, parce que
l'on voit dans quelques textes du droit romain
que les affranchissemens, les adoptions et les
émancipations se faisaient devant les magis-

----

(1) Sur la coutume de Bretagne, art. 1.
(2) L. 2, § 6, ff. *de origine juris.* Voir le chapitre
précédent.

trats qui avaient l'action de la loi, *apud quos legis actio. erat* (1).

Mais ces textes désignaient seulement le rang et la puissance des magistrats capables de conférer l'affranchissement, l'adoption et l'émancipation ; comme le préteur ou le consul à Rome, et le proconsul ou le président dans les provinces. Tout ce que l'on peut en conclure, c'est qu'il fallait avoir *l'action de la loi* pour faire les *actes légitimes*, ce qui ne signifie pas que les actes légitimes fussent des actions de la loi.

La juridiction volontaire participe plus du droit de commandement que du droit de juger. « Tels actes de cérémonies ez quels » reluit et paroît l'autorité du magistrat, sont » dits *esse magis imperii quàm jurisdictio-* » *nis* (2). » Il suit de là qu'ils appartiennent en général aux tribunaux ordinaires qui sont investis de l'un et de l'autre droit, et que les juges d'exception ne peuvent faire des actes de juridiction volontaire, à moins que, par une disposition expresse et spéciale, le légis-

---

(1) L. 2 et 3 ff. *de offic. procons.*, 4 ff. *de adopt. et emancip.*, et 1 ff. *de offic. jurisd.*

(2) Loyseau, *Traité des Offices*, liv. 1ᵉʳ, chap. 5.

lateur ne leur en ait donné l'attribution (1).

Les magistrats de Rome, pendant la durée de leur charge, possédaient la juridiction comme une sorte de propriété. Ils pouvaient donner des juges aux parties, et déléguer, avec le droit d'instruire et de juger, une portion de commandement réduite à une modique coercition (2). Mais il ne leur était pas permis de transférer à des mandataires l'entier exercice du commandement, la puissance qu'ils tenaient d'une constitution impériale, d'un sénatus-consulte, ou de quelque autre loi particulière (3), et par conséquent l'exercice des actes légitimes.

Je dois faire observer, en parlant de la dé-

---

(1) C'est en vertu de cette attribution spéciale que les juges de paix reçoivent les actes d'adoption, prononcent les émancipations, et président aux tutelles déférées par les conseils de famille.

(2) Le juge délégué avait, comme tout autre juge, le droit de punir les injures qui lui étaient faites dans l'exercice de ses fonctions. *Sine modicâ coercitione nulla est jurisdictio. L. ult. ff. de officio ejus cui mandata est jurisd.*

(3) L. 1. ff. *codem tit.*

légation de juridiction chez les Romains (1),
que toute justice, en France, émane du Roi,

(1) Tous ceux qui avaient juridiction, et notamment tous les magistrats de Rome, pouvaient donner
des juges. L. 12, § 1, ff. *de judic. et ubi quisque
agere vel conveniri debeat.* Voyez ce que j'ai dit ci-
dessus, p. 85, 86 et 87, sur les fonctions du juge
donné.

On ne pouvait donner pour juge ni un furieux sans
intervalles lucides, ni un impubère, ni un esclave,
ni un sourd, ni un muet, L. 12 ff. *eod.*; ni celui
qui était demandé par l'une des parties, à moins
que le prince, par égard pour le juge demandé, ne
l'eût permis. L. 47 ff. *eod.*

L'aveugle, le fils de famille, pouvaient être donnés
pour juges. L. 6 et 12 *eod.*

Le fils de famille pouvait être juge de son père,
et le père de son fils, *in privatis negotiis*, c'est-à-dire
dans les affaires domestiques. L. 77 *eod.*

Le juge était donné pour un temps déterminé,
L. 32 *eod.*; son droit cessait par la prohibition de
celui qui l'avait donné, ou par celle du magistrat
supérieur, ou lorsqu'il venait à acquérir un degré
d'autorité égal à celui du magistrat qui l'avait commis.
L. 58 *eod.*

Le juge délégué ne pouvait en déléguer un autre.
L 5. ff. *de jurisdict.* C'était au magistrat qui avait
donné le juge qu'il appartenait de faire exécuter la
sentence rendue par celui-ci. L. 15 ff. *de re judic.*

et que les juges qu'il institue pour l'administrer en son nom, ne peuvent déléguer leur
juridiction. Cependant, lorsqu'il s'agit de
faire des actes d'instruction que l'éloignement
du domicile des parties, ou la situation de
l'objet en litige, rendraient trop dispendieux,
ils ont la faculté de commettre un autre juge
plus rapproché pour y procéder (1). Mais ces
actes sont toujours rapportés au tribunal devant lequel l'instance a été introduite, et qui
seul peut rendre le jugement.

(1) Art. 1035 Cod. procéd. civ.

CHAPITRE VII.

DE L'ORGANISATION JUDICIAIRE AVANT LA RÉVOLUTION.

LES justices seigneuriales, les justices royales, les bailliages ou sénéchaussées, les présidiaux et les parlemens, étaient autrefois les tribunaux ordinaires.

La justice seigneuriale était annexée à un fief, et possédée héréditairement comme le fief, en vertu d'une concession primitive du souverain. Mais tous les fiefs n'avaient pas le droit de justice ; c'est ce qui faisait dire à nos docteurs : *Fief et justice n'ont rien de commun.*

On distinguait trois sortes de justices seigneuriales : la haute justice, la moyenne justice et la basse justice. Les différences de dignité entre les possesseurs de fiefs avaient apparemment produit cette distinction.

Le bas-justicier connaissait des contestations concernant les droits dus au seigneur par les hommes de son fief.

Le juge de la moyenne justice prononçait sur les actions réelles, personnelles et mixtes mues entre les sujets du seigneur, ou intentées contre l'un d'eux.

La haute justice comprenait les deux autres; le haut-justicier pouvait de plus donner des tuteurs et des curateurs, émanciper les mineurs, apposer les scellés et faire les inventaires.

Autrefois les seigneurs rendaient eux-mêmes la justice; mais, depuis le douzième siècle, on les avait obligés de commettre des juges pour la rendre sous leur nom.

Les affaires particulières des seigneurs, pour billets, obligations, réparations d'injures et toutes autres choses que celles qui concernaient les domaines et droits de la seigneurie, n'étaient pas portées devant les officiers de leur justice (1). La délicatesse de la loi sur ce point s'explique aisément.

(1) Art. 11, tit. 24 de l'ordonnance de 1667.

Les justices royales, proprement dites, étaient exercées par des juges que le roi nommait dans les terres de son domaine ; ces juges connaissaient de toutes les affaires civiles entre roturiers (1). On les appelait *prévôts ;* en certaines provinces, *châtelains ;* en d'autres, *vicomtes ;* en d'autres encore, *viguiers ;* mais c'était partout le même pouvoir et la même autorité sous des noms différens. Ces officiers avaient remplacé les *comtes*, qui, dès les premiers âges de la monarchie, et même avant la conquête, présidaient dans chaque ville au fait de la justice (2).

---

(1) Édit de Crémieu, art. 20.

(2) « Les comtez premierement n'estoient dignitez de telle parure comme nous le voyons aujourd'huy ; ains, de leur primitive institution, estoient mots appropriez presque à toutes manieres d'estats qui estoient autour des empereurs de Rome, rapportant, les anciens, l'effect de cette diction à sa signification latine. Pour laquelle cause, estoient appelez ceux qui avoient superintendance, ou sur le palais, ou sur l'escurie, ou sur l'espargne de l'empereur, comtes du palais, comtes d'estables, et comtes des largitions, et ainsi presque de tous les autres. Vérité est qu'à l'imitation de ceux-cy, les courtisans et gentils-hommes qui estoient pris de la suite des

Les baillis étaient, au moyen-âge, des commissaires que le prince envoyait dans les di-

empereurs pour aller gouverner les provinces, prindrent semblablement en plusieurs endroits ce titre de comte : comme nous voyons estre faict assez fréquente mention des comtes de la Marche d'Orient. Et petit à petit ce nom s'espandit de telle façon, qu'il n'y avoit ville qui n'eust son comte pour juge ; voulant chaque juge rapporter sa grandeur, comme s'il eust été tiré de la suite et compagnie des empereurs. De là vint que les François arrivant aux Gaules, y trouvèrent presque ceste générale police plantée, laquelle ils ne vouloient changer, non plus que plusieurs autres. De ces comtes ayant ainsi charge et superintendance de la commune justice, vous trouverez estre souvent faite mention dedans les loix de Charlemagne et de Louis-le-Débonnaire son fils, lesquelles, en la plus part de leurs chapitres, ne chantent d'autres que la diligence que les comtes doivent faire dans leurs comtez à rendre droit à chacun....... Lorsque les comtes commencèrent de là en avant de s'arrester seulement aux bienfaicts du roi, ils laissèrent la juridiction à leurs lieutenants, dont les aucuns appelés furent *vicomtes* et les autres *viguiers* du mot *vicarius*, et les autres *prévosts* d'un autre mot latin que nous appellons *præpositus ;* car, en ceste façon, les voyons-nous estre appellés ès anciennes lettres de nos roys, lorsqu'elles s'adressoient aux prévosts. » Pasquier, *Recherches de la France*, liv. 2, chap. 14.

verses parties du royaume, pour savoir si la justice y était bonnement et loyalement rendue. « Or furent ainsi appelez, à mon jugement, ces baillifs, dit Pasquier (1), pour autant que, de leur première origine, ils estoient *baillez* et envoyez dans les provinces par nos roys. Ou bien, sans aucune altération de lettres, *baillifs*, comme conservateurs et gardiens du bien du peuple, encontre les offences qu'il eust pu encourir des juges ordinaires. Car le mot de *baillif*, en viel langage françois, ne signifioit autre chose que gardien ; et *baillie*, garde (2). »

Les baillis recevaient les griefs qui leur étaient présentés contre les décisions des juges ; ils réformaient ou confirmaient ces décisions, suivant qu'il y avait lieu. Cependant, lorsqu'une affaire leur paraissait d'une grande importance, ils en réservaient la connaissance

M. de Savigny pense que l'office de comte était d'origine germanique. *Histoire du Droit Romain*, tom. 1er, p. 222 et suiv.

(1) *Ibid.*

(2) Des officiers de justices seigneuriales prenaient dans certains pays le nom de baillis ; mais c'était un abus, dit Loyseau, *Traité des Seigneuries*, chap. 8, n° 43.

au roi ou à son conseil. Car, en ce temps-là,
les rois jugeaient souvent eux-mêmes (1).

(1) Voyez l'Histoire de Charlemagne, par M. Gail-
lard, tom. 3, chap. 2.

Louis-le-Débonnaire ordonnait à ses envoyés d'a-
vertir qu'il tiendrait une audience par semaine. *Hoc
missi nostri notum faciant comitibus et populo, quòd nos
in omni hebdomadâ unum diem ad causas audiendas et
judicandas sedere volumus. Capitul. anni* 829, *tit.* 2, ;
cap. 14.

Saint Louis, après avoir entendu la messe en été,
alloit s'ébattre au bois de Vincennes, se seyoit au pied
d'un chêne pour entendre les parties, et donnoit la sentence selon l'équité. (Joinville.)

Les ennemis de Charles V l'appelèrent *le Praticien* et
l'Avocat, dit Mézeray, parce qu'il se trouva souvent
dans son parlement; l'histoire l'a surnommé *le
Sage.*

Charles VIII s'était enquis de la forme dans laquelle
ses prédécesseurs donnaient audience au pauvre peuple,
et comment saint Louis y procédait. Ayant reçu les
éclaircissemens qu'il demandait, il se mit à donner
régulièrement des audiences à tous ceux qui se présentaient.

Louis XII se rendait familièrement au palais, monté
sur sa mule, sans suite et sans s'être fait annoncer. Il
prenait place parmi les juges, écoutait les plaidoyers,
et assistait aux délibérations.

Nos annales ne citent point de rois qui, depuis

Dans l'origine on donnait le nom de parlement à l'assemblée générale de la nation : *Parlamentum*, *mallum*, *concilium Francorum*. Sous la seconde race, le parlement se réduisit aux barons ou vassaux immédiats de la couronne, et autres personnes choisies parmi les clercs et les nobles, ce qui forma la *cour* ou *conseil* du roi pour les affaires d'état et de justice. Le conseil accompagnait le prince dans ses voyages, et les plaideurs se mettaient à la suite de la cour.

Déjà saint Louis, en favorisant le cours des appels, avait entrepris de corriger les usages barbares de son siècle, et de ramener vers le trône la souveraine administration de la jus-

Louis XII, soient venus au parlement pour juger des procès civils. On sait seulement que Louis XIII présida la commission nommée pour prononcer sur le sort du duc de la Vallette.

L'étendue et la complication de l'administration générale du royaume n'ont plus permis que le monarque se livrât aux détails qu'exige le jugement des affaires.

Aujourd'hui l'exercice de l'autorité judiciaire est formellement séparé de la puissance exécutive et de la puissance législative.

tice (1). Il avait commencé à détruire le mal,
en faisant sentir le bien ; la distinction des *cas
royaux* et des *cas seigneuriaux*, et l'extension progressive que reçurent les premiers,
achevèrent son ouvrage.

Le nombre des affaires renvoyées au conseil
du roi étant devenu trop considérable, Philippe-le-Bel donna la fameuse ordonnance du
23 mars 1302, portant, art. 62 : « Pour l'utilité de nos sujets et l'expédition des affaires,
nous nous proposons de régler les choses de
manière que chaque année il y aura deux tenues de parlement à Paris, deux échiquiers à
Rouen, et deux grands-jours à Troyes ; et qu'il
y aura une tenue de parlement à Toulouse, si
cette province consent qu'il n'y ait point d'appel de ceux qui présideront ce parlement (2). »

(1) *Etablissemens*, liv. 2, chap. 15.
(2) *Prætereà propter commodum subjectorum nostrorum
et expeditionem causarum, proponimus ordinare quòd
duo parlamenta Parisiis et duo scacaria Rothomagi et dies
Trescenses bis tenebuntur in anno, et quòd parlamentum
apud Tolosam tenebitur, si gentes terræ prædictæ consentiant quòd non appelletur à præsidentibus in parlamento
prædicto.* Rec. gén. des anc. Lois franç., par MM. Jour-
dan, Decrusy et Isambert, tom. 2, p. 754.

L'échiquier de Rouen était l'ancien conseil des ducs de Normandie (1); François Ier voulut, en 1515, qu'on l'appelât à l'avenir le parlement de Normandie.

Les grands-jours de Troyes étaient les assises que tenaient les comtes de Champagne pour prononcer sur les appels interjetés par leurs vassaux (2).

« Ces échiquiers à Rouen, les grands-jours

Il est à propos de remarquer, pour l'intelligence de ces dispositions, que le comté de Toulouse, conquis, en 1227, sur le comte Raimond, était réuni au domaine royal ; que la Normandie avait été soumise par Philippe-Auguste dès l'année 1204, et que le roi possédait une grande partie de la Champagne.

(1) Ce nom d'échiquier vient, suivant les uns, de ce que le premier fut tenu à Rouen dans une salle dont le pavé était noir et blanc, et ressemblait au tablier d'un jeu d'échecs ; suivant les autres, de ce que le bureau était couvert d'un tapis échiqueté de noir et de blanc.

(2) *Dies magni Trecenses : ità vocabant assisias publicas et generales , quas comites Campaniæ tenebant in urbe Trecensi, ad dirimendas et dijudicandas supremo judicio majoris momenti controversias , et quæ per appellationem ab assisiis baliviarum devolvebantur ; præsertim verò lites baronum Campaniæ qui scilicet nullo medio pendebant à comite.* Ducange , v° *Dies magni.*

1.   8

de Troyes, dit Pasquier, étoient assises générales que l'on avoit autrefois tenues sous ces
noms en Normandie et en Champagne, pendant que les ducs de Normandie et comtes de
Champagne s'en étoient fait accroire ; auxquelles ils avoient leurs pairs pour juger les
causes, tout ainsi que nos roys en leurs par-
lements (**1**). »

Lorsque la Champagne fut réunie à la couronne, le roi envoya des membres de son
conseil pour tenir les grands-jours de Troyes.
Ducange nous a conservé les termes d'une
requête que présentèrent à ce sujet les gentilshommes de la province : « *Item* requierent
li gentil hommes, que on tiengne les jours de
Troyes deus fois l'an, et que on y envoit tels
gens qui puissent et doivent délivrer les bonnes gens selon la raison. »

Il y eut souvent des grands-jours *extraordinaires* en d'autres provinces éloignées, pour
procurer aux habitans une expédition plus
prompte et moins dispendieuse. Les grands-
jours de Poitiers, tenus en 1579 par le président de Harlay et par l'avocat général Brisson qui avaient fait leurs études de droit

(1) Recherches de la France, liv. 2, chap. 3.

en cette ville, brillèrent d'un grand éclat.

La justice commençant à se fixer, les baillis devinrent sédentaires dans les ressorts ou bailliages qui leur avaient été départis; ils ne jugèrent plus qu'à la charge de l'appel, et le recours contre leurs sentences fut porté au parlement.

Mais ces baillis, dont l'humeur s'accommodait mieux des aventures et des hasards de la guerre que des discussions judiciaires, déléguèrent l'exercice de leurs fonctions à des lieutenans qu'ils pouvaient d'abord révoquer à leur gré. Depuis, les commissions des lieutenans et des juges du bailliage furent érigées en titre d'offices, et les offices, déclarés inamovibles par Louis XI, furent déclarés vénaux par François Ier. Les baillis perdirent leur ancienne autorité; ils ne conservèrent que des prérogatives d'honneur. Les expéditions des sentences étaient toujours intitulées de leur nom; ils étaient reçus avec de grandes cérémonies, lorsqu'ils venaient à l'audience, mais ils n'y avaient plus voix délibérative (1).

Ce que j'ai dit pour les baillis s'applique aux sénéchaux; le nom seul était différent. « Quant au mot de sénéchal, qui n'a autre puissance et

_____

(1) Art. 266 de l'ordonnance de Blois.

autorité entre nous que le baillif, quelques personnages de bon sens estiment que ce soit un mot corrompu, my latin et my françois, signifiant vieil chevalier (1). »

Les bailliages et les sénéchaussées avaient la juridiction pleine et entière entre toutes personnes ; mais, comme je l'ai dit, leurs jugemens n'étaient plus que de première instance ; les moindres affaires parcouraient de nombreux degrés avant d'atteindre le dernier ressort, et venaient surcharger de leur multitude les cours souveraines. C'est ce qui détermina Henri II à donner, en 1551, l'édit de création des présidiaux. « Nos sujets, est-il dit dans le préambule, font si grande coustume et habitude de plaider, qu'universellement ils se détruisent ; de manière que c'est une maladie qui a pris son grand cours par tous les endroits de notre royaume, que l'un refuse à tout propos de faire raison à l'autre, s'il n'y est contraint par justice. Et encore pour fuir et dilayer, ne craignent d'appeler, pour quelque petite matière que ce soit, jusques en nos cours souveraines, ce qui est cause que la plu-

_____

(1) Pasquier, *ibid.*, chap. 14, et le Dictionnaire de Trévoux, *v°* Sénéchal.

part de nosdits sujets se ruisnent mesmement, pour la variété et multitude des degrés de jurisdiction où ils appellent et recourent. »

Les présidiaux furent établis dans les principaux siéges des bailliages et des sénéchaussées. On leur donna le pouvoir de juger sans appel toutes les matières civiles qui n'excéderaient pas 250 liv. en capital, ou 10 liv. de revenu. Un autre édit du mois de novembre 1774 porta jusqu'à 2,000 liv. de capital, et 80 liv. de revenu, le taux de leur compétence en dernier ressort. Je crois que le prix progressif de l'argent laissait encore l'ampliation au dessous de l'attribution primitive.

Le parlement, devenu fixe, d'*ambulatoire* qu'il était, comme disent les anciens auteurs, n'avait pourtant pas de continuité; il ne tenait que deux séances par année, aux octaves de Pâques et de la Toussaint; ces séances duraient deux mois.

Comment devint-il continuel? C'est un point assez faiblement éclairé dans nos annales. On a dit à ce sujet : « Quand, à travers les monumens de l'histoire, vous cherchez la cause et les premiers effets de la continuité des parlemens, vous ressemblez aux anciens qui, voyant le Nil couvrir et vivifier l'Égypte, voulaient en vain découvrir sa source, et, remontant aussi loin qu'ils pouvaient, voyaient ce fleuve roulant des eaux troubles, se cachant sous terre et se montrant de nouveau (1). »

Toutefois il paraît que le parlement commença de se tenir sans discontinuation sous le règne de Charles VI, et voici comment cela advint, si l'on en croit Pasquier (2).

A l'ouverture de chacune des tenues de parlement, le prince décernait des lettres-patentes en forme de commissions, avec une liste des membres qui devaient y prendre séance ; car celui qui avait siégé au précédent parlement n'avait pas le droit d'assister au suivant, s'il n'était inscrit sur le nouveau rôle (3).

Mais la minorité du roi, sa maladie, la division des grands et les troubles du royaume, furent cause que, les esprits étant occupés ailleurs, on ne songea plus à envoyer les nouveaux rôles.

---

(1) Dictionnaire de Jurisprudence , par Prost de Royer.

(2) Liv. 2 , chap. 3.

(3) Cette circonstance suffirait pour prouver que le parlement fut un démembrement du conseil.

Cet oubli fut pour ceux qui étaient en exercice une prorogation indéfinie de pouvoirs. La réunion de plusieurs provinces, la diversité des coutumes multiplièrent les procès ; les sessions furent plus rapprochées et plus longues, elles se touchèrent, elles se confondirent, et le parlement resta assemblé pendant toute l'année. Enfin il fallut en créer plusieurs, pour qu'ils pussent suffire à toutes les affaires. « Ainsi vinrent-ils perpétuels ; ce qui fit, ajoute Pasquier, que les seigneurs suivant les armes furent contraints de quitter la place et de la résigner aux gens de *robe longue.* »

Les gens de robe longue étaient les jurisconsultes du temps. Ils ne jugeaient pas ; ils étaient assis aux pieds des pairs et des barons, afin de donner, au besoin, des avis et des éclaircissemens sur les ordonnances et sur les usages dont ils possédaient la tradition. De là leur était venu le nom de *conseillers.*

Juger, ce n'était plus combattre. Les pairs et les barons n'avaient ni le désir ni le loisir de se livrer à l'étude du droit et d'apprendre les formalités de justice ; ils se lassèrent de ces discussions d'affaires dont les détails devenaient pour eux trop subtils ; ils commen-

cèrent à trouver cette occupation peu convenable à leur rang et à leurs habitudes ;
bientôt leurs siéges furent déserts. Les conseillers jugèrent à leur place, et conservèrent
le droit de juger même en présence des pairs,
quand ceux-ci, dans certaines occasions solennelles , revenaient au parlement.

Depuis qu'il n'était plus question des rôles,
pour la désignation de ceux qui devaient
tenir le parlement, chaque place vacante était
remplie par élection. Le roi nommait sur la
présentation du parlement et du chancelier.
« Li roy a ordonné que nul ne soit mis au
lieu et nombre de l'un des esleuz , quand il
vaquera , se il n'est témoigné au roy par le
chancelier et le parlement estre souffizant à
exercer ledit office, et estre mis audit nombre et lieu (1). »

Enfin l'inamovibilité des magistrats fut consacrée par l'ordonnance du 27 octobre 1467,
dont Louis XI, sur son lit de mort, fit jurer
l'observation au jeune Dauphin. « Plusieurs
officiers, y est-il dit, doutant choir à l'inconvénient de mutation et destitution, n'ont pas

(1) Ordonnance de Philippe de Valois, donnée au
Val-de-Grâce, le 11 mars 1344.

tel zèle et ferveur à notre service qu'ils auroient se n'étoit ladite doute.... Statuons et ordonnons que désormais nous ne donnerons aucun de nos offices, s'il n'est vacant par mort, ou par résignation faite du bon gré et consentement du résignant, dont il appert dûment; ou par *forfaiture* préalablement jugée et déclarée judiciairement, et selon les termes de justice, par juges compétens, et dont il appert semblablement (1). »

Ainsi le droit d'administrer la justice, simple commission pendant long-temps, devint un office. Dans la suite on put l'acheter ; plus tard, l'établissement de *la paulette* le rendit héréditaire (2).

On a vu comment les cours supérieures de justice furent un démembrement de ces grands corps politiques, qui représentaient tous les ordres, discutaient toutes les affaires,

(1) Recueil de Fontanon, tome 2, pag. 1240.

(2) La paulette était un droit établi en 1604, que les titulaires des offices de judicature et de finances payaient au roi au commencement de l'année, pour conserver à leurs héritiers la propriété de ces offices. Ce droit reçut son nom de Charles Paulet, qui en fut l'inventeur et le premier fermier.

surveillaient tous les intérêts , et comment
elles héritèrent du nom de parlement.

« Les hommes , dans leur raisonnement
comme dans leur conduite , dit Robertson ,
se laissent aisément entraîner par la ressemblance des noms , et cette identité de noms
donnés en France à deux corps essentiellement différens ne contribua pas peu à faire
confondre leurs droits et leurs fonctions(1). »

Lorsque Louis XII , qui n'était encore que
duc d'Orléans , voulut intéresser le parlement
de Paris dans ses démêlés avec la dame de
Beaujeu , pour la tutelle de Charles VIII , le
premier président Jean de la Vaquerie répondit au prince : « que le parlement était
une cour de justice établie seulement pour
administrer la justice au nom du roi à ses
sujets , non pour se mêler des affaires d'état
et des grandes sanctions du royaume , si ce
n'était par très-exprès commandement du
roi. » Tel n'a point été, à toutes les époques
de notre histoire , le langage des parlemens.
Mais il n'est pas de mon dessein de les considérer sous d'autres rapports que ceux de

(1) Introduction à l'Histoire de Charles-Quint , pag,
462 , aux notes.

l'administration de la justice civile ; et cet
aspect suffit pour qu'on doive reconnaître
dans cette *justice souveraine et capitale de
France*, comme disait Charles V, dans cette
haute magistrature, l'une des plus importantes de nos anciennes institutions, par l'ensemble de son organisation, la grandeur de
ses fonctions, l'étendue de ses lumières et
l'éclat de sa dignité.

En revenant aux anciens tribunaux ordinaires, et en suivant leur hiérarchie, on
trouve qu'il y avait dans certaines affaires
cinq degrés de juridiction, c'est-à-dire quatre
supériorités graduelles pour les appels.

La basse ou la moyenne justice seigneuriale formaient un premier degré ; là se rendait le premier jugement. On n'appelait point
de la basse à la moyenne ; l'appel de l'une
ou de l'autre allait directement à la haute
justice, second degré. De la haute justice on
pouvait appeler à la justice royale, telle que
la prévôté, la châtellenie ou la viguerie,
troisième degré ; de la justice royale, au bailliage ou sénéchaussée, quatrième degré ; enfin
du bailliage ou sénéchaussée, au parlement,
cinquième degré.

Les décisions des justices seigneuriales et
royales, celles des bailliages et sénéchaussées,
et même celles des présidiaux jugeant en dernier ressort, s'appelaient *sentences*.

Les jugemens rendus par les cours souveraines prenaient le nom d'arrêts : « ARRESTA,
quia postquàm prolata sunt, *ibi* SISTENDUM EST ;
là se fault ARRESTER (1). »

Cependant il y avait une voie de recours
contre les arrêts ; le conseil du roi les cassait,
lorsqu'ils violaient les dispositions des lois,
des coutumes, des édits, des ordonnances
ou des déclarations du roi. Mais ce recours
ne formait point un autre degré de juridiction ; ce n'était plus qu'un procès entre l'arrêt
et la loi ; la cassation était un acte de surveillance, et non un acte de juridiction. Le fond
de l'affaire était renvoyé à d'autres juges,
parce que l'arrêt qui avait faussé la loi, ou
franchi les bornes d'un pouvoir légitime,
n'offrant pas le véritable caractère d'un jugement, c'était comme s'il n'en eût pas été
rendu (2).

(1) Rebuffe.

(2) On appelait *conseil des parties* cette portion du
conseil du roi devant laquelle se portaient les demandes
en cassation.

Émules de la puissance législative, les parlemens rendaient des *arrêts de règlement* sur des points de droit coutumier, de grande police, de discipline, de procédure, etc. Ces règlemens avaient force de loi dans chaque ressort jusqu'à ce qu'il en eût été autrement ordonné par le roi; ils étaient envoyés aux tribunaux inférieurs, avec injonction de les publier à leurs audiences et de les faire transcrire sur leurs registres. C'était comme le droit prétorien chez les Romains, *quod prætores introduxerunt, adjuvandi, vel supplendi, vel corrigendi juris civilis gratiâ, propter utilitatem publicam* (1). Mais les règlemens de chaque préteur expiraient avec sa puissance, au bout d'une année (2).

Avant le treizième siècle, les arrêts n'étaient point rédigés par écrit; ils étaient confiés à la mémoire de ceux qui les avaient

La Cour de cassation a remplacé le *conseil des parties*, comme on le verra plus loin.

(1) L. 7, § 1, *ff. de just. et jure.*

(2) L'empereur Adrien fit faire un choix de ces règlemens, devenus très-nombreux et très-confus, et il en forma l'*Edit perpétuel*; il ôta en même temps aux préteurs le droit de faire des édits.

rendus. Toutes les fois qu'il y avait contestation sur ce qui avait été prononcé, et
qu'il s'élevait des débats pour l'exécution, on
recordait les juges, on faisait des enquêtes ;
puis la cour, remise sur la voie, donnait une
seconde décision en ces termes : *Auditis hìnc
indè, recordata est curia fuisse pronunciatum
in parlamento*, etc. Jean de Montluc, greffier
du Parlement de Paris, fit un recueil de ces
recordata dans des registres auxquels a été
donné le nom d'*Olim ;* on en voit encore
quatre aux archives du royaume. Il est dit
par quelques auteurs que Montluc était conseiller, et non greffier ; je le croirais volon-
tiers, car il n'était pas besoin de greffier
quand on n'écrivait point.

A partir de cette époque jusque sous le
règne de François I", les procédures se
firent en mauvais latin, et les décisions de la
justice se prononcèrent de même. Il appartenait au restaurateur des lettres de bannir
des jugemens et des actes l'ombre grossiè-
rement défigurée d'une langue morte, inconnue à la plus grande partie des contractans
et des plaideurs. L'ordonnance de Villers-
Coterets prescrivit, article 111 : « Que dorénavant tous arrêts, ensemble toutes autres

procédures, soit des cours souveraines ou autres subalternes et inférieures, soit de registres, enquêtes, contrats, sentences, testamens et autres quelconques actes et exploits de justice, seroient prononcés, enregistrés et délivrés aux parties *en langage maternel françois*, et non autrement. »

L'ordonnance recommandait aussi de rédiger les arrêts si clairement, *qu'il n'y eût aucune ambiguité ou incertitude, ni lieu à en demander interprétation*. Art. 110.

On trouve dans l'Ancien Style du Parlement *un petit traité* écrit comme on écrivait alors, mais plein d'excellentes réflexions, sur la forme des arrêts. Il y est dit, entre autres choses, que le rédacteur doit s'expliquer d'une manière nette, et employer, autant que possible, une élocution élégante : *Procedere debet per viam planam... Ornatè loqui debet, pro posse, prout materia requirit ;* qu'il doit éviter avec soin les redondances, les répétitions, et n'y mettre rien de superflu : *Item, in quantum poterit, debet evitare concursum similium dictionum, syllabas et dictiones superfluas.* Il faut avouer que ces préceptes n'ont guère été suivis. La justice n'en serait pourtant pas moins bonne, si elle se laissait comprendre ; l'emploi des

vieux tours et des mots surannés ne sert qu'à
multiplier les équivoques, là où des expressions claires et vivantes, un esprit d'ordre et
d'analyse seraient le plus nécessaires.

« Anciennement, dit Laroche-Flavin, les
juges avaient coutume d'insérer dans leurs
jugemens la cause ou motif de la condamnation ou absolution ; mais aujourd'hui cela
n'est en usage ; et les arrêts et sentences ne
contiennent que ce qui est ordonné simplement, sans autre raisonnement, soit *en civil*
ou *en criminel* (1). »

Le rétablissement de cet ancien usage a été
long-temps appelé par les vœux de tous les
publicistes et de tous les jurisconsultes. *Nec
decreta exeant cum silentio ; sed judices sententiæ suæ rationes adducant, idque palàm,
atque astante coronâ* (2).

Spifame, cet inventeur de règlemens, qui
dans ses rêves semait çà et là des inspirations
à la fois si ingénieuses et si utiles, a supposé
deux ordonnances du roi Henri II, par lesquelles il était enjoint à tous les juges de

(1) Hist. des parlemens, liv. 13, chap. 61.
(2) Bacon, *aph.* 38.

mettre dans leurs sentences et arrêts *la cause expresse et spéciale d'iceux*.

A Naples, un édit du mois de septembre 1774 a prescrit aux magistrats de ne juger que sur le texte de la loi, et de motiver leurs décisions (1).

La publicité de l'audience ne suffit pas toujours à la gravité et à la garantie des intérêts judiciaires. Il faut, pour l'honneur de la justice, une prudence plus inquiète, des précautions plus scrupuleuses ; comme la vérité, il faut qu'elle se montre sans voile à tous les regards, qu'elle proclame les motifs de ses arrêts, et qu'elle explique la loi en même temps qu'elle l'applique ; il faut *que le juste rende compte de sa justice même*.

Les cours souveraines sentaient quelquefois ce besoin d'instruire les avocats et les parties des raisons qui avaient déterminé le jugement, dans les causes difficiles et notables. MM. les présidens, après avoir prononcé, avertissaient le barreau *de ce qu'on devait apprendre de l'arrêt*, et disaient quelle maxime avait été jugée, quelle question, quelle difficulté (2).

(1) Encyclop. méth., Jurisprud. *verb.* Arrêt.
(2) Voyez la préface des arrêts en robe rouge, recueillis par Montholon.

Je n'ai encore parlé que des tribunaux ordinaires de l'ancienne organisation.

Chaque espèce d'intérêt avait, pour ainsi dire, son tribunal extraordinaire ou d'attribution, tant ils étaient multipliés.

Il y avait les juges-consuls et les conservateurs des foires pour le commerce ; les amirautés pour les affaires maritimes ; les élus pour les tailles et les aides ; les grenetiers pour les contraventions sur le fait du sel ; la chambre du trésor pour les domaines du roi ; les bureaux des finances pour la voirie ; les maîtrises, les grueries, les tables de marbre pour les eaux et forêts ; la connétablie pour ce qui avait rapport aux gens de guerre ; les officiers de la monnaie, les chambres des comptes, etc. Quelques-uns de ces tribunaux avaient leurs cours souveraines d'exception, telles que les cours des aides, les cours des monnaies ; d'autres ressortissaient par appel aux parlemens.

Les tribunaux ecclésiastiques étaient aussi des tribunaux d'exception ; on les appelait *officialités*.

Il y avait les officialités *diocésaines*, et, au second degré, les officialités *métropolitaines*.

On distinguait dans l'église deux espèces de juridiction, l'une toute spirituelle, l'autre qui était de droit humain et positif.

En 1329, Pierre de Cugnères, avocat du roi, soutint une fameuse dispute devant Philippe de Valois, à Vincennes, contre Pierre Bertrand, évêque d'Autun ; et comme il qualifia *d'abus* les entreprises des ecclésiastiques sur la justice temporelle, on rapporte à cette qualification l'origine des *appels comme d'abus*, qui étaient dévolus aux parlemens, et dont l'objet était de contenir les juges d'église dans les bornes de leur juridiction.

Je m'écarterais trop du plan que je me suis proposé, si j'entreprenais d'expliquer l'origine et les accroissemens de tous les tribunaux extraordinaires. Excepté les juridictions consulaires et les amirautés, sur lesquelles je reviendrai plus tard en parlant des tribunaux de commerce, ils se rattachaient, en général, à diverses branches de police ou de finances, à certains délits, à certains priviléges, et n'avaient que des rapports plus ou moins éloignés avec l'administration de la justice civile, dont je m'occupe uniquement dans cette introduction.

A cette multitude de canaux où se divisait le cours principal de la justice, il faut ajouter la complication des *committimus*.

Ce mot *committimus* (nous commettons) était consacré, dans le style de la chancellerie et du palais, pour désigner les lettres par lesquelles le roi accordait aux officiers de sa maison, aux membres des cours souveraines, aux archevêques et évêques, aux quarante de l'Académie française, à des abbayes, à des monastères, à des corps, à des communautés, à des chapitres, et même à des particuliers, le privilége de porter leurs causes devant certains juges, et d'y traduire les personnes contre lesquelles ils plaidaient.

Loiseau appelait les lettres de *committimus* l'oriflamme de la pratique.

Il y avait le *committimus* au grand sceau et le *committimus* au petit sceau.

Le premier donnait le droit d'attirer aux *requêtes de l'hôtel* ou aux *requêtes du palais*, à Paris, les justiciables des autres parlemens, et de les enlever à leur ressort.

Des écrivains ont pensé que les *requêtes de l'hôtel* avaient remplacé les anciens *plaids de la porte*. Je ne le crois pas.

Dans les premiers âges, la justice se rendait aux portes des villes, des temples, ou des palais. « Quand je sortais vers la porte, passant par la ville, et que je me faisais préparer un siége dans la place, j'étais le père des pauvres, et je m'informais diligemment de la cause qui ne m'était point connue. » *Job*, *chap.* 29, 7, 16. Nos rois tenaient aussi les plaids à la porte de leurs hôtels; ils y rendaient la justice en personne, ou par des gens de leur conseil. Le sire de Joinville, en la Vie de saint Louis, dit que ce prince avait coutume de le charger, avec les sieurs de Nesle et de Soissons, d'aller ouïr *les plaids de la porte;* qu'ensuite il les envoyait quérir, et leur demandait s'il y avait aucuns qu'on ne pût dépêcher sans lui, et que plusieurs fois, selon leur rapport, il faisait venir les plaidoyans, et les contentait en les mettant en raison et droiture.

Il est évident que ces *plaids de la porte* étaient une justice ordinaire, une justice pour tous ceux qui la venaient demander.

Mais la juridiction des *requêtes de l'hôtel* fut spécialement établie pour juger les causes personnelles des officiers de l'hôtel du roi, comme on le voit par des ordonnances de

Philippe de Valois et de Charles VI , de 1345 et 1406. Les maîtres des requêtes y tenaient leurs audiences et servaient par quartier. C'était une sorte de tribunal d'exception.

Il ne serait donc pas difficile de prouver que les plaids de la porte et les requêtes de l'hôtel formaient deux juridictions différentes, non-seulement par leur origine, mais encore par leur nature.

Ce fut sans doute une distinction digne d'envie, que de participer aux priviléges créés pour ceux qui approchaient le plus de la personne du roi, de ne pas plaider dans la foule, et d'avoir ses causes *commises* au tribunal particulier des serviteurs intimes de la couronne. Chacun dut faire valoir son rang, sa dignité, son illustration, son importance ou son crédit, pour obtenir cette haute faveur.

Au temps où le parlement n'était pas encore *continuel*, il y avait des *gens tenant les requêtes du palais*, qui restaient assemblés pour recevoir les requêtes, quoique le parlement fût fini ; c'est ce qu'indique un mandement du roi, de l'année 1310 : *Cùm finitum esset parlamentum , rex dilectis et fidelibus gentibus suis Parisiis* REQUESTAS TENENTIBUS *mandavit*, *etc.*

Philippe-le-Long fit un règlement, au mois de décembre 1320, sur les requêtes du palais, savoir : qu'il y aurait trois clercs et deux laïques pour ouïr les requêtes ; qu'ils viendraient à la même heure que ceux du parlement, et demeureraient jusqu'à midi ; que, si on leur donnait quelque requête qu'ils ne pussent délivrer, ils en parleraient aux gens du parlement quand midi serait sonné, et qu'ils le diraient à celui qui avait présenté la requête, *afin qu'il sût qu'on ne le faisait pas attendre sans cause.*

Les gens tenant les requêtes du palais eurent donc aussi une juridiction ; ils composèrent dans la suite une chambre du parlement.

Les maîtres des requêtes de l'hôtel suivaient les princes dans les fréquens voyages de la cour. De là sortit vraisemblablement la nécessité de faire concourir les gens tenant les *requêtes du palais* fixés dans Paris, avec les maîtres ambulans des *requêtes de l'hôtel*, pour que l'expédition des affaires qui leur étaient soumises ne souffrît point d'interruption.

Les *committimus* au petit sceau donnaient

seulement à ceux qui les avaient obtenus le droit de porter directement leurs causes aux requêtes du palais de leur parlement, ou devant certains autres juges du ressort. Ces *committimus* devinrent très-nombreux et très-divers ; je ne puis en donner ici qu'une idée imparfaite.

Par exemple, les bourgeois de plusieurs villes jouissaient du privilége de ne pouvoir être *tirés hors des murs et clôtures de leur cité, ni tenus de plaider ailleurs, en défendant, pour quelque cause que ce fût, s'il ne leur plaisait* (1).

Nos rois avaient placé des églises sous leur protection spéciale, et leur avaient attribué des juges. On donnait à cette espèce de *committimus* le nom de *garde-gardienne*.

Philippe de Valois mit l'université de Paris en sa garde, par des lettres patentes de 1340 ; et, pour ne pas détourner les écoliers de leurs études, il ordonna que toutes leurs causes personnelles seraient *commises* devant le prévôt de Paris ; ce qui s'appelait le privilége de *scolarité*.

Les autres universités obtinrent des faveurs

(1) Coutume de Paris, art. 112.

pareilles. Le juge qui leur était attribué prenait la qualité de *conservateur des priviléges royaux de l'université.* Cet office était joint ordinairement à celui de président du bailliage ou de la sénéchaussée.

On sentit jusqu'à quel point les *committimus* étaient contraires au droit commun et à l'ordre naturel des juridictions. Les ordonnances et les arrêts tendirent à en resserrer les limites par toutes sortes de restrictions et de modifications.

On déclara que les *committimus* ne seraient pas valables après l'année de leur expédition, s'ils n'avaient été renouvelés (1). Ils ne durent plus subsister que pour les causes purement personnelles (2); ils cessèrent pour les affaires commerciales (3). Tout ce qui tenait à la juridiction volontaire, comme les tutelles, les émancipations, en fut affranchi (4).

Des privilégiés auraient pu consentir à pa-

(1) Ordonnance d'août 1669 , art. 7.

(2) Déclaration de février 1771 , art. 2. Cette déclaration n'était pas suivie.

(3) Ordonnance du commerce de 1673, tit. 12, art. 13.

(4) Arrêt du parlem. de Paris , rapporté au Journal des Aud. , t. 6, part. 2, p. 323.

raître cessionnaires de créances, par le moyen de transports simulés, et prêter leur nom, avec leur droit de *committimus*, à des personnes qui n'en jouissaient pas : *judicis mutandi causâ, vel aliàs vexandi libidine*. On y pourvut en statuant que le privilége, dans ce cas, ne serait point exercé, *si ce n'était pour dettes véritables*, si les transports n'avaient pas été passés devant notaires, et s'ils n'avaient pas été signifiés trois ans avant l'action. On excepta de celte rigueur les cessions et transports faits par contrat de mariage, partage ou donation (1).

Lorsque celui qui avait le droit de *committimus* ne s'en était pas prévalu avant la contestation en cause, il était présumé y avoir renoncé (2).

Henri IV avait eu le projet de supprimer tous les *committimus* (3).

De même qu'il y avait des priviléges de

(1) Art. 21 et 22 de l'ordonnance de 1669.

(2) *Ubi acceptum est semel judicium, ibi finem accipere debet.* L. 30 ff. *de judiciis.*

Voyez, sur cette matière en général, l'ordonnance d'août 1669, tit. 4.

(3) Mémoires de Sully, liv. 26.

plaideurs, de même il y avait des priviléges de juges.

Il fut un temps de désordre et de détresse où la prévôté de Paris et toutes les justices royales étaient données à ferme ; le prévôt avait alors, comme les autres magistrats, un sceau particulier qu'il apposait sur ses actes, ce qui suffisait pour les rendre authentiques.

Mais à peine saint Louis eut-il acquis sa majorité, qu'il sépara la prévôté de Paris des fermes de son domaine ; Paris eut le roi pour prévôt. Le magistrat qui en remplissait les fonctions ne prit d'abord d'autre titre que celui de *gardien de la prévôté* ; et ses jugemens, et les actes reçus par les notaires de sa juridiction, furent scellés du scel royal.

De là vint que tous les procès relatifs à l'exécution de ces actes furent exclusivement attribués au Châtelet de Paris, qui était le siége de la prévôté.

Ainsi, par exemple, lorsqu'un testament avait été fait devant les notaires du Châtelet, les légataires, s'il y avait contestation pour la délivrance des legs, plaidaient contre les héritiers du testateur devant le prévôt de Paris, quel que fût le lieu de l'ouverture de la succession , ou le domicile des intéressés (1).

Le scel d'Orléans et celui de Montpellier étaient également attributifs de juridiction.

Ce privilége n'était point une faveur accordée aux contractans ; il était attaché au scel , et *le juge du scel* avait le droit de revendiquer la cause, lorsque ni l'une ni l'autre des parties ne demandait son renvoi devant lui.

Les priviléges et les *committimus* ne s'étendaient pas sur les provinces dont les habitans avaient stipulé , dans les capitulations et traités de réunion à la couronne , qu'ils ne seraient, sous aucun prétexte, distraits de leur ressort.

Je ne dois pas passer sous silence cette magistrature si remarquable qui fut établie près des cours et des tribunaux pour représenter la société dans toutes les affaires où elle était intéressée, pour veiller au maintien de l'ordre, et pour requérir l'application et l'exécution des lois. Elle s'appelait et s'appelle encore *le ministère public*. Elle était exercée, dans les cours , par un procureur général du roi , des

(1) Bacquet , des *Droits de Justice* , chap. 8.

avocats généraux et des substituts ; dans les tribunaux inférieurs, par un procureur du roi, des avocats du roi ou des substituts ; dans les justices seigneuriales, par un procureur fiscal.

Chez les Romains, le droit de surveiller et d'accuser était confié à chaque citoyen, *cuilibet è populo*. Ils n'eurent donc pas de ministère public.

Leurs formes républicaines, en ce point comme en beaucoup d'autres, survécurent à la république.

On conçoit également qu'il n'était pas besoin chez nous de partie publique, lorsque les procès se vidaient par les épreuves ou par le combat judiciaire. Mais, aux premières lueurs de la civilisation, on s'avisa de chercher pour la justice de meilleurs instrumens que le hasard, l'adresse ou la force, et le ministère public dut son origine à cette espèce d'instinct qui, dans ses essais, donna souvent au génie des germes précieux à féconder.

Le temps avait perfectionné et ennobli cette belle institution ; elle diffère peu aujourd'hui de ce qu'elle était avant la révolution : j'en parlerai avec plus de détail dans un des chapitres suivans.

En 1788, à cette époque où la France, inquiète, agitée, voyait se rallumer entre le ministère et les parlemens ces luttes d'où sortit la convocation des états généraux, deux édits parurent à la fois sur l'administration de la justice.

Le premier supprima les bailliages et les sénéchaussées, et les fondit dans les présidiaux; la compétence de ceux-ci fut portée jusqu'à la somme de quatre mille livres, sans appel. De nouveaux siéges intermédiaires entre les présidiaux et les parlemens furent créés sous le nom de grands bailliages, et reçurent le pouvoir de juger en dernier ressort jusqu'à vingt mille livres. On ne conserva des justices seigneuriales que le nom, car les plaideurs furent autorisés à franchir ce premier degré de juridiction, et à porter immédiatement leurs causes devant les présidiaux.

Voici quelques passages du préambule : « Nous avons reconnu que, s'il était de notre justice d'accorder à nos sujets la faculté d'avoir, dans la discussion de leurs droits, deux degrés de juridiction, il était aussi de notre bonté de ne pas les forcer d'en reconnaître un plus grand nombre. — Nous avons reconnu qu'en matière civile, des contestations peu importantes avaient eu quelquefois *cinq à six jugemens à subir ;* qu'il résultait de ces appels multipliés une prolongation inévitable dans les procès, des frais immenses, des déplacemens ruineux, et enfin une continuelle affluence de plaideurs, du fond de leurs provinces, dans les villes où résident nos cours, pour y solliciter un jugement définitif.

» Nous avons cherché dans notre sagesse des moyens de rapprocher les justiciables de leurs juges.... »

Le second édit supprimait la plus grande partie des tribunaux d'exception ; le garde des sceaux le présenta en ces termes :

« Il existe dans le royaume une multitude de tribunaux particuliers qui sont autant d'exceptions à l'administration de la justice ordinaire.

» Les sujets du roi se méprennent souvent sur la juridiction à laquelle leurs diverses causes appartiennent, et ne savent à quel tribunal demander justice. Il en résulte des procès continuels de compétence.

» Tous ces offices de judicature, dont la nécessité doit seule fixer le nombre, sont éga-

lement onéreux aux peuples, par les exemptions dont les titulaires ont droit de jouir, et
au roi lui-même, par la dépense annuelle
qu'ils imposent au domaine de Sa Majesté.

» Pour simplifier l'administration de la
justice, le roi veut que l'unité des tribunaux
réponde désormais à *l'unité des lois.*

» Sa Majesté supprime donc aujourd'hui
dans ses états les tribunaux d'exception, comme
corps de judicature, et elle réunit les juridictions particulières aux justices ordinaires.

» Mais, en retirant des tribunaux d'exception la juridiction contentieuse qui trouble le
cours de la justice, la sagesse de Sa Majesté
conserve et confirme la plénitude de leurs
pouvoirs dans la partie d'administration relative à la police et au bon ordre qui leur
est confiée, et que les juges ordinaires ne
pourraient ni surveiller ni régler avec le
même succès. »

Malheureusement ce qu'il y avait de sage
dans ces édits fut méconnu; ils s'annoncèrent
moins comme les mesures d'une réformation
utile, que comme une espèce de châtiment
infligé par l'irritation du pouvoir à des magistrats environnés de cette popularité que

donne trop souvent la résistance. Une foule
d'intérêts étaient blessés ; l'opposition fut vive,
hostile, opiniâtre ; les édits furent révoqués ;
le volcan de la révolution s'ouvrit, et le trône
et les parlemens roulèrent dans l'abîme.

CHAPITRE VIII.

DE L'ORGANISATION JUDICIAIRE DEPUIS LA RÉVOLUTION. — BASES NOUVELLES.

J'AI tâché de donner une idée des divers corps judiciaires, de leur nature, de leur juridiction, des règles de compétence et des priviléges d'attribution qui composaient autrefois le système d'administration de la justice civile, afin de faire mieux comprendre les nouvelles théories. Un édifice, qui semblait le patrimoine indestructible des siècles, a été démoli, dans un jour, depuis le faîte jusques aux fondemens; il faut savoir quels matériaux ont été rejetés, quels matériaux ont été employés, quelles vues, quels plans ont été successivement proposés et admis pour la reconstruction.

Des bases essentielles, indépendantes de l'amovibilité, de la classification et de la gradation des juges, furent d'abord reconnues et adoptées. Toutes les variations dans les formes et dans les instrumens par lesquels l'autorité judiciaire s'est exercée depuis, ont été opérées sur ces bases; elles subsistent encore : il suffit ici de les énoncer.

La vénalité et l'hérédité des offices de judicature abolies (1);

La justice rendue au nom du roi (2);

Les priviléges en matière de juridiction anéantis; mêmes formes, mêmes juges pour tous, dans les mêmes cas (3);

La justice rendue gratuitement; les juges salariés par l'État (4);

---

(1) Loi du 14 août 1790, tit. 2, art. 2.

(2) *Id.* art. 1er. Toute justice émane du Roi. Charte const., art. 48.

(3) *Id.* art. 16.

(4) *Id.* art. 2.

La justice est une dette sacrée du souverain ; ceux qu'il délègue, pour l'acquitter en son nom, ne doivent rien recevoir que de l'État.

Dans un temps très-reculé, les juges recevaient des présens auxquels on donnait le nom d'*épices*.

Les jugemens motivés (1);

La publicité des audiences, des rapports et des jugemens (2);

Les épices furent converties en argent, et devinrent un droit que les parties payaient pour l'examen des *procès par écrit*, c'est-à-dire des procès dont les détails, trop difficiles à saisir sur de simples plaidoiries, exigeaient particulièrement une discussion écrite et le rapport d'un juge.

Il y a des écrivains qui font remonter, très-sérieusement, l'origine des épices jusqu'au siége de Troie, parce que, disent-ils, Homère, dans la description du jugement figuré sur le bouclier d'Achille, a placé au milieu des juges deux talens d'or pour celui qui opinerait le mieux.

Une loi des Wisigoths permettait aux juges de prendre un vingtième de la valeur du procès : *vigesimum solidum, pro labore et judicatâ causâ ac legitimè deliberatâ.*

Innocent III défendit aux juges d'église de percevoir aucun droit sur les plaideurs, sauf les cas où ils seraient obligés d'aller aux champs pour l'examen de l'objet litigieux. Chap. 10, aux Décrétales, *de vitâ et honestate clericorum.*

Suivant nos ordonnances, les épices étaient taxées comme frais du procès, et distribuées entre le rapporteur et les autres juges, d'après l'usage de chaque compagnie.

(1) Loi du 24 août 1790, tit. 5, art. 15.

(2) *Id.* art. 14. *Ut quod ipsâ potestate sit liberum,*

La séparation absolue du pouvoir judiciaire et du pouvoir administratif (1) ;

La défense aux juges de prendre aucune part au pouvoir législatif, et de faire des règlemens (2).

Ces principes posés, les législateurs s'engagèrent dans un grand nombre de questions que soulevaient à la fois les craintes, les défiances, les souvenirs tout récens de la puissance des grands corps judiciaires, l'amour des nouveautés, l'impatience des réformes, et l'engouement des usages anglais.

Les premières questions furent celles-ci :

Établira-t-on des jurés ?

Les établira-t-on en matière civile et en matière criminelle ?

famâ tamen et existimatione sit conscriptum. Bacon, aphor. 38.

(1) Loi du 24 août 1790, tit. 2, art. 13. Il était fort sage de séparer ces pouvoirs ; mais il fallait tracer entre eux une ligne marquée, facile à distinguer et à suivre : c'est ce qu'on ne fit pas.

(2) _Id._ art. 12. « Il est défendu aux juges de prononcer, par voie de disposition générale et réglementaire, sur les causes qui leur sont soumises. » Code civil, art. 5.

CHAPITRE IX.

DE L'ORIGINE DU JURY.

Je m'effraie de ma témérité en disant que je vais exposer mes vues sur l'origine du jury, et je demande grâce pour cette digression.

Le *juré* est celui qui, sans avoir aucun caractère public de magistrature, est appelé devant un tribunal pour y rendre le témoignage de sa pensée *sur un fait*, et donner une déclaration suivant laquelle les juges appliquent les dispositions de la loi.

Le *jury* est la réunion légale des jurés.

Les uns ont vu des jurés, à Rome, dans les juges que le préteur donnait aux plaideurs;

d'autres ont dit que le jury était une coutume
importée dans la Grande-Bretagne par les Anglo-Saxons. Celui-là revendique le mérite de
l'invention pour Regnier, qui régna sur le Da-
nemarck et sur la Suède; celui-ci l'attribue à
Alfred-le-Grand, roi d'Angleterre, parce que,
dit naïvement Blackstone (1), il est assez ordinaire de faire honneur à ce prince de toutes
les belles institutions, comme l'ancienne Grèce
rapportait à son Hercule tous les prodiges
de force et de valeur. Il en est qui veulent
que le jury nous soit venu des forêts de la
Scandinavie, par les Normands qui s'établirent
en Neustrie sous leur duc Raoul, et que Guil-
laume-le-Conquérant l'ait ensuite donné aux
Anglais (2). Quelques écrivains du siècle dernier ont cru que les pairs des anciens plaids
féodaux n'étaient autres que des jurés (3); et
la cour des pairs, qui siégeait au sein du parlement de Paris, s'est découverte à leurs yeux

(1) *Comm. on the laws of england*, t. 3, chap. 38.
(2) *Histoire d'Angleterre*, par Henry, t. 3, p. 354.
M. Legraverend, *Traité de Législation criminelle*, t. 2,
p. 56, à la note.
(3) *Les Quatre Ages de la Pairie*, par Goezmann,
sous le nom de *Zemganno*, t. 1er, p. 4. *Observations sur
l'Histoire de France*, par Mahli, t. 3, p. 234.

comme un débris et une preuve de notre antique jury (1). Le savant M. Meyer a trouvé le modèle du jury dans les assises du royaume de Jérusalem ; il estime que l'usage en fut introduit et perfectionné en Angleterre par les croisés du pays (2).

Je pense qu'il n'était point question de la procédure par jurés, en Angleterre, avant l'invasion des Normands (3). C'est donc vainement qu'on en chercherait des traces chez les Anglo-Saxons et chez les Danois : ces peuples n'apportèrent dans la Grande-Bretagne qu'une jurisprudence sauvage, telle qu'elle était sur les rives de l'Elbe et sur les bords du Rhin, et telle qu'elle vint couvrir alors, dans le reste de l'Europe, les ruines de l'empire romain.

La conquête de Guillaume changea peu les mœurs judiciaires des Anglais ; le vainqueur dut reconnaître les lois de son pays dans les

(1) L'avocat général Servan, *Réflexions sur quelques points de nos lois.*

(2) *Institutions judiciaires*, t. 2, p. 188.

(3) Ce point a été parfaitement démontré par M. Meyer, liv. 3, chap. 10.

coutumes des vaincus. C'était partout à peu
près le même fonds : les compositions pour
meurtres , le serment , les compurgateurs ,
les épreuves et les duels.

Long-temps encore après la conquête , le
jury fut inconnu en Angleterre ; car , lorsque les barons prirent les armes et formèrent
cette ligue fameuse qui fit signer la grande
Charte par Jean-sans-Terre , ils n'auraient
pas manqué de mettre en première ligne ,
dans leurs stipulations de garantie , la conservation du jugement par jurés , si déjà ce
mode de jugement eût été établi.

A la vérité , il est fait mention dans la
grande Charte des jugemens par pairs , *judicium parium*, et de la loi du pays , *lex
terræ*. Mais le jugement par pairs était le
jugement des vassaux immédiats de la couronne par d'autres vassaux immédiats , et
des arrière-vassaux de chaque baron par
d'autres vassaux du même baron. *Lex terræ* ,
ce n'était autre chose que l'ancienne procédure saxonne.

Le jugement par pairs était de droit commun dans toute l'Europe. Les francs hommes de fief , ces *pairs* qui étaient obligés de
venir juger dans la cour de leur seigneur ,

ne ressemblaient guère aux jurés ; à moins qu'on ne veuille prendre pour une similitude cette idée d'égalité de condition entre les juges et les parties que présente, à la première vue, le nom de pairs, *pares*, égalité qui ne se retrouve que très-vaguement dans l'institution du jury. Il ne serait pas difficile de faire évanouir cette illusion.

Une antique maxime disait qu'un homme seul ne pouvait juger : « Un hons seul en sa personne ne puet jugier (1). » Le seigneur appelait des hommes de son fief pour garnir sa cour, et c'était un devoir de s'y rendre, comme de venir se ranger autour de sa bannière quand il fallait guerroyer. « Se ainsi n'étoit, le seigneur ne pourroit cour tenir, telle comme il doit, ne les gens avoir leur raison (2). »

Mais ces hommes n'étaient pas convoqués seulement pour donner leur déclaration sur un fait, ils jugeaient le fond des procès ; *ils disaient le droit*, en appliquant la loi ou la coutume, suivant leur prud'homie ; de même que, lorsqu'il y avait lieu, ils ordonnaient des

(1) Beaumanoir , chap. 67.
(2) Assises de Jérusalem.

épreuves, ou faisaient ouvrir la lice du combat : *Vadiate pugnam.*

Une question de droit ayant été portée à la cour de l'abbé de Saint-Amand, et devant les pairs de son fief, comme la chose paraissait ardue, ils répondirent pour jugement et pour droit, qu'*ils n'étoient mie sages, ne droit ne savoient dire ne jugier ; par quoi ils demandèrent à se conseiller en la cour du roi le chief seigneur* (1). Ce n'étaient pas là des jurés.

Quant au nom de *pairs*, il faut encore savoir que le supérieur ne pouvait être jugé par l'inférieur ; c'était une autre maxime de ce temps-là : « Li hommes ne doivent pas *jugier* lor seigneur, mais doivent *jugier* l'un l'autre et querelles de quemun peuple (2). »

Les barons jugeaient les barons, et les bourgeois jugeaient les bourgeois ; il y avait des cours de *baronnie* et des cours de *borghésie*. « Se li jugement fut fé par borjois, li baron puet répondre : Je ne tieng pas che pour jugement, car il est fé par chaux qui

---

(1) *Origine de l'ancien gouvernement de la France, de l'Allemagne et de l'Italie*, t. 3, p. 125.

(2) Beaumanoir, chap. 1.

ne peuvent ne ne doivent jugier (1). » Pour
cette raison , dit La Thaumassière , en ses
Notes sur les coutumes de Beauvoisis, Louis Ier
du nom , comte de Sancerre , ayant été ap-
pelé en l'assise de Bourges , proposa déclinatoire , sous prétexte que les bourgeois de
cette ville assistaient aux jugemens , disant
qu'il ne lui était ni sûr ni honnête de soumettre
sa baronnie au jugement des bourgeois ; et
demanda son renvoi à l'assise d'Aubigny , en
laquelle n'assistaient que des nobles : ce qui
lui fut octroyé (2).

Dans les premiers âges de la monarchie ,
tous les Francs étaient pairs. Bientôt les di-
gnités acquises par des faits d'armes durent
établir des distinctions personnelles et des
degrés de supériorité ; puis l'on attacha des
titres militaires aux terres ou fiefs qui devinrent la récompense de la valeur et de la fidélité.

Les possesseurs de ces premiers fiefs en
donnèrent , à leur tour , des portions à ceux
dont ils voulaient consacrer les services et le
dévoûment. Il y eut donc des fiefs *dominans*
et des fiefs *servans*.

(1) Beaumanoir , chap. 67.
(2) En l'an 1259.

Or, la pairie était inhérente à la tenure d'un fief.

Les barons, dont les fiefs relevaient immédiatement de la couronne, étaient les pairs de France; ils étaient juges les uns des autres à la cour du roi.

Les possesseurs des fiefs inférieurs, pareils entre eux, composaient la cour du seigneur dominant. Le même système régissait la pairie des arrière-fiefs et des sous-inféodations décroissantes.

Plus tard, les pairs féodaux firent place aux gens de robe longue (1). La dignité de pair du royaume cessa d'être commune à tous les vassaux immédiats du roi, elle fut exclusivement réservée à quelques grands feudataires qui composèrent la cour du prince; et, lorsque la cour du prince et le parlement vinrent à s'unir et à se confondre, le parlement s'appela la cour des pairs (2).

Que si l'on vient encore me dire, avec l'a-

(1) Voyez ci-dessus, pages 118 et 119.
(2) Les pairs de France avaient conservé entrée, séance et voix délibérative au parlement; ils étaient toujours censés y être présens, avec le roi, dans toutes les causes que l'on y jugeait.

vocat général Servan : « Ne baissons point la
tête devant une loi anglaise, mais adorons une
loi vraiment humaine. N'est-on pas content ?
cette loi est française. Fouillez dans les dé-
combres de notre féodalité, et vous retrouverez
ses cendres. Que dis-je, elle vit encore, elle
est assise auprès du trône, et la prérogative de
nos pairs n'est que l'image du droit commun
de tous les citoyens. » Je répondrai qu'il y a
du patriotisme dans cet enthousiasme, de la
chaleur dans ce mouvement, de l'éclat dans ces
expressions, mais que tout cela porte à faux ;
je répondrai que je ne puis reconnaître des
analogies avec le jury anglais, dans la pairie
de nos anciens plaids féodaux, et dans la
cour de parlement garnie des pairs de France.

Ceux qui cherchent des traces de jurés chez
les peuples du Nord, ont été particulièrement
frappés de l'emploi du nombre *douze* que l'on
remarque dans la composition des tribunaux
de la vieille Germanie, et que l'on retrouve
dans le système du jury.

Il faut convenir que la prédilection pour
le nombre duodénaire était fort généralement
répandue.

Les Suédois et les Norwégiens choisissaient

douze des personnages les plus considérés de leurs tribus , pour juger les procès , lorsque les parties ne produisaient pas de témoins. Ces juges s'appelaient *nembdæ* (1).

Un capitulaire de Louis - le - Débonnaire ordonnait au comte de se rendre à certains plaids avec douze *scabini* (2), ou de compléter ce nombre en convoquant les meilleurs hommes du comté (3).

Dans chaque canton de l'Angleterre, douze thanes formaient, avec le shérif, l'une des cours de justice établies sous le règne d'Ethelred II (4).

Les romans de chevalerie célèbrent les douze

(1) *Si nulli adfuerint testes , nembdæ sive duodecim virorum judicio res committatur. Leg. urb. Sueonum* , *cap.* 11 , *n*° 1. Spelman , Glossary, v° *jurata*.

Nembda , in jure Sueonum vetusto , judicem significat. Stiernhoock , *de jure Sueonum et Gothorum vetusto* , p. 31 , 52 ; et Ducange , v° *nembda*.

(2) *Judices proprii , quòd cives et incolæ eos sibi in judices eligerent.* Ducange.

(3) *Vult dominus imperator ut , in tale placitum quale ille nunc jusserit , veniat unusquisque comes , et adducat secum duodecim scabinos , si tanti fuerint , sin autem de melioribus hominibus illius comitatûs suppleat numerum duodenarium. Capitul.* 2 *Ludovici pii , anno* 819, *cap.* 2.

(4) *Leges Ethelredi* , p. 125.

preux de Charlemagne, et l'histoire nous donne les noms des douze pairs qui assistèrent au sacre de Philippe-Auguste.

Cette préférence et cette vénération tenaient vraisemblablement à des traditions sur les propriétés mystiques des nombres.

Quoi qu'il en soit, et en admettant que le nombre des jurés ait été fixé sous l'influence de ces vieux souvenirs, une aussi faible considération ne suffirait point pour attribuer aux Scandinaves l'institution du jury : car leurs douze *nembdæ*, comme les douze thanes d'Ethelred et les douze *scabini* de Louis-le-Débonnaire, ne servaient pas uniquement à donner un témoignage de conviction sur le fait en litige, ils étaient juges; encore une fois, ils disaient le droit.

L'opinion de M. Meyer, qui place le berceau du jury dans les assises de Jérusalem, ne me séduit pas davantage.

« Quand la cité sainte fut conquise sur les ennemis de la Croix, est-il dit au chap. 1er des Assises, et que les princes et barons eurent élu à roi et à seigneur le duc Godefroy de Bouillon, il ne voulut être sacré et porter couronne d'or là où le Roi des rois porta couronne d'épines ; et, afin de mettre le nouveau royaume en bon point et en bon état, il désigna sages hommes pour s'enquérir des gens de diverses terres qui là étoient, des usages de leur pays. Il concueillit dans les écrits qu'ils lui remirent ce qui bon lui sembla, et en fit assises et usages que l'on dût maintenir au royaume de Jérusalem, par lesquels lui, ses gens, son peuple, et toutes autres manières d'hommes allans, venans et demeurans, fussent gouvernés et menés à droit et à raison. »

Toutefois, le plus grand nombre des Croisés était venu de France : un Français fut le premier roi de Jérusalem ; il est donc assez naturel de croire que les lois qui composèrent le code donné par Godefroy au nouvel empire, furent tirées des Coutumes de France. Les chapitres 293 et suivans des Assises contiennent *les erremens dou roi Hugues et dou comte de Braines, sur le fait du bâillage dou royaume de Jérusalem* ; c'est-à-dire, le procès des deux nobles cousins sur leurs prétentions au trône (1). On y voit que le comte de Braines disait dans son plaidoyer : « *C'est*

(1) En Normandie, on disait *erremens*, pour procès ; *errementer*, pour procéder. *Dictionnaire de Trévoux.*

fort chose (difficile) à croire qu'il y ait usage ,
en ce royaume, qui soit contraire à l'usage de
France, d'autant que ceux qui le établirent
au conquest de la terre furent François (1). »

Ainsi nos vieilles institutions féodales firent
le voyage d'outre-mer. L'Orient vit nos baillis
et nos sénéchaux assis à la place de ses cadis,
et l'Arménie, Chypre, Antioche, Japhe et As-
calon, érigés en fiefs seigneuriaux.

Godefroy établit deux cours : l'une, la
haute cour, dont il se fit le gouverneur et le

---

(1) « Les assises de Jérusalem sont les lois que les
Français ont données aux peuples de Jérusalem et de
Syrie, lors du premier voyage d'outre-mer. » *Brodeau*,
sur l'article 20 de la Coutume de Paris, p. 162 , 2ᵉ édit.

« Nous avons une preuve authentique des usages de
notre pays, dans le Recueil des statuts et règlemens
faits par Godefroy de Bouillon, après la conquête de
Jérusalem, et par Baudouin, son successeur, pour le
gouvernement et discipline de ses sujets ; lesquelles lois
furent prises de la police et observance gardée en
France. » *Delalande*, sur l'article 1ᵉʳ de la Coutume
d'Orléans, p. 4.

« Les Français, après la conquête de Jérusalem,
établirent leurs usages, tant pour les héritages féodaux,
que censuels de la Syrie et autres provinces de l'Orient. »
Le même, sur l'article 23 , p. 194 et 195.

justicier; l'autre, la cour des *borghés* ou bourgeois, sous la présidence du vicomte. Le roi,
ses hommes et leurs fiefs, furent *menés* par
la haute cour, et toutes *borghésies menées* par
la cour des borghés (1).

C'était l'image de cette pairie féodale que
j'ai déjà expliquée. Sauf quelques changemens
dans les noms et dans les formes, vous y voyez
le même fond.

Le jury n'était pas encore dans l'Europe,
je crois l'avoir démontré ; il ne fut donc
point apporté en Orient ; et certes on ne l'y
créa pas.

Il est vrai que les membres de la *cour de
borghésie* prenaient le nom de *jurés;* mais
c'était à cause du serment auquel ils étaient
tenus en entrant dans leur charge. Sous ce
nom ils étaient de véritables juges, des magistrats *permanens*, comme l'avoue M. Meyer
lui-même, qui donnaient *défaut* contre ceux
qui ne comparaissaient pas, et qui souvent
ordonnaient le combat judiciaire.

Le mot ne fait rien à la chose. Les *jurés
de Cattel*, qui étaient une espèce de notaires
dans les Pays-Bas, les échevins qu'on appelait

(1) Assises, chap. 2.

bourgeois jurés à Caen, et *jurats* à Bordeaux, ressemblaient-ils à nos jurés d'aujourd'hui ?

Mais si je voulais incliner à croire que le jury prit naissance dans la Palestine, au temps des Croisades, qui me dira comment il advint que l'idée de cette institution fut apportée, dans la Grande-Bretagne seulement, par les Croisés de ce pays, et que ceux de France, d'Allemagne et d'Italie, n'en gardèrent pas le moindre souvenir, lorsqu'ils revinrent dans leur patrie?

Il faut bien que je rende compte à présent de mes excursions dans ce vaste champ des conjectures que chacun sillonne à sa manière, et de l'opinion que j'en ai rapportée. Le chemin que je me suis fait n'est pas aussi merveilleux que beaucoup d'autres ; mais je crois qu'il m'a conduit plus près de la vérité, si la vérité est la conformité d'une idée avec son objet.

Dans tous les procès, deux choses sont à considérer : le fait et le droit.

Si les parties sont d'accord sur le fait, il reste seulement à savoir quelle loi doit être appliquée, et comment elle doit être appliquée.

Dans le cas contraire, il faut, avant de s'occuper du droit, tâcher d'établir l'existence du fait, c'est-à-dire chercher les preuves.

La plus ancienne des preuves fut la preuve par témoins. Dans le moyen-âge surtout, peu de gens savaient lire et écrire; il suffisait de posséder ce talent si rare pour mériter le nom de clerc ou savant. Au neuvième siècle, Herbaud, comte du Palais, juge suprême de l'Empire, en vertu de sa charge, ne savait pas écrire son nom. Cinq cents ans plus tard, Duguesclin, l'un des personnages de l'Etat, étant assiégé dans Rennes, et recevant un héraut du duc de Lancastre qui lui apportait un sauf-conduit pour venir parler à ce prince, « prit le sauf-conduit et le bailla à lire, car rien ne savoit de lettres, ne onques n'avoit trouvé maistre de qui il se laissast doctriner, mais les vouloit toujours férir et frapper (1). » Plus près de nous encore, le connétable de Montmorency méprisait fort *cette chicane-là de lire et d'écrire.* Henri IV, qui avait été le parrain de son fils, disait un jour : « Avec mon compère qui ne sait pas

_____

(1) Sainte-Palaye, Hist. de la Chevalerie, tit. 2; pag. 84.

lire, et mon chancelier qui ne sait pas le latin, il n'y a rien que je ne sois en état d'entreprendre. »

On n'écrivait guère que les traités des princes entre eux, les chartes qu'ils accordaient à leurs sujets, et les conventions de la plus grande importance. Les conventions ordinaires se faisaient par promesses verbales, sur la place publique, et sans autre garantie que la présence de plusieurs témoins. La preuve testimoniale était donc la seule possible pour constater tous les actes de la vie commune.

La mauvaise foi donna naissance au premier procès, et la mauvaise foi ne le soutint qu'à l'aide du mensonge. Mille passions, mille intérêts divers firent germer la corruption dans le témoignage des hommes. C'était une opération trop subtile et trop compliquée pour la science des premiers âges, que de fixer la nature d'une preuve positive, de comparer les rapports de plusieurs témoins, et de composer une mesure légale de confiance pour chacun d'eux. La preuve testimoniale tomba dans le mépris.

On trouva plus simple et plus sûr de faire gagner le procès à celui qui offrait de consacrer son droit par le serment.

« Ce fut en vain qu'on environna le serment de toutes les solennités propres à frapper les coupables d'une terreur religieuse ; l'impunité, l'habitude, affaiblirent par degrés les premières impressions, et bientôt la profanation ne connut plus de frein. « Si la chartre de quelque héritage était attaquée de faux, celui qui la présentait jurait sur les saints Évangiles qu'elle était vraie, et, sans aucun jugement préalable, il se rendait propriétaire de l'héritage. Ainsi les parjures étaient sûrs d'acquérir (1). »

Les législateurs imaginèrent alors de faire *pleiger* le serment du plaideur par le serment d'un certain nombre d'hommes libres, ses parens ou ses voisins ; on les appelait *consacramentales* ou *compurgateurs*. Leur nombre devait être plus ou moins grand, selon l'importance de l'affaire (2), ce qui ne servit qu'à multiplier les parjures : car il y avait

(1) *Lois des Lombards*, liv. 2, tit 55, chap. 34.

(2) M. de Montesquieu, l. 28, ch. 13, de l'*Esprit des Lois*, dit que le nombre des compurgateurs allait quelquefois à soixante-douze. Il allait bien au-delà, si l'on en croit Grégoire de Tours, qui rapporte dans son Histoire, liv. 8, l'exemple de 300 personnes jurant avec Frédégonde que Clotaire était fils de Chilpéric.

une sorte de point d'honneur qui ne permettait pas d'abandonner, dans ses querelles, le chef auquel on s'était attaché, ou l'homme auquel on tenait par les liens du sang; on se croyait obligé de le défendre de toutes manières, et de lui vouer son bras pour jurer, comme pour frapper.

La justice de ces temps, forcée d'abdiquer sa vaine puissance, remit au jugement de Dieu le sort de. tous les cas litigieux. On se persuada que le Ciel s'interposerait d'une manière visible dans le choc des intérêts et des passions d'ici-bas, pour donner à la vérité le signe du triomphe, et la force au champion de l'innocence. Ce fut l'époque des épreuves et du combat judiciaire.

La loi des Bourguignons justifiait en ces termes la pratique du combat : « Afin que » les hommes ne fassent plus de sermens sur » des faits obscurs, et ne se parjurent point » sur des faits certains (1). »

Et il était dit au livre des Assises de Jéru-

_____

(1) *Multos in populo nostro et pervicatione causantium, et cupiditatis instinctu ità cognoscimus depravari, ut de rebus incertis sacramenta plerumquè offerre non dubitent, et de cognitis jugiter perjurare.* Cap. 45.

salem : « Se n'estoit la bataille de preuve de
parenté, moult de maus en poroient à venir,
et de gens estre déshérités à tort et sans raison.... Car de legier, troveroit-on deus homés
ou femes de la loy de Rome, ou autre nation,
qui s'en parjureroient pour monoie, puisqu'il seroient seurs que il n'auroient autre
péril que de eaus se parjurer (1). »

Les épreuves furent abandonnées aux plaideurs d'un rang inférieur, et disparurent insensiblement. La preuve par le combat convenait mieux au génie guerrier de nos pères;
elle subsista long-temps.

La lice n'était pas ouverte seulement pour
la preuve des faits, on combattait aussi pour
résoudre des questions de droit. Lorsque le
témoignage des hommes avait encore quelque
crédit, si les plaideurs ne s'accordaient pas
devant les juges sur un point de droit, on faisait des enquêtes pour vérifier les *usages de
la cour*. Mais, quand on vint à ne plus vouloir de preuve testimoniale, il fallut bien en
chercher une autre; on s'en remit, comme
pour les faits, à l'événement du combat, et

(1) Chap. 167.

le vrai texte de la coutume fut écrit sur l'arène avec le sang du vaincu.

Il s'éleva, vers le dixième siècle, un débat sur le droit de représentation dans les successions. C'était un sujet de doute et de dispute, dit l'historien (1), que de savoir si les enfans du fils décédé devaient être comptés parmi les enfans de la famille, et pouvaient hériter avec leurs oncles dans la succession de l'auteur commun. L'empereur Othon ordonna que la question serait vidée par le combat entre deux champions. Celui qui combattit en faveur du droit de représentation fut victorieux, et ce droit fut établi par un décret perpétuel. On dit qu'Alphonse, roi d'Espagne, marié à la fille du duc d'Aquitaine, voulant substituer les lois romaines aux coutumes de son pays, nomma un champion de chaque côté, et que celui des lois romaines fut vaincu (2).

Le clergé fit des efforts inutiles pour rendre au serment sa pureté, pour ramener les plaideurs devant les autels, car le serment judiciaire se faisait dans les églises, et pour re-

(1) Witikind, abbé de Corbie, cité par Pasquier, *Recherches de la France*, liv. 4.

(2) En 1038. Dom Bouquet, *Recueil des Hist.*, t. 11, p. 221.

pousser l'usage du combat. Mais l'influence des
mœurs fut si puissante et si opiniâtre, qu'elle
l'emporta sur l'autorité de la loi canonique;
et, quoi qu'en ait dit M. de Montesquieu (1),
on vit, jusque dans les tribunaux ecclésiastiques, des champions combattre pour la possession des monastères ou des droits qui en
dépendaient (2).

Il suffira de citer entre autres un fait que
je trouve dans l'histoire d'Angleterre du docteur Henri (3). «Le prieuré de Tinmouth, dans
le Northumberland, était une dépendance de
l'abbaye de Saint-Alban. Un certain Simon de
Tinmouth prétendit avoir le droit de faire
nourrir deux personnes dans le prieuré, ce
que nièrent le prieur et les moines. La cause
fut portée devant le tribunal de l'abbé de
Saint-Alban, et ses barons ordonnèrent le
combat. Ralf Gubion, prieur de Tinmouth,
parut au lieu et au temps désignés, avec son
champion; qui fut vaincu; il perdit son procès, et il en fut tellement affligé qu'il résigna
sur-le-champ sa place. Ce combat judiciaire
est d'autant plus remarquable, ajoute l'au-

(1) *Esprit des Lois*, liv. 28, chap. 18.
(2) Dom Bouquet, *Recueil des Hist.*, t. 9, p. 612.
(3) Liv. 3, chap. 3, sect. 1re.

teur, qu'il se fit dans la cour d'un baron spiri-
tuel, et que l'une des parties était un prêtre. »

Le vrai nom de ces champions, qui relevaient le gage de bataille pour ceux que leur
faiblesse, leur âge, ou leur qualité, dispen-
saient de se présenter en personne, était celui
d'*avoués*.

« Se chil qui apéle ou qui est apelé veut
avoir *avoué* qui se combatte pour lui, il doit
montrer son *essoine* (exoine, dispense). Plu-
riex essoines sont par les quiex, ou par l'une
des quiex, l'on peut avoir *avoué*. Un des essoines est se chil qui veut avoir avoué, montre
que il li faille aucun de ses membres. Le
second essoine est se l'on a passé l'aage de
soixante ans. Li tiers essoine, si l'on est accoutumé de maladie qui vient soudainement. Li
quart essoine est se l'on est malade de tier-
chaine ou de quartaine, ou de autre maladie
apertement scûe et sans fraude. Li quint essoine, si femme apéle ou est apelée, car femme
ne se combat pas (1). »

Plus tard, et lorsque les beaux jours du
combat furent passés, tout le monde put se

(1) Beaumanoir, *Coutume de Bauvoisis*, chap. 16,
pag. 308.

donner, moyennant un prix, la commodité de se battre par procuration. L'abus fut même poussé au point que l'on en vint à louer des champions à l'année, qui s'obligeaient de combattre pour toutes les causes du maître. « Li aucuns louoient campions, en tèle manière que ils se devoient combattre pour toutes les querelles que ils auroient à fère, *ou bonnes ou mauvaises* (1). »

Je ne m'arrête point à considérer le fond de ces usages ; je traverse rapidement d'épaisses ténèbres pour faire entrevoir, aux premières clartés de la civilisation, le but où je veux arriver.

Rien n'est destructeur comme l'excès. On se dégoûta du combat comme des épreuves, comme des *compositions* de la loi salique, ces tarifs de la valeur des hommes et de leurs membres. On sentit enfin que des lois qui donnaient gain de cause au plus fort ou au plus adroit, ou qui permettaient au plus riche d'assassiner à meilleur marché, parce que l'argent lui coûtait moins, étaient d'une hideuse barbarie.

(1) *Idem*, chap. 28, pag. 203.

Cette révolution dans les mœurs judiciaires marcha lentement. C'était un de ces événemens qui doivent nécessairement arriver, mais sur lesquels le temps se réserve deux secrets : l'époque, et les moyens.

Parmi ces moyens, que les résultats nous ont dévoilés, on remarque surtout l'influence des Croisades, de ce grand mouvement qui sembla détacher l'Europe de ses fondemens pour la précipiter sur l'Asie, comme disait Anne Comnène.

Le tumulte des guerres entre les princes et des guerres entre les particuliers retentissait partout, lorsqu'une inspiration subite entraîna au loin, vers l'Orient, une foule de chefs et de soldats. La *trêve de Dieu* n'avait jamais pu produire un calme pareil à celui qui suivit le départ des Croisés. *Tout-à-coup la terre entière se tut*, dit un contemporain (1). Les serfs respirèrent dans les campagnes ; les bourgeois des villes profitèrent des circonstances pour obtenir des chartes d'affranchissement ;

(1) Othon de Frisingue, *Gesta Frid. imp.*, lib. 1, cap. 29. Voyez l'*Essai sur l'influence des Croisades de Heeren*, traduit de l'allemand par C. Villers, pag. 255 et suiv.

d'autres secouèrent le joug des officiers que les seigneurs avaient laissés pour maintenir leur domination. Des communautés municipales se formèrent; la liberté, l'esprit de propriété, l'industrie, donnèrent plus de prix à la vie et à l'honneur des individus ; les mœurs commencèrent à s'adoucir , et la législation suivit la pente des mœurs. L'opposition du clergé à la pratique du combat eut moins de résistances à surmonter. On vit poindre une sorte d'ardeur pour l'étude du droit romain ; Ravenne et Bologne eurent des écoles dès le onzième siècle (1) , et vers le même temps on composait en France un livre intitulé : *Petri exceptiones legum romanarum* (2). Enfin saint Louis donna ses *établissemens*. « Nous défendons les batailles par tout notre domaine; en toutes querelles , disait le bon roi , et en

(1) M. de Savigny , *Histoire du Droit romain dans le moyen-âge* , chap. 26.

(2) *Introduction à l'étude du Droit romain* , par Etienne, pag. 156. Je me suis mal expliqué dans la première édition , chap. 1, pag. 17, en disant : *La découverte des Pandectes*, etc. Cette découverte, que l'on a cru généralement avoir été faite à *Amalfi* en 1125 , et la disparition entière du droit romain dans l'Occident pendant le moyen-âge, sont loin d'être prouvées.

lieu de batailles, nous mettons preuves des témoins ou des chartes, selon droit escrit en Code el titre *de pactis* (1). »

Les barons des pays, *hors l'obéissance le roi*, luttèrent long-temps contre un exemple si dangereux pour ce qu'ils appelaient leurs priviléges. L'appel des jugemens à la cour du souverain était une conséquence inévitable de l'abolition du combat, et leur fière indépendance frémissait de se soumettre à l'autorité de la couronne. Mais une nouvelle puissance s'était formée ; des règles justes et fixes durent l'emporter sur la violence et le hasard, et les seigneurs furent obligés de reconnaître un juge suprême entre eux et leurs vassaux.

On pense assez généralement que le règne de Philippe-le-Bel vit s'éteindre, chez nous, la pratique du combat.

Cependant Robertson et M. Meyer citent comme le dernier combat judiciaire en France, celui de Jarnac contre la Châtaigneraie, au mois de juillet 1547. Je crois qu'il n'y eut rien de judiciaire dans ce duel fameux. Un démenti avait été publiquement donné ;

---

(1) Liv. 1er, chap. 2.

Henri II eut la faiblesse de permettre à l'offensé d'en demander raison, mais le gage de bataille ne fut point relevé sur les marches d'un tribunal. Les mémoires du temps nous ont transmis la teneur du cartel, les apprêts chevaleresques de la lice, et les profonds regrets du roi. On y voit qu'un astrologue avait prédit à ce prince que son règne finirait, comme il avait commencé, par un combat singulier.

Il fallut donc revenir à la preuve par témoins; c'était et ce sera toujours une loi de nécessité sociale. L'art d'en perfectionner l'usage et d'en prévenir les dangers appartient à la loi positive.

« Dans le commerce habituel de la vie, le oui ou le non, concernant une multitude de faits, se présentent sous une variété infinie de formes. Le plus souvent nous éprouvons que les assertions sur l'existence de tels ou tels faits sont conformes à la vérité; le témoignage s'étant trouvé vrai dans le plus grand nombre de cas pour le passé, nous avons un penchant à nous y fier pour le présent et pour le futur. De là, en un mot, la disposition *à croire*.

» D'un autre côté, il y a eu des cas, et ces cas ne sont pas très-rares, où nous avons éprouvé que les témoignages étaient trompeurs ; de là, la disposition à douter ou *à ne pas croire.*

» Mais, comme les assertions vraies l'emportent de beaucoup en nombre sur les fausses, la disposition à croire est l'état habituel, le *non-croire* est un cas d'exception : pour refuser de croire, il faut toujours une cause spéciale, une objection particulière.

» S'il en était autrement, les affaires sociales ne marcheraient plus ; tout le mouvement de la société serait paralysé, nous n'oserions plus agir : car le nombre des faits qui tombent sous la perception immédiate de chaque individu, n'est qu'une goutte d'eau dans le vase, comparé à ceux dont il ne peut être informé que sur le rapport d'autrui. »

« On croit au témoignage humain en vertu d'une expérience générale, confirmée par celle de chaque individu. Agissez d'après la présomption que ce témoignage est le plus souvent conforme à la vérité, vous continuerez à faire ce que vous avez fait jusqu'à présent ; la suite de votre vie ira son train ordinaire : agissez d'après la présomption que ce témoignage est toujours faux, vous serez arrêté, dès le premier pas, comme dans un pays perdu, dans un désert : agissez comme si ce témoignage était beaucoup plus souvent faux que vrai, vous allez souffrir dans tous les points de votre existence ; et la continuation de votre vie, dépouillée de toutes ses douceurs, ne sera plus qu'un supplice (1). »

Ces réflexions, appliquées à l'état calme et paisible des habitudes de la vie, à l'étude de l'histoire, ou à des communications désintéressées entre les contemporains, sont, en général, d'une justesse parfaite. Les siècles ne font leur confession que par le témoignage des hommes ; et nous ne pouvons connaître autrement ce qui se passe loin de nous, ce que nos sens ne perçoivent pas. Mais dans les luttes judiciaires où toutes sortes d'intérêts sont agités, où les passions sont armées, où la mauvaise foi prend à sa solde l'inimitié, l'indigence, l'envie, et jusqu'à l'esprit de parti, il faut plus de défiances et de restrictions ; il faut que la pénétrante sagacité du juge fasse de sa conscience comme un creuset où vienne s'éprouver l'alliage impur du faux avec le vrai.

Voyons ce que l'on fit en France et en Angleterre, à la renaissance de la preuve

_____

(1) Bentham, *Traité des Preuves judiciaires.*

testimoniale, si je puis ainsi m'exprimer.

Pour ce qui concerne la France, je remarque d'abord que la faveur de la preuve par témoins décrut en proportion des progrès de l'art d'écrire.

Cet art était peu répandu, je l'ai déjà dit. Quand on voulait faire écrire un contrat, le clerc ou scribe en traçait les clauses, devant des témoins, sur deux peaux de parchemin d'une égale grandeur, et il en remettait une à chacun des contractans.

L'exécution de l'acte donnait-elle lieu à quelques difficultés ? le juge appelait les témoins, et s'en rapportait à leurs dépositions sur les circonstances de la convention, et même sur les expressions des parties. De là cette maxime : *Témoins par vive voix détruisent lettres.* Voici son développement :

« S'il advient que en jugement, l'une des parties se veuille aider de *lettres* en preuve, et l'autre partie se veuille aider de tesmoins singuliers, sçachez que la vive voix passe vigueur de lettres, si les tesmoins sont contraires aux lettres. Et se doit le juge plus arrester à la déposition des tesmoins qui de saine mémoire déposent et rendent sentence de leur déposition, que à la teneur des lettres qui ne rendent cause. *Cod. de fide instrument. L. in exercendis litibus.*

» Encore est à sçavoir que s'il est aucun qui se vante de prouver son cas par lettres, et si le deffendeur veut dire : Toutes ces lettres je reproche de vive voix; sçachez qu'il est à recevoir, et vaudra le reproche de vive voix contre les lettres. Et si reproche y a suffisant, les lettres seront destruites et ne vaudront. *C. lib. quarto, rubricâ dictâ, et rubricâ de probationibus, L. cum precibus.* S'il advient que aucun se vante que je luy ay donné aucune chose, et de ce me fasse querelle en jugement, et l'offre à monstrer et prouver par lettres, sçachez que si je veux dire et exposer par vifs tesmoins contre ses lettres, que je luy vendis, je y seray à recevoir. *C. de probationibus, L. cum precibus.* Si aucun disoit aucune chose être notoire et manifeste, sçachez que plus est action sur ce vive voix de tesmoins, que lettres (1). »

Ces lettres n'étant point signées, on vint

---

(1) *Somme rurale de Bouteiller*, tit. 106. La loi *in exercendis* n'avait pas été sainement entendue par l'auteur, lorsqu'il la citait à l'appui de sa proposition ; car elle ne dit point que les témoins doivent l'emporter

à s'apercevoir qu'il était facile de substituer
une fausse copie à la place de la véritable, et
qu'il n'était pas impossible que la fraude trouvât chez les témoins une complaisante protection. On s'avisa, pour plus grande sûreté,
d'écrire le même acte deux fois sur la même
peau de parchemin, en deux colonnes sé-
parées, et de remplir l'intervalle de quelque
passage de l'Ecriture Sainte tracé en gros
caractères. On coupait cette peau de telle
sorte, que ce qui occupait l'intervalle des
deux colonnes se trouvait divisé par la moitié (1). En cas de contestation sur la foi de
l'acte, chacun rapportait la moitié qui lui
avait été remise ; on les rapprochait l'une de
l'autre, et l'on examinait si les lettres coupées
s'adaptaient parfaitement les unes aux autres.

C'est de là, dit-on, qu'est venu le nom de
Charte-partie, qui se donne aux polices d'af-
frétement des navires (2).

---

sur les écrits, mais qu'ils doivent obtenir la même foi.
In exercendis litibus eamdem vim obtinent, tàm fides in-
strumentorum, quàm depositiones testium.

(1) On découpait le plus souvent le milieu de la
peau en dentelures, et ces actes s'appelaient *Charta*
indentata. (Ducange.)

(2) Art. 273 du Code de commerce.

Toutefois les clercs ou scribes, dont j'ai parlé, n'avaient point de caractère public, et leurs écrits étaient simplement des actes privés.

Les actes authentiques se faisaient devant les juges, ou devant les évêques; on les appelait *notitias publicas* ou *lettres en ferme*, parce que leur double était renfermé dans un dépôt public.

L'usage de passer les contrats devant les juges dura jusqu'au treizième siècle. On attribue à saint Louis la création des premiers notaires. Il y avait dans la justice de Paris soixante greffiers ou clercs occupés à écrire les actes. Les magistrats, ne pouvant suffire aux détails immenses dont ils étaient surchargés, finirent par laisser à leurs clercs le soin de rédiger les conventions. Ces clercs, dont la science consistait uniquement dans la pratique des formes, faisaient les actes comme ils le pouvaient, et leur ignorance était une source de procès. Saint Louis sentit la nécessité de mettre un terme à ce désordre : il ôta aux juges le droit de recevoir les contrats volontaires, et conféra ce pouvoir à des officiers qui furent nommés notaires ou tabellions; c'était dans les salles du Châtelet

qu'ils exerçaient leur ministère. Les ordonnances des règnes suivans (1) dégrossirent et
perfectionnèrent cette ébauche.

La maxime : *Témoins par vive voix passent lettres*, perdit sa puissance destructive
à l'égard des actes marqués d'un scel authentique (2). Plus tard, ce vieil adage disparut
tout-à-fait dans les ténèbres du moyen-âge ;
les écritures privées et *reconnues* partagè-
rent la faveur d'être mises hors des atteintes
de la preuve testimoniale. Ainsi avaient fait
les Romains (3).

Cependant aucune loi ne prescrivait d'é-
crire les actes ; aucune loi ne distinguait leur
nature et leur importance. La preuve des
naissances, des mariages, des décès, des degrés de parenté, de toutes les conventions
alléguées, de tout ce que l'on avait négligé de
fixer par écrit, quelle que fût d'ailleurs la
valeur de l'objet litigieux, était abandonnée

---

(1) De Philippe-le-Bel, en 1302 ; de François Ier,
en 1542 ; de Henri II, en 1554 ; de Henri III, en
1575, et surtout de Henri IV, en 1597.

(2) *Somme rurale*, tit. 106 et 107.

(3) *L. 1 et 18 Cod. de Testibus.* Inutile sans doute
de faire observer qu'il n'est point question ici des lois
sur le faux.

aux souvenirs trompeurs et à la vive voix des hommes.

Mais nous touchons au siècle de l'Hôpital, de Cujas, de Dumoulin, de Pithou, de Loiseau.

La civilisation avait fait un pas de géant ; l'imprimerie était inventée, et déjà le nouvel art avait payé son tribut aux belles-lettres par une édition des *Offices de Cicéron*. La lumière perçait et chassait les ombres ; le talent de lire et d'écrire, devenu moins rare, n'était plus un secret de *clergie*. Le droit romain sortait de l'Italie pour se répandre une seconde fois dans l'Europe ; une ardeur d'étude et de recherches enflammait les esprits : la France vit se former dans son sein des trésors d'érudition, et fleurir les plus grands jurisconsultes qu'elle ait jamais produits.

Des réclamations s'élevèrent de toutes parts contre l'extensibilité désordonnée de la preuve testimoniale. L'abus fut porté jusqu'à un tel point, que les parlemens envoyèrent des députés au roi pour s'en plaindre (1).

Ces plaintes ne pouvaient être stériles sous le ministère de l'Hôpital, de l'auteur de

_____

(1) *Daniy sur Boiceau*, pag. 2.

ces belles ordonnances dignes d'un meilleur règne, et dont Pasquier disait, en son vieux langage, qu'elles passèrent d'un *long entrejet* tout ce qu'on avait vu précédemment en ce genre.

L'ordonnance de Moulins, pour la réformation de la justice, fut donnée en 1566 (1); l'article 54 est conçu en ces termes : « Pour obvier à la multiplication des faits que l'on a vu ci-devant être mis en avant en jugement, sujets à preuve de témoins et reproches d'iceux, dont adviennent plusieurs inconvéniens et involutions de procès, avons ordonné et ordonnons que dorénavant, de toutes choses excédant la somme ou valeur de cent livres pour une fois payer, seront passés contrats par-devant notaires et témoins, par lesquels contrats seulement sera faite et reçue toute preuve desdites matières, sans recevoir aucune preuve par témoins, outre le contenu audit contrat, ni sur ce qui seroit allégué avoir été dit ou convenu avant icelui, lors et depuis; en quoi n'entendons exclure les conventions

---

(1) Le chancelier remit les sceaux deux ans après, et se retira, en disant *que les affaires du monde étaient trop corrompues pour qu'il pût encore s'en mêler.*

particulières et autres, qui seroient faites par les parties, sous leurs seings, sceaux et écritures privées »

Dès l'année 1539, l'ordonnance de Villers-Coterets avait prescrit, par son article 51, « la tenue des registres en forme de preuve des baptêmes, contenant le jour et l'heure de la nativité, pour servir à prouver le temps de majorité ou minorité, et faire pleine foi à cette fin. »

Il est à remarquer que cette ordonnance n'avait rien statué à l'égard des mariages et des décès. Je ne sais si l'on avisa d'y suppléer en ce temps-là ; ce qu'il y a de plus certain, c'est que les règlemens auraient été fort mal exécutés pendant quarante années, si l'on s'en rapporte à l'article 181 de l'ordonnance de Blois publiée en 1579. Voici cet article : « *Pour éviter les preuves par témoins, que l'on est souvent contraint de faire en justice, touchant les naissances, mariages, morts et enterremens des personnes,* enjoignons aux greffiers en chef de poursuivre par chacun an les curés ou leurs vicaires, du ressort de leurs siéges, d'apporter dedans deux mois, après la fin de chacune année, les registres des baptêmes, mariages et sépultures de leur paroisse, faits en icelle année. »

Je reviens à l'ordonnance de Moulins. Une innovation aussi tranchante choqua d'abord les préjugés des praticiens ; mais elle fut accueillie par les cours de justice avec des marques extraordinaires d'approbation : *Summo cum studio et exactissimâ devotione... nulla toto hoc sæculo constitutio aut lex regia sanctior ac probatior visa fuit*, dit Boiceau. La nécessité d'une restriction sévère dans l'usage de la preuve testimoniale était si profondément sentie, et la loi était si impatiemment désirée, que le parlement l'appliqua même aux provinces du ressort les plus éloignées, à compter du jour de sa promulgation à Paris (1).

Les mêmes causes produisirent les mêmes effets en Italie et dans les Pays-Bas (2).

(1) *Ex quo edocti sumus sacratissimun senatum hanc legem summo cum studio et exactissimâ devotione amplecti voluisse, ab ipsâ die promulgationis et publicationis in curiâ.* Commentaire de Boiceau, sur l'article 54 de l'ordonnance de Moulins, pag. 43.

(2) Voyez, au commencement du *Traité de la Preuve testimoniale*, par Danty, les statuts de Bologne, de

Mais les législateurs du continent ne remédièrent point aux formes vicieuses qui s'étaient introduites pour la réception des enquêtes, ni à l'abus des principes que la justice avait adoptés pour leur appréciation. Ils laissèrent subsister les règles d'une conviction artificielle, et la conscience des magistrats resta soumise à la maxime : *Testis unus, testis nullus*. Il leur fut défendu de prendre en considération un fait attesté par la déposition isolée de l'homme le plus grave, le plus recommandable par ses mœurs et par sa dignité (1) ; de même qu'il leur fut prescrit de tenir pour une preuve sûre les dépositions conformes de deux témoins échappés aux motifs de reproches déterminés par la loi. Dans quelques endroits (2), le témoignage de deux femmes

Milan, de Naples, et l'édit perpétuel des archiducs de Flandre.

(1) *Ut unius omninò testis responsio non audiatur, etiamsi præclaræ curiæ honore præfulgeat.* L. 9, § 1, *Cod. de testibus.*

(2) Dans le pays de Vaud, par exemple. Voyez l'*Exposé des motifs de la loi sur la procédure civile, pour le canton de Genève*, par M. Bellot, page 137.

ou filles était estimé *autant et ni plus ni moins* que celui d'un homme, et celui de quatre femmes ou filles autant que celui de deux hommes.

Le secret des enquêtes et leur rédaction par écrit remontent à la désuétude des gages de bataille (1). Cette pratique fut conservée sous le prétexte de donner aux témoins plus de liberté: si c'était la liberté de dire, non ce qu'ils savaient, mais ce qu'ils voulaient, on avait raison.

Un commissaire entendit les dépositions à huis-clos, comme par le passé; le greffier qui les avait écrites fut chargé de les envoyer au tribunal closes et cachetées, et les juges continuèrent de prononcer sur ce qu'elles renfermaient, sans avoir vu les témoins, leur physionomie, leur attitude, leur gêne ou leur naïveté, et sans avoir pu observer toutes ces nuances de la manière d'être et de dire, qui

_____

(1) Beaumanoir, c ap. 39, pag. 218, et Montesquieu, liv. 28, chap. 34 et 44. On craignit peut-être que la publicité n'amenât des provocations, et que l'audience ne redevînt un champ de bataille. Peut-être aussi le secret fut-il introduit dans les juridictions séculières, à l'imitation des tribunaux ecclésiastiques.

sont si précieuses pour la découverte de la vérité (1).

Les dispositions de l'article 54 de l'ordonnance de Moulins ont passé, sauf quelques légers changemens de rédaction, dans l'article 2 du tit. 20 de l'ordonnance de 1667 ; elles se retrouvent aujourd'hui dans l'article 1341 du Code civil (2).

Ainsi la législation civile sur cette matière se réduit, en France, aux règles suivantes :

La preuve par témoins de toutes choses dont on veut traiter ou disposer, et qui excèdent la somme ou la valeur de 150 francs, ne peut être reçue, toutes les fois qu'il a été possible de se procurer une preuve écrite.

(1) Les enquêtes par écrit subsistent encore dans notre procédure civile, *en matière ordinaire.* La seule innovation qu'on ait faite consiste dans la faculté accordée aux parties et à leurs avoués d'y assister et d'en avoir communication avant le jugement. Était-ce assez ? Je répondrai à cette question au chapitre des Enquêtes.

(2) Le Code civil permet d'admettre la preuve par témoins jusqu'à 150 fr., mais son système n'en est pas moins restrictif ; car les 150 fr. d'aujourd'hui ne valent certainement pas les 100 livres de 1566 et de 1667.

La preuve par témoins ne peut être reçue, quoiqu'il s'agisse d'une somme ou d'une valeur moindre de 150 francs, contre et outre le contenu aux actes, ni sur ce qui serait allégué avoir été dit *avant, lors et depuis* (1).

Les juges prononcent à la fois sur le fait et sur le droit.

En Angleterre, ce fut une autre direction.

Les Anglais ont toujours été singulièrement attachés à leurs habitudes nationales ; la voix du présent, chez eux, n'est que l'écho des siècles passés. Il n'est pas rare aujourd'hui de voir leurs orateurs, soit au parlement, soit dans les cours de justice, remonter jusqu'aux articles de la grande Charte, et même par-delà l'époque de la conquête. Leur caractère est rebelle aux innovations, et leur cri est encore, comme au temps d'Henri III : Nous ne voulons pas changer nos vieilles lois ; *Nolumus leges Angliæ mutare.*

Les progrès du bon sens et l'adoucissement des mœurs ont fait tomber, en Angleterre, comme partout, l'usage du combat ; mais

(1) Je développerai ces principes et les exceptions qu'ils admettent en traitant des enquêtes.

l'impérieuse autorité des *précédens* y a maintenu beaucoup plus long-temps cette justice sauvage du champ clos et du gage de bataille.

En l'année 1571, sous le règne d'Elisabeth, les juges des *plaids communs* ordonnèrent un combat ; il fut engagé à Wert dans la plaine de Thotil : *non sine magnâ jurisconsultorum perturbatione*, dit Spelman qui était témoin de la cérémonie. En 1661, la lice fut encore ouverte par la cour de chevalerie, sous l'autorité du grand connétable et du grand maréchal ; enfin, on cite le nouvel exemple d'un combat offert, en 1638, pour la décision d'un procès civil (1).

Le combat fut défendu, en France, par les ordonnances de nos rois ; en Angleterre, on ne connaît point de disposition législative qui l'ait interdit.

Il y a même encore telle ancienne action, notamment le *writ* de droit (2), pour la re-

_____

(1) Blackstone, tome 5, chapitre 22 ; Robertson, *Introduction à l'Histoire de Charles-Quint*, p. 379.

(2) Les Anglais ont rejeté le droit romain, qui, si l'on en croit Fortescüe, *de laudibus legum Angliœ*, est de beaucoup inférieur à leur *common law*. Cependant ils lui ont emprunté les *formules*, car leurs *writs* y ressemblent beaucoup. Ce sont des espèces de passe-

vendication de la propriété d'un immeuble,
qui admet la preuve par le duel, lorsque le
tenancier ou *défendeur* soutient qu'il est
mieux fondé à retenir, que le *demandeur* à
recouvrer; et l'on doute fort, dit Blackstone,
que le combat pût être refusé dans ce cas,
s'il était formellement requis.

L'hypothèse de Blackstone est devenue naguère, à l'occasion d'un autre genre d'action,
une réalité très-remarquable. En 1817, un
nommé Torthon fut gravement soupçonné
d'avoir assassiné une jeune fille : le frère de la
victime porta une accusation privée contre
lui (1); l'accusé offrit de se justifier par le com-

ports délivrés par la chancellerie, pour introduire les
parties dans le temple de la Justice. Il est aussi dangereux en Angleterre de ne pas suivre les termes du
writ, qu'il l'était à Rome de ne pas employer les mots
consacrés de la *formule.* « Les *writs* doivent être bien
dressés, ou ils sont nuls..... Dans tous les *writs,* il faut
avoir soin de les coucher et de les dresser suivant l'exigence du cas, et ils doivent être suivis conformément
dans tout le cours de l'action. » Jacob, *Dictionnaire de
Droit,* vᵒ *Writ.*

(1) Lorsqu'une personne accuse en son nom et dans
son intérêt particulier, il n'y a pas lieu à l'accusation
strictement régulière ou publique; néanmoins, si l'accusé est trouvé coupable, il subit le jugement, comme

bat, et les juges, après en avoir délibéré, se crurent obligés d'accueillir ce moyen de défense : la loi commune, avec son cortége des *précédens*, était là. Mais l'accusateur, moins sûr de sa force que de son droit, prit le parti de se désister. Hallam, qui rapporte ce trait (1), ajoute que l'affaire de Torthon fit presque autant de bruit en Angleterre, que celle de Fualdès en faisait en France à la même époque.

Cependant il fallait un autre *criterium* à la place de la preuve par le duel, et tout naturellement la preuve par témoins reprit son empire.

Elle conserva, chez les Anglais, la faveur d'une application illimitée (2) ; leur esprit

---

si l'on eût procédé contre lui au nom de la société ; mais le roi ne peut lui faire grâce. *Blackstone, liv.* 4, *chap.* 23. Ces actions privées, auxquelles on donnait le nom d'*Appeal*, étaient d'une extrême rareté ; elles ont été abolies en 1819.

(1) *L'Europe au moyen-âge*, tom. 2, pag. 421.

(2) Ce fut sous le règne de Charles II seulement, que le vingt-neuvième statut, chap. 2 , défendit la preuve testimoniale pour les conventions matrimoniales, les aliénations immobilières, et tous les engagemens fondés sur un fait qui ne doit pas être accompli dans le délai d'une année.

national repoussa l'idée d'une innovation restrictive, mais leur génie spéculatif chercha une théorie de perfectionnement.

Toute la difficulté consistait à trouver la meilleure forme pour l'examen et la fixation du point de fait en litige, c'est-à-dire le moyen d'atteindre le plus haut degré de certitude morale.

Ils placèrent la vérification du fait hors de la compétence des magistrats chargés de l'application du droit.

Mais comment cette division servit-elle à rectifier l'incertitude des jugemens humains sur l'existence d'un fait? Quelle garantie nouvelle fut donc découverte contre les illusions de l'erreur? Quel instrument fut employé pour extraire la vérité d'une foule de déclarations qui se contrarient et se heurtent; de cette variété d'impressions que produisent les témoins, et de la confusion que jette au milieu de tout cela l'artifice des plaideurs? C'est ce qu'il faut expliquer.

J'ai besoin, pour y parvenir, de remonter à la première période d'amélioration dans les mœurs judiciaires de l'Angleterre, c'est-à-dire à l'institution des grandes assises.

Originairement, la juridiction de la cour

du roi ne s'étendait guère qu'aux procès dans lesquels la couronne était intéressée; les particuliers qui plaidaient entre eux trouvaient une justice plus prompte et moins dispendieuse dans leur *hundred* (1). Mais cette juridiction devint par degrés plus familière; elle était plus éclairée, plus impartiale et plus indépendante que la cour des barons dans les comtés. C'était un avantage qui valait bien le surcroît de quelques dépenses et de quelques embarras : l'autorité royale elle-même favorisa ces dispositions (2).

Cependant l'avantage était tout au profit des gens riches; les autres en souffraient, et réclamaient hautement leur privilége d'être jugés par les francs tenanciers du voisinage : *omnis causa terminetur comitatu vel hundredo* (3). Henri II sut à la fois fixer dans sa cour l'éclat et l'influence d'une juridiction exclusive sur les affaires civiles et criminelles du royaume, et ménager l'ombrageuse susceptibilité des Anglais pour le main-

(1) On appelait ainsi les divisions du comté.

(2) *L'Europe au moyen-âge*, par Hallam, tit. 2, pag. 101.

(3) *Leges Henr.* I, c. 9.

tien de leurs anciens droits. Des juges furent
détachés de la cour du monarque, pour aller,
à certaines époques de l'année, tenir la grande
assise dans les comtés : c'était à peu près
comme les *missi dominici,* en France, du
temps de Charlemagne.

Mais la grande assise n'était point encore
le jury. On y conserva long-temps les formes
de la féodalité, le jugement des pairs qui
prononçaient à la fois sur le fait et sur le
droit, et le serment des compurgateurs.
Henri II, en substituant le jugement par
l'assise à l'épreuve du combat, avait bien
préparé la désuétude de cette pratique douteuse et meurtrière, comme l'exprimait le
grand justicier Glanville (1), mais il ne l'avait
pas fait disparaître.

J'étendrais beaucoup trop les limites d'une
discussion déjà trop longue peut-être, si j'entreprenais ici de suivre le cours de la révolu-

----

(1) Liv. 2, chap. 7 : *Est autem magna assisa regale
quoddam beneficium clementiá principis de consilio pro-
cerum populis indultum, quo vitæ hominum et statûs
integritati tam salubriter consulitur, ut in jure quod
quis in libero soli tenemento possidet retinendo, duelli ca-
sum declinare possunt homines ambiguum.*

tion qui commença sous le roi Jean, donna aux Anglais leur grande charte, et se précipita vers son terme sous le règne de Henri III.

Après ces grandes agitations politiques, les lois déposent leur lie; les excès de l'arbitraire, les haines ou les faveurs des partis, les subornations, tous les abus, toutes les atteintes, toutes les violations, viennent se retracer dans de pénibles souvenirs, et les temps d'orage donnent aux jours de calme des idées de sûreté pour l'avenir.

Les *remèdes de droit*, pour me servir des termes du pays, s'étaient successivement multipliés, les formes s'étaient compliquées, et les fictions imaginées afin de concilier les nouveaux procédés avec les vieux usages, avaient fait de l'administration de la justice une science trop subtile pour les pairs assemblés dans les assises.

D'un autre côté, la preuve par témoins ne s'était pas montrée sous un bel aspect, au milieu des troubles et des factions; l'expérience avait mis à nu tous ses dangers : il fallait donc ou abroger ou corriger.

Abroger n'est pas anglais : on corrigea. Les francs tenanciers du voisinage ne cessèrent point de concourir au jugement; mais leurs fonctions furent limitées à l'examen du fait litigieux et à la déclaration de la vérité sur son existence. Les juges restèrent chargés d'appliquer le droit aux conséquences de cette déclaration.

La preuve testimoniale ne fut point restreinte, car la loi commune la mettait au premier rang; mais on la soumit à l'analyse d'une sorte de spiritualisation, on la quintessencia, s'il est permis de parler ainsi. On établit en principe que l'instinct de plusieurs hommes réunis et désignés par le sort, ne peut jamais les tromper tous ensemble; que la décision unanime de ces hommes représentant le pays, appelés à écouter des témoins et à former leur conviction sur ce qu'ils entendent, sur ce qu'ils observent, sans aucune règle précise, sans aucune gêne, sans aucune condition déterminée par la loi (1), mais dans

(1) « Les jurés, disait le *chief justice* Hale, dans » son *Histoire de la commune Loi*, chap. 12, doivent » peser la crédibilité des témoins, la force et l'effica- » cité de leurs dépositions; ils ne sont pas obligés » d'avoir deux témoins pour prouver chaque fait, ni » de rejeter un témoin parce qu'il est seul, ni de » croire toujours deux témoins, si la probabilité se » trouve, ensuite d'autres circonstances, leur être

toute l'étendue et toute la liberté de leur raison, doit être considérée comme infaillible.

Voilà comment l'assise fut convertie en jury.

On trouve les premières traces de cette conversion dans le livre de Bracton, qui était un des juges d'Angleterre, vers la fin du règne de Henri III : *assisa versa fuit in juratum.* C'est donc à cette époque que je crois pouvoir fixer son origine.

Le jury ne se fit pas d'un seul jet ; son allure, d'abord timide et mal assurée, se raffermit par l'usage : l'intelligence s'accroît avec l'attention ; et à mesure que l'attention se fixa de plus près, les esprits se pénétrèrent plus intimement de sa direction et de ses fins.

Si j'osais hasarder une autre conjecture, je dirais que le jury ne dut atteindre sa perfection qu'après l'avénement d'Édouard Ier. On nomme encore ce prince le Justinien

» contraire : car le jugement ne se rend pas simple-
» ment ici sur la déposition des témoins, mais aussi
» sur celle des jurés, vu qu'il est possible qu'ils aient
» en leur particulier connaissance de la fausseté d'une
» chose qu'un témoin a déposé être vraie, ou qu'un
» témoin est inadmissible, et ne mérite aucune
» créance, quoique rien n'ait été objecté contre lui,
» et qu'ils donnent leur suffrage en conséquence. »

de l'Angleterre ; il fit de la jurisprudence
l'objet principal de ses soins. Le *chief justice*
Hale nous apprend que « les lois arrivèrent
tout-à-coup, et *quasi per saltum*, au plus
haut degré d'amélioration, et qu'il se fit des
choses plus prodigieuses, à cet égard, pendant
les treize premières années de ce règne, que
pendant toutes celles qui l'ont suivi. »

J'arrive à ma conclusion. Le jury appartient aux Anglais, c'est chez eux qu'il prit
naissance ; il n'altéra point profondément le
type révéré de leurs vieux usages, ni le concours du pays à la décision de toutes les
affaires, ni la preuve testimoniale dans toute
la latitude de son ancienne application, ni la
publicité des jugemens : ce fut moins une
révolution dans les lois, qu'un perfectionnement de leurs instrumens judiciaires.

Ne cherchons point dans le demi-jour du
moyen-âge l'invention de ce mécanisme délicat
de la pensée, pour l'extraction des preuves.
Laissons aux beaux-arts, qui vivent d'illusions,
les vagues rêveries et les gracieux souvenirs de
la vieille France, le jury ne fut jamais là.
Cependant la divergence des avis, les doutes

des historiens et des jurisconsultes anglais eux-
mêmes, ne me permettent pas de présenter
mon opinion comme une certitude ; j'indique
seulement ce qui m'a paru le plus probable.

CHAPITRE X.

DU JURY EN MATIÈRE CIVILE. — CE QU'IL EST EN ANGLETERRE. — DES DISCUSSIONS QUI ONT EU LIEU SUR LA PROPOSITION DE L'INTRODUIRE EN FRANCE.

L'INSTITUTION du jury, pour le jugement des affaires criminelles, fut adoptée, en France, par un décret du 30 avril 1790 (1). L'article 56 de la Charte l'a conservée : *les changemens qu'une plus longue expérience fera juger nécessaires ne pourront être effectués que par une loi.*

Le jury convient essentiellement aux ma-

_____

(1) Elle ne fut organisée que par la loi du 29 septembre 1791. Voyez aussi le *Code d'instruction criminelle* de 1810.

tières criminelles, où les preuves se forment presque toujours par l'examen des témoins ; mais il faut qu'il soit bien compris, qu'il soit franchement organisé, et que l'esprit du pays s'y attache avec un profond sentiment d'intérêt et de conservation. L'expérience a-t-elle recueilli un assez bon nombre de remarques pour qu'il soit temps d'aviser à des *changemens nécessaires ?* Ce n'est point ici le lieu de traiter cette question.

Je me propose seulement de rapporter ce qui a été dit à diverses époques, depuis la révolution, pour ou contre l'emploi du jury dans l'administration de la justice civile, et de comparer le déchet de la pratique avec les calculs et les brillantes promesses de la spéculation.

Voici la théorie du jury, en Angleterre, pour le jugement des matières civiles : Pierre forme une demande contre Paul, et pose le fait ou le titre de son action. Paul dénie le fait ou le titre. Le juge fixe l'état de la question ; il ordonne au shérif de former la liste des jurés et de les convoquer. Le jury assemblé entend, en présence de l'assise, les preuves respectives des parties et le résumé du juge ; il se retire, il délibère et donne son *verdict*, c'est-à-dire

qu'il prononce si c'est le demandeur ou le
défendeur qui a véritablement allégué', *verè
dictum;* et le juge applique la loi sur les conséquences du *verdict.*

Mais la preuve dont l'appréciation est confiée au jury, ne peut jamais porter que sur
le point auquel la cause a été réduite par la
demande et la défense. « Ainsi, lorsque le défendeur assigné en paiement d'une obligation,
plaide que l'obligation n'a pas été faite, *non
est factum,* l'examen et la décision du jury
se réduisent à ces termes : L'obligation existe,
ou bien elle n'existe pas ; elle est, ou elle n'est
pas du défendeur. Ce point, qu'on appelle
l'*issue de la cause,* étant fixé, le défendeur ne
peut plus produire ni quittance ni décharge,
parce que la quittance ou la décharge ne dé-
truiraient pas le fait mis en question (1). »

Au premier aspect, on ne voit dans cette
théorie qu'une austère simplicité. Mais si l'on
se reporte à l'entrée du procès, c'est tout autre
chose ; on se perd dans la complication des
formes, dans les distinctions des différentes
espèces de *writs,* dans la variété des fictions
et dans le labyrinthe de ces détours, qui se

(1) *Blackstone,* liv. 3, chap. 23.

croisent en sens divers, avant d'amener les
plaideurs devant le jury. C'est, dit Blackstone (1), un château gothique bâti dans le
siècle de la chevalerie, qui a été arrangé pour
les Anglais d'aujourd'hui. Des remparts inutiles, des fossés secs, des tours ruinées, des
trophées rouillés ! Mais si l'on y trouve, dans
quelque partie, un logement commode et sûr,
qu'importe que les avenues soient tortueuses,
embarrassées et difficiles ? Je pense que cela
importe beaucoup, car le commentateur des
lois anglaises est obligé d'avouer que leur
système judiciaire peut bien paraître le plus
embrouillé, le moins naturel, et le moins
fait pour un peuple éclairé et libre : *The
most intricate and unnatural that ever
was adopted by a free and enlightened
people.*

Je vais jeter un coup d'œil rapide sur ce
système.

Les rois d'Angleterre avaient, comme ceux
de France, un conseil permanent chargé d'administrer et de percevoir leurs revenus, de
rendre la justice et d'expédier toutes les affaires
publiques ; dans la suite, ce conseil, qui s'ap-

(1) Liv. 3, chap. 17.

les formules des Romains (1). On ne se donne même pas le souci d'en imaginer d'autres.

Le procès est porté soit à l'une, soit à l'autre des cours ; car on se joue fort aisément des règles de la compétence, par le moyen des plus étranges fictions.

Le demandeur veut-il plaider, pour avoir le remboursement d'un prêt, devant la cour de l'*échiquier ?* il se transforme en fermier ou débiteur du roi ; il expose que le tort qui lui est fait diminue ses moyens pour payer au roi sa dette ou sa rente, et il obtient le *writ de quo minùs sufficiens existit.*

Veut-il plaider à la cour du banc du roi, pour le recouvrement d'une dette quelconque ? il suppose que son adversaire est sous le poids d'une accusation criminelle, qu'il court çà et là, qu'il se tient caché, *latitat et discurrit.* On sait bien que cela est faux de tout point ; mais l'usage le permet ainsi. Le défendeur est censé mis sous la garde de l'huissier de la cour à laquelle la plainte a été présentée ; dès qu'il appartient à cette cour, il peut y être poursuivi pour toute autre espèce de réparations. Alors les fictions dis-

---

(1) *Gaius*, *Inst. Comment.* 4, 39.

paraissent, et l'affaire commence à prendre sa véritable physionomie.

Régulièrement, le défendeur doit être averti de comparaître devant la cour par deux messagers du shérif ; mais procéder ainsi serait trop uni ; il y faut des entortillemens. On suppose un rapport du shérif constatant que le défendeur se cache, puis l'on obtient un *writ d'attachement* qui autorise à saisir et à prendre des gages. Un second rapport de *nihil* constate qu'il ne s'est rien trouvé à saisir ; c'est alors que vient le *writ* de *capias*, qui enjoint au shérif d'arrêter le défendeur et de le garder, afin de le représenter à la cour.

Il existe un moyen plus expéditif d'obtenir un *capias*, c'est de commencer le procès par un *writ original* de délit, en supposant que le défendeur s'est introduit de force dans l'enclos du demandeur, *clausum fregit*, sauf à parler aux juges de toute autre chose lorsque l'affaire sera introduite.

Le *writ* de *quo minùs*, dont j'ai déjà fait mention, et qui sert à attribuer une cause à la cour de l'échiquier, entraîne également le *capias*.

Le défendeur peut éviter la prise de corps en donnant des sûretés suffisantes pour sa comparution ; mais ici le cautionnement n'est plus une fiction (1).

On accorde à la personne assignée quelques jours au-delà de celui marqué par le *writ*, pour se présenter ; car c'est une tradition de l'antique Germanie, qu'il ne convient pas à un homme libre de venir à jour fixe, sur un appel (2).

Les parties sont rendues devant la cour. Là commencent d'éternelles discussions par écrit sur les exceptions dilatoires, sur les imperfections du *writ* original, sur les incapacités, sur les priviléges et sur les innombrables incidens que fait pulluler chaque genre d'action.

Il y a l'exposition du demandeur ; l'exception du défendeur ; la réplique du demandeur ; la duplique du défendeur, *rejoinder* ; le *sur-rejoinder* du demandeur, ou réponse à la duplique ; puis le défendeur a le droit de *rebutter*, et le demandeur celui de *sur-rebutter* ;

---

(1) Un statut de Georges Ier défendit *les préalables arréts personnels* pour des dettes au-dessous de deux livres sterling ; depuis, un bill passé sur la proposition de milord Beauchamp a étendu cette défense à tous les cas de dettes au-dessous de dix livres.

(2) *Illud ex libertate vitium quod non simul nec jussi conveniunt ; sed et alter et tertius dies cunctatione coeuntium absumitur.* Tacite, *de Mor. Germ.*

ce qui renchérit encore, comme on le voit, sur les *actio*, *exceptio*, *replicatio*, *duplicatio* et *triplicatio* des Romains : *Quarum omnium exceptionum usum varietas negotiorum introduxit* (1).

On arrive enfin à l'*issue générale*, c'est-à-dire à la conclusion du fait ou du droit.

Si le fait n'est pas contesté, et s'il n'y a lieu qu'à l'application du droit, la cour prononce; si le fait est dénié, ou s'il s'agit de fixer des dommages-intérêts, l'une des parties offre l'*issue* pour s'en remettre à l'examen du pays : *Trial by the country ;* c'est le jury.

Des préparations si longues, des voies si tortueuses, des fictions si bizarres, forment déjà un désaccord choquant avec cette simple droiture et ce naïf emblème de vérité que présente à la pensée l'institution du jury. Mais ce n'est pas tout ; une nouvelle procédure de *posteà* va se diriger contre le *verdict*, et achever de détruire l'enchantement.

Dans la pureté des principes, ce mystère de la conscience, cette conviction à laquelle les lois ne demandent aucun compte de ses élémens, et n'imposent aucunes règles exté-

(1) Inst., l. 6, 4, tit. 24.

rieures ; cette réponse unanime sur l'existence d'un fait, demandée à douze hommes désintéressés, épurés par des récusations et liés par un serment, devait être inattaquable, souveraine. Comment appeler d'une conviction à une autre conviction ? Quel signe fera reconnaître la supériorité d'un nouvel examen et le dernier ressort de la vérité ? Si l'unanimité des jurés représente la voix du pays tout entier, quel juge va donc réformer l'opinion d'un pays tout entier ?

Maintenant la partie contre laquelle les jurés ont prononcé, peut revenir à Westminster, s'opposer à ce que la cour rende le jugement, et demander un nouvel examen.

Autrefois, le *verdict* ne pouvait être annulé qu'en conséquence d'un *writ d'attaint* (de conviction), c'est-à-dire qu'il fallait accuser les jurés de parjure ; et, s'ils étaient trouvés coupables, ils devenaient infâmes à jamais, leurs maisons étaient rasées, leurs prés labourés et leurs arbres déracinés.

Le *writ d'attaint* n'est plus en usage. Blackstone n'en a pas trouvé un seul exemple dans les auteurs, depuis le 16e siècle.

Il ne faut pas aujourd'hui tant de solennité pour la cassation d'un *verdict*. Outre les moyens résultant de l'inobservation des formes, on peut en puiser une foule dans l'influence que l'une des parties a exercée sur le jury, dans la *malversation* des jurés, dans la fausse appréciation qu'ils ont faite des preuves, dans la mauvaise direction qui leur a été donnée par le juge, dans l'exorbitance des dommages qu'ils ont accordés, enfin dans toute critique *raisonnable* de leur déclaration.

La cour, en cassant un premier *verdict*, ordonne un nouvel examen par d'autres jurés ; elle pourrait de même annuler le second *verdict*, et par conséquent ordonner un troisième examen ; la loi n'a point fixé de limites à cet égard.

C'est une maxime de la jurisprudence anglaise, que la sentence n'est pas la détermination particulière des magistrats, mais le jugement de la loi, et le style y est conforme. Ainsi celui qui prononce ne dit point : Il a été jugé par la cour, mais il a été considéré, *consideratum est per curiam*, que le demandeur recouvre sa possession, sa créance, etc.

Les Anglais appellent *latin technical*, l'idiome qu'ils ont adopté pour leurs formules judiciaires. C'est le latin des chartes du onzième siècle, enrichi de quelques barbarismes successivement forgés par la nécessité. Ils le conservent avec toute sa rudesse, comme un langage fixe et destiné à perpétuer dans les âges les plus reculés l'esprit et les règles de leur procédure. « Ainsi, dit Blackstone, les pyramides informes de l'Égypte ont bravé les injures du temps, tandis que les élégans édifices d'Athènes, de Rome et de Palmyre n'ont pu s'en garantir. »

Je ne parle point des petites justices locales qui ne connaissent que des causes au-dessous de 40 schellings, ni des juges de paix qui n'ont en Angleterre aucune attribution civile (1), ni des tribunaux d'exception, comme les cours ecclésiastiques, celle de l'amirauté, les cours des universités et les cours martiales; je m'éloignerais trop de mon sujet. Je dirai seulement un mot des cours d'équité.

La chancellerie et l'échiquier sont les cours d'équité. On a comparé leur juridiction à celle des préteurs de Rome, mais c'est à tort; elles n'ont point été instituées pour adoucir et modifier le droit; elles ne peuvent s'attri-

(1) Voyez le traité de la Compétence des juges de paix, par M. Henrion de Pansey, chap. 1er, § 3.

buer les cas que les lois écrites, ou non écrites, ont déjà prévus, et dont il est possible que les cours ordinaires prennent connaissance. Delolme est de tous les auteurs qui ont écrit sur la législation anglaise, sans excepter Blackstone lui-même, celui qui passe pour avoir donné l'idée la plus juste de la compétence des cours d'équité.

« On peut les définir, a-t-il dit, comme une espèce de législation *inférieure et expérimentale*, continuellement occupée à découvrir et à pourvoir aux réparations par voie de droit, dans les cas auxquels ni les tribunaux ordinaires, ni le corps entier des jurisconsultes, n'ont encore trouvé à propos ou praticable de fixer aucune loi; et, ce faisant, elles doivent s'abstenir de s'immiscer dans les cas auxquels elles trouvent qu'on a déjà pourvu en général. Un juge d'équité doit aussi adhérer dans ses décisions au système des sentences déjà prononcées dans son tribunal, et dont, à cet effet, on conserve scrupuleusement les registres.

» De cette dernière circonstance, il s'ensuit encore qu'un juge d'équité, par l'usage même qu'il fait de son pouvoir, en diminue continuellement la partie arbitraire; vu que

chaque nouveau cas qu'il décide , et chaque
proposition qu'il fait, devient une borne qu'on
a droit d'attendre que lui et ses successeurs
en charge ne franchiront pas.

» Pour conclure , on peut encore ajouter
ici que les appels des sentences passées dans
les cours d'équité sont portés à la chambre
des pairs. Cette seule circonstance peut faire
voir qu'un juge d'équité est assujéti à de certaines règles fixes , outre celles *de la simple
nature et de la pure conscience ;* un appel
étant naturellement fondé sur la supposition
que quelques règles de cette espèce ont été
négligées (1). »

Les cours d'équité n'admettent point de
jurés ; elles subviennent par elles-mêmes au
jugement des actions pour lesquelles il faudrait créer une nouvelle espèce de *writ*, et
qui, par cette raison, ne pourraient pas être
reçues dans les tribunaux ordinaires. Elles
entretiennent le cours de la justice, qui se
trouverait interrompu. Elles ont la faculté
de nommer une commission pour recevoir
les dépositions des témoins absens , et le

(1) Constitution de l'Angleterre, liv. 1er, chap. 10.

privilége de déférer le serment soit à l'une,
soit à l'autre des parties.

En résumant ce qui vient d'être dit, on
est forcé de convenir que le jury *civil* des
Anglais se recommande faiblement par son
utilité. Cela tient-il à l'appareil des formes,
aux involutions des procédures qui l'enve-
loppent, aux ouvertures de recours qui le
dégradent, ou bien au vice essentiel de son
application dans les procès civils? Je vais
essayer de répondre; je rattacherai à la question l'analyse des débats qui se sont élevés
chez nous, en 1790, lorsqu'on a proposé d'y
introduire cette institution.

L'ordre judiciaire était détruit; on voulait
reconstruire à neuf, et le terrain ne manquait
pas aux nouveaux plans.

Depuis quelques années les publicistes
anglais étaient en grande vogue ; on les tra-
duisait, ils se répandaient et commençaient à
faire connaître leurs usages et leur jurisprudence. On vantait prodigieusement la législation criminelle de la Grande-Bretagne, parce
que les idées se dirigeaient plus généralement
vers cet objet ; et, il faut en convenir, la nôtre

ne gagnait pas à la comparaison. Nous devions à l'humanité de Louis XVI l'abolition de la question préparatoire ; mais le cruel isolement de l'accusé, la privation d'un conseil, le secret de la procédure, l'arbitraire des peines, révoltaient encore les esprits contre la dureté de l'ordonnance de 1670 ; on chargeait d'imprécations la mémoire de Poyet et de Pussort (1), et l'on évoquait partout les ombres

(1) Le chancelier Poyet fut l'auteur de l'ordonnance de 1539 : « En matière criminelle, portait l'art. 162, ne seront les parties aucunement ouïes par conseil ni ministère d'aucune personne. » *Vide tyrannicam istius impii Poyeti opinionem.* (Dumoulin.)

Quelques années après, Poyet, accusé de péculat, de violence et d'abus de pouvoir, réclama de la commission chargée de le juger, l'assistance d'un conseil, « parce qu'il craignait beaucoup n'avoir pas puissance et entendement suffisans, étant mal-aisé de beaucoup parler sans faillir, et que ce qu'il avait à dire ne pouvait être sans impertinence et ineptie, comme fait d'un homme troublé par la captivité. » On lui répondit : « *Patere legem quam ipse tuleris :* C'est toi qui l'as faite, souffre-la. » Il aurait dû la souffrir le dernier. Il fut dégradé et condamné à 100,000 livres d'amende. Cette ordonnance de 1539 servit de base à Pussort, pour la rédaction de celle de 1670 ; Lamoignon s'y opposa de toutes ses forces, et d'Aguesseau n'a pas eu le courage de l'abolir !

plaintives des victimes auxquelles la justice
en deuil ne pouvait offrir d'autres expiations
de ses erreurs, que des arrêts de réhabilitation.

Les circonstances étaient favorablement
préparées pour l'admission du jury en matière criminelle ; il fut reçu avec enthousiasme, et peu de voix essayèrent de le repousser.

Mais ce n'était point assez pour l'ardeur
des réformateurs ; ils proposèrent l'établissement des jurés au civil. Ce fut une des discussions les plus remarquables de l'Assemblée
constituante, et , pour l'éloquence et le profond savoir de M. Tronchet , l'occasion d'un
beau triomphe.

Les partisans du jury, à la tête desquels se
montra M. Adrien Duport , puisaient leurs
principaux argumens dans les exemples de
l'Amérique et de l'Angleterre ; c'était la magie
du temps. Cependant ils avaient trop d'habileté pour ne pas dégager leur système de l'entourage monstrueux des procédures anglaises. Ils firent donc une critique assez rude de
toutes les fictions surannées et de toutes les
complications judiciaires de nos voisins , de
leurs formules d'actions , de leurs remèdes de

loi ; et planant au-dessus de ces imperfections, ils remontèrent vers le principe des opérations de l'entendement , pour réduire l'art de juger à sa plus simple expression.

Ils disaient : On n'est pas assez accoutumé à considérer que la décision d'un procès n'est autre chose qu'un syllogisme, dont la majeure est le fait , la mineure la loi , et le jugement la conséquence. Il est d'une évidente nécessité qu'on soit d'accord sur la majeure , avant de pousser plus loin le raisonnement ; une première opération est donc indispensable pour la détermination du fait ; la seconde consiste dans la comparaison du fait à la loi.

La question n'est plus que de savoir si ces deux opérations doivent être confiées aux mêmes personnes.

Pour tout ce qui n'est pas *la loi* et ce qui n'exige pas une étude particulière , pour tout ce qui est *le fait*, où le bon sens et des connaissances locales suffisent , il faut en revenir aux idées primitives , au jugement des pairs , qui, placés dans les mêmes circonstances que les parties , exposés aux mêmes accidens , doivent être justes autant par intérêt que par devoir.

Charger un tribunal de prononcer à la fois

sur le fait et sur le droit, c'est forcer, pour
ainsi dire, le juge à se séparer de lui-même et
à détruire toute harmonie entre les facultés
de son intelligence. Il est difficile de supposer qu'un homme veuille et puisse appliquer franchement la loi à un fait dont l'existence lui aura paru douteuse ; il disputera
sur le droit, sur ses rapports avec l'espèce ;
de là naîtront les subtilités, les équivoques et
les incertitudes dans les jugemens, au lieu
d'une décision simple et naturelle.

Mais si les jurés ont prononcé *verè dictum*
sur le fait, ce sera alors comme une révéla-
tion de la vérité ; et le juge, élevé dans une
sphère d'impassibilité, n'ayant pris aucune
impression dans un examen qui lui est étranger, n'aura plus qu'à laisser tomber les paroles de la loi, sans que sa conscience en
murmure.

J'emprunterai au discours de M. Duport
une observation plus imposante, et qui, dans
tous les systèmes, méritait d'être recueillie ; ses
adversaires eux-mêmes n'en ont pas méconnu
la gravité.

« Je pars de la supposition que les jugemens doivent toujours être rendus à la pluralité

des suffrages (1), et je dis que lorsqu'on va aux voix, sans que le fait soit constaté, il est très-commun que celui qui a la majorité en sa faveur perde son procès. En effet, chaque juge, en donnant son avis, peut être déterminé, soit par la vérité des allégations, c'est-à-dire par le fait, soit par la force des principes, c'est-à-dire par la loi. Un certain nombre de juges peut être déterminé par la première de ces considérations, les autres par la seconde; et cependant, lors de la collecte des voix, ils sont obligés de se réunir à l'un des deux avis, sans quoi la majorité relative ou la minorité réelle déciderait les questions : alors le juge qui croit le fait sûr et la loi douteuse, et celui qui croit la loi claire et le fait douteux, sont comptés ensemble pour la même opinion, quoiqu'ils diffèrent d'avis du blanc au noir, et le plaideur qui a eu en sa faveur la majorité sur le droit, et la majorité sur le fait, perd son procès.

» Prenons un exemple. Pierre veut se soustraire au paiement de créances dues par son grand-père. Ses moyens, pour cela, sont de dire : 1° que son père a renoncé à la succes-

(1) Cette supposition était vraie, elle l'est encore.

sion de son grand-père ; 2° que les créances demandées ne sont pas légitimes. Paul au contraire prétend , et qu'il n'y a pas eu de renonciation , et que les créances sont légitimes. Voilà deux questions , l'une de fait, et l'autre de droit. Maintenant il faut savoir qu'excepté sur les nullités et fins de non-recevoir , il est défendu aux juges d'opiner par moyens , et qu'ils doivent donner leur avis sur les conclusions des parties, lesquelles sont toujours tendantes en général à adjuger la demande ou à la rejeter.

» Il y a douze juges. Sept sont d'avis qu'il n'y a pas eu de renonciation; mais de ces sept, quatre pensent que les créances ne sont pas légitimes : les cinq autres juges pensent que les créances sont légitimes , mais qu'il y a eu renonciation. Paul avait donc en sa faveur , sur la question de fait, sept juges contre cinq ; il avait sur la question de droit , huit juges contre quatre. On prend les voix : les quatre juges qui pensent que les créances ne sont pas légitimes , mais qu'il n'y a pas renonciation , et les cinq qui pensent que les créances sont légitimes , mais qu'il y a renonciation, sont comptés ensemble. Paul perd son procès, avec une majorité de neuf contre trois. »

L'orateur citait d'autres exemples et présentait d'autres combinaisons; il en concluait que deux choses naturellement simples peuvent se changer, par leur amalgame, en un tissu de difficultés, et redevenir, par une heureuse division, ce qu'elles étaient d'abord.

Le système du jury s'accommodait parfaitement avec les craintes de ceux que le souvenir des parlemens obsédait encore; ils trouvaient une garantie contre le pouvoir et les entreprises de la magistrature, dans son isolement et dans l'amoindrissement de son importance. Car avec des jurés on n'aurait point eu de cours d'appel, point de grands corps judiciaires; seulement on aurait établi des juges chargés spécialement de maintenir l'intégrité de la loi et de casser les jugemens rendus contre ses dispositions, sans qu'il leur fût permis d'entrer dans le fond des affaires.

Les uns proposaient d'attribuer à des juges de paix, dans chaque canton, la connaissance des causes d'une mince valeur, et de leur donner en même temps les scellés, les tutelles et les émancipations. Les autres s'opposaient à ce que l'on fît de ces juges un élément ou un degré de la juridiction contentieuse; ils voulaient les revêtir seulement du caractère de con-

ciliateurs ou d'arbitres volontaires, et n'y point
mêler la rigidité et le pouvoir de la loi ; ils re-
jetaient toutes les distinctions de compétence,
pour le premier ou le dernier ressort , et de
justices particulières pour les procès de telle ou
telle valeur. Ils voulaient des magistrats aussi
éclairés , aussi nombreux , et tout autant de
précautions pour obliger un pauvre à quitter
sa chaumière et le champ qui le fait vivre ,
que pour contraindre le riche à s'imposer
quelques privations.

Le projet d'un autre mode de jury fut présenté ; on lui fit l'honneur de dire qu'il était
ingénieux. Le temps change les aspects , et je
doute fort aujourd'hui que les plus vifs amans
de la nouveauté fussent assez éperdus pour
ratifier un pareil jugement.

Voici ce projet avec ses principaux détails :
«On formerait chaque année une liste de jurés
sur laquelle tous les hommes de loi seraient
enregistrés. En matière civile, les hommes de
loi entreraient pour les cinq sixièmes dans la
composition du jury; on convoquerait un jury
spécial pour les causes importantes et difficiles,
et les affaires ordinaires seraient décidées par
le jury commun.

» Ces jurés prononceraient sur la question de fait et sur la question de droit ; le juge n'aurait à faire aucune opération de jugement ; simple directeur de justice, il ne serait que l'organe authentique de la décision arrêtée par les jurés.

» Dans le chef-lieu du département, les jurés seraient toujours en exercice ; on établirait même deux chambres pour suffire à l'expédition des affaires. Dans les districts, on tiendrait seulement des assises à trois époques de l'année.

» Les jurés seraient au nombre de dix en matière civile, et de quinze en matière criminelle ; mais à chaque formation, et dans la prévoyance des récusations, il faudrait en présenter dix-huit pour le civil, et vingt-sept pour le criminel. »

Pour peu que l'on aborde le fond de ce système, on voit que l'auteur prenait des *jugeurs* pour des jurés ; car ses hommes de loi, décidant le fait et le droit, ne ressemblaient pas plus à des jurés, que les *Scabini* et les francs hommes de fief dont j'ai parlé dans le chapitre précédent. Il en faisait des instrumens d'une judicature mobile, sans responsabilité aucune, et perdus dans la foule après le jugement. Le nombre nécessaire des hommes de loi venant à manquer, la fortune des plaideurs, l'honneur, la liberté, la vie des accusés, tout était abandonné aux lumières douteuses du reste de la cité sur l'application du droit. Tous les hommes de loi étant mis en réquisition pour juger, les parties ne pouvaient plus trouver ni guides ni conseils pour leur défense.

Mais ce n'était pas la plus grande difficulté. Suivant le projet, dix - huit personnes auraient été prises sur la liste pour former chaque jury civil, et vingt-sept pour chaque jury criminel : total, quarante-cinq ; il en aurait fallu habituellement le double, pour le service de deux chambres dans le chef-lieu du département, sans compter ce qu'auraient exigé, de temps à autre, les jurys spéciaux. Or, il n'est pas possible de garder les mêmes personnes en exercice durant toute l'année ; et c'est déjà beaucoup de les arracher à leurs travaux et à leurs affaires pendant un mois. La liste des jurés aurait donc dû se composer, dans chaque chef-lieu, de douze fois quatre-vingt-dix noms, c'est-à-dire de mille quatre-vingts, et, dans

chaque district, en se bornant à n'y tenir des
assises qu'à trois époques de l'année, de
quatre cent cinquante environ. Pouvait-on
raisonnablement se flatter de réunir dans
chaque chef-lieu de département, et dans
chaque chef-lieu de district, un pareil
nombre de gens instruits, éclairés, capables
de juger et les questions de fait et les questions de droit ?

Il est vrai que les spéculateurs promettaient
de rendre la législation assez simple pour que
tout le monde fût en état de la comprendre
et de l'appliquer, et pour qu'il fût permis de
prendre au hasard des juges dans la foule.

Je passe sur les doctrines politiques qui
occupèrent une grande place dans cette discussion. La plupart de ceux qui *semèrent le
vent* ont péri dans la tempête, lorsque les fu-
reurs de l'anarchie sont venues, sur leurs pas,
s'établir entre la destruction des anciens pouvoirs et la création des nouveaux.

Cependant le principe de l'établissement du
jury, en toutes matières, avait pris une grande
faveur, et l'assemblée paraissait impatiente de
le décréter, lorsque M. Tronchet vint apporter
à la tribune le calme de la raison, les conseils

de la sagesse et l'autorité d'une expérience révérée.

« Abstraction faite de tous les abus de la procédure et de la législation des Anglais, la forme particulière de leur jugement par jurés, en matière civile, est et sera toujours impraticable parmi nous. »

Voilà la proposition de M. Tronchet ; je regrette de ne pouvoir donner ici que les principaux traits de sa démonstration.

« L'obstacle invincible, disait-il, résulte des principes fondamentaux qui différencient notre législation de celle d'Angleterre.

» En Angleterre, toutes les actions ont leur formule particulière, et presque tout, en fait, se décide par la preuve testimoniale. En Angleterre, cette preuve est supérieure à la preuve par écrit ; son autorité est telle, qu'on y a adopté pour principe qu'un seul témoin peut suffire.

» Chez nous, au contraire, c'est un principe fondamental que la preuve par écrit est la seule admise pour toute demande qui excède 100 livres ; si l'on excepte le *retrait ligna-ger* (1), nos actions ne sont point soumises à

(1) Le retrait lignager était le droit accordé aux

des formules propres , et dont leur succès
puisse dépendre.

» De la différence de ces principes fondamentaux , sort la conséquence que ce qui , en
Angleterre, peut se pratiquer facilement, quoi-

parens de celui qui avait vendu quelque héritage
propre, de le retirer des mains de l'acquéreur, en
remboursant le prix et les loyaux coûts du contrat ; ce
droit était admis dans toutes les coutumes , sauf diverses
modifications relatives aux choses qui pouvaient en
être l'objet , et aux personnes qui pouvaient l'exercer.

Les auteurs se sont épuisés à rechercher l'origine
du retrait lignager ; il est vraisemblable que c'était
une conséquence de la règle qui défendait anciennement , en France , de vendre à d'autres qu'aux proches parens son *aleu*, ou bien patrimonial , et qui ne
laissait que la libre disposition des acquêts. Pour alié-
ner son *aleu*, il fallait le consentement des héritiers
présomptifs.

L'assignation en retrait devait contenir *offre de
bourse* , *deniers* , *loyaux coûts* , *et à parfaire*. L'huissier
se présentait avec une bourse à la main , et les offres
étaient réitérées à toutes les époques de la procédure : ces formalités et beaucoup d'autres qu'il
serait inutile de rappeler étaient tellement de rigueur ,
que la moindre omission entraînait la déchéance du
retrait, et l'on disait : *Qui cadit à syllabâ* , *cadit à
toto*. Le retrait lignager a été aboli par la loi du 13
juillet 1790.

que non sans de grands inconvéniens, devient absolument impraticable en France.

» En Angleterre, l'objet sur lequel doit porter le jugement est toujours un point simple et unique fixé par l'issue de la cause, c'est-à-dire par la question prise entre les parties. Ainsi, les témoins devant être entendus sur ce fait unique, fixé et déterminé par un acte préparatoire, les jurés n'ont jamais autre chose à résoudre si ce n'est : *le fait est vrai* ou *non prouvé*.

» Maintenant voyez, au contraire, quel est, parmi nous, l'effet de ce principe sage qui n'admet que les titres pour preuves des conventions au-dessus de 100 liv.

» Il en résulte qu'à l'exception des actions possessoires et de quelques autres qui exigent la vérification d'un fait matériel, tout ce que nous appelons des questions de fait ne forme véritablement que des questions mixtes qui appartiennent plus au droit qu'au fait.

» S'agit-il d'une convention ? La question n'est pas de savoir si elle est prouvée en fait, car il faut qu'il en existe un acte, dès lors que la convention excède 100 liv. : la question sera si les parties étaient capables de contracter, si la convention doit être entendue en tel sens ou en tel autre , etc.

» S'agit-il d'une donation, d'un testament? Le fait n'est pas douteux qu'il existe une donation , un testament ; mais on demandera si le donateur avait la capacité de donner ; si le donataire avait celle de recevoir ; si les biens donnés étaient disponibles ; quelle est la chose que le donateur a voulu donner ; si la condition sous laquelle il a donné est accomplie ; toutes questions qui dépendent de l'application des lois et de quelques principes de droit.

» S'agit-il d'une succession ? La question de savoir si j'y puis prétendre dépendra quelquefois du point de savoir si je prouve ma parenté et mon degré ; mais ce sont des actes qui doivent prouver ce point de fait, et les difficultés que feront naître ces actes dépendront presque toujours des principes de droit.

» La question même de savoir si j'ai renoncé ou non à une succession , n'est point en général une question de fait. La loi dit que le fils est héritier de son père , s'il ne justifie point d'une renonciation par écrit : si je représente cette renonciation, la question n'est plus qu'une question de droit. Ma renonciation est-elle régulière en la forme ? N'ai-je

point fait acte d'héritier auparavant? Les actes
que l'on m'impute étaient-ils de nature à supposer la volonté d'accepter la succession ?
» Un plus long détail serait inutile ; il suffit
de dire qu'il n'est pas un homme, ayant quelque expérience des affaires, qui ne convienne
que, d'après la nature de celles qui se présentent dans nos tribunaux, il n'en est pas
une sur cent, de celles que nous appelons
questions de fait, dans lesquelles la question
de fait soit matériellement divisible de la question de droit (1).

(1) M. Tronchet ajouta à son opinion la note
suivante :

« Je n'ai jamais prétendu qu'en jugement on ne
pouvait pas séparer la question de fait de la question
de droit, dans une affaire qui présente à la fois deux
questions de cette nature à résoudre ; et, par conséquent, que l'on ne puisse pas trouver un expédient,
pour remédier à l'inconvénient de l'usage qui assu-
jétit les juges à confondre leurs opinions sur les deux
questions, en n'opinant que sur la demande au soutien de laquelle on emploie un moyen de fait et un
moyen de droit.

» J'ai dit et je soutiens que, d'après le principe
fondamental de notre jurisprudence française, qui
n'admet en général que des preuves écrites sur un
fait, ce que nous appelons *question de fait* ne peut

» Si l'on me demande : pourquoi donc les jurisconsultes distinguent-ils si fréquemment les jugemens de question de droit et ceux de question de fait ? je réponds (et ma réponse achèvera d'éclaircir la matière) : nous appelons un jugement en point de droit , un jugement qui décide une pure question de coutume ou d'ordonnance , tellement indépendante des circonstances de fait que sa décision peut s'appliquer à tous les cas semblables ; nous appelons au contraire un jugement de fait , celui qui , quoiqu'il soit fondé sur une loi ou sur des principes généraux de justice et de morale , ne peut avoir d'application particulière qu'aux parties et à la circonstance dans laquelle elles se trouvent.

» Que l'on cesse donc d'équivoquer sur cette manière , peut-être impropre , de distinguer les affaires et les jugemens , pour en conclure la possibilité de la séparation du fait et du droit , dans la pratique de nos tribunaux.

être du ressort des jurés, lesquels nulle part ne sont et ne peuvent être des juges, mais de simples vérificateurs de preuves extérieures et matérielles, d'après lesquelles ils doivent se borner à attester qu'un fait existe ou non. »

» S'il est certain que cette théorie est impraticable, jamais l'inconvénient trop réel que l'on a relevé dans la forme en laquelle les juges opinent, jamais cet inconvénient ne deviendra un argument véritable en faveur du système que je combats.

» Avoir prouvé qu'il existe un inconvénient, c'est avoir prouvé qu'il y faut chercher un remède ; mais ce n'est pas avoir prouvé qu'il y faut appliquer un remède démontré impraticable ; il en est d'autres possibles : on vous en a déjà indiqué... »

Plus timide que M. Tronchet, dont l'austère gravité aborda franchement la question, M. Thouret avait proposé, comme par accommodement, de l'ajourner jusqu'à la réforme de nos lois, et de disposer l'organisation judiciaire d'une manière propre à recevoir le jury, lorsqu'il en serait temps. Cependant, il est aisé de voir que l'avis de M. Thouret, très-zélé partisan des jurés au criminel, n'était point favorable à leur établissement en matière civile ; sa réponse au principal argument de M. Duport, tiré des dangers de la confusion du fait et du droit dans les délibérations des tribunaux, expliquera les dernières paroles que j'ai citées de l'opinion de M. Tronchet.

« Si l'institution des jurés présente la théorie de la séparation du fait et du droit réduite en pratique, elle n'établit pas cependant l'impossibilité de parvenir au même résultat sans les jurés : on voit bien que, par eux, le fait est jugé séparément du droit ; il reste à examiner si, sans eux, on ne peut pas obtenir la même rectitude dans la forme des jugemens.

» L'intérêt de cet examen se trouve ici réduit aux seuls jugemens des causes civiles, car il est toujours entendu que, pour les matières criminelles, l'admission du jury ne fait pas de question. Il ne s'agit, au civil, que de rendre commune aux questions de fait, dans tous les procès, la disposition de l'ordonnance de 1667 qui oblige les juges à prononcer séparément et préalablement sur les *nullités* et les *fins de non-recevoir*. Lorsqu'ils seront obligés de même à prononcer sur le fait de chaque procès, avant de pouvoir ouvrir aucune opinion sur le droit, le vice du mode de délibération qui a eu lieu jusqu'ici sera pleinement anéanti, et l'abus qu'il produisait dans le résultat des opinions ne pourra jamais se renouveler.

» Il est trop sévère de prononcer que ces deux opérations ne peuvent pas être confiées utilement aux mêmes personnes. Je crois qu'en matière criminelle il serait en effet bien pénible pour le juge qui, en opinant sur le fait, n'aurait pas trouvé l'accusé coupable, de le condamner à mort dans le second tour d'opinions pour l'application de la loi ; mais cette difficulté, qui ne devient pressante que par le respect qui est dû aux sentimens de la nature et de l'humanité, ne reçoit ici aucune application, puisque, encore une fois, nous sommes d'accord sur l'établissement du juré au criminel.

» Cette même difficulté se trouve dénuée, au civil, de la gravité des motifs qui la rendent imposante dans le cas des jugemens à mort. Chaque juge est obligé individuellement par les jugemens rendus même contre son avis : ce principe est reconnu et pratiqué dans tous les tribunaux. Ainsi, le juge qui a pensé qu'une enquête est nulle, opine sans scrupule sur le fond de la demande, lorsqu'il a été jugé, contre son avis, que l'enquête est valable. Il en est de même de celui qui a pensé qu'un demandeur n'est pas recevable ; il opine pour lui adjuger sa demande, lorsqu'il a été décidé que la fin de non-recevoir n'est pas fondée. La même chose aura lieu lorsqu'il sera enjoint

aux juges de prononcer préalablement sur la
question de fait, et surtout si la loi porte que
ceux contre l'avis desquels le fait aura été jugé,
ne pourront, par cette raison, s'abstenir de
délibérer sur l'application de la loi. »

Le 30 avril 1790, le président proclama les
deux décrets suivans :

« L'Assemblée nationale a décrété et décrète qu'il y aura des jurés en matière criminelle. »

« L'Assemblée nationale a décrété et décrète qu'il n'y aura point de jurés en matière
civile. »

Dans la même séance, les comités de constitution et de jurisprudence furent chargés
de rédiger le projet de loi portant règlement
de la procédure par jurés, dans les matières
criminelles.

Un rapprochement assez curieux va nous
dévoiler le véritable motif de ceux qui voulaient le jury en toutes matières.

Trois ans plus tard, la Convention se mit
à discuter le projet hideux d'une démocratie
toute nue, de cette constitution de 1793, qui
n'apparut qu'au jour de sa burlesque inau-

guration, et se perdit le lendemain dans les fondemens fangeux du *gouvernement révolutionnaire.*

Quand on arriva aux articles de *la justice*, il y eut des opinans qui, toujours séduits par les prestiges du jury, renouvelèrent la proposition de l'établir au civil. La jurisprudence allait devenir si commode désormais ! plus de dîmes, plus de matières bénéficiales, plus de droits féodaux, plus de retraits, plus de substitutions ! Comme si leurs lois sur les successions, sur l'abolition des substitutions, sur les enfans naturels, sur la suppression des rentes nobles, sur les remboursemens, sur la dépréciation des assignats, sur la mort civile des émigrés, etc., ne devaient pas enfanter une foule de procès et d'inextricables difficultés ! Toutefois ce fut un grand sujet d'étonnement que d'entendre des voix qui, en 1790, avaient appuyé de toutes leurs forces les plans de M. Duport et de M. Sieyes, les repousser cette fois comme impraticables, et les traiter comme les rêves d'un beau délire. Un déclamateur obscur à l'Assemblée constituante, après avoir parlé des alarmes que devaient inspirer l'esprit de corps et le pouvoir trop redoutable des tribunaux permanens, avait dit : « Quand ma fortune dépendra d'un juré, je me rassurerai en pensant qu'il va rentrer dans la société ; je ne craindrai plus le juge qui, réduit à appliquer la loi, ne pourra jamais s'en écarter. Je regarde donc comme un point incontestable que les jurés sont la base la plus essentielle de la liberté ; sans cette institution, je ne puis croire que je sois libre, quelque belle que soit votre constitution. » Le même, c'était ce farouche dictateur que la France, noyée dans le sang et dans les larmes, a vu s'élever sur le pavois de la terreur, le même prescrivit d'autres vues à la Convention. Il lui apprit que, « si l'établissement des jurés au civil avait paru d'un grand intérêt autrefois, *c'était moins par sa nature, que par la position où l'on se trouvait en sortant de l'oppression des corps judiciaires ; qu'il fallait raisonner dans l'état actuel des choses, et que le jury ne serait qu'une complication dangereuse et une charge inutile pour le peuple......* » Il fut donc encore décrété qu'il n'y aurait point de jurés au civil.

Nous le savons maintenant : c'était moins un hommage rendu par les novateurs de 1790 à la théorie du jury, qu'un coup mortel qu'ils se proposaient de porter au pouvoir judiciaire. L'idée d'une puissance rivale les poursuivait et leur était insupportable; ils songeaient à se fortifier, en dépouillant la magistrature de son éclat et de son influence, et en créant des personnages de juges, non pour juger, mais pour assister à des jugemens et pour les prononcer. En 1793, ce n'était pas la peine de prendre tant de précautions : les envoyés de la Convention avaient tout *épuré* à leur manière. Existait-il alors dans le prétoire une ombre de magistrature, quelque vertu à flétrir, quelque indépendance à redouter, quelque dignité à avilir?

Laissons ces déplorables souvenirs. Il n'est pas besoin de les consulter pour résoudre la question que j'ai établie.

Toute législation qui restreint la preuve testimoniale à des cas rares et à de minces intérêts, qui prescrit des formes pour la régularité ou pour la substance de certains actes, qui définit le lien des obligations et les modes de libération, qui interprète les conventions par des règles de droit, est incompatible avec l'emploi du jury civil. C'est dire qu'il ne pouvait convenir à la France.

Je vais plus loin : le jury civil n'est, en Angleterre, qu'une vieille décoration que l'orgueil national entretient , et que la justice trouve chaque jour plus embarrassante. « Les causes les plus graves , dit Blakstone (1) , la valeur des titres , les questions de propriété , sont examinées par les jurés ; mais souvent les faits sont obscurs et les preuves contradictoires ; le droit vient y mêler des doutes et des points délicats ; l'une ou l'autre des parties peut être surprise par la déposition de certaines circonstances qu'elle aurait pu expliquer ou combattre , si elle y eût été préparée. Dans le désordre d'un examen , le juge peut donner une fausse direction au jury , ranger les preuves dans un mauvais ordre , et laisser subsister les impressions produites par un habile avocat; cependant il faut que les jurés opinent *instanter* , et il arrive que les hommes les plus intelligens et les plus purs font un rapport qu'ils voudraient eux-mêmes pouvoir annuler, après une plus mûre délibération. » William Paley a vanté le jury comme un Anglais ; mais , en observateur de bonne foi , il n'a point dissimulé ses imperfections. Il les a remarquées « principalement dans les disputes où il intervient quelque passion ou préjugé populaire :

(1) Liv. 3, chap. 24.

tels sont les cas où un ordre particulier d'hommes exerce des demandes sur le reste de la société, comme lorsque le clergé plaide pour la dîme; ceux où une classe d'hommes remplit un devoir incommode et gênant, comme les préposés au recouvrement des revenus publics; ceux où l'une des parties a un intérêt commun avec l'intérêt général des jurés, tandis que celui de l'autre partie y est opposé, comme dans les contestations entre les propriétaires et leurs fermiers, entre les seigneurs et leurs tenanciers. » Ces cas peuvent se diversifier à l'infini.

M. Meyer a fait un chapitre sur *les grands avantages des lois anglaises*, puis il en a écrit un autre sur les *défauts des lois anglaises*. C'est dans ce dernier qu'il parle de l'usage de la procédure par jurés en matière civile (1).

« Quelque avantage qu'il puisse y avoir, dit-il, à ne point passer condamnation sur la vie, l'honneur et la liberté d'un citoyen, sans que sa culpabilité n'ait été déclarée par un certain nombre de ses concitoyens, impartiaux à l'égard de l'accusation même, étrangers à toute influence comme à toute considération person-

(1) Institut. judic., tom. 2, pag. 302.

nelle, dont les occupations habituelles n'ont
pas émoussé la sensibilité, et qui, non fami-
liarisés avec les instructions et poursuites criminelles, ne voient pas un coupable dans
chaque accusé ; aussi peu de raison peut-il
exister de confier l'examen d'une affaire civile à des personnes qui n'en ont pas l'habitude? Le civil présente, avec beaucoup moins
d'intérêt pour celui qui est appelé à en connaître, une bien plus grande variété que le
criminel..... On ne peut disconvenir qu'il ne
faille beaucoup plus de sagacité pour pénétrer
la vérité au civil qu'au criminel. Un accusé
ne cherche qu'à se disculper, soit sur la non-
existence du fait dont il est prévenu, soit
sur la part qu'il y a prise, soit sur les motifs
qui rendent son action excusable ou légitime. Un défendeur au civil peut également
discuter la vérité des faits allégués, ou chercher à en modifier les circonstances, mais il
peut à dessein omettre une partie de la vérité; et comment un jury, composé de personnes absolument étrangères à l'espèce qui
leur est soumise, comme à la marche ordinaire de la justice, pourra-t-il juger de ce qui
s'est passé? Supposé que le défendeur ait un
garant quelconque, et que, par collusion avec

le demandeur, il recèle les faits qui sont à sa décharge, pour partager les dépouilles de celui qui doit l'indemniser de ses condamnations : comment un pareil manége sera-t-il découvert par un jury qui n'a pas, comme un juge permanent, l'habitude des affaires, et qui ne peut avoir aucuns motifs de soupçonner les parties ?

» D'ailleurs, en Angleterre, la procédure par jurés n'est qu'une institution illusoire... Quelle est la liberté d'un jury qui voit un premier *verdict* cassé, parce qu'il n'a pas eu l'approbation du juge qui préside à l'instruction, lorsqu'après un résumé conforme au premier, il sait que son *verdict* sera soumis aux mêmes juges qui ont déjà infirmé la décision d'un jury précédent? Et l'intervention en matière civile d'un jury, sujet à la correction du tribunal permanent, n'est-elle pas le moyen de jeter du ridicule sur cette institution, et d'en faire révoquer en doute l'utilité, même en matière criminelle ? »

Un avocat à la chancellerie, M. Miller, fit paraître à Londres, il y a quelques années, des recherches sur l'état des lois civiles de la Grande-Bretagne : *An inquiry into the present state of the civil law of England;*

il y signala surtout les vices de l'organisation judiciaire de son pays. On assure
que ce livre produisit beaucoup de sen-
sation au barreau, et même à la chambre
des communes. L'Angleterre, plus accessible
aux idées de réforme, finira peut-être par
convenir, avec ses publicistes modernes, que
la législation britannique n'est pas, comme l'a
écrit lord Coke, la perfection du bon sens :
the perfection of reason.

J'ai senti qu'il fallait m'appuyer sur des
autorités imposantes, pour obtenir un crédit
auquel mon opinion isolée n'aurait pu prétendre ; on voudra donc bien me pardonner
ces nombreuses citations, car il existe toujours
dans quelques esprits une grande prévention
en faveur du jury appliqué à toutes matières.

M. Meyer lui-même a cru devoir modifier,
dans le cinquième volume de son ouvrage,
ce qu'il avait écrit dans le second, sur les
dangers et l'inutilité des jurés au civil. Il ne
conteste point la nécessité de restreindre
l'usage de la preuve par témoins ; mais il
voudrait que, dans les cas où la loi la permet, et où les juges la croient utile, les
questions de fait fussent résolues par un jury
dont la déclaration serait toujours spéciale.

Cette spécialité a besoin d'être expliquée.

Lorsque la question soumise aux jurés est complexe, c'est-à-dire mêlée de fait et de droit, ils peuvent s'expliquer uniquement sur ce qui est de fait, et laisser à la Cour le soin de fixer ce qui est de droit. Par exemple, le demandeur a intenté une action pour avoir la remise d'une chose qu'il soutient avoir prêtée au défendeur; celui-ci dénie, et les jurés sont consultés sur la question de savoir s'il y a eu un prêt; ils reconnaissent que le défendeur a reçu la chose, mais ils ne s'estiment pas assez éclairés pour décider à quel titre il l'a reçue, s'il y a eu prêt, ou vente, ou donation, etc.; ils s'en rapportent donc aux lumières des magistrats sur la détermination de la nature du contrat: *to the court above.* Voilà ce que les Anglais appellent un jury spécial. Chez eux, c'est une faculté accordée aux jurés; dans le système de M. Meyer, c'est une obligation qui leur serait imposée dans tous les cas.

Le prisme de M. Meyer donne à sa proposition des couleurs plus brillantes encore : il voudrait assortir les jurés au genre des affaires. Ainsi, lorsque les faits à prouver se rattacheraient à une branche d'industrie, à des usages concernant une profession déterminée, comme le commerce, les manufactures, l'agriculture, les métiers, on composerait le jury de commerçans, ou de fabricans, ou d'agriculteurs, ou d'artisans. Les expertises deviendraient à peu près inutiles; on supprimerait les tribunaux d'exception; l'administration de la justice se concentrerait dans les tribunaux ordinaires; et la source des incidens sur la compétence, sur les conflits, sur les règlemens de juges, serait tarie. La magistrature, placée au-dessus de l'individualité des questions, serait moins exposée aux soupçons injustes et aux plaintes importunes des plaideurs.

Telles sont les vues que M. Meyer a développées dans un autre chapitre intitulé : *De l'admission restreinte du jury au civil* (1).

Il y aurait beaucoup de choses à dire sur tout cela. Je ne me permettrai point d'opposer M. Meyer à lui-même ; je me contenterai de présenter quelques-unes de mes réflexions.

Dans ce système d'amalgame du jury civil avec notre législation, les questions de succession, de testament, de donation, de dot, de transaction, d'hypothèque, etc., etc., toutes les causes, enfin, qui n'admettent que des

_____

(1) Institut. judic., tom. 5, pag. 511 et suiv.

preuves écrites, seraient jugées suivant les formes ordinaires. Le jury serait convoqué uniquement pour les cas où il est permis de faire entendre des témoins, et où le fait peut être nettement séparé du droit. Comme M. Meyer ferme tout recours aux parties contre la déclaration des jurés, il s'ensuivrait que les questions de propriété, qui admettent la preuve par témoins d'une possession trentenaire, à défaut de titres ; que les affaires commerciales du plus haut intérêt, les causes d'interdiction, les questions d'état, et toutes celles où des enquêtes peuvent être ordonnées, seraient jugées sans appel ; tandis que les décisions des tribunaux rendues sans assistance de jurés, sur des valeurs au-dessus de 1,000 fr., ne le seraient qu'en premier ressort. Mettant à part la délicatesse de la séparation du fait et du droit, cette manière de justice mi-partie offrirait déjà une bigarrure assez choquante.

La *spécialité* du verdict, que M. Meyer établit comme une condition du jury et comme une sauvegarde contre ses inconvéniens, ne me semble propre qu'à démontrer son inutilité, et à faire disparaître le beau idéal de l'institution. Cette faculté laissée

aux jurés , en Angleterre , de donner
une déclaration spéciale , lorsqu'ils se dé-
fient de leurs lumières , prouve déjà combien
il est difficile de ne pas mêler , dans les questions de fait , des points de droit trop sérieux
pour des personnes étrangères à la jurisprudence civile.

Si , dans les matières criminelles , les jurés
n'étaient pas juges de l'intention , s'ils étaient
interrogés nûment sur l'existence du fait , et
s'il appartenait à la Cour, dans tous les cas, de
prononcer sur la culpabilité , le jury ne serait
plus qu'un entourage superflu (1). Le jury
convient au criminel , parce que le bon sens
et la conscience suffisent presque toujours

(1) On ne pose pas ainsi la question aux jurés :
L'accusé a-t-il commis tel ou tel fait ? Mais on leur demande : L'accusé *est-il coupable* d'avoir fait telle ou
telle chose ? Le jury , après avoir reconnu l'existence du
fait , doit donc examiner encore si l'accusé a eu un dessein criminel , et cet examen est la plus sainte et la plus
importante de ses fonctions.

Cependant , qui le croirait ? on vit , à une certaine
époque , s'élever en Angleterre des difficultés sur ce
point ; on y agita sérieusement la question de savoir s'il
n'appartenait pas aux juges de qualifier l'intention , et
de chercher les caractères du crime dans les secrètes pen-

pour répondre : L'accusé est ou n'est pas coupable. Il ne convient pas au civil , parce que
le bon sens et la conscience ne suffisent pas
pour résoudre que de tel fait, ou de tel mot,
résulte une vente , ou une donation , ou un
dépôt , ou un prêt.

Quant à l'élévation de la magistrature au-
dessus de l'individualité des questions, ce serait
une fort belle idée, si elle n'était pas contraire
à la nature des choses : le jugement du droit ,
comme le jugement du fait , ne peut se rapporter qu'à une cause individuelle. Cette idée
serait encore inconciliable avec la spécialité
obligée du *verdict*. Ne faudra-t-il pas que le
magistrat descende toujours dans l'individualité des causes, pour interpréter l'intention des
parties , d'après le fait que le jury aura spécialement déclaré; pour examiner , par exemple, si telle circonstance présente le caractère
du dol ou d'une simulation frauduleuse ? C'est
ainsi que , dans les affaires où la preuve par
témoins est prohibée, le tribunal interprète les
actes, qu'il en extrait la pensée des contractans,

sées de l'accusé. Ce fut lord Erskine , dans son beau
plaidoyer pour le doyen de Saint-Asaph , qui renversa
cet absurde système.

et qu'il interroge ces témoins muets. Ici la loi s'en rapporte, avec une digne confiance, à l'impartialité du juge pour l'appréciation des documens écrits ; et là, elle attribuerait à des jurés l'examen des témoins ! Pourquoi donc cette assistance d'un jury dans des cas particuliers ? Pour que les magistrats entendent sa déclaration sur l'existence toute nue d'un fait, et qu'ils décident après ce que c'est que ce fait ! Ce serait un appareil en pure perte.

M. Meyer se persuade que les combinaisons de ce plan produiraient l'heureux effet d'élever le jury dans l'opinion, et de lui donner une admirable popularité. Je ne sais si je me trompe, mais il me semble qu'on pourrait en tirer des conséquences tout opposées.

Il est bien entendu que le tribunal, avant de renvoyer la question de fait à l'examen d'un jury, devra juger que le fait est *admissible ou pertinent*, c'est-à-dire que la loi n'en défend pas la preuve, et qu'il se rattache utilement au point litigieux. Mais supposez qu'en se décidant ainsi, le tribunal ait mal jugé : il faut que cette erreur soit réparée, et M. Meyer trouve juste qu'un appel puisse être interjeté. Cependant il y a urgence, on craint le dépérissement des preuves, le jugement est exécutoire par provision, l'enquête doit être faite *nonobstant l'appel ;* les jurés sont convoqués, ils donnent leur *verdict.* A quelque temps de là, un arrêt *infirmatif* vient en saper la base et dire qu'il n'y avait pas lieu d'admettre la preuve du fait; la Cour évoque le fond du procès, elle prononce, et la déclaration du jury reste comme non avenue.

Autre hypothèse : le jugement qui autorisera la preuve du fait et la convocation du jury, sera ce qu'on appelle au palais un *interlocutoire*, c'est-à-dire une disposition du juge manifestée dans l'intervalle de la demande à la décision définitive : *judex inter loquitur.* L'interlocutoire ne termine pas la contestation; il n'énonce qu'un préjugé, une tendance du tribunal à donner gain de cause à celui qui aura fait la preuve offerte. Or, c'est un principe incontestable que le juge n'est pas lié par son interlocutoire ; il pourra n'avoir aucun égard à la déclaration des jurés sur le fait qui d'abord avait fixé son attention, et trouver d'autres motifs pour trancher la question du procès dans un sens tout contraire (1). Le

---

(1) L. 14, *ff. de re judic. et de effectu sent. et interloc.*

jury n'aura donc été rassemblé que pour voir son verdict se perdre, comme un papier inutile, dans la poussière du greffe.

Il ne faut pas croire que ces deux cas soient rares; ils le seront peut-être moins encore dans un système de jurés, par la raison qui a fait créer, en Angleterre, tant de remèdes extraordinaires pour la réparation de leurs méprises. Des hommes arrachés à leurs affaires pour venir s'occuper de celles des autres, et renvoyés avec leur besogne qui ne sert à rien, ne prendront ni ne donneront une haute idée de l'institution. Leur inutilité proclamée, leur importance blessée, leur temps perdu et leur zèle éteint, voilà les résultats qu'il est permis d'opposer à ceux que promet M. Meyer (1).

Quant à la partie du plan qui consiste à former le jury selon l'espèce des causes; à convoquer des cultivateurs lorsqu'il s'agirait

_____

(1) Remarquez que ces résultats ne peuvent jamais arriver dans les affaires criminelles, parce que la loi qui les régit a été faite pour le système du jury; parce que les preuves peuvent y être faites de toutes manières et sans restrictions, et parce que la cause est irrévocablement fixée par les questions soumises aux jurés.

d'agriculture, des commerçans lorsqu'il s'agirait d'opérations commerciales, et de même en procédant par analogie pour les autres états de la société qui ont des usages particuliers, ce serait faire revivre au civil les jurys spéciaux que les lois de septembre 1791 et de brumaire an IV avaient établis pour certaines matières criminelles, et que l'expérience a fait effacer de notre législation. Les grands intérêts de l'agriculture sont ordinairement du ressort de l'administration ; les tribunaux n'ont guère à s'occuper de ses travaux et de ses usages, que dans les contestations entre les propriétaires et les fermiers. Les agriculteurs qui composeront le jury spécial seront-ils propriétaires ou fermiers ? Alors on retombera dans les dangers que William Paley a si bien signalés : les jurés propriétaires auront un intérêt commun avec le propriétaire plaidant contre le fermier, et les jurés fermiers inclineront en faveur du fermier plaidant contre le propriétaire. Il en sera de même dans les causes entre les artisans et ceux qui les emploient, entre les négocians, les armateurs, et les capitaines de navire, entre les assureurs et les assurés.

Combien d'autres objections se présenteraient, si je voulais parler des récusations contre les jurés, qui viendront se joindre aux reproches contre les témoins, et surcharger la procédure de nouveaux incidens ; si je faisais l'énumération de toutes les difficultés que feront naître la composition du jury commun et le choix du jury spécial ; si je traçais le tableau des débats qui s'élèveront pour l'attribution d'une affaire à l'un plutôt qu'à l'autre, et si j'ajoutais toutes les résistances des hommes et des choses à l'organisation d'une machine réservée pour certains cas, qu'il faudra tenir arrangée de manière à ce qu'elle puisse, au besoin, s'engrener dans des rouages qui n'ont pas été faits pour elle !

La pratique est la véritable pierre de touche de ces théories qui brillent de loin ; il n'est pas si simple qu'on le croit de les faire passer d'un pays dans un autre. Le répéterai-je encore ? le jury civil ne soutiendrait pas cette épreuve en France, à moins qu'on ne voulût lui sacrifier tout-à-fait une législation incomparablement au-dessus de toutes celles qui nous environnent.

Si j'avais, comme M. Meyer, à présenter ici *les résultats de l'expérience pour les législations futures*, je ne demanderais donc point l'application du jury aux affaires civiles,

1.   17

quelque restreinte qu'elle fût. La seule amélioration qui me paraîtrait importante pour la preuve des faits en justice, serait la publicité des enquêtes dans toutes les causes où la loi permet de faire entendre des témoins. J'y reviendrai.

On ne peut pas être d'accord avec M. Meyer sur quelques-uns des points qu'il a traités dans ses *Institutions judiciaires* ; mais on doit toujours s'empresser de rendre hommage à la savante composition et aux précieux détails de ce vaste tableau, qui développe à nos regards les vicissitudes, les mœurs, les usages et la législation des peuples de la vieille et de la nouvelle Europe.

CHAPITRE XI.

SUITE DE L'ORGANISATION JUDICIAIRE DEPUIS LA
RÉVOLUTION.

On a vu, au chapitre VIII, l'exposition des
principes constitutifs qui furent adoptés pour
le nouvel ordre judiciaire.

Il ne faut pas confondre ces principes, qui
n'ont point cessé de nous régir, avec les diverses formes d'organisation qui se sont suc-
cédé depuis.

Les justices seigneuriales avaient été supprimées le 4 août 1789 : jusque-là ce n'était
qu'une conséquence de l'entière destruction
du régime féodal ; mais, le 17, M. Bergasse
présenta son fameux rapport sur l'organisation
du pouvoir judiciaire, et il annonça la nécessité d'un changement absolu dans le système
des tribunaux.

La magistrature reçut quelques éloges sur le courage qu'elle avait déployé, et sur les persécutions qu'elle avait essuyées pour le soutien des droits de la nation, dans des circonstances difficiles; mais l'existence de ces corps antiques, fiers de leurs souvenirs, de leurs priviléges et de l'influence redoutable de leur pouvoir, était devenue incompatible avec le nouvel ordre de choses : on voulait des juges pour juger les procès, et non pour délibérer sur les affaires de l'Etat; des juges pour appliquer la loi, et non pour la contrôler. Cependant d'autres objets occupèrent l'assemblée jusqu'au 24 octobre 1790; ce jour-là seulement elle décréta que l'ordre judiciaire serait *reconstitué en entier*.

Avant d'organiser, on avait tout désorganisé; les justices seigneuriales n'étaient point remplacées dans les campagnes. Dans les villes, les tribunaux royaux, avertis de leur suppression, laissaient languir le cours de la justice, quand les événemens ne venaient pas l'interrompre; et les parlemens avaient été mis en vacances. Telle était la situation des choses, lorsque la discussion s'ouvrit sur les questions que faisaient éclore chaque jour la diversité des plans

et la nouveauté des doctrines politiques.
Les articles qui furent *préliminairement*
arrêtés ont été refondus dans les décrets
d'organisation ; j'en parlerai suivant l'ordre
des matières auxquelles ils appartiennent.

Le système de tribunaux permanens ayant
prévalu sur celui du jury civil, on établit
les maximes suivantes, comme les conditions essentielles d'une bonne administration
de la justice : 1° les tribunaux ne doivent
pas être plus nombreux que ne l'exige la
nécessité réelle du service ; 2° ils doivent
être assez rapprochés des justiciables, pour
que la dépense et l'incommodité des déplacemens ne leur soient pas trop onéreux ; 3°
hors les cas où la faculté de l'appel est, à
cause de la petite valeur de l'objet litigieux,
plutôt une aggravation qu'une ressource, il
faut deux degrés de juridiction, mais jamais
plus de deux.

Partant de ces points, on rendit à la juridiction ordinaire tout ce qui en avait été
détaché en faveur du fisc et des priviléges ;
on supprima cette foule parasite de tribunaux d'exception, au milieu desquels
les plaideurs ne savaient à qui demander
justice.

Cependant il y a une telle complication et une telle variété d'intérêts dans un grand état, qu'il faudra toujours des juges spéciaux pour certaines matières, soit à raison de la modicité de la demande, soit à raison de la nature des affaires. Pour les unes, on créa une sorte de justice primaire, celle des juges de paix ; et pour les autres, des tribunaux de commerce.

On plaça dans chaque district un tribunal ordinaire : c'est la circonscription actuelle de nos tribunaux de première instance.

Ces règles étaient bonnes, mais elles furent trop étroitement appliquées. Les préventions contre la haute magistrature, dont j'ai déjà expliqué les causes, et les souvenirs de son ancien esprit d'opposition, firent que l'on reconstruisit l'ordre judiciaire dans les proportions les plus mesquines.

Les tribunaux furent composés de cinq à six juges au plus.

On ne créa point de cours supérieures ; on inventa une combinaison d'égalité pour rendre les tribunaux de district juges d'appel les uns à l'égard des autres : il résultait de cette réciprocité qu'un tribunal se trouvait souvent chargé de prononcer sur le mérite du jugement de tel autre tribunal, qui venait de mettre le sien au néant.

On attribua au peuple l'élection des magistrats chargés de rendre la justice au nom du roi. C'est à cette occasion que M. de Cazalès disait : « S'il m'était permis d'énoncer la seule opinion juste et sage, je dirais que le roi seul doit nommer les juges ; mais vous avez décrété le contraire ; mais la contagion des principes démocratiques a fait des progrès si étonnans, que cette opinion paraîtrait condamnable, même aux sages de cette assemblée. Je réduis donc mon opinion, et je demande du moins qu'il soit présenté au roi trois candidats, parmi lesquels il fera son choix. » La proposition fut rejetée.

Les juges ne furent élus que pour un temps. On permit au roi de nommer ses officiers du ministère public, mais avec la condition qu'ils seraient à vie ; c'est-à-dire que l'on mit les juges dans la dépendance du peuple, et le ministère public hors de la dépendance du roi. La part du roi, dans le pouvoir judiciaire, se trouva réduite, à peu près, au mandement adressé aux agens de la force publique pour l'exécution des jugemens et des actes : on voulait en faire le premier huissier de son royaume, comme disait encore M. de Cazalès. C'était le commencement de la lutte de la république contre la monarchie.

Je rendrai compte, dans les chapitres suivans, des détails de l'organisation, pour chacune des parties du nouvel ordre judiciaire, et des variations qu'elles ont successivement éprouvées.

Une conception heureuse de cette époque fut l'établissement d'un tribunal de cassation chargé de maintenir dans le royaume l'unité de la législation et de la jurisprudence; seul il a été respecté au milieu du froissement de toutes les combinaisons politiques que la France a épuisées. « Immuable sur sa base, cette création nouvelle, autour de laquelle tout a changé, a vu passer dix gouvernemens qui se sont renversés les uns sur les autres (1). »

(1) Rapport à la chambre des députés, le 17 décembre 1814.

CHAPITRE XII.

DES JUSTICES DE PAIX. — DE LA CONCILIATION. —
DES TRIBUNAUX DE FAMILLE — DE L'ARBITRAGE
FORCÉ.

UNE juridiction paternelle, bornée aux
affaires les plus simples, exercée au milieu
des champs, sans formalités, sans longueurs, *pacis præses*, *amicitiæ custos*; des
juges chargés de la douce mission d'entretenir dans leur canton la paix et la concorde, de prévenir les procès, de veiller
à la conservation des droits des mineurs et
des absens, allaient remplacer « les anciennes *mangeries* de village, où les frais
étaient plus grands qu'aux amples justices
des villes ; où non-seulement la justice
était longue et de grand coût, mais encore
plus mauvaise (1). » Telle fut présentée

(1) Loiseau, *Discours sur l'abus des justices de
village.*

l'institution des justices de paix, parée à
la fois de l'attrait de la nouveauté et du
charme des premiers âges ; c'était une pein-
ture touchante comme celle où Fléchier
nous montre M. de Lamoignon, au milieu
des habitans de sa terre, accommodant les
affaires et dictant des transactions : « Plus
content en lui-même, et peut-être plus
grand aux yeux de Dieu, lorsque dans le fond
d'une allée sombre et sur un tribunal de
gazon, il avait assuré le repos d'une pauvre
famille, que lorsqu'il décidait des fortunes
les plus éclatantes sur le premier trône de la
justice. »

Cependant le projet ne fut point accueilli
avec une faveur unanime. Je crois l'avoir
déjà dit, plusieurs s'opposaient à ce qu'on
attribuât aux juges de paix une juridiction
contentieuse ; ils voulaient seulement les
placer aux avenues du temple de la justice,
pour exhorter les plaideurs à transiger en
passant, et ne leur accorder que des fonctions tutélaires, comme le droit d'apposer
les scellés et de convoquer devant eux les
conseils de famille.

La loi du 24 août 1790 leur conféra,
pour certains cas, le pouvoir de juger ;

pour d'autres , la mission de concilier ;
pour d'autres encore , des fonctions purement ministérielles et conservatoires (1).

Les tribunaux de paix furent composés,
dans l'origine , d'un juge et de deux prud'-
hommes assesseurs. La loi du 29 ventôse
an IX supprima les assesseurs ; depuis
ce temps-là , le juge de paix siége seul ;
il a deux suppléans destinés à le remplacer , en cas de maladie , d'absence ou d'empêchement.

La loi d'organisation voulait que les juges
de paix et les assesseurs fussent élus par les
assemblées primaires , pour deux années seulement. Mais le sénatus-consulte du 16 thermidor an X porta jusqu'à dix ans la durée
de leurs fonctions et celles des suppléans.
Leur nomination fut dévolue au chef du
gouvernement , qui dut les choisir sur
une liste de deux candidats présentés ,
pour chaque place , par les assemblées
de canton.

Aujourd'hui les juges de paix et les suppléans sont, comme tous les autres juges ,

(1) Expressions de l'art. 8 de la loi du 27 mars 1791.

nommés directement par le roi ; mais ils ne sont point inamovibles (1).

La loi du 24 août 1790 fixa à trente ans accomplis l'âge qu'il fallait avoir pour être juge de paix ; la loi du 16 septembre 1792 le réduisit à vingt-cinq ; il fut reporté à trente par l'art. 209 de l'acte du 5 fructidor an III. C'est le dernier état de la législation.

En créant les juges de paix, on ne les avait point astreints à avoir un greffier ; on leur avait laissé la faculté de s'en passer, et de rédiger eux-mêmes les actes de leur compétence : c'était pousser trop loin la manie des simplifications et le mépris des formes. On revint bientôt à cette règle générale, qui exige l'assistance d'un greffier à tous les actes et procès-verbaux du juge, pour tenir la plume et conserver les minutes (2). La loi du 27 mars 1791 ordonna que les juges de paix seraient tenus d'en prendre un ; celle du 28 floréal de l'an X leur ôta le privilége de le nommer (3).

(1) Charte constit., art. 61.

(2) Loi du 26 frimaire an IV, art. 2 et 3. Code de procédure, art. 1040.

(3) Les greffiers des juges de paix doivent être âgés

Deux huissiers, au plus, choisis parmi ceux de l'arrondissement, sont particulièrement chargés du service du tribunal de paix dans le canton qui forme son ressort (1).

Il n'y a jamais eu d'autres officiers ministériels auprès de ces tribunaux ; les parties doivent s'y défendre en personne, ou par de simples fondés de pouvoirs (2).

Le juge de paix, les suppléans, le greffier et les huissiers, sont obligés de résider *assidûment* dans le canton.

Les fonctions des juges de paix et de leurs greffiers sont incompatibles avec les autres fonctions de l'ordre judiciaire, avec celles de l'ordre administratif, celles de notaire, celles des employés des forêts, des domaines, de l'enregistrement, des contributions, etc., et avec toutes celles d'agens comptables (3).

---

de 25 ans, loi du 16 ventôse an xi. C'est le roi qui les nomme aujourd'hui.

(1) Loi du 28 floréal an x, art. 4 et suiv.

(2) *Pourvu qu'ils ne soient, à aucun titre, attachés à des fonctions relatives à l'ordre judiciaire*, disait la loi du 26 octobre 1790, tit. 3, art. 1er. Cette prohibition ne se retrouve plus dans le Code de procédure.

(3) Voyez la loi du 24 vendémiaire an iii ; elle éten-

En ce qui concerne les attributions des juges de paix, je vais suivre la division que j'ai indiquée plus haut. Je parlerai d'abord de leur juridiction contentieuse, c'est-à-dire de leur pouvoir de juger, puis de leurs fonctions ministérielles, et enfin de leur bureau de conciliation.

La compétence primitive des tribunaux de paix, comme juges civils, se trouvait renfermée tout entière dans les articles suivans de la loi du 24 août 1790, tit. 3.

Art. IX. « Le juge de paix connaîtra de toutes les causes *purement* personnelles et mobilières, sans appel jusqu'à la valeur de cinquante livres, et à charge d'appel jusqu'à la valeur de cent livres. »

Art. X. « Il connaîtra de même sans appel jusqu'à la valeur de cinquante livres, et à charge d'appel à quelque valeur que la demande puisse monter :

» 1° Des actions pour dommages faits,

---

dait ces incompatibilités aux assesseurs des juges de paix : il y a même raison pour qu'on les applique aux suppléans, quoique le législateur n'en ait rien dit en les substituant aux assesseurs.

soit par les hommes, soit par les animaux,
aux champs, fruits et récoltes ;

» 2° Des déplacemens de bornes, des
usurpations de terre, arbres, haies, fossés
et autres clôtures, commises dans l'année ;
des entreprises sur les cours d'eau servant à
l'arrosement des prés, commises pareille-
ment dans l'année, et de toutes autres actions possessoires ;

» 3° Des réparations locatives des maisons
et fermes ;

» 4° Des indemnités prétendues par le
fermier ou locataire pour non-jouissance,
lorsque le droit de l'indemnité ne sera pas
contesté, et des dégradations alléguées par
le propriétaire ;

» 5° Du paiement des salaires des gens de
travail, des gages des domestiques, et de
l'exécution des engagemens respectifs des
maîtres et de leurs domestiques ou gens de
travail ;

» 6° Des actions pour injures verbales,
rixes et voies de fait pour lesquelles les parties ne se seront pas pourvues par la voie
criminelle. »

Art. XII. « L'appel des jugemens de juge
de paix, lorsqu'ils seront sujets à l'appel,

sera porté devant les juges du district (1),
et jugé par eux en dernier ressort, à l'audience et sommairement sur le simple exploit
d'appel. »

Il faut y ajouter l'art. 15 de la loi du 27
mars 1791, ainsi conçu :

« Les juges de paix ne pourront connaître
de l'inscription de faux, ou dénégation d'é-
criture ; et, lorsqu'une des parties déclarera
vouloir s'inscrire en faux, ils lui en donneront acte et renverront la cause au tribunal
de district. »

Les juges de paix étant des juges d'exception, ne connaissent point de l'exécution de
leurs jugemens (2).

Leur compétence a été successivement étendue à d'autres affaires civiles.

La loi du 25 mai 1791, *sur les inventions
et découvertes en tous genres d'industrie*, autorise le propriétaire d'un brevet, troublé dans
l'exercice de son droit privatif, à se pourvoir
devant le juge de paix pour faire condamner
les contrefacteurs.

---

(1) Aujourd'hui devant les tribunaux de première
instance.

(2) Voyez ci-dessus, chap. 6, page 97.

Les lois des 4 germinal an II, fructidor an III, et 9 floréal an VII donnent aux juges de paix la connaissance des contestations en matière de douanes, de la saisie des marchandises, du refus de payer les droits, du rapport des acquits à caution, etc. (1).

La loi du 2 vendémiaire an VII, sur les octrois municipaux, leur attribue le jugement des difficultés qui peuvent s'élever sur l'application du tarif et sur la quotité des droits (2).

La loi du 20 septembre 1792, sur l'état ci-

---

(1) Les contraventions en matière de douanes ne donnent pas lieu à des *peines*, comme les contraventions ordinaires. L'amende n'est qu'une réparation civile du dommage causé à l'état. L'action qui naît de cette espèce de contravention est tout-à-fait étrangère au ministère public. Elle appartient exclusivement à l'administration qui l'exerce en son nom et à son profit : c'est une action civile. Voyez le *Répertoire de M. Favard*, v° *Douanes.*

(2) Il importe de ne pas confondre les contestations sur l'application du tarif et sur la quotité des droits, avec les *contraventions*. Dans le premier cas, c'est une action civile ; dans le second, c'est une *infraction* punissable d'une peine prononcée par le tribunal de police correctionnelle, ou de simple police, suivant qu'elle doit être plus ou moins forte.

vil, avait soumis à leur juridiction la demande
en main-levée des oppositions à mariage; le
Code civil, art. 177, en a disposé autrement:
cette matière appartient aujourd'hui aux tribunaux ordinaires.

Il est inutile de parler de quelques autres
attributions de la même nature qui avaient
été conférées aux justices de paix à différentes époques, et qui leur ont été retirées
par des lois ultérieures.

Les fonctions ministérielles des juges de
paix se réduisaient, lorsqu'ils furent établis,
à poser, reconnaître et lever les scellés, et
à recevoir les délibérations des conseils de
famille ; voici les textes :

« Lorsqu'il y aura lieu à l'apposition des
scellés, elle sera faite par le juge de paix,
qui procédera aussi à leur reconnaissance
et levée, mais sans qu'il puisse connaître
des contestations qui pourront s'élever à l'occasion de cette reconnaissance.

» Il recevra les délibérations de famille
pour la nomination des tuteurs, des curateurs aux absens et aux enfans à naître, et
pour l'émancipation et la curatelle des mineurs, et toutes celles auxquelles la personne,

l'état ou les affaires des mineurs et des absens pourront donner lieu pendant la durée
de la tutelle ou curatelle, à charge de renvoyer devant les juges de district la connaissance de tout ce qui deviendra contentieux dans le cours ou par suite des délibérations ci-dessus.

» Il pourra recevoir, dans tous les cas, le
serment des tuteurs et des curateurs. » *Loi
du 24 août 1790, tit. 3, art.* 11.

« Les juges de paix procéderont d'office à
l'apposition des scellés après l'ouverture des
successions, lorsque les héritiers seront absens et non représentés, ou mineurs non
émancipés, ou n'ayant pas de tuteurs, et
ils passeront outre, nonobstant les oppositions, dont ils renverront le jugement au
tribunal de district. Chaque juge de paix ap-
posera les scellés dans l'étendue de son
territoire, et ne pourra pas, par suite, les apposer dans un autre territoire. » *Loi du* 27
mars 1791, *art.* 7.

Le Code civil et le Code de procédure
ont considérablement élargi le cercle de
ces attributions. Les juges de paix tiennent
aussi une place fort importante dans le
Code d'instruction criminelle ; mais je n'ai

point à parler des fonctions qu'il leur con-
fie ; on voudra bien ne pas perdre de vue
qu'ici je m'occupe de l'institution dans ses
rapports avec la justice civile seulement.

Sous la loi de 1790, le juge de paix recevait les délibérations du conseil de famille ;
il dictait l'acte qui en contenait le résultat,
mais il n'y participait point ; il était témoin
authentique de ce qui se passait, et son autorité se bornait à maintenir l'ordre dans
l'assemblée. Aujourd'hui il est comme le
principal membre de la famille ; il préside
le conseil, il délibère avec les parens,
il les dirige, il les éclaire ; en cas de partage des voix, la sienne est prépondérante,
et son suffrage, plus libre, plus désintéres-
sé, plus pur des animosités et des petites
passions qui divisent trop souvent les deux
lignes, fait pencher la balance du côté le
plus sage.

Le juge de paix fixe le jour de la réunion ;
il désigne des amis à défaut de parens ; il
prononce sans appel une amende contre
ceux qu'il a appelés, et qui, sans justifier
d'une excuse légitime, ne comparaissent
pas ; il convoque d'office le conseil de famille, lorsque l'indifférence des parens laisse

un orphelin sans tuteur ; il peut , suivant qu'il l'estime nécessaire , ajourner ou proroger l'assemblée (1).

Il délivre l'acte de notoriété destiné à remplacer , pour la célébration d'un mariage , l'extrait de naissance que l'un des futurs époux ne peut représenter (2).

Il reçoit les actes d'adoption et de tutelle officieuse (3) ; la déclaration du père qui donne un conseil à la mère survivante et tutrice , pour l'assister dans les actes de la tutelle ; celle du dernier mourant des époux qui choisit un tuteur pour ses enfans (4) ; celle du père ou de la mère qui émancipe un mineur (5). Enfin , il peut , assisté de deux témoins , recevoir des testamens dans un lieu avec lequel les communications sont interceptées , à cause de la peste , ou de toute autre maladie contagieuse (6).

Le Code de procédure , en conservant

(1) Cod. civ. art. 405 et suiv.
(2) Cod. civ. art. 70 et 71.
(3) Cod. civ. art. 353 et 363.
(4) Cod. civ. art. 392 et 398.
(5) Cod. civ. art. 477 et suiv.
(6) Cod. civ. art. 985.

aux juges de paix le droit d'apposer, reconnaître et lever les scellés, a tracé des règles de conduite pour une multitude d'incidens qui peuvent entraver le cours de ces opérations (1). Je parlerai, dans mes explications sur les titres relatifs aux scellés, de leurs droits et de leurs devoirs en cette matière.

L'exécution forcée des jugemens et des actes appelle quelquefois le concours du juge de paix. Lorsque l'huissier qui va mettre sous la main de la justice les meubles d'un débiteur, trouve les portes fermées, ce juge est le premier officier auquel il doit s'adresser pour venir l'assister et faire ouvrir (2). Si des animaux et des ustensiles servant à la culture des terres sont. compris dans la saisie, c'est encore le même qui, après avoir entendu les personnes intéressées, établit un gérant à l'exploitation (3).

---

(1) 2ᵉ partie, liv. 2, tit. 1, 2 et 3.

(2) Cod. de procédure, art. 587 et 591. A défaut de juge de paix, l'huissier doit· s'adresser au commissaire de police, à défaut de celui-ci au maire, à défaut de ce dernier à l'adjoint.

(3) Cod. de procéd. art 594.

S'agit-il de l'emprisonnement d'un débiteur condamné par corps ? il ne peut être arrêté dans son domicile, et dans une maison quelconque , que sur l'ordre du juge de paix , qui se transporte lui-même dans la maison avec l'huissier (1).

Cette participation à des actes aussi rigoureux se présente d'abord sous des dehors de gêne et de désagrément : mais elle a un grand but d'utilité , celui d'empêcher des abus , des vexations , et souvent des violences suivies des plus funestes accidens : c'est assez pour qu'elle ne doive pas être dédaignée.

La loi du 26 octobre 1790 contenait les règles de la procédure pour les tribunaux de paix ; ces règles se retrouvent dans le livre 1ᵉʳ du Code de procédure civile ; c'est à peu près le même fond , la même division de titres et la même rédaction d'articles.

On disait à l'assemblée constituante : « Il faut que , dans chaque canton , tout homme de bien , ami de la justice et de l'ordre , ayant l'expérience des mœurs , des habitudes et du caractère des habitans , ait par cela seul

_____

(1) Cod. de procéd. art. 781.

toutes les connaissances suffisantes pour devenir juge de paix. »

On ne rêvait alors que l'équitable simplicité du patriarche distribuant à ses enfans une justice exempte de frais et dégagée des règles pointilleuses de l'art de juger. A sa parole toutes les injustices devaient se réparer, les divisions s'éteindre et les plaintes cesser. Il y a eu beaucoup de mécompte.

Sans compter les nombreuses attributions dont les lois nouvelles ont successivement surchargé les justices de paix, les actions possessoires exigeraient seules l'étude la plus sérieuse des principes du droit et des dispositions de nos anciennes ordonnances (1). Quels sont les caractères de la possession civile? Qui peut intenter l'action possessoire? Contre qui doit-elle être dirigée? Quelles choses peuvent en être l'objet? Qu'est-ce que cumuler le possessoire et le pétitoire? Quand y a-t-il lieu au dernier ressort? Quand est-il permis de consulter les titres pour adjuger la

---

(1) J'ai pour garant de cette vérité M. le président Henrion de Pansey, dans son livre *de la Compétence des Juges de paix.*

possession ? Vous ne trouverez pas un mot de tout cela dans la loi de 1790 , et le Code de procédure en dit fort peu dans les cinq articles qui composent le titre sur *les juge-mens des actions possessoires.*

Un juge de paix qui n'a pour toute doc-trine que la droiture de ses intentions et l'ex-périence des choses de la campagne, est sou-vent exposé à franchir, sans y penser, les limites de sa compétence, et à commettre des excès de pouvoir. Ses jugemens sont atta-qués, ou par appel, ou par recours en cassation. Les exemples ne sont pas rares, on peut les compter dans les recueils d'ar-rêts. C'est ainsi qu'une action possessoire pour quatre à cinq toises de terre, pour une souche d'arbre, ou pour le creux d'une ri-gole, se déroule en une longue et dispen-dieuse procédure, et que la valeur du champ tout entier ne suffit pas toujours pour payer la dispute d'un sillon.

On a fouillé dans les monumens histo-riques et dans nos vieux usages, pour trouver les traces des institutions analogues à celle des juges de paix. On les a comparés aux *défenseurs de la cité* dans les villes préfecto-

riales de l'empire romain (1) ; au magistrat
qui, sous le nom d'auditeur, jugeait à Paris
les causes légères, sans appareil, sans instruction écrite et sans frais (2) ; aux trois officiers des bailliages et sénéchaussées qui se
détachaient pour juger de même en audience
particulière les causes pures personnelles
jusqu'à quarante livres. On aurait pu trouver
encore quelque comparaison à faire entre la
juridiction des centeniers chez les Francs, et
celle de nos juges de paix (3).

(1) Les villes préfectoriales étaient les villes conqui-
ses et réduites en provinces romaines.

(2) Les auditeurs du Châtelet existaient dès le temps
de saint Louis, si l'on en croit le commissaire de La-
mare, en son *Traité de la Police*. L'ordonnance du 1er
mai 1313 régla leurs attributions ; ils ne devaient juger
aucune cause touchant les *héritages, ou l'état et condition des personnes*, mais seulement celles *montant jusqu'à
soixante sols et au-dessus.*

Le règlement fait pour le Châtelet, en 1327, portait
*qu'ils ne connaîtraient de causes excédant vingt livres
parisis.*

Lors de la création du nouveau Châtelet, en 1674,
leur compétence fut étendue jusqu'à cinquante livres.

(3) Les hommes libres étaient sous la juridiction

Ces rapprochemens me paraissent d'une médiocre importance sous le rapport historique ; car ce dut être une idée toute naturelle que celle de créer des juges spéciaux pour les petites causes personnelles, lorsque l'inégalité des fortunes et les progrès de la société vinrent charger les tribunaux ordinaires de questions relatives à l'état des familles, aux droits de propriété, à la transmission des biens, etc. Quant à la différence de l'instruction et à la dispense de certaines formalités, il a toujours été facile de comprendre qu'il faut plus ou moins de garanties aux plaideurs, en raison de la gravité des intérêts sur lesquels la justice doit prononcer.

des comtes, qui leur rendaient la justice, les rassemblaient et les menaient à la guerre ; ils étaient divisés par centaines qui formaient un *bourg*. A la tête de chaque bourg, il y avait un officier dépendant du comte, qui, en temps de paix, veillait à l'entretien du bon ordre et jugeait seul les petites affaires : *Ut nullus homo in placito centenarii neque ad mortem, neque ad libertatem suam amittendam, aut ad res reddendas vel mancipia judicetur : sed ista aut in præsentiâ comitis, vel missorum nostrorum judicentur. cap. Car. M. anno 812, § 4.*

Quoi qu'il en soit, une remarque assez utile peut être tirée de ces comparaisons : M. Henrion de Pansey l'a déjà faite.

Les défenseurs des cités, les centeniers, le juge-auditeur du Châtelet de Paris et les officiers des bailliages aux petites audiences avaient une compétence infiniment plus bornée que celle de nos juges de paix.

Le centenier était un membre ordinaire du tribunal du comte. Les défenseurs des cités existaient dans les villes seulement, et les hommes instruits de la science des lois s'y trouvaient en plus grand nombre que dans les campagnes. Le juge-auditeur du Châtelet de Paris était *gradué*; c'était communément un jurisconsulte qui avait acquis au barreau une longue expérience des affaires, et qui prenait l'exercice de cette charge comme une honorable retraite.

Les défenseurs des cités, les centeniers et le juge-auditeur ne prononçaient jamais qu'en premier ressort.

Les officiers des bailliages ne jugeaient sans appel que jusqu'à la somme de quarante livres ; et, dans tous les cas, on pouvait recourir en cassation contre leurs sentences.

Le pouvoir des juges de paix va bien plus haut ; leur dernier ressort s'élève à cinquante francs, et ils prononcent à la charge d'appel, non-seulement sur les affaires personnelles et mobilières qui n'excèdent pas cent francs, mais encore sur une foule de demandes dont la valeur est indéterminée. Leurs décisions en dernier ressort ne sont soumises à la censure de la cour de cassation que pour cause d'imcompétence ou d'excès de pouvoir (1); la loi s'est abandonnée à leur discrétion pour le jugement du fonds, et les erreurs qu'ils commettent alors sont irréparables.

(1) Loi du 27 ventôse an VIII, art. 77. Tout excès de pouvoir est une incompétence, comme toute incompétence renferme un excès de pouvoir ; cependant on distingue l'une de l'autre. Le juge sort des bornes de sa compétence, lorsqu'il connaît d'une affaire que la loi attribue à un autre tribunal ; il excède ses pouvoirs, lorsqu'il ne se contente pas de juger les causes qui lui sont soumises, et lorsqu'il se permet en outre de faire des règlemens généraux ou des statuts de police, de taxer les denrées, de défendre l'exécution d'une loi, d'intimer des ordres aux agens du pouvoir administratif, etc. On trouvera des développemens très-lumineux sur cette matière, dans le chap. 9 de la Compétence des juges de paix, par Henrion de Pansey.

C'est ce qui faisait dire à M. Henrion de Pansey, que la compétence des juges de paix avait été trop étendue (1).

Cependant, au mois de janvier 1835, un projet de loi contenant de nouvelles dispositions sur l'organisation judiciaire, fut apporté à la chambre des députés. Une commission nommée pour l'examiner fit son rapport, mais la session se termina avant que le jour de la discussion fût arrivé.

Dans l'intervalle d'une session à l'autre, la Cour de cassation et les Cours royales furent consultées; leurs observations ont produit un second travail que le gouvernement a fait distribuer sous le titre de *dernière rédaction*.

Je ne veux en parler ici que pour ce qui concerne la compétence des juges de paix.

Il est très-vrai que l'accroissement de l'industrie et l'augmentation des richesses mobilières ont de beaucoup dépassé la valeur relative des monnaies, et que cent francs d'aujourd'hui valent bien moins que les cinquante francs de 1790. Toutefois ce ne devrait pas être un motif pour dénaturer l'institution, et pour faire prendre à nos impatientes ardeurs d'inno-

(1) Chap. 1, § 6.

vation un essor *ultra quàm satis est,* comme disait Horace. Chez nous les progrès veulent toujours devancer ceux du temps; ainsi ce projet de loi et le rapport de la commission avaient, de prime saut, triplé la compétence des juges de paix en matière personnelle et mobilière. Le taux était porté à 150 francs en dernier ressort, et à 300 francs sauf appel.

Cette extension du dernier ressort a été restreinte au chiffre de 100 francs par les *derniers rédacteurs.* Ils se sont confiés au recours réparateur de l'appel, en laissant le premier ressort s'élever jusqu'à 300 francs.

Mais on ne s'est pas arrêté là; on a proposé d'ajouter à la juridiction des juges de paix une série d'attributions spéciales qui se rattachent à l'interprétation des contrats, comme la résiliation des baux, à l'application des règles du droit, comme les pensions alimentaires, et aux formes les plus délicates de la procédure, comme les reconnaissances d'é-,critures, et toutes les difficultés de saisies mobilières qui se peuvent élever à raison de l'exécution de leurs jugemens.

Ce projet vient d'être retiré. Il doit

subir l'examen d'une nouvelle commission.

On disait en 1790 : « La compétence des juges de paix sera bornée aux choses de convention très-simples et *de la plus petite valeur*, aux choses de fait qui ne peuvent être bien jugées que par l'homme des champs. » Vous avez vu que cette compétence s'était fort accrue depuis ; et si l'on veut qu'elle s'élargisse encore, la naïve prud'homie *des hommes des champs* n'y pourra plus suffire ; il vous faudra *des hommes de loi,* des conditions d'éligibilité, et d'autres degrés d'étude, que la simple routine des choses du village.

Je viens à la conciliation.

Ici l'audience et ses discussions hostiles se changent en un bureau de paix, et en de bienveillantes causeries. Ce n'est plus un juge qui va prononcer et condamner, c'est un homme de bon conseil qui remontre aux gens prêts à se lancer dans l'arène judiciaire tous les dangers, toutes les angoisses et toutes les pertes auxquelles ils s'exposent ; qui les éclaire sur les chances de leur opiniâtreté ; qui essaye d'émouvoir la pitié d'un créancier trop rigoureux, de réveiller la bonne foi d'un débiteur trop cauteleux, de les faire transiger, ou d'obtenir qu'ils s'en rapportent à des arbitres.

Les coutumes des peuples nous offrent beaucoup d'exemples de ces heureuses inspirations (1).

La loi des douze tables prescrivait aux magistrats de consacrer l'accord que les plaideurs auraient fait en se rendant au tribunal : *Endo. via. rem. uti. païcunt. orato*(2). C'était une des dispositions que Rome avait empruntées à Athènes (3). Avant d'invoquer l'autorité des préteurs, on tentait presque toujours les voies d'accommodement. *Duæ experiundi viæ , una summi juris ,*

---

(1) Voir le Dictionnaire de Prost de Royer, v° *accommodement.*

(2) Ce qui veut dire en langage ordinaire : *Si, dùm in jus veniunt , de re transactum fuerit inter vocantem et vocatum, ita jus esto.* 1ʳᵉ table, 2ᵉ loi. Il y a parmi les auteurs une grande discordance sur la place que doit occuper ce chef ou cette loi dans la 1ʳᵉ table. Voyez Carondas , Jacques Godefroy , Gravina , Noodt , les Pandectes de Pothier , Terrasson, Bouchaud, etc. Il y en a qui lisent, *endo. via. rem. uti. païcunto. rato.*

(3) Samuel Petit, *Leges atticæ* , pag. 339.

I.   19

altera intra parietes. Ceux qui prenaient le premier parti , dit Noodt , usaient de la rigueur du droit ; ceux qui prenaient le second se montraient plus doux et ,plus humains : *ità potuit actor dare humanitati, nec minùs licuit ei aliter agere summo jure* (1).

La Concorde avait son temple non loin du Forum , et le plus beau monument élevé à la mémoire de César fut cette colonne au pied de laquelle le peuple allait offrir des sacrifices et terminer les procès , en jurant par le nom du père de la patrie (2). Mais , sous le règne de Caligula, l'on en vint à exiger des plaideurs le quarantième de la somme en litige , et par conséquent ce fut un vol fait à l'état que de s'accommoder (3).

(1) *Tract. de pactis et transact.* Cap. 1 , pag. 399 et 400.

(2) *Posteà plebs solidam columnam propè viginti pedum lapidis numidici in foro statuit, scripsitque :* Parenti patriæ ; *apud eam longo tempore sacrificare , vota suscipere , controversias quasdam , interposito per Cæsarem jurejurando , distrahere perseveravit.* Suet. *in Jul. Cæs.* 85.

(3) *Pro litibus atque judiciis ubicumque conceptis,*

Les premiers âges de l'Eglise nous montrent les évêques assis au milieu des prêtres, calmant les passions et les animosités, s'entremettant pour accommoder les querelles, et répétant ces paroles du divin Maître : *Esto consentiens adversario tuo citò , dùm es in viâ cum eo , ne fortè tradat te judici* (1). « Ce qui doit consoler les évêques de voir leur juridiction réduite à des bornes si étroites , disait l'abbé Fleury , c'est que , dans son origine , et suivant l'esprit de l'Eglise , elle ne consistait pas à faire plaider devant eux , mais à empêcher de plaider (2). »

Parler des compositions chez les Germains , à propos d'accommodement, serait, je crois , un contre-sens ; car ces compositions n'étaient que le rachat légal d'un crime. Les chefs avaient eu le soin minutieux de tarifer le prix d'un meurtre, d'un viol, d'une fracture, d'un coup, etc., suivant la différence

quadragesima summæ de quâ litigaretur : nec sine pœnâ , si quis composuisse vel donasse negotium convinceretur. Id. in Calig. 40.

(1) S. Matth. , *cap.* 5 , *v.* 55.

(2) Institutions au droit ecclésiastique , tom. 2, chap. 5, page 52.

des rangs et des conditions. Celui qui avait tué ou blessé subissait sa peine, c'est-à-dire qu'il payait conformément au tarif ; il n'y avait là ni accord ni transaction.

Les antécédens du système de *l'essai préalable* de conciliation étaient assez connus, pour que l'assemblée constituante ait pu songer, sans effort, à lui donner une sorte de consécration dans le plan du nouvel ordre judiciaire. Cependant on a dit que l'idée d'une magistrature spéciale, n'ayant d'autre pouvoir que celui d'entendre les parties, d'autre juridiction que celle de les concilier, d'autre empire que celui de la confiance, appartenait tout entière à nos modernes législateurs. C'est une erreur : le fondateur de Philadelphie, Guillaume Penn, avait eu cette idée ; tous les journaux ont annoncé, en 1780, que M. le duc de Rohan-Chabot avait tenté de la réaliser dans ses terres de Bretagne ; mais je la trouve plus identiquement encore, et avec tous ses accessoires, dans les œuvres d'un homme qui en a beaucoup fourni à la révolution. Pour bien saisir le rapprochement, il faut avoir sous les yeux les articles des lois de 1790 et de 1791.

Loi du 24 août 1790, tit. 10, art. 1er.

« Dans toutes les matières qui excéderont la compétence du juge de paix, ce juge et ses assesseurs formeront un bureau de paix et de conciliation. »

Art. 2. « Aucune action principale ne sera reçue au civil, devant les juges de district, entre parties qui seront toutes domiciliées dans le ressort du même juge de paix, soit à la ville, soit à la campagne, si le demandeur n'a pas donné, en tête de son exploit, copie du certificat du bureau de paix, constatant que sa partie a été inutilement appelée à ce bureau, ou qu'il a employé sans fruit sa médiation. »

Loi du 27 mars 1791, art. 16. « *Aucuns avoués, greffiers, huissiers, et ci-devant hommes de loi ou procureurs*, ne pourront représenter les parties aux bureaux de paix; les autres citoyens ne seront admis à les représenter que lorsqu'ils seront revêtus des pouvoirs suffisans pour transiger. »

Maintenant lisez ce fragment d'une lettre écrite en 1745 :

« La meilleure loi, le plus excellent usage, le plus utile que j'aie jamais vu, c'est en Hollande. Quand deux hommes veulent plaider l'un contre l'autre, ils sont obligés

d'aller d'abord au tribunal des juges conci-
liateurs, appelés *faiseurs de paix. Si les
parties arrivent avec un avocat et un procureur, on fait d'abord retirer ces derniers,
comme on ôte le bois d'un feu qu'on veut
éteindre.* Les faiseurs de paix disent aux parties : Vous êtes de grands fous de vouloir
manger votre argent à vous rendre mutuelle-
ment malheureux ; nous allons vous accommoder, sans qu'il vous en coûte rien. Si la
rage de la chicane est trop forte dans ces
plaideurs, on les remet à un autre jour, afin
que le temps adoucisse les symptômes de
leur maladie ; ensuite les juges les envoient
chercher une seconde, une troisième fois : si
leur folie est incurable, on leur permet de plaider, comme on abandonne à l'amputation des
chirurgiens des membres gangrenés ; alors la
justice fait sa main. »

On reconnaîtra sans peine le premier bel
esprit du 18ᵉ siècle, à cette caustique légè-
reté, qui, voltigeant à la surface des matières
les plus graves, se souciait beaucoup moins
d'instruire que d'amuser. Tout cela fut pris
au sérieux.

L'institution des bureaux de paix était une

de ces brillantes conceptions, difficiles à organiser, et qui se ternissent un peu par la mise en œuvre.

L'enthousiasme pour la conciliation fut porté à un tel point, que l'on oublia d'exempter de l'épreuve les personnes incapables de transiger, et les choses qui ne pouvaient être l'objet d'une transaction. Il n'y eut d'exception qu'en faveur des affaires concernant la nation, les communes, l'ordre public et le commerce. Ainsi la loi voulait que le tuteur d'un mineur ou d'un interdit fût cité en conciliation, et qu'il y comparût pour déclarer que la loi lui défendait de se concilier.

Celui que des affaires, une absence, une maladie, empêchaient de venir en personne, ne pouvait se faire représenter que par un mandataire porteur d'une procuration illimitée *pour transiger;* c'était le forcer à remettre toute sa fortune entre les mains d'un tiers. Mieux valait ne pas se faire représenter, et payer l'amende.

L'exclusion des gens de loi devait nécessairement réchauffer une foule de mots plus ou moins rebattus; mais cette mesure n'a produit aucun bien, et souvent elle a fait du mal. Le plaideur, que l'on obligeait à comparaître

seul, ne se présentait point avant d'avoir
consulté son homme de loi, et sans apporter un plan de conduite tout tracé, avec la
ferme résolution de ne pas s'en départir;
l'homme de loi eût été peut-être plus traita-
ble, il eût cédé à des observations que le
client isolé avait peur d'entendre. Et si l'un
des comparans était lui-même homme de loi,
l'autre, qui n'avait pas cet avantage, se trouvait réduit à la dure condition de lutter sans
armes contre un adversaire bardé du plus fin
acier.

Les procès-verbaux de non-conciliation
contenaient *les dires*, *aveux* et *dénégations*
des parties. Autre source d'abus : une réponse
mal saisie, mal rendue par le greffier de la
justice de paix, devenait, devant les tribunaux, un texte fécond en interprétations et en
argumentations; c'était un véritable piége
pour ceux qui ne se doutaient pas du parti
qu'un homme habile peut tirer d'un mot
qu'un homme simple a laissé écrire.

Des juges de paix et leurs assesseurs, com-
prenant mal leur mission, arrachaient à des
personnes ignorantes ou timides, par des instances revêtues d'une couleur d'autorité, le

sacrifice de droits incontestables. Le ministre
de la justice crut devoir réprimer ces écarts de
zèle, dans une circulaire du 29 brumaire an v :

« Les membres des bureaux de conciliation, y était-il dit, ne doivent pas perdre
de vue leur institution primitive et la nature de leurs attributions : ce sont de simples médiateurs qui n'ont d'autre mission
que celle d'étouffer dès le principe, à
l'aide de leurs lumières et de leurs conseils, les procès dont les parties sont mena-
cées. Leurs fonctions, purement conciliatri-
ces, font entièrement disparaître le caractère
de juge dont ils se trouvent investis pour
d'autres circonstances. Ce n'est que par les
armes de la raison et de la conviction que les
hommes de paix et de conciliation peuvent
combattre l'opiniâtreté du plaideur prévenu :
qu'ils se gardent donc de substituer le poids,
toujours dangereux, de leur propre opinion
à la volonté libre de l'une ou l'autre des parties; qu'ils se méfient de l'ascendant de leur talent et de leur autorité, pour obtenir d'elles
des sacrifices désavoués à l'instant par la volonté intime de celui qui les aurait faits;
qu'ils ne s'érigent point en arbitres du différend, si les parties elles-mêmes ne les

constituent tels. En évitant ces divers écueils, les parties, loin de regretter des consente-mens quelquefois prêtés trop légèrement, béniront des accommodemens qui seront le fruit de la réflexion, de l'équité et de la raison. »

Ce fut un grand sujet de discussion, lors de la rédaction du Code de procédure, que de savoir si l'on conserverait l'essai de conciliation. La plus grande partie des Cours demandait qu'on le supprimât ; le Tribunat et le Conseil d'état lui-même s'accordaient à dire que ce n'était plus qu'une vaine forma-lité, une espèce de passe-port dont il fallait se munir pour entrer à l'audience. Mais le principe des bureaux de paix se trouvait dans toutes les constitutions, depuis celle de 1791 jusqu'à celle de l'an VIII, et les considéra-tions ennemies cédèrent à cette raison d'ordre supérieur (1).

On a voulu le modifier et le limiter avec un si grand nombre d'exceptions, que la

---

(1) Discussion du Conseil d'état, séance du 5 floréal an XIII. Procès-verbal de la section de législation du Tribunat. Observations préliminaires sur le titre de la conciliation.

loi semble incliner à se détruire elle-même,
par les gênes qu'elle s'impose. « N'est-il pas
extraordinaire, par exemple, disait-on au
Tribunat, de voir excepter de la règle le cas
où il y a plus de deux parties, encore qu'elles
aient le même intérêt, lorsque le besoin de
se concilier doit naturellement s'accroître en
proportion du nombre de ceux qui se dispo-
sent à plaider ? »

C'est une nouvelle expérience que l'on a
tentée. Il faut convenir que la jurisprudence
ne la favorise guère. L'essai de conciliation
fut prescrit pour le maintien de la paix entre
les citoyens : aucune demande, non comprise dans les exceptions, *ne peut être reçue*,
dit la loi, si le défendeur n'a pas été préalablement cité au bureau de paix. Rien de
plus absolu que cette disposition ; elle est
tout entière d'ordre public ; la nullité résultant de son inobservation devrait donc être
proposable en tout état de cause, elle devrait même être prononcée d'office par les
tribunaux. La Cour de cassation l'avait ainsi
reconnu jusqu'en l'an XI; mais on a jugé
depuis, et l'on juge encore aujourd'hui, que
le défaut de citation au bureau de paix n'opère
qu'une nullité d'intérêt privé ; que le défen-

deur peut la couvrir par son silence, et qu'il y renonce en discutant le fond de l'affaire. Cette indifférence a achevé de décolorer la conciliation ; elle n'est plus, à vrai dire, qu'une de ces idées qui, n'étant ni entièrement rejetées, ni entièrement adoptées, restent dans la circulation, sans tirer à conséquence.

Lorsque Genève fut rendue à son indépendance, ses Conseils maintinrent provisoirement les Codes français ; ils en firent une libre épreuve, et se trouvèrent dans la plus belle position pour améliorer leur législation, en profitant des lumières et même des erreurs de celle qui leur avait été imposée. M. le professeur Bellot, membre du Conseil représentatif, a publié, sur le Code de procédure, un travail du plus haut intérêt et d'une exécution parfaite. On y voit comment l'essai forcé de conciliation a été changé, à Genève, en une simple faculté. Les auditeurs, dans leurs arrondissemens, et les maires, dans leurs communes, sont chargés de concilier les parties qui se présentent volontairement devant eux, sans citation et sans frais ; il n'y a rien d'écrit si elles ne s'accordent point. La cause rendue au tribunal de première instance, et même au tribunal d'appel, tout espoir d'accommodement n'est pas perdu ; si elle paraît de nature à être conciliée, le tribunal commet un de ses membres pour y travailler, soit avant, soit après les plaidoiries.

« Tantôt, ajoute M. Bellot, la qualité des parties, les liens qui les unissent, les circonstances de la cause, exigent que la conciliation soit tentée avant toute discussion publique : la publicité seule rendrait un arrangement impossible ; tantôt, au contraire, la tentative échouerait avant les débats ; une exaspération réciproque écarte jusqu'à l'idée d'un accommodement ; il faut que tout le feu des parties soit jeté dans une plaidoirie contradictoire, pour les rendre accessibles à des paroles de conciliation. »

Autrefois, dans la plupart des cours des Pays-Bas, il fallait, avant de citer quelqu'un en justice, avoir obtenu la permission du juge, et cette permission n'était accordée que sous la condition préalable d'une tentative d'accommodement devant des commissaires (1). C'était bien un essai forcé de conciliation ; mais les commissaires chargés

(1) Voyez M. Meyer, liv. 7, ch. 2.

de concilier ne restaient pas étrangers aux
débats ultérieurs de la cause, comme nos
juges de paix, après la clôture de leur procès-verbal de non-conciliation. Ils faisaient
leur rapport au tribunal ; l'influence qu'ils
devaient avoir sur le jugement de l'affaire
disposait les parties à des sentimens de mo-
dération ; l'opiniâtreté s'amollissait, et l'a-
mour-propre cédait à la crainte de se nuire
par une roideur défavorable. Les législateurs
de Genève ont habilement pénétré dans ces
replis du cœur humain : ils ont calculé le
parti que l'on pouvait tirer de la politique
des plaideurs, pour le triomphe de la paix,
en autorisant les juges à suspendre les hosti-
lités, et à s'interposer eux-mêmes comme
médiateurs, durant la trève.

Il y avait dans la loi du 24 août 1790
d'autres dispositions qui méritent d'être remarquées : je veux parler des tribunaux de
famille et de l'arbitrage forcé. Les articles
qui les concernaient se trouvent dans le titre
10, à la suite de ceux relatifs à l'établissement
des bureaux de paix ; les voici :

Art. 12. « S'il s'élève quelque contestation
entre mari et femme, père et fils, grand-père

et petit-fils, frères et sœurs, neveux et oncles, ou entre alliés au degré ci-dessus ; comme aussi entre les pupilles et les tuteurs pour choses relatives à la tutelle, les parties seront tenues de nommer des parens, ou, à leur défaut, des amis ou voisins, pour arbitres, devant lesquels ils éclairciront leurs différends, et qui, après les avoir entendus et avoir pris les connaissances nécessaires, rendront une décision motivée. »

Art. 15. « Si un père ou une mère, ou un aïeul, ou un tuteur, a des sujets de mécontentement très-graves sur la conduite d'un enfant ou d'un pupille dont il ne puisse plus réprimer les écarts, il pourra porter sa plainte au tribunal domestique de la famille assemblée au nombre de huit parens les plus proches, ou de six au moins, s'il n'est pas possible d'en réunir un plus grand nombre; et, à défaut de parens, il y sera suppléé par des amis ou des voisins. »

Art. 16. « Le tribunal de famille, après avoir vérifié les sujets de plainte, pourra arrêter que l'enfant, s'il est âgé de moins de vingt et un ans accomplis, sera renfermé pendant un temps qui ne pourra excéder celui d'une année, dans les cas les plus graves. »

L'appel des sentences rendues par les arbitres était porté devant les juges de district (1). L'homologation des décisions des tribunaux de famille leur était également dévolue ; ils pouvaient en refuser l'exécution ou bien en tempérer la rigueur, suivant les circonstances (2).

Mais les décrets de 1793 étendirent l'arbitrage forcé à d'autres contestations, notamment aux prétentions des communes sur les propriétés qu'elles jugeaient à propos de revendiquer. L'appel fut interdit, et toutes les barrières furent rompues pour parvenir aux spoliations les plus révoltantes. Les arbitres de ce temps-là ne pouvaient être choisis que parmi les gens pourvus de *certificats de civisme* ; ils donnaient toujours gain de cause aux communes contre les particuliers, car elles avaient de terribles avocats dans leurs sociétés populaires.

L'arbitrage forcé et les tribunaux de famille ont été abolis par deux lois du 9 ventôse de l'an IV, et l'on a rouvert, pour les réclamations qui s'élevaient de toutes parts, les voies de l'appel et de la cassation.

(1) Art. 14 de la Loi du 24 août 1790.
(2) Art. 17, *ibidem*.

Ce n'est point, au reste, d'après les excès et les souillures de 1793 qu'il faut apprécier les tribunaux et les arbitres de famille. On se tromperait encore si l'on attribuait l'idée de leur création aux législateurs de 1790 ; elle remonte beaucoup plus haut.

Un édit de François II, du mois d'août 1560, disait : « Et parce que , en matière de *partages* et divisions , *il est besoin* de prendre arbitres pour diviser et partir commodément lesdits héritages, et bailler soutes et récompenses, *qui est chose plus de fait que de droit,* et aussi *pour entretenir amitié et paix entre proches parens* , nous ordonnons par les présentes que les divisions et partages de successions et biens communs de père et mère, aïeuls et aïeules, enfans et enfans des enfans, frères, sœurs, oncles , et enfans des frères et sœurs, et aussi pour compte de tutelle et autres administrations, restitutions de dot et douaire, d'entre lesdites personnes, seront les parties majeures d'ans tenues élire et nommer de bons et notables personnages, jusqu'à trois, leurs parens, amis ou voisins, par l'avis desquels sera procédé auxdits partages et divisions , redditions desdits comptes et restitutions de dot ou délivrance de douaire ;

et ce qui sera fait par eux aura *force de chose jugée*, et mis à exécution par les juges des lieux, nonobstant opposition ou appellation quelconque, et sans préjudice d'icelles; mais ne sera reçu l'appel que préalablement lesdits partages ne soient entièrement exécutés, lequel re ssortira à droit et immédiatement en la cour de parlement où les parties sont demeurantes; et où l'une des part ies sera dilayante ou refusante de *s'accorder* d'arbitres ou d'arbit rateurs, en ce cas y sera *contrainte* par lesdits juges ainsi que dessus. »

L'article 83 de l'ordonnance de Moulins recommanda l'exacte observation, *sans empêchement quelconque*, de l'édit des arbitres.

On voit, dans les mémoires de Sully, les projets conçus par Henri IV, pour la réforme de l'administration de la justice. Lorsque la dernière main y aurait été mise, le bon roi se proposait de les porter au parlement, écrits par lui-même, pour les faire enregistrer; il tenait surtout aux arbitrages de famille. Il avait, par provision, arrêté ce qui suit, *et dont, apparemment*, dit Sully, *on ne se serait que très-peu écarté* (1):

(1) Tom. 7, pag. 288, édit. in-12; Londres, 1778.

« Dans les procès entre parens, et cela en observant à peu près le nombre des degrés canoniques de sanguinité et d'affinité, soit corporelle , soit spirituelle , le demandeur était tenu, avant toutes choses, de faire offre et même sommation de remettre tous ses différends à l'arbitrage de quatre personnes choisies parmi les parens ou amis des parties, deux par chacune; de nommer ces deux arbitres dès ce moment, et d'articuler dans un écrit signé de sa main toutes ses prétentions et demandes, sans pouvoir ensuite y rien ajouter , ce que faisait aussi le défendeur ; il n'avait qu'un mois pour nommer ses arbitres. Dans un autre mois, les quatre arbitres devaient être saisis de toutes les pièces et moyens des deux parties. Autre mois accordé aux arbitres pour prononcer leur jugement ; autre mois enfin donné à un sur-arbitre nommé par les arbitres , pour juger définitivement les points sur lesquels les voix auraient été partagées ; car tous les autres étaient censés décidés , et le sur-arbitre n'en pouvait connaître. »

Les statuts de Provence contenaient des dispositions plus larges encore sur les ar-

bitrages forcés (1); ils y soumettaient les nobles et gentilshommes, les seigneurs et leurs
vassaux, les communautés et les particuliers,
les parens, les alliés et les conjoints, *pour
plus grand bien universel du pays, et pour restreindre la désordonnée habitude de plaiderie,
dont procèdent grandes inimitiés et dépenses
de plusieurs volontaires plaideurs.*

Toutes ces théories, toutes ces ordonnances
paraissent empreintes d'une haute sagesse;
rien ne semble plus humainement arrangé
pour le repos et le bonheur des familles.
Cependant il n'a jamais été possible de les
organiser avec solidité, et de leur procurer
une exécution durable. Mornac disait, il y
a plus de trois cents ans : *Hodiè non tàm
benignâ interpretatione probantur arbitria ju-
dicibus* (2). Henri a écrit que, de son temps,
les arbitrages de famille étaient tombés en
désuétude; que non-seulement les juges n'o-
bligeaient pas les parens à convenir d'arbitres, mais qu'ils avaient une grande

---

(1) *Que nobles et gentilshommes sian tanguts de compromettre.* — Statut de 1491; voyez le commentaire de
Julien, tit. 1er, pag. 350 et suiv.

(2) *In L. 34, ff. de Minoribus.*

répugnance à l'ordonner, même quand les avocats le requéraient (1). Julien assure que les statuts de Provence, sur le compromis forcé, avaient entièrement perdu leur vigueur et leur crédit; il cite cette note de Masse, ancien auteur du pays : *Statuta cogentia compromittere hodiè sunt inutilia et damnosa.* Les tribunaux de famille, relevés en 1790, n'ont été soutenus, pendant trois ou quatre ans, que par les violences de la révolution, impatiente de réaliser ses systèmes, et par la haine des novateurs contre la justice réglée (2). L'arbitrage forcé ne subsiste plus que pour les sociétés de commerce (3).

Que faut-il conclure de tout cela ? C'est que dans aucun temps, et même abstraction faite des époques de troubles et de divisions politiques, la raison inexpérimentée des personnes étrangères à l'ap-

(1) Tit. 1ᵉʳ, liv. 2, quest. 47, n° 7.

(2) Des représentans du peuple en mission fermaient les tribunaux sur leur passage, et ils établissaient des arbitres forcés jugeant en dernier ressort. Voyez la loi du 4 brumaire an IV, bullet. 203, n° 1220.

(3) Cod. de commerce, art. 51.

plication des lois n'a pu offrir des garanties
aussi rassurantes que la justice réfléchie des
hommes versés dans la science du droit ;
c'est que les meilleurs juges sont dans les
tribunaux , et que la constante régularité de
leurs décisions vaut mieux en général que
la trop flexible équité des compositions
arbitrales.

Toutefois je voudrais que l'on étendît aux
contestations entre proches parens les dispositions du Code relatives à la demande
en séparation formée par un époux contre
l'autre (1). Ainsi le fils ne pourrait plaider
contre son père , ou le père contre son fils,
sans avoir obtenu l'autorisation du président ;
et ce magistrat ne la donnerait qu'après
avoir épuisé tous les moyens de les mettre
d'accord (2).

C'est dans cette limite tracée par la nature
et par la morale, que l'on eût dû peut-être
renfermer le principe de l'essai forcé de la con-

(1) Cod. de procéd. , art. 875.
(2) Voyez la loi 4 , §§ 1 et 2 ; la loi 6 , et la loi 10 ,
§ 12 , ff. *de in jus vocando ;* et le nouveau Code de procédure pour le canton de Genève , 1re partie, tit. 1er ,
art. 5.

ciliation. Auxiliaire de la pudeur publique , réservé pour étouffer le scandale, et pour re- nouer des liens sacrés , son importance aurait été mieux sentie , et son application plus heureuse.

CHAPITRE XIII.

DES TRIBUNAUX DE PREMIÈRE INSTANCE. — DE LEUR COMPÉTENCE.

L'ORGANISATION judiciaire a été calquée, depuis la révolution, sur l'organisation administrative. Les départemens furent d'abord divisés en districts, et il y eut un tribunal de première instance dans chaque district. Les administrations de district furent supprimées, il n'y eut qu'une administration centrale par département ; alors les tribunaux de district disparurent, et un seul tribunal de département fut établi. Enfin les départemens, devenus des préfectures, ont été de nouveau partagés en arrondissemens communaux ou sous-préfectures,

et chaque arrondissement communal a recouvré son tribunal de première instance.

Cette combinaison, qui réunit dans un
centre d'unité les diverses branches de
l'ordre administratif et de l'ordre judiciaire,
comme la perception des contributions directes, celle des contributions indirectes,
l'enregistrement, les hypothèques, l'administration forestière, etc., donne une pré-
cieuse facilité à la marche des affaires. Si
j'avais à discuter ici le mérite des projets que
les sessions législatives ont tour à tour an-
noncés, depuis quelques années, sur la
suppression ou la réunion de quelques tribunaux, sur l'augmentation de leur territoire et l'agrandissement de leur juridiction,
je dirais que le respect des peuples s'attache
mieux à l'inamovibilité des personnes et des
institutions ; que ces incertitudes périodi-
ques, ces systèmes menaçans altèrent la
considération et la confiance dont se nourrit
la magistrature ; qu'on ne pourrait changer
l'ordre établi, sans rendre la justice d'un
accès trop difficile, d'un trop grand coût
pour le pauvre, et sans détruire cet ensemble
harmonieux qui raccorde toutes les parties
de l'administration publique.

On se récrie sur ce qu'il n'y a que douze
juges pour toute l'Angleterre, tandis que
chez nous ils sont par milliers (1)! J'en
conviens, si l'on ne reconnaît pour véritables et seuls juges en Angleterre, que le
grand juge et les trois juges de la Cour du
banc du roi, le grand juge et les trois juges
de la Cour des plaids communs, le chef
baron et les trois barons de la Cour de l'é-
chiquier. Mais l'organisation de la justice
civile, chez les Anglais, n'est point un modèle qui doive nous être proposé; nos institutions en cette matière sont incomparablement meilleures. Les douze juges d'Angleterre
siégent à Londres; c'est là qu'il faut venir
des points les plus éloignés du royaume pour
plaider toutes les causes dont la valeur excède quarante schellings. Toutes les assignations sont données pour comparaître à
Londres. Il est vrai que ces juges font des
tournées, et tiennent des assises dans chaque
comté; mais le point de fait qu'ils vont y
faire examiner par des jurés a dû être fixé
à Londres. Les questions préparatoires sont

(1) M. Dupin, *des Magistrats d'autrefois*, etc.;
pag. 68.

plaidées et décidées à Londres. Le verdict
des jurés est reporté à Londres, en cas
d'opposition par l'une des parties ; et tous
les débats sur l'exécution du jugement sont
agités à Londres. Je m'assure qu'il ne serait
point aussi avantageux pour les habitans
des bords du Rhin, ou des Bouches-du-
Rhône, par exemple, de venir discuter
leurs droits à Paris, que d'avoir un tribunal
par arrondissement, et une cour royale
dans un rayon de vingt ou trente lieues au
plus. Si l'on veut nous mettre au régime
judiciaire des Anglais, il faudra donc avoir
des jurés au civil, et faire voyager dans
les départemens les juges et les avocats de
Paris. On dit qu'aux assises d'été, en 1824,
il y eut quatre-vingt-treize avocats de Londres inscrits pour parcourir le circuit de
l'ouest.

Les tribunaux de district créés par le titre
4 de la loi de 1790 se composaient de cinq
ou six juges, suivant la population, de
quatre suppléans, d'un officier chargé des
fonctions du ministère public, sous le nom
de commissaire du roi, et d'un greffier. Le
premier élu des juges était le président.

Trente ans accomplis, et l'exercice, pendant cinq années, des fonctions de juge dans un tribunal quelconque, ou de la profession d'homme de loi *plaidant*, *écrivant* ou *consultant ;* telles étaient les conditions d'éligibilité pour les premiers choix (1).

Les professeurs et agrégés des facultés de droit, également déclarés éligibles, devaient opter en cas de nomination (2).

L'instruction des affaires continua d'être faite suivant les formes de l'ordonnance de 1667, en attendant la réformation de la procédure civile.

Il n'y eut plus d'avocats, mais des hommes de loi, ou défenseurs officieux, *ne formant ni ordre ni corporation*. Chacun put à son gré prendre ce titre, et plaider sans diplôme.

Les offices des procureurs furent supprimés, on leur substitua des avoués.

« Il y aura auprès des tribunaux de district des officiers ministériels ou avoués, dont la fonction sera exclusivement de représenter les

---

(1) Loi du 24 août 1790, tit. 2, art. 9 ; et loi du 11 septembre 1790, art. 5.

(2) Loi du 11 septembre 1790, art. 8.

parties , d'être chargés et responsables des
pièces et titres des parties , de faire les actes
de forme nécessaires pour la régularité de la
procédure , et mettre l'affaire en état ; ces
avoués pourront même défendre les parties ,
soit verbalement , soit par écrit , pourvu
qu'ils soient expressément autorisés par les
parties , lesquelles auront toujours le droit
de se défendre elles-mêmes verbalement et
par écrit , ou d'employer le ministère d'un
défenseur officieux pour leur défense , soit
verbale , soit par écrit. » *(Loi du* 20 *mars*
1791 , *art.* 3.)

Les anciens procureurs , les avocats et
tous ceux qui avaient appartenu à des corps
judiciaires , furent admis de droit à remplir
les fonctions d'avoués ; pour cela , ils n'eurent qu'à s'inscrire au greffe du tribunal de
district près duquel ils se proposaient
d'exercer.

On fit une constitution en 1793 , j'ai déjà
surmonté le dégoût d'en parler (1). Ses fa-
rouches auteurs se mirent à déclamer contre
le *despotisme* des tribunaux , et contre le *des-*
potisme des avoués : « Moi , je ne connais

(1) Ci-dessus , pag. 239.

que la législation de la nature , » disait l'un
d'eux ; et non-seulement ils supprimèrent
les avoués, mais ils effacèrent jusqu'au nom
de juge. Ils imaginèrent des *arbitres publics*
que le peuple devait nommer pour une
année , et auxquels on conféra le pouvoir
de décider toutes les causes sans appel.

Cette constitution ne fut point mise en activité, parce qu'elle n'avait point encore
assez de séve : on craignit de *l'immoler par
elle-même*. Mais on tira de dessous le voile
révolutionnaire qui la couvrit , quelques articles relatifs à l'administration de la justice.
Il fut définitivement décrété, le **3** brumaire
an 11, qu'il n'y aurait plus ni procédure,
ni avoués , et que les juges seraient tenus
d'opiner à haute voix.

Lorsqu'on supprimait la procédure et les
avoués, lorsqu'on abandonnait aux parties le
soin d'instruire et de défendre elles-mêmes
leurs causes, comme au temps de l'enfance des
sociétés, la législation devenait de jour en jour
plus infinie et plus obscure ; un autre décret, monument de la plus bizarre inconsé-
quence, disait que toute violation ou omission
des formes prescrites, en matière civile , par
les lois rendues depuis 1789 , quand même

elles n'auraient pas expressément prononcé la peine de nullité, donnerait ouverture à la cassation (1).

La constitution de l'an III établit avec le gouvernement directorial un nouveau système d'organisation. Les tribunaux de district disparurent : un seul tribunal civil composé de vingt juges au moins, de cinq suppléans, d'un commissaire du directoire, d'un substitut et d'un greffier, fut institué dans chaque département. Ainsi, des villes telles que Marseille, Toulon, Bayonne, la Rochelle, Rochefort, Lorient, le Havre, Abbeville, Châlons, Lille, etc., devinrent simplement des chefs-lieux de justice de paix.

Les juges et leurs suppléans furent encore élus par le peuple ; l'élection devait se faire tous les cinq ans. Le directoire reçut le droit de nommer ses commissaires, et de les révoquer à son gré.

Les tribunaux de département se divisaient en sections ; le président de chaque section était choisi au scrutin.

« Nous avons cherché, disait le rappor-

_____

(1) Décret du 4 germinal an II, art. 2.

teur du projet (1), à donner aux tribunaux
assez d'éclat et d'étendue pour y appeler des
hommes instruits, pour les investir d'une
considération suffisante, pour leur préparer
par l'habitude des affaires l'expérience et
l'instruction, pour en diminuer le nombre,
en facilitant ainsi au peuple les moyens de
faire de meilleurs choix, sans créer des cor-
porations redoutables qui puissent rivaliser
avec les autres pouvoirs que nous vous proposons d'instituer. »

Ces calculs manquaient d'exactitude, car
le nombre des juges à nommer pour les tribunaux de département était à peu près égal,
on pourrait même dire plus fort, dans
quelques localités, que celui des membres
qui avaient composé les tribunaux de district. Il n'y avait donc ni plus grande facilité
de choix, ni allégeance du trésor ; rien ne
compensait, pour les villes déshéritées de
leurs anciens établissemens judiciaires, et
pour les plaideurs peu fortunés, la rareté et
l'éloignement des tribunaux.

C'était un grave inconvénient dans un
pays où la propriété territoriale se divisait et

_____

(1) M. Boissy d'Anglas, séance du 5 messidor an III.

se subdivisait chaque jour , que ces déplacemens dispendieux des parties , des témoins ,
des experts , et quelquefois des juges eux-
mêmes.

Le décret du 3 brumaire an II conserva son
empire dans les tribunaux de département.
Cependant on dispensa les juges d'opiner à
haute voix (1).

Ces tribunaux furent juges d'appel , les
uns à l'égard des autres , comme les tribunaux de district l'avaient été entre eux.

L'époque de nos révolutions , que l'on
nomme la révolution du 18 brumaire an VIII ,
produisit encore des changemens dans l'organisation du pouvoir judiciaire.

Les tribunaux de département furent supprimés , et l'on rétablit les tribunaux de district sous le nom de tribunaux d'arrondissement. En même temps , et pour la première
fois depuis 1790 , on vit une institution de
juges supérieurs ; des tribunaux d'appel
furent créés , j'en parlerai plus loin. Pour
la première fois aussi le peuple fut dé-
pouillé du droit d'élire , et les juges nom-

(1) Art. 208 de l'acte du 5 fructidor an III.

més par le chef du gouvernement reçurent la promesse de l'inamovibilité.

On songeait alors à reconstruire et à remplir les vides de la destruction. Cette procédure, si *naturelle* et si simple, telle que l'avait faite le décret du 3 brumaire an II; ce droit *sacré* de se présenter seul, de se défendre seul devant les tribunaux; cet affranchissement des formes et de la gêne d'un mandataire imposé; toutes ces théories, si belles dans les hauteurs de la spéculation, et si vaines dans les humbles voies de la pratique, avaient déjà coûté fort cher à un grand nombre de familles. On était venu à reconnaître que les excès sont toujours dangereux; que l'entier anéantissement des règles avait fait disparaître des garanties précieuses, et qu'un guide offert par la loi, soumis à la surveillance des magistrats, à l'action de désaveu, et à tous les effets d'une sévère responsabilité, valait mieux qu'un premier venu libre de tout frein, vendant à prix démesuré son officieuse assistance, et les secours de son ignorante présomption.

Les avoués furent rétablis par la loi du 27 ventôse an VIII. « On n'a fait en cela, disait l'orateur chargé d'exposer les motifs (1), que céder au vœu de tous les hommes qui sont instruits de la marche de la procédure. Elle ne peut être régulière sans cette institution : c'est l'unique moyen de prévenir d'immenses abus ; et , ce qui ne pourrait surprendre que ceux qui n'ont aucune expérience dans cette partie , de diminuer beaucoup les dépenses à la charge des plaideurs.

» En effet , comment se livrer encore à des exagérations , après l'épreuve dont nous venons de parler ? On avait supprimé tous les avoués et toute la procédure , dans un accès, ou plutôt dans un délire de perfection : on n'en eut pas moins recours aux avoués , parce que l'ignorant et le paresseux furent toujours tributaires de l'homme laborieux et instruit. Les avoués ne perdirent que leurs titres , et ils continuèrent de travailler comme fondés de pouvoirs. Toute procédure étant supprimée , et l'avoué n'ayant plus d'action en justice pour des salaires légitimes, il se fit payer arbitrairement, même avant d'examiner l'affaire , beaucoup plus qu'il n'aurait

(1) M. Emmery , conseiller d'état.

obtenu par une taxe raisonnable de la procédure nécessaire qu'on avait supprimée ; et jamais la justice ne fut plus chère. »

Une loi du 18 fructidor an VIII répéta ce qu'avait dit celle du 27 mars 1791 : « Jusqu'à ce qu'il ait été statué sur la simplification de la procédure, les avoués suivront exactement celle établie par l'ordonnance de 1667 et règlemens postérieurs. »

Le Code de procédure fut décrété dans le courant de 1806, mais il ne devint obligatoire que le premier janvier 1807 ; à compter de ce jour, toutes les lois, coutumes, usages et règlemens anciens relatifs à la procédure civile perdirent leur empire.

Dans l'état actuel de l'organisation judiciaire chaque tribunal de première instance est composé de trois, quatre, sept, huit, neuf, dix ou douze juges ; et de trois, quatre, ou six suppléans, suivant la population de l'arrondissement. Le nombre des juges du tribunal de Paris, fixé d'abord à vingt-quatre, sans compter douze suppléans, a été successivement augmenté, et définitivement porté à quarante-trois, et celui des suppléans à vingt.

Les tribunaux composés de sept, huit, neuf

et dix juges , se divisent en deux chambres ;
ceux de douze en trois chambres , celui de
Paris en sept chambres.

Le tribunal de Paris a autant de vice-présidens que de chambres; dans les autres tribunaux qui ont plusieurs chambres , il y a un
vice-président pour chaque chambre , autre
que celle où siège le président.

Le ministère public près chaque tribunal
de première instance est rempli par un procureur du roi , qui a un , deux , ou quatre
substituts , suivant le nombre des chambres : à Paris , le procureur du roi en a
quinze.

Le projet de 1835 , destiné à modifier l'organisation judiciaire , ne pouvait manquer de
réchauffer les vœux périodiquement émis pour
la réduction du personnel , et la suppression
d'un certain nombre de tribunaux. Mais , en
abordant de plus près le fond des choses , le
gouvernement a dû reconnaître que les besoins réels du service s'accommoderaient mal
de ces systèmes de remuement , de déplace-
ment, de retranchement. Il avait proposé d'a-
bord une diminution de magistrats ; il a fini
par demander une augmentation.

On sait que le projet est retiré ; on ne sait

pas en quel temps, en quels termes il sera reproduit : je dois donc continuer de parler au
présent. Toutefois je ne négligerai point, en
expliquant les matières qui me restent à traiter
dans cette introduction (1), de signaler les modifications qu'on voulait y apporter. Que s'il
en est qui viennent à être converties en loi, il
me sera facile de leur trouver place dans les
volumes suivans.

Les juges sont inamovibles. Les officiers du
ministère public exercent leurs fonctions tant
qu'il plaît au roi.

Les jugemens de tous les tribunaux de
première instance ne peuvent être rendus par
moins de trois juges (2).

Suivant la loi du 27 ventôse, nul ne pouvait
être juge suppléant, ou chargé du ministère
public, s'il n'était âgé de 30 ans accomplis. La
loi du 16 ventôse an xi réduisit l'âge requis
à 25 ans, et pour les substituts à 22 ans; enfin,
suivant celle du 20 avril 1810, il faut avoir

---

(1) Telles sont la compétence des tribunaux civils,
l'organisation de tribunaux de commerce, celle des
cours royales, de la cour de cassation, le pouvoir inter-
prétatif, etc.

(2) Loi du 27 ventôse an viii, art. 16.

27 ans révolus pour être président : c'est le dernier état.

On avait établi des juges auditeurs, âgés de 21 ans au moins, qui étaient à la disposition du ministre de la justice, et qu'il attachait à tel ou tel tribunal de première instance. Ils étaient de véritables juges, au traitement près, lorsqu'ils avaient atteint l'âge *qui donne voix délibérative;* plus jeunes, ils n'avaient que *voix consultative,* excepté dans les causes où ils étaient rapporteurs de délibérés (1).

Les juges auditeurs ont été supprimés par une loi du 10 décembre 1830.

Les tribunaux de première instance connaissent de toutes les affaires personnelles, réelles et mixtes, sauf celles que la loi a attribuées à des juges d'exception.

Ici une difficulté s'élève. On dit : les tribunaux de première instance ont la juridiction des juges primitifs, cette juridiction à titre universel qui comprenait tout. Des justices extraordinaires furent créées depuis, pour certaines causes qui réclamaient des connais-

(1) Loi du 20 avril 1810, décret du 22 mars 1813, ordonnance royale du 19 novembre 823.

sances spéciales ou une procédure particulière ; mais cette exception n'a jamais été qu'une faveur dont les parties sont libres de profiter, et à laquelle elles peuvent renoncer. Supposez qu'elles y renoncent, l'incompétence ne sera que relative, parce que les attributions spéciales de ces justices démembrées de l'universalité originelle, venant à se confondre dans la juridiction ordinaire, ne font alors que remonter à leur source, sans que l'ordre public ou les intérêts de la société soient exposés à la moindre lésion. Il y aurait bien incompétence absolue, si l'on portait devant un juge d'exception telle matière qui ne lui a pas été formellement commise ; mais elle n'existe point quand on invoque l'autorité dont la sphère embrasse toutes les affaires, et dont les tribunaux extraordinaires ne sont que des émanations.

Ce système a été adopté par la Cour suprême, dans un arrêt du 10 juillet 1816. Il s'agissait d'une dette commerciale ; l'action avait été portée devant le tribunal civil, et non devant le tribunal de commerce de l'arrondissement : l'incompétence ne fut proposée ni en première instance, ni sur l'appel, mais seulement à la Cour de cassation. Voici les motifs de l'arrêt : « Considérant que ce n'est pas à raison de la matière que les tribunaux ordinaires sont incompétens pour connaître des affaires de commerce ; — que, si ces sortes d'affaires ont été distraites de leur juridiction, c'est uniquement dans l'intérêt des commerçans, dans la vue de faire juger plus promptement, et à moins de frais, les contestations qui les concernent ; — qu'il suit de là qu'en matière de commerce, l'incompétence des tribunaux ordinaires n'est pas absolue, mais seulement relative ; et par conséquent qu'elle peut être couverte, et qu'elle l'est effectivement, lorsque, comme dans l'espèce, les parties qui pouvaient s'en prévaloir ont renoncé à cette exception, et n'ont pas présenté le déclinatoire. »

Plusieurs écrivains très-distingués citent cette décision, et ils l'approuvent (1). Elle a été suivie de beaucoup d'autres semblables. Quant à moi, et peut-être je dois m'en accuser, je n'ai pu parvenir à la concilier avec le texte de la loi. Je ne discute point les anciennes

---

(1) M. Favard, dans son *Répertoire*, *v.* exception, § 2, n° 1, et tribunal de commerce, sect. 2, § 1, n° 5. M. Dalloz, *Collection nouvelle*, *v°* compétence.

théories, je m'arrête simplement à l'art. **4 du
tit. 4** du décret du 24 août 1790 : « Les juges
de district connaîtront en première instance
de toutes les affaires personnelles , réelles et
mixtes , en toute matière, *excepté seulement*
celles qui ont été déclarées être de la compétence des juges de paix , *les affaires de commerce* dans les districts où il y aura des tribunaux de commerce établis, et le contentieux
de la police. »

Que les juges tiennent leurs attributions de
la loi seule , qu'elle puisse étendre ou restreindre à son gré la juridiction ordinaire et
la juridiction extraordinaire , c'est ce qui ne
peut être contesté. Or les législateurs de 1790
détruisirent de fond en comble l'ancienne organisation ; en réédifiant, ils créèrent des tribunaux ordinaires pour connaître de toutes les
causes personnelles, réelles et mixtes, *excepté*,
entre autres , *les affaires de commerce* , auxquelles il fut donné des juges spéciaux. On
ne peut plus dire aujourd'hui, comme autrefois, que , *ces affaires ayant été distraites de
la juridiction universelle* , le retour à l'état
primitif est toujours favorable : car l'état
primitif de la juridiction actuelle ne remonte
qu'à 1790 , et lorsqu'on régla les attributions

des tribunaux ordinaires, les matières commerciales n'y furent point comprises; bien plus, elles en furent très-formellement exclues : en disant ce dont ils pouvaient connaître, on désigna ce dont ils ne pouvaient pas connaître. L'incompétence est donc absolue; elle peut être proposée en tout état de cause, elle doit même être prononcée d'office.

Cette dénomination de *tribunaux de première instance* ou de *tribunaux inférieurs*, comme le dit le Code de procédure, indique naturellement une justice supérieure pour un nouvel examen des affaires, et des degrés de juridiction que l'on devrait toujours parcourir. Telle est en effet la règle générale : les deux degrés de juridiction sont le droit commun ; le cumul du premier et du dernier ressort est une exception. J'en ai déjà dit le motif (1) : c'est qu'il est des affaires d'une si mince importance, que l'objet du litige ne supporterait pas, sans être absorbé, le déchet inévitable des frais d'une seconde instruction et d'un second jugement.

De ces prémisses il faut conclure qu'un

(1) Ci-dessus, chap. 6, pag. 90.

tribunal de première instance ne juge que sous la condition du recours au tribunal supérieur, quand la loi n'a pas dit expressément que sa décision en serait affranchie ; que l'exception du dernier ressort doit être rigoureusement restreinte aux cas déterminés ; que, dans le doute, le droit des deux degrés est le plus favorable, et qu'il y a lieu de recevoir l'appel.

La compétence du dernier ressort s'étend, pour les tribunaux d'arrondissement, jusqu'à 1,000 fr. de principal (1).

Il n'était pas possible de songer à augmenter la compétence des juges de paix, sans élever proportionnellement celle des tribunaux. C'est pour les unes et pour les autres un motif égal de progression, que la différence de valeur des monnaies, et l'accroissement de la richesse mobilière, depuis un demi-siècle.

Le projet de 1835 (2) avait de prime saut

(1) Il y a une exception pour les affaires *civiles* relatives à la perception des impôts indirects : elles sont jugées en premier et dernier ressort, sans distinction de valeur, sur simples mémoires, et sans frais. (Loi du 7 septembre 1790, art. 2.)

(2) Je me sers de cette dénomination *le projet de* 1835, pour éviter des redites et des renvois, et pour n'être

porté au double, à 2,000 fr., le taux du dernier ressort dans les tribunaux civils et dans
les tribunaux de commerce : il fut observé que
c'était leur livrer *la presque totalité* des intérêts du commerce et de la propriété ; on s'est
arrêté à 1,500 fr.

Mais comment l'évaluation doit-elle être
fixée ?

C'est par les conclusions des parties, et non
par l'examen de leurs droits. *Quotiès de quantitate ad jurisdictionem pertinente quæritur,
semper quantùm petatur quærendum est, non
quantùm debeatur.* L. 19, § 1, *ff. de jurisdictione.* Autrement les juges seraient toujours
les maîtres de statuer souverainement sur
l'affaire la plus grave, en la rapetissant par
leur sentence de manière à la faire entrer
dans le cercle du dernier ressort.

Toutefois, on peut citer contre cette doctrine un décret rendu le 19 pluviôse an II.
Le voici :

---

pas obligé de répéter à chaque page : *Le projet de la loi
présentée au mois de janvier* 1835 *sur l'organisation et la
compétence,* etc.

Je n'ai pas cru devoir dire *le dernier projet,* parce
qu'il est vraisemblable qu'un autre sera présenté.

« La Convention nationale, après avoir entendu le rapport de son comité de législation
sur la pétition du citoyen Antoine-Joseph
Parmentier, relative au jugement du tribunal
de cassation, du 15 brumaire dernier, qui a
rejeté la demande en cassation du jugement
du tribunal du district de Landernau, du 30
septembre 1791 , infirmatif des jugemens
rendus entre lui et le citoyen Hervé, en la justice de paix du canton de Lizun, les 7, 14 et
21 juin précédent ;

» Considérant que, d'après l'art. 10 du tit.
3 de la loi du 16 août 1790, sur l'organisation judiciaire, les juges de paix connaissent
en dernier ressort jusqu'à 50 liv. de toutes
actions *civiles*, pour injures verbales; que la
condamnation portée par les jugemens des 7,
14 et 21 juin, ci-dessus mentionnés, ne s'é-
lève pas même à cette somme; *qu'il suffit*,
pour affranchir de l'appel les jugemens rendus en cette matière, *que les condamnations
pécuniaires qu'ils contiennent n'excèdent pas
50 liv.;* qu'il est même d'autant plus essentiel
de maintenir *cette règle*, que les affaires d'injures sont celles qu'il importe le plus de faire
juger en dernier ressort dans les tribunaux
fraternels des juges de paix ;

» Décrète ce qui suit :

» Le jugement du tribunal de cassation, du 15 brumaire dernier, et celui du tribunal du district de Landernau, du 30 septembre 1791, sont nuls et comme non avenus, ainsi que ce qui s'en est ensuivi. »

On voit que les législateurs de ces temps-là rendaient à la fois des décrets et des jugemens ; tous les pouvoirs étaient bouleversés, et le despotisme des interprétations décelait chaque jour le mépris ou, pour mieux dire, l'ignorance des principes les plus élémentaires du droit. Le décret du 19 pluviôse se perdit inaperçu dans la confusion de leurs archives, et le tribunal de cassation et tous les tribunaux n'en continuèrent pas moins de juger comme ils l'avaient fait auparavant (1).

(1) Il ne faut pas faire un rapprochement injurieux entre le décret du 19 pluviôse an II, rendu sur un *procès civil*, et l'article 172 du Code d'instruction criminelle, relatif aux appels des jugemens de *simple police*. Cet article dit que « les jugemens rendus en matière de police pourront être attaqués par la voie de l'appel , *lorsqu'ils prononceront un emprisonnement , ou lorsque les amendes , restitutions , ou autres réparations civiles , excéderont*

Je reviens au principe ci-dessus posé : l'é-
valuation du litige, par les conclusions des
plaideurs, donne ouverture à l'appel, ou ferme
la barrière du dernier ressort.

Il y a des cas où l'appel est toujours ouvert, parce que le litige ne pourrait pas être
évalué; par exemple, lorsqu'il s'agit des déclinatoires pour cause d'incompétence, des
récusations de juges, de l'état des personnes,
des séparations entre époux, des tutelles, des
droits civils, etc., etc.

Quant aux choses dont la valeur peut être
appréciée, il faut distinguer :

Pour les affaires personnelles et mobilières, l'évaluation est faite, soit par le titre
même de l'action, lorsque vous demandez le

---

la somme de cinq francs, outre les dépens. » Mais
cette dérogation au droit commun, pour la simple
police, se rattache à une autre exception qui l'explique : c'est que le condamné seul a le droit d'appeler, et que ni la partie civile ni le ministère
public ne peuvent l'exercer, soit qu'il y ait eu acquittement, soit qu'il y ait eu condamnation moindre
que celle requise : le pourvoi en cassation est le seul
recours qui leur soit ouvert. Voyez la Jurisprudence des
Codes criminels, par M. Bourguignon, tom. 1er, pag.
395, et les arrêts qu'il cite.

paiement d'une obligation de mille francs ; soit par les conclusions, lorsque vous réclamez la restitution d'une chose, sinon la somme de mille francs pour en tenir lieu ; ou bien encore lorsque vous prétendez que mille francs vous sont dus pour prix d'ouvrages, de travaux, de fournitures, etc.

La demande ne contient-elle aucune évaluation ? et cette indétermination subsiste-t-elle durant tout le cours du procès ? la règle générale des deux degrés ne fléchit point, quelque mince que paraisse le prix de l'objet litigieux : elle veut que le juge ne puisse statuer qu'à la charge d'appel, et elle lui défend de suppléer par son appréciation particulière au silence des parties.

Mais si l'on adoptait, à cet égard, le système du projet de 1835 et l'avis de la commission de la chambre des députés, il en serait tout autrement. Le demandeur ne pourrait se dispenser d'évaluer *l'effet mobilier* qu'il réclame, sauf à son adversaire à contester l'évaluation ; dans ce cas, les juges apprécieraient eux-mêmes, et *prononceraient sur leur compétence par une disposition distincte.* Il n'a point été ajouté que cette disposition distincte serait sujette à l'appel ; cependant il faut bien l'en-

tendre ainsi : un juge inférieur n'a jamais été
investi du pouvoir de s'attribuer souverainement la connaissance d'une affaire , et d'en
façonner à son gré les dimensions pour qu'elle
ne le déborde pas. A quoi servirait, d'ailleurs, cette disposition *distincte* sur la compétence , si , comme dans l'art. 425 du Code de
procédure, elle ne devait pas toujours être
attaquable par la voie de l'appel ? Aurait-on
voulu abroger, par une sorte de prétérition, cet
autre article du Code (454) qui déclare l'appel
recevable *dans tous les cas d'incompétence ,
encore que le jugement ait été qualifié en dernier ressort ?* Non sans doute , car l'art. 16 du
projet et l'art. 12 du travail de la commission
reproduisent ce texte , pour ce qui concerne
les justices de paix.

Or il ne m'est pas donné de sentir l'avantage d'une innovation qui consisterait à faire
peser par le tribunal lui-même , au poids de
sa compétence , la valeur contestée des *effets
litigieux,* et à lui faire rendre sur ce point
préjudiciel une décision sujette à appel, afin
de savoir si le fond de la cause sera jugé sans
appel.

Et qu'arrivera-t-il lorsque les juges ne possé-
deront pas les connaissances spécialement re-

quises pour certaines appréciations, pour estimer des objets d'art, par exemple? Ils choisiront
des experts ; et voici qu'un luxe de procédure
va se dérouler en nominations , récusations ,
prestations de serment, vacations, procès-verbaux, expéditions, significations , etc., afin de
fixer en définitive la procédure à un ou à deux
degrés.

La demande originaire ne détermine pas irrévocablement la valeur du litige : elle peut
être réduite ou augmentée par les parties , jusqu'au jugement définitif. Le demandeur, en
élevant ses prétentions, fait-il sortir des limites
du dernier ressort les conclusions qui d'abord
y étaient comprises? le jugement sera suscep-
tible d'appel. Changez les termes de cette supposition : qu'une demande au-dessus de 1,000
fr. soit réduite au-dessous , dans le cours des
débats, vous aurez la conséquence contraire.

Une action a été intentée pour obtenir le
paiement de 1,500 fr. : le défendeur reconnaît qu'il en doit 600, et il les offre ; mais il
dispute sur le reste. Il n'y a plus de procès
que pour 900 francs ; le tribunal le jugera
en dernier ressort.

Autre hypothèse : la demande était d'une
somme de 600 fr. ; mais le défendeur, en re-

poussant les prétentions de son adversaire, a dit que, loin d'être débiteur des 600 fr., il était créancier de 500 fr.; et il a conclu reconventionnellement, afin d'en obtenir le paiement. La jurisprudence la plus affermie veut que l'on réunisse les deux demandes, qui formeront désormais l'objet du litige; et que, dès qu'elles excèdent 1,000 fr., le tribunal ne puisse statuer qu'en premier ressort.

La doctrine de M. Henrion de Pansey était contraire. Partant de ce principe que la reconvention n'est qu'une prorogation de juridiction (1), et l'appliquant à la dernière hypothèse que je viens de poser, il aurait dit qu'à l'instant où les juges ont été saisis de la demande originaire, le pouvoir de prononcer en dernier ressort leur a été donné, puisque cette demande n'avait pour objet qu'une somme de 600 fr., et que, par conséquent, c'est devant un tribunal souverain que le défendeur a pris ses conclusions reconventionnelles.

J'emprunte ici les expressions du beau livre *de l'Autorité judiciaire* (2) : « Proroger l'autorité d'un juge, ce n'est pas la dénaturer;

(1) Voyez ci-dessus chap. 6.
(2) Chap. 18.

c'est, et rien de plus, l'étendre au-delà de ses limites naturelles. A cette extension près, la juridiction prorogée demeure donc, après la prorogation, ce qu'elle était auparavant. Si elle était en dernier ressort, elle conserve cette prérogative ; autrement les particuliers pourraient détruire l'ouvrage de la loi et se jouer scandaleusement de la nature des juridictions. En effet, le défendeur, toujours maître de former une demande reconventionnelle, de s'en désister, et de la reprendre ensuite, pourrait alternativement enlever et rendre à ses juges le droit de statuer en dernier ressort. »

Cette théorie, soutenue de l'assentiment de M. Merlin (1), n'est point admise au palais. Le projet de 1835, au titre *des Justices de paix*, a proposé de lui donner l'autorité de la loi.

S'agit-il d'une affaire réelle immobilière ? c'est tout autre chose. Les tribunaux ne connaissent en premier et dernier ressort que de celles *dont l'objet principal est de cinquante francs de revenu déterminé, soit en rente, soit par prix de bail* (2). La valeur de

----

(1) *Questions de droit*, v° *dernier ressort*, § 11.
(2) 24 août, tit. 5, art. 5. A cet égard, le projet de

l'objet principal n'est d'aucune considération, c'est le taux du revenu qu'il faut consulter :

1835 n'a proposé d'autre changement que la substitution de *soixante-quinze francs* aux *cinquante francs* de la loi de 1790. Il semblait que ce fût une conséquence nécessaire de l'augmentation de 500 francs, donnée à la compétence du dernier ressort, en matière personnelle et mobilière.

Mais y a-t-il, au temps où nous vivons, une relation exacte entre le revenu d'un immeuble et l'intérêt du capital d'une somme ou valeur mobilière? Non ; et j'ai le bonheur de pouvoir donner à mon opinion l'appui de la Cour royale de Poitiers, dont les observations ont été résumées avec une méthode et une lucidité parfaites, dans le Rapport de M. le président Vincent-Molinière. « On ne peut révoquer en doute, a-t-il dit, que la propriété foncière en France ne soit aujourd'hui plus morcelée et plus recherchée qu'à toute autre époque ; le revenu qu'on en tire est au plus du 2 1/2 à 3 pour cent du prix vénal. Il suffit, pour s'en assurer, de compulser les actes des notaires et les registres de l'administration de l'enregistrement. De là résulte la conséquence inévitable que 75 francs de revenu en immeubles représentent une valeur de 2,500 à 3,000 fr. Si l'on ajoute à ces considérations le prix d'affection que la plupart des propriétaires attachent à un immeuble, on concevra facilement que nous nous soyons déterminés à ne rien changer à la compétence actuelle des tribunaux de première instance, relativement aux actions immobilières. »

point d'expertises, point de vérifications en dehors, pour le fixer. Le bail à rente ou le bail à ferme sont les uniques élémens d'appréciation.

Ainsi : vous avez vendu un immeuble moyennant 800 fr. ; vous demandez la résolution ou la rescision du contrat : il est bien certain que l'objet du procès ne présente qu'une valeur au-dessous de 1,000 fr., et qu'il y aurait lieu au premier et dernier ressort, si l'on s'arrêtait au prix de la vente. Ce serait une erreur.

Ainsi encore : vous demandez le délaissement d'un immeuble, et vous donnez l'option au détenteur de l'abandonner, ou de vous payer 800 fr. ; en vain direz-vous qu'il peut s'affranchir de toutes poursuites en payant les 800 fr. ; que les conclusions réduisent à ce taux l'intérêt du litige, et que votre action doit être jugée sans appel : ce serait toujours une erreur. Vos conclusions donnent bien une valeur capitale à l'immeuble, mais elles ne fournissent pas la mesure légale de son revenu.

Remarquez dans la loi ces mots : *principal — objet principal.* « Les tribunaux connaîtront en premier et dernier ressort de toutes les affaires personnelles et mobilières, jusqu'à la valeur de 1,000 fr. *de principal*, et des affaires réelles *dont l'objet principal* sera de 50 fr. de revenu déterminé, soit en rente, soit par prix de bail. » C'est-à-dire que les accessoires de la demande, tels que les intérêts, les restitutions de fruits, les frais et les dommages et intérêts qu'elle a fait éclore, sont exclus de la ligne de compte pour la fixation du premier ou du dernier ressort.

La loi se laisserait éluder avec une déplorable facilité, s'il était permis de rompre la limite du dernier ressort, en faisant une immensité de frais à l'occasion d'une demande de cent et quelques francs ; ou si le défendeur pouvait, selon ses vues, dépouiller un tribunal du droit de statuer souverainement sur une affaire de la plus modique valeur, en s'avisant de conclure à toute volée, pour avoir des dommages-intérêts, sous le prétexte que cette affaire trouble son repos. Tout cela découle de l'action principale, se confond avec elle, et doit se juger comme elle ; c'est le cas de la maxime : L'accessoire suit le sort du principal.

Mais une distinction est encore nécessaire : si l'on demande des dépens faits, des fruits ou des intérêts échus, des dommages et intérêts nés avant l'action actuelle, ils forment *des objets principaux* et des élémens de calcul

pour le taux de la compétence. J'ai acheté
une créance sur un tiers, avec toute garantie
pour la solvabilité du débiteur et la sûreté du
paiement ; mais il arrive que j'éprouve des re-
tards, des difficultés ; je suis obligé de traduire
ce débiteur en justice, je plaide, j'obtiens jugement, je fais des poursuites d'exécution ; c'est
en vain. Lassé de payer les huissiers et de ne
rien recevoir, je me retourne vers mon cédant,
et je conclus contre lui, en invoquant la garantie promise, non-seulement à la restitution
du prix de la créance, mais encore au paiement des intérêts que je n'ai pu toucher, et
au remboursement des frais que j'ai avancés.
Ces intérêts et ces frais seront comptés pour
savoir si mon recours excède ou non les bornes
du dernier ressort, parce qu'ils ne sont pas
les accessoires de ma demande. Ils n'en dérivent point, ils sont le produit d'une instance
antérieure, et sont devenus, par cette préexis-
tence, de véritables capitaux.

Les principes du nouveau droit sont, à cet
égard, conformes à l'ancien. L'art. 3 de l'édit
des présidiaux, donné au mois d'août 1777,
disait : « Les juges présidiaux auront la connaissance en dernier ressort des demandes de
sommes fixes et liquides qui n'excéderont pas

la somme de 2,000 liv. , tant pour le principal que pour les intérêts ou arrérages échus avant la demande. A l'égard des intérêts, arrérages ou restitutions de fruits échus depuis la demande, dépens, dommages et intérêts, ils ne seront pas compris dans la somme qui détermine la compétence. »

Une foule de questions s'est élevée , comme un amas de nuages , autour de la règle des deux degrés de juridiction et de ses exceptions. La jurisprudence en a dissipé la plus grande partie , et les principes généraux que je viens d'exposer devraient suffire pour la solution des cas particuliers qui peuvent se présenter.

Il reste néanmoins quelque controverse sur certains points ; j'en parlerai dans les volumes suivans , aux titres des *Exceptions*, des *Incidens* , et de *l'Appel*.

Mais voici une difficulté qui a eu quelques instans de gravité.

La loi du 24 août 1790 , la seule que nous ayons encore sur le taux du dernier ressort, dans les justices de paix et les tribunaux de première instance (1) , se servit , pour le fixer , de cette

(1) Quant aux tribunaux de commerce , ils ont dans leur code un titre sur la compétence. On a trouvé bon

locution : cinquante *livres*, mille *livres*.
Trois ans après, le titre et le poids de la
monnaie furent soumis au calcul décimal,
qui forma la principale base du nouveau système des poids et mesures. Or la valeur actuelle de 50 fr. représente 50 liv. 12 s. 6 den.,
et nos 1,000 fr. équivalent à 1,012 liv. 10 s.
de 1790. Ne serait-il donc pas permis d'atteindre jusqu'à cette conséquence : que les juges
de paix et les tribunaux d'arrondissement
n'ont pu prononcer en dernier ressort, les uns
sur une valeur de 50 fr., les autres sur une valeur de 1,000 fr., à partir du jour où toutes les
sommes ont dû être exprimées en francs dans
les recettes et dépenses du service public, et
dans les stipulations entre particuliers ?

L'objection avait été aperçue, mais on ne
s'y était point arrêté.

« Depuis que les autorités publiques sont
obligées d'énoncer en francs et de soumettre
au calcul décimal toutes les valeurs qui sont
l'objet de leurs décisions, les tribunaux de
première instance ont constamment prononcé

d'y répéter, art. 639, les dispositions de la loi de 1790,
tit. 12, art. 4, sauf la substitution du mot *francs* à
celui de *livres*.

en dernier ressort jusqu'à mille francs, sans que jamais il ait été élevé aucune difficulté sur la différence des francs aux livres tournois (1).»

« Quoique la loi porte *mille livres* et *cinquante livres*, il est universellement reconnu qu'elle doit s'entendre comme si elle disait *mille francs* et *cinquante francs*, parce que, à l'époque où elle a été publiée, le franc et la livre représentaient la même valeur. Sur ce point la jurisprudence est invariable (2). »

La question se présenta à la Cour de Rennes, le 21 août 1812. Il fut jugé qu'un tribunal de première instance avait pu prononcer en dernier ressort sur une valeur de 1,000 fr. en principal, sans égard à la distinction du franc à la livre tournois. « Aussi, dit M. le professeur Carré qui rapporte cet arrêt, les juges de paix et les tribunaux d'arrondissement et de commerce prononcent-ils constamment en dernier ressort, les premiers jusqu'à la valeur de 50 fr. inclusivement, les autres jusqu'à 1,000 fr., sans qu'à notre connaissance, il ait été élevé d'autre difficulté, sur la différence

(1) M. Jourdain, *Code de compétence*, t. 2, p. 373.
(2) *Répertoire* de M. Favard, tom. 5, pag. 751, à la note.

des francs aux livres tournois, que celle sur laquelle la Cour de Rennes a été mise dans l'obligation de statuer (1). »

Mais cette doctrine si généralement établie, sur laquelle un seul plaideur s'était inutilement avisé de jeter l'essai d'un doute, a été attaquée *d'office* à la Cour royale de Nanci, et condamnée par un arrêt du 9 janvier 1826, dont voici les motifs :

« Attendu que c'est dans la seule loi du 24 août 1790 que l'on doit chercher la mesure de la somme qui doit fixer le dernier ressort : or, l'art. 5 du tit. 4 de cette loi ne fixant que *mille livres* de principal pour le dernier ressort, en toutes affaires personnelles et mobilières, et les livres en circulation à l'époque où elle a été rendue n'étant que des livres tournois, il en résulte que, la somme réclamée étant de mille francs, qui font mille douze livres dix sous, le jugement devient sujet à l'appel (2). »

Cet arrêt n'a point fait une révolution au

___

(1) Lois de l'organisation et de la compétence, tom. 2, pag. 7.

(2) Sirey, tom. 26, 2ᵉ partie, pag. 152 ; Dalloz, *idem*, pag. 122.

palais. On n'a point dit ailleurs que les juges de paix ne devaient plus prononcer en dernier ressort que jusqu'à la valeur de 49 francs 38 cent., et les tribunaux de première instance jusqu'à celle de 987 francs 65 centimes seulement.

La réforme du système monétaire fut une dépendance de ce grand projet d'uniformité dans les poids et mesures, que Louis XIV avait voulu entreprendre, que Louis XV avait été près de tenter, que Turgot était digne d'achever, et que les Romains seuls avaient exécuté (1).

L'adoption de la mesure décimale, à la place du calcul duodénaire, commandait une nouvelle division de la livre tournois (2).

Ce qu'on nommait une livre pesait une livre autrefois, et le nom était resté, quoique le poids des pièces eût successivement éprouvé de grandes diminutions.

La *livre* numéraire fut remplacée par le

(1) Voyez le rapport de M. le marquis de Bonnay à l'Assemblée constituante, du 6 mai 1790.

(2) Ainsi nommée parce que anciennement elle se fabriquait à Tours, et pour la distinguer de la *monnaie parisis*, qui était plus forte d'un quart en aloi et en titre.

franc ; mais on n'y avait pas songé tout d'a-
bord, car les lois du 24 août 1793 et du 17 frimaire an II avaient laissé subsister la dénomination de *livre*, disant qu'à l'avenir elle se
diviserait en *décimes* et en *centimes*. Ce fut par
la loi du 28 thermidor an III que l'unité monétaire prit le nom seul de *franc*.

Le nouveau système aurait donc pu s'accommoder tout aussi bien de la dénomination
de *livre* que de celle de *franc*, si l'on n'avait
pas été si épris de l'ardeur des changemens (1).
Il ne faut pourtant pas trop blâmer celui-là.

(1) C'était moins qu'un changement ; car autrefois
on disait indifféremment *livre* ou *franc*. Il est vrai
que le mot *franc* ne s'employait guère au singulier,
ni avec quelques nombres primitifs ; mais autrement on s'en servait fort bien : on disait quatre
francs, un écu de six *francs*, vingt *francs*, cent
francs, etc. Lorsqu'il y avait une fraction à exprimer, l'usage était d'employer le mot *livre*. Ainsi l'on
ne disait pas *quatre francs dix sous*, mais *quatre
livres dix sous*. Le mot de *franc* venait d'une
ancienne monnaie sur laquelle il y avait un Français
représenté à cheval ou à pied ; le franc à cheval valait
le double de l'autre. En 1364, sous le roi Jean, il y
avait des francs portant l'effigie du roi armé, monté
sur un cheval caparaçonné et fleurdelisé. Ces francs
valaient 20 sous.

C'était un assez beau type que le nom de nos pères inscrit dans une couronne de chêne et d'olivier.

La réforme du système monétaire dut éprouver quelque peine à se naturaliser. La nouveauté des calculs, la scientifique étrangeté des mots, la gêne des comparaisons, la résistance des habitudes, les divers essais de fabrication, tous ces obstacles jetèrent de la langueur et de l'embarras dans le passage des anciennes idées aux nouvelles. Il fallut multiplier les instructions pour le peuple, les menaces pour les marchands, et les ordres pour les fonctionnaires publics. Cependant ce qui semblait si difficile parut simple, dès que les esprits eurent pénétré dans toutes ses parties et s'en furent rendus maîtres. La dernière impulsion fut donnée par la loi du 17 floréal an VII.

L'article 1er défendit d'énoncer autrement qu'en francs et fractions décimales de francs, à compter du 1er vendémiaire an VIII, toutes les stipulations et comptes de valeur monétaire pour le service public. Il ordonna que les traitemens et les impositions de toute nature seraient calculés et payés en ces valeurs, *en substituant le franc à l'ancienne livre tournois.*

« A partir de la même époque, dit l'art. 2, toutes transactions ou actes entre particuliers exprimeront également les sommes en francs, décimes et centimes, et les sommes seront censées évaluées de cette manière, quand même elles seraient énoncées en livres, sous et deniers. »

Depuis cette époque, le mot *livre* a été effacé des lois et des actes ; on ne doit plus y voir que celui de *franc*.

Depuis cette époque, c'est comme s'il y avait dans le décret du 24 août 1790 : « Les juges de paix connaîtront de toutes les causes purement personnelles et mobilières, sans appel, jusqu'à la valeur de *cinquante francs*, et, à charge d'appel, jusqu'à la valeur de *cent francs*. Les juges de districts connaîtront, en premier et en dernier ressort, de toutes les affaires personnelles et mobilières jusqu'à la valeur de *mille francs* de principal, et des affaires réelles dont l'objet principal sera de *cinquante francs* de revenu déterminé, soit en rentes, soit par prix de bail. »

Si le Code de procédure contenait un titre sur la compétence, on y trouverait, comme dans l'art. 639 du Code de commerce, la substitution de nos *mille francs* aux *mille livres* de 1790; mais les auteurs du Code de procédure ne se sont occupés ni de l'organisation ni de la compétence des tribunaux.

Est-il possible de supposer qu'on ait voulu élever la compétence des tribunaux de commerce au-dessus de celle des tribunaux ordinaires, et laisser à ceux-ci, pour limite du dernier ressort, la somme de 987 francs 65 centimes?

Le secret des lois nous est révélé par le temps. C'est rendre un mauvais service que de semer des épines sur un chemin ouvert et battu depuis tant d'années.

Toutefois, il ne faut pas croire que les obligations *antérieures à l'an VIII*, exprimées en *livres tournois*, ou dans lesquelles on n'aurait pas *formellement* stipulé la valeur des nouveaux *francs*, doivent être acquittées sur le dernier pied. Non, elles sont réduites à l'ancienne valeur : ainsi le veut l'art. 3 de la loi du 17 floréal an VII. Mais telle n'est pas la question agitée.

La Cour de Nanci a décidé, en point de droit, qu'aujourd'hui les tribunaux de première instance ne pouvaient prononcer, en dernier ressort, que sur un intérêt de 987 francs 65 centimes, parce que c'est la valeur

comparée des mille livres dont a parlé la loi
du 24 août 1790; et il est généralement reconnu qu'elle n'a pas bien jugé.

Des difficultés ont été soulevées sur une
autre disposition de la loi du 24 août 1790.
L'art. 6 du tit. 4 est ainsi conçu : « En toutes
matières personnelles , réelles ou mixtes , à
quelque somme ou valeur que l'objet de la
contestation puisse monter, les parties *seront
tenues* de déclarer, au commencement de la
procédure , si elles consentent à être jugées
sans appel, et auront encore, pendant tout le
cours de l'instruction, *la faculté* d'en convenir, auquel cas les juges de district prononceront en premier et dernier ressort. »

L'obligation imposée par cet article est
tombée en désuétude; mais *la faculté* de
renoncer à l'appel, durant le cours de l'instruction en première instance, existe-t-elle
encore?

Pourquoi non?

On convient que le droit romain accordait
formellement cette faculté. *Si quis, ante sententiam, professus fuerit se à judice non
provocaturum, indubitatè provocandi auxi-*

lium perdidit (1). *Sin autem partes inter se , scripturâ interveniente , paciscendum esse crediderint , nemini parti licere ad provocationis auxilium pervenire , vel ullum fatale observare ; eorum pactionem firmam esse censemus, legis etenim austeritatem , in hoc casu, volumus pactis litigantium mitigari* (2).

Cependant on cite un grand nombre d'anciens auteurs et d'anciens arrêts qui attestent que les lois romaines n'étaient pas suivies en France sur ce point. « Quelque paction et promesse que l'on ait faite , dit Philibert Bugnyon (3), de n'appeler de la sentence d'un juge, l'on en peut toujours réclamer, si l'on se sent grevé en aucune manière ; et l'appel est reçu , sans qu'il soit besoin d'obtenir lettres pour être relevé de tel pacte et austérité de la loi. »

Cette abrogation du droit romain avait été,

(1) *L. 1, § 3 , ff. à quibus appellari non licet.*

(2) *L. ult. , § ult. Cod. de temporibus et reparationibus appellationum seu consultationum.*

(3) *Traité des Lois abrogées et inusitées en toutes cours , terres et seigneuries du royaume de France.* Liv. 3, § 115.

suivant M. Merlin (1), un scandale dans notre jurisprudence; la loi du 24 août 1790 le fit cesser : jusque-là , point de controverse.

Mais le doute naît aujourd'hui de ce que le Code de procédure est muet sur cette faculté de renoncer d'avance à l'appel, et de ce que le Code de commerce l'a reproduite, art. 639, n° 2.

Il faut embrasser le système entier d'une loi, se pénétrer de son objet et de son intention, pour faire parler son silence.

La juridiction des tribunaux de première instance comprend toutes les affaires, hors celles qui ont été attribuées à des justices spéciales. J'ai besoin encore de rappeler ce principe.

S'il était indispensable d'exposer avec détail ce qui devait entrer dans les attributions des juges extraordinaires, le même soin eût été fort inutile pour la juridiction ordinaire, puisqu'elle conserve, de plein droit, tout ce qui ne lui a pas été expressément enlevé. On ne s'est donc point occupé de la compétence *matérielle* des tribunaux civils; on s'est contenté de dire qu'ils jugeraient sans appel jus-

(1) *Questions de Droit* , v° appel , § 7.

qu'à telle somme; puis l'on a indiqué quelles actions seraient portées devant le tribunal du défendeur, quelles autres devant le tribunal de la situation de l'objet litigieux, quelles autres, en matière de succession, devant le tribunal du domicile du défunt, etc.

Le Code de procédure n'a pas de titre sur la juridiction et sur la compétence en général, parce que ces choses se trouvaient déjà fixées dans les décrets d'organisation de 1790 et 1791 ; elles étaient là comme une base toute préparée, sur laquelle on a placé simplement des règles et des formes de procédure, au lieu des anciennes qu'on y avait laissées en attendant la réforme promise.

Pour le Code de commerce, un autre système était nécessaire. Dès 1790 (1) on avait voulu élargir le cercle de la juridiction des juges-consuls, en les appelant *juges de commerce*. On leur avait rendu la connaissance des affaires maritimes (2), on leur avait créé une compétence en dernier ressort, à l'instar des tribunaux ordinaires; on crut devoir faire plus encore, en leur donnant un

(1) Tit. 12 de la loi du 24 août 1790.
(2) Voyez le chapitre suivant.

code : on y mit une foule de nouvelles attributions qui feront peut-être regretter la simplicité de l'institution primitive. Force fut
bien alors de rassembler dans un livre spécial (1) les règles touchant l'organisation des
tribunaux, leur compétence sur les choses et
les personnes, les formes de procéder devant
eux, celles à suivre sur l'appel devant les
cours, et l'on ne dut pas craindre de répéter
plusieurs dispositions qui se trouvaient éparses çà et là, soit dans les anciennes ordonnances, déclarations ou arrêts de règlement,
soit dans les lois nouvelles. C'est ainsi qu'il
fut dit, art. 639 : « Les juges de commerce
jugeront en dernier ressort toutes les demandes dont le principal n'excédera pas la somme
de 1,000 francs, et toutes celles où les parties
auront déclaré vouloir être jugées sans appel,»
quoique la même chose se trouvât dans les
art. 4 et 14 du tit. 12 de la loi de 1790. C'est
ainsi qu'il fut dit, art. 640 : «Dans les arrondissemens où il n'y aura pas de tribunal de
commerce, les juges du tribunal civil exer-
ceront les fonctions et connaîtront des matières attribuées aux juges de commerce, »

(1) C'est le 4ᵉ du Code de commerce.

quoique la même chose se trouvât dans l'art. 13 du tit. 12 de la loi de 1790. C'est ainsi qu'il fut dit, art. 627 : « Le ministère des avoués est interdit dans les tribunanx de commerce, » quoique la même chose se trouvât dans l'art. 414 du Code de procédure. Il est inutile de multiplier ces exemples.

Le silence du Code de procédure sur la faculté donnée par la loi de 1790 de renoncer d'avance à l'appel, s'explique donc par le motif que l'exercice de cette faculté n'est point un acte de procédure, et qu'il était inutile de la rappeler dans une loi qui ne parle ni du nombre des degrés de juridiction, ni des limites du dernier ressort. La mention qu'en a faite le Code de commerce s'explique, à son tour, par le motif contraire ; c'est que sa place y était naturellement marquée au titre de la *compétence.*

Le Code de procédure n'a point répété que les tribunaux civils jugeraient en dernier ressort jusqu'à 1,000 francs ; mais le Code de commerce l'a dit de nouveau pour ses juges. Oserait-on en inférer que les tribunaux civils ne doivent plus prononcer, dans toutes les causes, qu'à la charge d'appel, ou que leur compétence n'a plus de limites ?

CHAPITRE XIV.

DES TRIBUNAUX DE COMMERCE. — DES CONSEILS
DE PRUD'HOMMES.

—◦—

Dans les siècles du gouvernement féodal, la monarchie fut démembrée et l'autorité royale devint pour les peuples une vaine protection. Ce fut le temps des guerres privées, des invasions des Normands, du servage et de la mainmorte. Les mers se couvrirent de pirates, la terre se couvrit de Juifs, les droits d'aubaine et de naufrage furent établis. « Les hommes pensèrent que les étrangers ne leur étant unis par aucune communication du droit civil, ils ne leur devaient d'un côté aucune sorte de justice, et de l'autre aucune sorte de pitié (1). »

(1) *Esprit des Lois*, liv. 21, chap. 17.

Les barons ravageaient la campagne , et la population tremblante groupait ses huttes au pied de ces châteaux où la tyrannie tarifait les péages , les sauvegardes , et les droits incertains d'une chétive existence.

La communication d'une province à l'autre était presque impossible ; il n'y avait point d'auberges pour les voyageurs , ils étaient obligés de se réunir en troupes pour résister aux brigands qui infestaient les chemins (1). Vers la fin du dixième siècle , le comte Bouchard , voulant fonder un monastère à Saint-Maur-les-Fossés , près Paris , demanda des religieux à l'abbé de Cluny en Bourgogne ; l'abbé s'excusa sur ce qu'il serait trop périlleux et trop fatigant d'aller dans une région étrangère et inconnue (2). Nos vieilles chroniques sont pleines de pareils traits. Les traces du commerce et des échanges entre les hommes étaient effacées sur des plages inhospitalières.

Un concours de circonstances extraordinaires , dont j'ai déjà parlé, et qu'il serait trop

---

(1) Dom Bouquet, *Recueil des Hist.* , tom. 7, pag. 515.

(2) *Idem* , tom. 10 , pag. 351.

long de rappeler ici (1), forma les communes, accrut la force du trône, et facilita les affranchissemens. La stupeur de la servitude fit place à des idées de liberté, et les premières idées de liberté furent le premier essor de l'industrie. L'esprit de commerce rapprocha les provinces, adoucit les mœurs, disposa les peuples à la paix, et donna au gouvernement une nouvelle direction.

Les comtes de Champagne et de Brie établirent dans leurs domaines six foires par année ; ils les dotèrent d'un grand nombre de franchises et de priviléges, afin d'y attirer les marchands de toutes les nations.

Mais ce n'était point assez que des exemptions de taxes et des mesures de sûreté pour les personnes, il fallait encore fonder des garanties de crédit, et appeler la confiance dans ces grands marchés ; il fallait pourvoir à ce que les affaires n'y fussent pas entravées par la crainte des longues procédures usitées dans les tribunaux ordinaires du royaume, par l'embarras d'aller chercher les débiteurs à des distances considérables, et par l'extrême difficulté de les poursuivre devant des juges étrangers.

---

(1) Voyez ci-dessus, chap. 9, pag. 174 et suiv.

C'est ce que fit Philippe de Valois, quelques années après le traité qui assura définitivement à la couronne la possession des comtés de Brie et de Champagne. Il ordonna « qu'aux gardes de la foire appartînt la cour et connaissance des cas et contrats advenus ès dites foires (1). » Ces règlemens obtinrent un beau triomphe sur les rivalités de pouvoir et de croyance qui divisaient alors et les provinces et les nations ; car il y est dit que « pour ce s'accordèrent prélats, princes, barons, chrétiens et mécréans, en eux soumettant à la juridiction d'icelles foires, et y donnant obéissance. »

Les premiers succès des croisés avaient ouvert à l'Italie les ports de l'Orient ; les vaisseaux des Vénitiens, des Génois et des Pisans, portaient sur la côte les provisions et les munitions de guerre. Ces marchands se firent donner des immunités considérables dans les établissemens formés par les chrétiens : bientôt on les vit maîtres d'une partie du Péloponèse et des îles les plus fertiles de l'Archipel. Plusieurs branches de commerce concentrées jusqu'alors en Asie franchirent leurs vieilles

(1) Lettres patentes de 1349.

digues; les trésors de l'Inde ne s'arrêtèrent plus à Constantinople, et vinrent se répandre dans les principales cités du midi de l'Europe.

Le voisinage des Italiens, plus connus à cette époque sous le nom de Lombards , attira le commerce des rives de la Marne à celles du Rhône. Les foires de Champagne furent transférées à Lyon ; leur juridiction y reçut le nom de Conservation , et l'exercice en fut d'abord confié au sénéchal de cette ville.

Les affaires se multipliant à mesure que les foires devenaient plus importantes et plus fréquentées, il y eut nécessité de pourvoir la Cour de Conservation de juges particuliers. On créa en titre d'office un juge conservateur et un lieutenant , lesquels durent être gradués et versés dans l'étude du droit romain (1).

Dans la suite , le prévôt des marchands et les échevins de Lyon achetèrent ces offices ; plus tard , la Cour de Conservation fut réunie à la juridiction consulaire.

En 1549 , François Ier fonda pour les marchands de Toulouse une bourse commune, à l'instar du change de Lyon, et leur permit « d'élire entre eux et faire, chacun an , un

(1) Arrêt du parlement de Paris, 12 juillet 1624.

prieur et deux consuls (1) , pour connaître et décider , en première instance , de tous les procès qui seraient intentés à raison des marchandises , foires et assurances , au jugement desquels lesdits prieur et consuls pourraient appeler telles personnes qu'ils jugeraient à propos. »

Henri II fit en faveur de la ville de Rouen ce que son père avait fait pour celle de Toulouse.

François II alla plus loin : il voulut affranchir le commerce des plus simples formes de la justice et du joug de toute espèce de tribunal. Ce prince considéra « que rien n'enrichit les villes , pays et royaumes , comme le trafic des marchandises , lequel est appuyé et repose entièrement sur la foi des marchands , qui , le plus souvent , agissent de bonne foi entre eux , sans témoins et notaires , sans garder et observer la subtilité des lois ; dont s'ensuit qu'aucuns cauteleux et malicieux , au lieu de payer ou de faire payer ce qu'ils ont promis , travaillent par procès ceux avec lesquels ils ont négocié, et les distraient de leurs mar-

(1) Cette dénomination de *consuls* fut probablement empruntée aux juridictions commerciales de l'Italie

chandises ; tellement que l'assurance et confiance des uns aux autres est par ce moyen
tollue, et le train de marchandises diminué et
anéanti. »

En conséquence il fut ordonné « que dorénavant nuls marchands ne pourraient tirer
par procès les uns les autres, pour fait de marchandises, par-devant leurs juges ou autres,
mais seraient contraints d'élire et de s'accorder de trois personnages, ou plus, en nombre
impair, si le cas le requérait, marchands ou
d'autre qualité, et de se rapporter à eux de
leurs différends ; et que ce qui serait par eux
jugé et arbitré tiendrait comme transaction
et jugement souverain.... Et où lesdites parties ne pourraient ou ne voudraient convenir
desdits personnages, en ce cas le juge ordinaire des lieux les y contraindrait, et, au refus
ou délai de les nommer, les choisirait ou
nommerait, sans que lesdites parties fussent
reçues à appeler de ladite nomination. »

Ce que je viens de rapporter apartient à
cette ordonnance d'août 1560, dont j'ai déjà
cité d'autres dispositions en parlant des arbitrages forcés entre parens, et qui fut presque aussitôt oubliée que rendue.

Au mois de novembre 1563, Charles IX

enjoignit au prévôt des marchands et aux échevins de la ville de Paris de nommer et élire, en
l'assemblée de cent notables bourgeois, cinq
marchands natifs et originaires du royaume,
afin de juger tous procès et différends, pour
fait de marchandises seulement. Le premier
élu fut nommé *juge*, et les quatre autres
consuls des marchands. Leur charge ne
devait durer qu'une année, sans que, pour
aucune cause et occasion, l'un des cinq pût
être continué.

Les juges et consuls des marchands reçurent le pouvoir de prononcer, en dernier ressort, sur les demandes au-dessous de cinq cents
livres tournois, et, pour les cas excédant cette
somme, l'appel dut être porté au parlement.

Ces dispositions, empreintes du génie d'un
grand ministre, furent étendues en 1566 à
toutes les capitales des provinces (1). Dans le
siècle suivant, une main puissante éleva des
manufactures, créa, comme par enchantement, des compagnies pour le négoce
extérieur, et rangea dans le plus bel ordre

(1) Des édits de 1710 et de 1711 donnèrent des juges
et des consuls à toutes les villes de commerce dans lesquelles il y avait un siége royal.

les anciennes lois du droit maritime ; la même main élargit les bases de la juridiction commerciale, et développa dans l'ordonnance de 1673 les règles de l'édit de 1563, devenues trop simples en raison de l'agrandissement et de la nouvelle activité des affaires.

M. Meyer croit avoir trouvé la cause de l'établissement des juridictions consulaires, dans l'ombrage que donnait à la puissance royale l'ascendant politique des communes, vers le commencement du seizième siècle. Alors, dit-il, les rois, qui n'avaient plus besoin d'appui contre les prétentions des grands vassaux de la couronne, songèrent à restreindre les priviléges que les chartes d'affranchissement avaient accordés au tiers état. Mais il fallut recourir à des expédiens pour rendre moins inquiétante l'opposition des bourgeois déshérités de leurs prérogatives : on ne trouva rien de mieux que de donner à une partie d'entre eux seulement une des plus grandes faveurs dont on voulait dépouiller les villes, celle d'élire leurs magistrats. C'était un moyen sûr de les détacher des intérêts communs, et de se faire dans la commune même un parti prêt à sacrifier les droits de la masse entière pour se conserver quelques avantages. Le gouvernement commença donc à favoriser les négocians, tandis que la jalousie des bourgeois non-commerçans lui promettait un contre-poids, dans le cas peu probable où des indi-vidus occupés du désir d'amasser des richesses, livrés à des spéculations lointaines et hasar-deuses, eussent pu devenir dangereux pour son autorité. Aussi les juges-consuls, que l'on permit aux marchands d'élire dans leur corps, devaient-ils être renouvelés annuellement : ceux qui sortaient de charge ne pouvaient être réélus; leur compétence fut bornée au fait du commerce; ils furent soumis à l'appel, et ils ne purent connaître de l'exécution de leurs propres sentences. Il faut bien que tel ait été le motif qui dicta l'ordonnance de 1563, ajoute M. Meyer; car, dans les pays qui doivent au commerce leur plus grande prospérité, comme l'Angleterre et les villes hanséatiques; dans ceux qui lui doivent leur existence poli-tique, comme les Pays-Bas, on n'a jamais connu les juridictions consulaires.

Voilà le système que M. Meyer s'est fait, et que sa brillante érudition soutient à l'aide de quelques aperçus historiques qui, j'o-

serai le dire, ne me paraissent point déci-
sifs (1).

Que le commerce ait pu prospérer sans juridiction spéciale, c'est ce que je n'entrepren-
drai point de contester : toutefois il est bon
de remarquer que le jury appliqué à toutes
les causes en Angleterre, et l'élection libre des
juges par la cité, dans les villes hanséatiques
et dans les Pays-Bas, rendent tout-à-fait indif-
férens les exemples que l'on voudrait en tirer
contre l'utilité de nos justices consulaires.
Mais ce n'est pas la question.

Les premiers fondemens de la juridiction
commerciale furent posés par Philippe de
Valois. Certes, en ce temps-là, le pouvoir
royal était loin de redouter les envahissemens
des communes ; il encourageait au contraire
les efforts qu'elles faisaient pour secouer le
joug des barons, et pour se former à l'ombre
du trône, dont elles aspiraient à devenir les
vassales. La charte d'affranchissement d'Abbeville fut donnée en 1350, *propter injurias
et molestias à potentibus terræ burgensibus
frequenter illatas* (2).

(1) Tom. 2, pag. 588 et suiv.
(2) *Recueil des Ordonnances*, tom. 4, pag. 55.

La translation des foires de Brie et de Champagne à Lyon; la permission octroyée aux marchands de Toulouse de se choisir des juges spéciaux; la même faveur accordée dix ans plus tard par Henri II au commerce de Rouen, indiquent assez qu'il ne s'agissait point alors de semer un germe de rivalité entre les bourgeois et les négocians de trois villes du royaume, mais de favoriser l'expédition des affaires commerciales, à mesure qu'elles se portaient sur certains points, en les dégageant des formes lentes et subtiles dont était hérissée la procédure ordinaire, et de *les faire aller en outre, nonobstant les pourchas, sur tous accessoires et dilatoires,* comme il avait été dit dans les lettres patentes de 1349.

Au reste M. Meyer ne prétend point que ces trois juridictions commerciales, placées à de si grandes distances et à de si longs intervalles, dans le cours de deux siècles, depuis Philippe de Valois jusqu'à François II, aient été coordonnées à ce système de contre-poids, qu'il fait éclore seulement au seizième siècle. En tout cas, les conseillers de François II n'auraient pas été dans le secret, car l'arbitrage forcé auquel toutes les affaires de commerce de-

vaient être soumises, suivant l'ordonnance
de 1560, ne ressemblait guère à un privilége. On sait que ce prince avait prescrit
la même voie de décision pour les causes
relatives aux partages de successions et de
biens communs, aux comptes de tutelle et
autres administrations, aux restitutions de dot
et aux délivrances de douaire, c'est-à-dire
au plus grand nombre de procès civils.

Le seizième siècle arriva. Le commerce et
les arts s'associèrent aux progrès de la civilisation ; on se pressa avec ardeur dans ces nouvelles routes de richesses et d'honneurs ; les
négocians, plus répandus, devinrent moins
ambulans, et les affaires, moins circonscrites,
exigèrent un plus grand nombre de juridictions commerciales. Je crois qu'il ne faut point
chercher d'autres motifs aux ordonnances qui
donnèrent à la ville de Paris en 1563, et successivement aux capitales de provinces, le
droit d'élire des juges-consuls.

Ce serait une grande erreur si l'on imagi-
nait que l'affranchissement des communes fit
renaître, pour elles, la liberté des anciens
peuples, ou cette fière indépendance de l'antique Germanie. Les cités n'y gagnèrent, comme
l'observe très-bien M. Meyer dans un autre

endroit de son livre (1) , que des exemptions
de charges et l'allégement des avanies sous lesquelles la domination des châtelains les avait
courbées. Elles devinrent une nouvelle espèce
de vassaux , tenant à fief leur liberté du souverain , et usant collectivement des droits que
les vassaux ordinaires possédaient individuellement.

Les corps de communes , avec leur juridiction bornée à la police intérieure , n'eurent
jamais assez de poids pour inspirer des alarmes sérieuses à la puissance royale. Les gouverneurs des provinces , les baillis , les sénéchaux , les juges royaux , les parlemens ne
suffisaient-ils pas pour les tenir en respect ,
lorsque l'ordonnance de 1563 fut rendue? En
admettant que ce soit de cette époque seulement que date le véritable établissement des
tribunaux consulaires , il existait alors assez
de causes de querelles intestines entre les
membres des cités, pour qu'il ne fût pas besoin
d'y jeter encore d'autres semences de divisions ;
et le chancelier de l'Hôpital avait des vues
trop franches et trop élevées pour cacher une
mesquine politique de discorde sous les beaux
dehors d'un édit de protection.

(1) Tom. 2 , pag. 375 et suiv.

La domination absolue que Louis XIV exerça sur tous les ordres de l'Etat ne permet plus, lorsqu'on y arrive, de discuter sérieusement le système de M. Meyer. Personne ne dira que l'ordonnance de 1673 fut la tradition surannée d'un privilége concédé à une classe de citoyens pour l'opposer aux prétentions de l'autre, et pour réprimer des ambitions municipales.

Le prince qui condamna les états-généraux à l'oubli, et les parlemens au silence; qui sut jouir pendant soixante ans d'une obéissance asiatique; le prince qui disait à son successeur : « Dans l'État où vous devez régner après moi, vous ne trouverez point *d'autorité* qui ne se fasse honneur de tirer de vous son origine et son caractère, point de *compagnie* qui ne se croie obligée de mettre son unique sûreté dans son humble soumission (1); » le prince qui créa et vendit des offices de maires perpétuels : ce prince ne redoutait point les communes et les entreprises de la *gent corvéable.*

L'édit de 1563 contenait seulement des dispositions relatives à l'établissement, à la com-

(1) Instructions pour le Dauphin, tom. 2, pag. 29.

pétence et à la procédure des juridictions
consulaires. L'ordonnance de 1673 y ajouta
des titres sur les devoirs des marchands, des
agens de change et courtiers ; sur les sociétés,
les lettres et billets de change, les faillites et
les banqueroutes, etc.

L'ordonnance de la marine vint compléter,
en 1671, cet admirable système de législation
commerciale, qui a fait autorité jusque dans
les cours de justice de la jalouse Angleterre.

Les juges-consuls avaient reçu, par l'ordonnance de 1673, le pouvoir de juger les
procès relatifs aux assurances, grosses aventures, promesses, obligations et contrats concernant le commerce de mer (1) ; mais ils en
furent dépouillés provisoirement par deux
arrêts du Conseil d'état, et définitivement par
l'ordonnance de 1681, qui rendit aux amirautés l'attribution de ces matières.

La juridiction des amirautés comprenait à
la fois la connaissance des affaires contentieuses de mer, les actes d'administration dans
les ports marchands, la recherche et le jugement des délits qui s'y commettaient. Il y avait
auprès de ces tribunaux des Gens du Roi et
des procureurs en titre d'office.

(1) Tit. 12, art. 7.

Tel était l'ordre des choses quand survint l'organisation judiciaire de 1790. Les juridictions consulaires changèrent leur nom pour celui de *tribunaux de commerce ;* leur compétence en dernier ressort fut élevée jusqu'à 1,000 fr., comme celle des tribunaux civils (1);

---

(1) Loi du 24 août 1790 , tit. 12 , art. 4. M. Carré enseigne dans ses *Lois d'organisation et de compétence*, tom. 2 , pag. 53 et 643 , que la compétence des tribunaux de commerce est *un peu plus étendue* que celle des tribunaux ordinaires , parce que ces derniers ne peuvent juger sans appel que *jusqu'à la valeur* de 1,000 fr. de principal , suivant l'art. 5 du tit. 4 de la loi de 1790 , tandis que les autres , aux termes de l'art. 4 du tit. 12 de la même loi , et de l'art. 639 du Code de comm. , sont autorisés à prononcer en dernier ressort sur les demandes dont le principal *n'excède pas la valeur* de 1,000 fr. M. Carré conclut de cette différence d'expressions , que les tribunaux civils doivent juger , à la charge d'appel seulement , une valeur de 1,000 fr. , puisque leur compétence ne va que *jusque-là.* Il met la borne en deçà des 1,000 fr. , de sorte qu'il ne leur accorde la puissance du dernier ressort , inclusivement , que pour les demandes qui ne s'élèvent pas au-dessus de 999 fr. 99 cent. ; mais il comprend les 1,000 fr. tout entiers dans la compétence souveraine des tribunaux de commerce.

Je ne puis adopter cette distinction : les mots *jus-qu'à la valeur de* 1,000 *fr. de principal*, et ceux-ci, *les*

elle s'étendit sur le même territoire, à quelques
exceptions près.

demandes dont le principal n'excède pas 1,000 *fr.*, présentent à mon sens la même idée ; car *jusqu'à* n'est pas
toujours une locution exclusive : aller *jusqu'au* but c'est
toucher le but ; aller *jusqu'à* Paris, ce n'est point s'arrêter à la barrière. La différence d'un denier en 1790, ou
d'un centime depuis, n'a certainement pas fait l'objet
des méditations du législateur, lorsqu'il a fixé la compétence des tribunaux civils et des tribunaux de commerce. L'art. 13 du titre 12 de la loi du 24 août 1794
le prouve très-évidemment. On y lit : « Dans les districts où il n'y a pas de juges de commerce, les juges
de district connaîtront de toutes les matières de commerce et les jugeront dans la même forme que les juges
de commerce ; leurs jugemens seront DE MÊME sans appel JUSQU'A la somme de 1,000 fr. » On s'est donc servi
indifféremment dans le même titre, et pour rendre la
même idée, de cette expression *jusqu'à*, et de celle-ci :
qui n'excède pas. On n'y a pas regardé de si près que
notre auteur.

Ce qui achève la démonstration, c'est que les tribunaux de district et les tribunaux de département
furent les juges d'appel des tribunaux de commerce,
jusqu'à l'organisation de l'an VIII ; et il n'est pas sup-
posable que l'on ait voulu porter la compétence du
juge inférieur plus haut que celle du juge supérieur.

M. Dalloz, dans sa nouvelle collection, tom. 4, v°
degrés de juridiction, pag. 626, croit que la différence

Chaque tribunal fut composé de cinq juges élus à la pluralité des suffrages, pour deux années seulement, dans l'assemblée des négocians, banquiers, marchands, manufacturiers, armateurs et capitaines de navire, parmi ceux âgés de trente ans accomplis, résidant depuis cinq ans au moins dans le chef-lieu du ressort. Le président, objet d'une élection

signalée par M. Carré existe réellement dans le texte de la loi : mais il paraît que le texte de l'article ci-dessus transcrit avait échappé à l'un et à l'autre de ces estimables jurisconsultes.

M. Dalloz se fonde sur ce que M. Merlin a dit, dans le Répertoire, que l'expression *jusqu'à* était essentiellement exclusive. Cependant, si l'on ouvre le Répertoire, au mot *tribunal de première instance*, on y verra ce qui suit : « C'est un tribunal qui, dans chaque arrondissement communal, connaît de toutes les affaires civiles de département; savoir, en premier et en dernier ressort, lorsque l'objet contesté *n'excède pas* 1,000 francs, ou 50 francs de rente, et à la charge d'appel dans les autres cas. » M. Merlin n'attache donc pas toujours un sens exclusif à l'expression *jusqu'à*, puisqu'il a cru pouvoir la remplacer, en rapportant les dispositions de la loi, par ces mots : *qui n'excède pas*.

Le projet de 1835 a proposé d'élever la compétence en dernier ressort des tribunaux de commerce à 1,500 fr., comme celle des tribunaux civils.

spéciale, dut avoir trente-cinq ans d'âge et dix années d'exercice dans le commerce.

Les juges ordinaires furent chargés de statuer sur les matières attribuées aux tribunaux de commerce, dans les districts où l'on ne trouva point utile d'en établir.

On n'avait pas songé d'abord à indiquer le tribunal auquel devait ressortir l'appel d'un jugement de commerce : cette lacune fut remplie par le décret du 30 mars 1791. Les tribunaux de districts devinrent juges supérieurs des décisions commerciales, dans les cas et suivant les modes prescrits pour les appels de ces tribunaux entre eux (1).

L'ordonnance de 1673 ne disait rien sur les règles du commerce maritime, il fallait aller les chercher dans celle de 1681 ; elles y étaient confondues avec des dispositions dont les unes appartenaient à l'administration publique, comme l'instruction et l'examen des navigateurs, et les autres à l'organisation militaire de la marine, comme les attributions du grand amiral. On y trouvait à la fois des

---

(1) Voyez au chapitre suivant l'explication de ces appels circulaires.

règles de droit civil, comme celles des testamens en mer; des objets de police, comme le
placement des navires dans les rades et les
ports; et des matières de haute politique,
comme le droit d'entrer, de séjourner et d'importer des denrées.

Les décrets de 1790 firent des parts de
toutes ces attributions. Le contentieux relatif
aux transactions du commerce maritime fut
enlevé aux amirautés, et donné aux tribunaux
de commerce; les amirautés ne subsistèrent
plus que pour la police de la navigation et
des ports, et pour le jugement des prises (1) :
la loi du 13 août 1791 les supprima.

Cependant les tribunaux de commerce ne
reçurent point encore l'autorisation de juger
la validité des prises maritimes (2); mais
elle leur fut accordée par les décrets des
14 février 1793 et 3 brumaire an IV, et ils
la conservèrent jusqu'au mois de germinal
an VIII, époque de l'établissement du conseil
des prises.

Le gouvernement reprit en 1814 (3) la

(1) Loi du 11 septembre 1790, art. 8 et 11.
(2) Loi du 3 août 1791, art. 1er.
(3) Ordonnance du roi du 22 juillet.

connaissance des prises maritimes, pour la transférer au comité du contentieux du Conseil d'état (1). « La nature et les résultats de cette sorte d'affaires dérivent du droit public : elles appartiennent à la politique. Les questions qu'elles font naître, les contestations qu'elles produisent, doivent être soumises à une juridiction particulière, parce qu'elles intéressent autant les droits politiques des nations que les droits du commerce (2). »

Le Code de commerce parut en 1807 ; presque tous ses articles sont puisés aux sources des ordonnances de 1673 et de 1681.

L'uniformité des principes, leur stabilité au milieu des révolutions du temps, des divisions intérieures et des rivalités nationales, sont un caractère distinctif de la jurisprudence commerciale ; cette observation a déjà été faite (3). Les lois civiles ne régissent que les peuples auxquels elles ont été don-

(1) Ordonnance du roi du 9 janvier 1815.

(2) M. Locré, *Esp. du Code de commerce*, tome 8, pag. 282.

(3) Voyez le discours de M. Pardessus, pour l'ouverture du Cours de droit commercial à la faculté de Paris, le 18 novembre 1820.

nées ; mais les lois de commerce ont une prévoyance plus étendue, plus hospitalière : elles sont faites pour cette grande famille de commerçans répandus dans le monde entier; et ce fut peut-être un des motifs qui séduisirent François II, lorsqu'il voulut que leurs procès fussent toujours vidés par des arbitres, de même que ceux entre parens et alliés. Nos opérations, notre banque, nos commissions sont encore réglées par les usages que les Phocéens apportèrent sur les rivages de la Gaule. Nos statuts maritimes viennent de Tyr, de Carthage et de Rhodes; ils sont encore tels, à peu près, que Marseille les donna à la Méditerranée, dans le Consulat *de la mer*, et Bordeaux à l'Océan, dans les *Jugemens ou Rooles d'Oleron*. La preuve testimoniale, bannie depuis longtemps de nos tribunaux civils, est restée, comme aux premiers âges, affranchie de toutes limites dans les tribunaux de commerce. De ces antiques traditions, réunies sur un plan régulier, quelques-unes ont été complétées ou appropriées aux mœurs nouvelles, aux besoins nouveaux du négoce et au système général de la législation. D'autres titres du Code offrent des vues toutes neuves, comme celui des faillites, par exemple; et ce ne sont pas ceux-là qui ont le mieux tenu les promesses de la spéculation (1).

Je ne dois m'occuper ici que de la partie judiciaire du commerce.

L'édit de 1563 et l'ordonnance de 1673 faisaient concourir tous les notables de la cité à l'élection des juges-consuls ; la loi du 24 août 1790 y admettait tous les négocians. Ainsi, dans le premier système, il y avait des électeurs qui pouvaient n'être pas commerçans ; dans le second, il y en avait qui n'étaient pas notables. Le Code a mieux fait, il a attaché le droit d'élire à la réunion des deux qualités de notable et de commerçant.

La liste est dressée par le préfet et approuvée par le ministre de l'intérieur (2).

La première rédaction du projet de 1835 n'avait proposé aucun changement à cet état de choses ; mais la commission de la Chambre des Députés a pensé que *ce pouvoir discrétionnaire, et par conséquent arbitraire*, donné aux préfets de choisir les notables, n'était en harmonie avec aucune de nos institutions nou-

(1) Voyez la *Législation civ.*, *com. et crim. de la France*, par M. Locré, tom. 1er, pag. 131 et suiv.

(2) Art. 618 et 619.

velles; toutefois le système qu'elle a présenté n'est pas aussi largement *électif* que semblaient l'annoncer les paroles de son rapporteur. Elle voudrait que l'on inscrivît *de droit*, en tête de la liste, les commerçans pairs de France ; ceux qui font ou ont fait partie de la chambre des députés, des conseils généraux et des conseils d'arrondissemens, des conseils supérieurs et des chambres consultatives de commerce ou des manufactures, des tribunaux de commerce ; les présidens des conseils de prud'hommes anciens ou actuels ; puis elle ajoute que la liste sera complétée par les préfets, conformément aux articles 618 et 619 du Code de commerce. Le nombre des notables, dans les ressorts où la population patentée n'excède pas 4,000 âmes, serait porté à 40 ; au-dessus de 4,000, ce minimum serait augmenté en raison d'un électeur par 200 patentés.

Quant au mode d'élire, le gouvernement avait adopté les dispositions de la loi du 19 avril 1831 sur les élections à la chambre des députés, sauf quelques modifications. La commission a préféré ce qui se pratique pour les élections municipales ; un nouveau projet offrira peut-être d'autres combinaisons.

Les tribunaux de commerce ont un président, deux juges au moins, huit au plus, et un nombre de suppléans proportionné au besoin du service.

Le président doit être âgé de 40 ans, et ne peut être choisi que parmi les anciens juges.

Pour être éligible comme juge, il faut avoir l'âge de 30 ans, et avoir excercé le commerce avec honneur et distinction pendant cinq années.

Le même ne peut être l'objet de deux choix successifs qu'après un an d'intervalle. Les juges de commerce forment une espèce de jury appelé pour prononcer sur les contestations de leurs pairs, et ces fonctions temporaires ne doivent pas être confondues avec les magistratures civiles.

Ceux qui sont élus reçoivent l'institution du roi. Leurs jugemens sont rendus par trois juges au moins. Lorsque, par des récusations ou des empêchemens, il ne reste pas un nombre suffisant de juges ou de suppléans, le tribunal est complété par des négocians pris sur la liste des notables, suivant leur ordre d'inscription (1).

(1). Décret du 6 octobre 1809. A ce décret est annexé

La loi du 27 mars 1791 laissait aux juges le choix du greffier; aujourd'hui il est nommé par le roi.

On proposa, dans la discussion du Code, d'introduire des officiers du ministère public et des avoués auprès des tribunaux de commerce; ces innovations furent repoussées (1): il ne faut pas d'intermédiaire entre le commerçant qui plaide et le commerçant qui juge.

Cependant les parties ont la faculté de se faire *représenter* par des fondés de pouvoir, et même de se faire *défendre* par des avocats: l'honneur du barreau est, en tout lieu, une garantie de délicatesse et de désintéressement.

Depuis que la juridiction commerciale a été si largement agrandie, elle attire dans son domaine des causes d'une haute importance, dont la discussion exige un profond savoir et des talens éprouvés: obliger les plaideurs à se défendre toujours eux-mêmes,

le tableau des villes dans lesquelles les tribunaux de commerce ont été placés, et celui du nombre des juges et des suppléans fixé pour chacun d'eux.

(1) Art. 4 de l'édit de 1563, art. 414 du Cod. de procéd., art. 627 du Cod. de comm.

ce serait les exposer à des chances trop inégales (1).

La forme de procéder devant les tribunaux de commerce a été accommodée à leur nature et à leur organisation , pour donner aux débats plus de simplicité , et aux jugemens plus de rapidité. Toutefois la procédure commerciale a ses déchéances et ses nullités , comme la procédure ordinaire ; elle rentre dans les voies communes au point où s'arrêtent les exceptions. Les formalités de l'ajournement , la publicité de l'audience , la manière de former les jugemens , l'obligation de les motiver , toutes les conditions essentielles à l'administration de la justice se retrouvent là , parce qu'il faut partout des sûretés contre les surprises , l'erreur et l'arbitraire.

Les appels des jugemens de commerce sont portés à la Cour royale du ressort , qui ne peut, sous aucun prétexte, en suspendre l'exécution , jusqu'à ce que l'arrêt définitif soit prononcé. J'entrerai dans des développemens plus étendus, en expliquant le titre de *la pro-*

(1) Voyez l'*Esprit du Cod. de proc.* de M. Locré, sur le titre 25.

cédure devant les tribunaux de commerce ,
et celui de l'appel.

Au temps des communautés d'*arts et
métiers* , l'autorité de la loi commerciale ne
régissait guère que les marchands , qui seuls
avaient le privilége du commerce. De là sortit
une juridiction fondée sur la qualité des personnes , et non pas seulement sur la nature
des actes. Les faits de commerce, excepté les
lettres de change ou remises d'argent de place
en place, n'entraient dans les attributions
consulaires que lorsqu'ils procédaient d'un
vrai négociant ; on ne demandait point aux
gens , pour savoir quel tribunal devait les
juger , ce qu'ils faisaient , mais ce qu'ils
étaient. Cette théorie , adoptée par les uns et
combattue par les autres , avait hérissé d'une
foule de difficultés la juridiction commerciale , et rien n'était moins positif et moins
indéclinable que sa compétence.

Les principes du nouveau Code sont plus
franchement arrêtés : il a *réalisé* la compétence
des tribunaux de commerce ; elle est aujour-
d'hui déterminée par la nature de l'acte , abstraction faite de la qualité des contractans ; et
la loi a pris le soin de dire quels actes seraient

réputés actes de commerce (1). Quelle que soit la condition d'un homme, il se classe parmi les négocians ; dès qu'il achète, vend et spécule comme eux. Tel un magistrat qui souscrirait une lettre de change, qui ferait une entreprise de manufacture, ou qui se jetterait de toute autre façon dans la sphère des opérations commerciales. La *personnalité* ne reste que pour lever, dans certains cas, le doute sur le caractère d'un acte dont la cause n'est pas exprimée. Ainsi toutes les obligations contractées par un négociant sont présumées faites pour son conmmerce jusqu'à *preuve contraire*.

Il est des circonstances où l'engagement n'est commercial que d'un côté, comme lorsqu'un propriétaire vend les denrées de son cru à un individu qui les achète pour les revendre. Alors l'acheteur seul est soumis, pour l'exécution du marché, à la juridiction des tribunaux de commerce, parce que seul il a fait un acte de négoce.

On ne peut contester que le commerce n'ait gagné, à la faveur du nouveau système, des motifs plus puissans de confiance et d'abandon, et une plus énergique liberté d'action ; mais

___

(1) Art. 631 et 633 du Cod. de com.

aussi quelle étendue donnée à la matière commerciale ! Quelle tâche pour des juges, qui ne
peuvent guère connaître à la fois tous les
usages des diverses branches d'industrie, et
les règles de la banque, et les lois des contrats
maritimes, et la marche de la procédure, et les
maximes du droit civil ! Quelle tâche pour
des juges toujours animés, sans doute, du désir
de rendre bonne justice, mais auxquels on
n'a demandé, pour condition de leur éligibilité,
que l'honnête exercice pendant cinq ans de
tel ou tel commerce !

On se rassure en disant que les causes
graves subissent presque toujours l'épreuve
d'une nouvelle discussion devant les cours
royales; mais cette remarque ne serait-elle
point elle-même un argument contre l'utilité
d'une justice spéciale, au premier degré, pour
des matières qui, au second, rentrent tout
naturellement dans les attributions de la
justice ordinaire ?

Les conseils de prud'hommes, *prudentes
homines*, sont aux tribunaux de commerce
ce que les justices de paix sont aux tribunaux
civils. Le premier fut établi à Lyon par la loi
du 18 mars 1806. Différens décrets en ont

placé d'autres dans les villes où des fabriques importantes et un grand essor d'industrie rendaient cette institution nécessaire (1).

Ils furent d'abord composés de cinq marchands fabricans et de quatre chefs d'ateliers, élus dans une assemblée générale présidée par le préfet du département ; mais, d'après le décret du 11 juin 1809 et l'avis du Conseil d'état du 20 février 1810, les contre-maîtres, les teinturiers, et les ouvriers patentés, y ont été admis : leur nombre peut être plus ou moins considérable, pourvu que les marchands fabricans aient toujours dans le conseil un membre de plus que les chefs d'ateliers, les contre-maîtres, les teinturiers, ou les ouvriers. Ils sont renouvelés en partie le premier jour de chaque année; les membres sortans peuvent être immédiatement réélus.

Les prud'hommes choisissent entre eux un président et un vice-président dont l'exercice ne dure qu'un an ; ils ont un secrétaire et un commis qu'ils nomment et qu'ils révoquent à volonté.

(1) On trouvera le tableau de ces villes, avec la date des décrets particuliers à chacune d'elles, dans les *Lois d'organisation*, de M. Dupin, tom. 1er, pag. 474.

La juridiction des prud'hommes, comme celle de tous les tribunaux d'exception, est rigoureusement restreinte aux personnes et aux choses que la loi y a soumises. Nul n'est leur justiciable, s'il n'est marchand, fabricant, chef d'atelier, contre-maître, ouvrier, compagnon, ou apprenti, travaillant dans les fabriques des lieux qui forment l'arrondissement du conseil.

Les attributions des conseils de prud'hommes sont à la fois administratives et judiciaires ; ils veillent à l'observation des lois et règlemens concernant les fabriques.

Ils concilient en *bureau particulier* les différends qui s'élèvent, soit entre des fabricans et des ouvriers, soit entre des chefs d'ateliers et des compagnons ou apprentis.

Ils jugent en *bureau général* les procès qui n'ont pu être éteints par la conciliation, quelle qu'en soit la valeur. Mais leur compétence en dernier ressort, limitée dans le principe à soixante francs, a été portée, par un décret du 3 août 1810, jusqu'à la somme de cent francs.

Les prud'hommes ont encore une juridiction de police : ils peuvent punir d'un emprisonnement de trois jours, au plus, tout délit tendant à troubler l'ordre et la discipline de l'atelier, et tout manquement grave d'un apprenti envers son maître (1).

Les justiciables des prud'hommes sont tenus de comparaître en personne, sur l'avertissement du secrétaire, ou sur la citation de l'huissier attaché au conseil. En cas d'absence ou de maladie seulement, ils peuvent se faire représenter, soit par un parent, soit par un fondé de pouvoir négociant ou marchand. On y suit la marche tracée par le Code de procédure, au livre *des justices de paix.*

Les tribunaux de commerce sont les juges d'appel des prud'hommes.

Il y avait autrefois à Marseille un tribunal composé de quatre prud'hommes nommés par les pêcheurs et choisis entre eux; ils étaient juges souverains de tout ce qui concernait la police de la pêche. On dit que cette juridiction fut créée en 1451 par ce bon roi René, comte de Provence et d'Anjou, qui avait quelques traits de ressemblance avec notre Henri IV, mais qui ne sut pas, comme lui, conserver les

---

(1) Voyez la loi du 18 mars 1806, le décret du 3 juillet même année, celui du 11 juin 1809, l'avis du Conseil d'état du 20 février 1810, et le décret du 3 août suivant.

états qu'il avait conquis. Les pêcheurs qui comparaissaient devant les prud'hommes de Marseille étaient obligés, avant de plaider, de mettre chacun deux sous dans le tronc du tribunal : ces deux sous étaient les épices des juges. La sentence s'exécutait de suite; sinon le garde de la communauté allait saisir la barque et les filets de la partie condamnée.

Il y a peut-être dans quelques esprits de nos jours une sorte d'affectation à faire intervenir le passé, pour revendiquer une bonne partie des institutions dont le présent se fait honneur, et à rechercher par quelle filiation telle idée, qui passe pour neuve, a pu se transmettre d'un siècle à un autre. Le demi-jour du moyen-âge se prête avec une merveilleuse facilité à cette manière de généalogies qui, semblables à l'ombre, s'accroissent de la décroissance de la lumière. On n'a donc pas manqué de dire que la juridiction des prud'hommes remontait au temps du roi René, et que la loi du 18 mars 1806 n'avait fait que les *rétablir*.

Quant au nom de *prud'hommes*, on le donnait jadis aux juges, aux arbitres, aux administrateurs des villes, aux gardes, jurés et syndics des communautés d'arts et métiers, et aux gens *suffisans, idoines et expérimentés*, que

la justice ou les parties choisissaient pour faire
le rapport, la visite et la prisée d'une chose.
Au fond, je crois qu'il y a fort peu de rapports
entre la police des pêcheurs de Marseille et
l'institution de nos prud'hommes, de ces
juges-administrateurs chargés de veiller à la
conservation des matières confiées aux ouvriers, de réprimer l'usurpation des dessins,
de concilier les fabricans, les chefs et les ouvriers, de juger leurs différends, lorsque la
médiation du bureau particulier a été vainement employée, et de maintenir l'ordre dans
les ateliers. Dire que les prud'hommes-
pêcheurs de Marseille furent le modèle des
prud'hommes d'aujourd'hui, c'est dire, si l'on
veut bien me passer la comparaison, que le
premier sentier tracé dans la bruyère fut le
modèle des chemins de fer.

CHAPITRE XV.

DE L'APPEL ET DE SON ORIGINE EN FRANCE.

Au nombre des questions posées par l'Assemblée constituante, pour la discussion relative à l'ordre judiciaire, se trouvait celle-ci : « Y aura-t-il plusieurs degrés de juridiction, » ou bien l'usage de l'appel sera-t-il aboli? »

La question aurait été tranchée, si l'on eût adopté le jury en matière civile, parce que nul autre témoignage ne peut infirmer la réponse que donne la conscience des jurés sur la vérité d'un fait.

Le jury civil ne fut point admis. La question de l'appel resta donc tout entière.

Parmi ceux qui ne voulaient qu'un seul degré de juridiction, les uns disaient que l'ap-

pel tirait son origine de la pratique barbare
du combat judiciaire ; les autres le repous-
saient comme un abus du régime féodal ; il y
en avait qui demandaient comment il est
prouvé qu'un second jugement vaut mieux
que le premier. C'était le doute d'Ulpien : *Non
nunquàm appellandi usus benè latas sen-
tentias in pejus reformat ; neque enim utique
melior pronuntiat qui novissimus sententiam
laturus est* (1). Tous avaient peur de cette
grande ombre des parlemens qui leur
apparaissait encore armée de son redoutable
esprit de corps, de sa force politique et de
son immense pouvoir judiciaire.

Il fut décrété qu'il y aurait deux degrés de
juridiction; mais, par respect pour l'égalité, on
les mit de niveau. Je parlerai dans le chapitre
suivant de cette bizarre théorie.

A quelle époque du droit français faut-il
remonter pour trouver l'origine de l'appel?
Etait-il inconnu sous les deux premières races
de nos rois? Ne date-t-il que des établissemens de saint Louis? Les publicistes sont

(1) L. 1 , ff. *de appellat. et relat.*

presque tous divisés sur ces questions (1).

Cette diversité d'opinions n'a rien qui doive étonner. On trouve souvent aux sources où

(1) Voyez Loiseau, *Traité des Offices*, liv. 1er, chap. 14.

Le président Henault, *Remarq. partic. sur la* 3e *race.*

Montesquieu, *Esprit des Lois*, liv. 28, chap. 28.

L'abbé de Mably, *Observ. sur l'Hist. de France*, tom. 2, pag. 269.

M. de Sibert, *Hist. des Variations de la Monarchie*, tom. 2, pag. 59 et suiv.

M. Bernardi, *Essai sur les Révolutions du Droit français*, pag. 170.

M. Espagne, *Dictionnaire de Riolz*, v° appel.

Robertson, *Introduction à l'Hist. de Charles-Quint*, note 23.

Le comte de Buat, *les Origines ou l'ancien Gouvernement de la France, de l'Italie et de l'Allemagne*, tom. 3, liv. 11.

M. Henrion de Pansey, *Autorité judic.*, introd., chap. 2.

M. de Montlosier, *de la Monarchie française*, tom. 1, pag. 183 et suiv.

H. Hallam, *l'Europe au moyen-âge*, tom. 1, pag. 320 et suiv.

M. Meyer, *Inst. judic.*, tom. 1, pag. 462 et suiv.

M. Isambert, *Essai sur l'Établissement monarch. des Mérovingiens*, tome 5 du *Recueil général des anciennes lois françaises*, pages 20 et 82.

l'on voudrait puiser, et dans les ruines des monumens que l'on voudrait interroger, une désespérante confusion de matières et une ténébreuse barbarie de langage. Et puis y avait-il alors quelque chose d'arrêté, de suivi? Il n'y avait qu'un mélange mal tissu de mœurs franques, de coutumes gauloises et de fragmens de lois romaines. L'histoire de ces époques violentes et incertaines admet aisément toutes sortes d'hypothèses; c'est le triomphe des conjectures. Chacun veut mettre un système en lumière : une fois engagé, il faut bien, pour s'y maintenir, faire un choix parmi les textes, adopter celui-ci comme authentique, rejeter celui-là comme suspect, rafraîchir des interprétations, expliquer des doutes, et masquer des vides avec les pièces de rapport que fournissent des analogies plus ou moins éloignées.

Je crois que, dans les recherches qui ont été faites, on n'a pas toujours assez franchement distingué l'appel proprement dit, des autres voies de recours qui s'étaient confusément

M. Dalloz, *Jurisprudence générale du Royaume*, v° *degrés de juridiction.*

ouvertes au milieu du désordre et de la corruption des anciens temps. Ce qui nous est resté de ces autres voies a pris, en se régularisant, le nom de *voies extraordinaires*. La loi leur a donné des conditions, des formes et des applications spéciales.

Si l'examen de la question, considérée sous cet aspect, laisse encore incertaine l'origine de l'appel, il en pourra du moins sortir des remarques et des points de reconnaissance qui ne seront point perdus pour l'étude de la procédure. *Occasiones verò legum, tempora et causæ, quæ maximè aperiunt sententiam earum, omnia eruuntur ex historiis* (1).

L'appel est le recours au tribunal du juge supérieur pour obtenir la réformation de la sentence rendue par le juge inférieur. *Appellatio est provocatio ad majorem judicem, ratione gravaminis illati vel inferendi* (2).

C'est une critique de l'opinion du premier juge, une plainte portée contre l'erreur ou

(1) Gravina, *in præf. orig. jur.*
(2) Lancelot.

I. 26

l'injustice de sa décision : *appellatio continet iniquitatis querelam* (1). Balde a dit là-dessus un mot d'assez mauvais goût : *Contra venenum judicum data est theriaca appellationis.*

Cependant on ne peut appeler des jugemens qui ne sont soumis qu'à un seul degré de juridiction, ni de ceux qui les ont tous subis. Alors la chose jugée est réputée la vérité : *res judicata pro veritate habetur.* Toutefois, cette salutaire présomption doit céder à l'évidence d'une erreur commise, soit en fait, soit en droit; et la loi, qui n'a pas voulu s'affaisser sous son propre poids pour s'immoler elle-même, a introduit, selon les cas, les remèdes de *la requête civile* et du *pourvoi en cassation.*

La requête civile est une supplication tendante à obtenir le redressement d'une erreur dont la cause n'est point reprochée au juge, et contre laquelle il n'a pu se tenir en garde. *Erroris proprii, veniæ petitionem, vel adversarii circumventionis allegationem continet* (2). C'est une demande adressée au

(1) L. 17, ff. *de minoribus.*
(2) *Ibid.*

tribunal qui a rendu le jugement, pour qu'il veuille bien le rétracter et le remplacer par un autre. *Supplicatio quâ petitur revisio litis.... imploratio ejusdem magistratûs clementiæ, ad quam supplicans, tanquam ad justitiam et æquitatis asylum, confugit.*

Dans la requête civile, on ne dit point, comme en appel, que le juge s'est trompé ; mais on expose au juge lui-même qu'il a été trompé, parce que les élémens qui devaient former sa conviction ont été frauduleusement faussés, soustraits ou dénaturés, ou bien encore parce que les garanties prescrites pour la défense des plaideurs, et pour l'instruction des magistrats, ont été négligées.

S'il est permis de remontrer au juge qu'il a été induit en erreur sur un point de fait, et de le supplier de rétracter la décision qu'il a rendue, il n'en est pas de même lorsqu'une partie se plaint d'une contravention formelle au texte de la loi : car le juge doit connaître la loi, et l'on ne pourrait décemment retourner vers lui pour l'accuser en face de l'avoir méconnue. Alors, c'est le cas du pourvoi en cassation.

Ici le procès se meut entre l'arrêt et la

loi ; s'il y a opposition manifeste, la loi doit sortir triomphante de cette lutte. L'arrêt est cassé : c'est comme s'il n'avait pas été rendu. L'intérêt privé des parties n'est point compté dans cette rigueur solennelle ; le sacrifice de la chose jugée se fait à l'intérêt public. *Contra constitutiones judicatur , cùm de jure constitutionis , non de jure litigatoris, pronuntiatur* (1).

La voie de cassation n'est point une *voie de ressort*, c'est-à-dire un troisième degré de juridiction; elle n'engage pas, comme l'appel, un nouvel examen du fond. L'autorité qui casse venge la loi; et, cette justice faite, elle renvoie l'affaire et les parties devant un autre tribunal qui met un arrêt à la place de celui qui n'est plus.

Le juge a-t-il dénié la justice? s'est-il rendu coupable de dol, de fraude ou de concussion dans l'exercice de ses fonctions (2)? la victime de ces manœuvres déloyales a le

_____

(1) Loi 1ʳᵉ , § 2 , ff. *quæ sententiæ sine appellatione rescinduntur.*

(2) *Cùm dolo malo in fraudem legis sententiam dixerit. Dolo malo autem videtur hoc facere , si evidens arguatur ejus vel gratia , vel inimicitia , vel etiam sordes.* L. 15, § 1 . ff. *de judiciis.*

droit de le faire descendre de son tribunal ,
de l'attaquer, et de le faire condamner, comme
responsable du tort infligé par l'exécution du
jugement qu'elle est obligée de souffrir (1) ;
car le jugement n'en subsiste pas moins :
c'est la prise à partie.

Maintenant il faut remonter le cours des
âges. Plus on marchera, plus on verra d'em-
brouillement dans les choses que je viens de
distinguer. On remarquera des institutions judiciaires et point de justice, des garanties en
germe et des usurpations désordonnées : rien
de formé, de régulier, de fixe ; et, par-dessus
tout, le choc des prétentions et des forces indi-
viduelles contre un fantôme d'autorité publique. On ne trouve à se reposer un peu, sur
cette route aventureuse, qu'aux temps de Charlemagne et de saint Louis.

Lorsque chaque corps de nation était peu
considérable encore , le pouvoir judiciaire
résidait exclusivement dans les assemblées
générales , ou *placita* , présidées par le
chef. La nation tout entière intervenait
pour arrêter les vengeances , et pour assurer

_____

(1) *Ut veram æstimationem litis præstare cogatur.*
L. 15, § 1 , ff. *de judiciis.*

l'exécution du jugement. Celui qui refusait
d'obéir perdait tous ses droits à la protection
publique ; il encourait le forban, pour peine
de son mépris et de sa rébellion. Voici une
ancienne formule du forban : « Nous dé-
» clarons ta femme veuve, et tes enfans or-
» phelins. Nous adjugeons ton corps et ta
» chair aux bêtes des forêts, aux oiseaux du
» ciel, et aux poissons qui vivent dans les
» eaux. Nous permettons à toute personne
» de troubler ton repos et ta sûreté, et nous
» t'envoyons aux quatre coins du monde au
» nom du diable (1). »

Certes, en ce temps-là, il ne pouvait y avoir
d'appel.

Quand la population vint à s'accroître et à
s'épandre, elle se divisa en fractions; les assemblées générales furent tenues plus rarement,
et les comtes commencèrent à réunir les
hommes de leur territoire en assemblées particulières, *placita minora* (2). Les comtés se

---

(1) *Les Origines*, etc., tom. 3, pag. 58.
(2) Je ne parle pas des ducs ; ils étaient les chefs
principaux de l'armée en l'absence du roi : tout porte
à croire qu'ils n'avaient de juridiction que pendant
leur commandement. Ils réunissaient alors l'exercice
des pouvoirs militaire, civil et judiciaire, que l'on

subdivisèrent en centènes gouvernées par un centenier. Il est aussi question, dans quelques auteurs, d'une autre subdivision en dizènes, et de dizeniers qui en auraient été les chefs; mais leur existence est contestée (1). Ces officiers présidaient, en temps de paix, la réunion des hommes libres qu'ils commandaient en temps de guerre. Le plaid de la centène ne connaissait que des petites affaires : tout ce qui touchait la vie, la liberté et le droit de propriété, était jugé par le plaid du comte. Les causes des comtes, des évêques, des abbés, et de tous les grands de l'État, *potentiores*, étaient réservées à la Cour du Roi.

Il paraît qu'avant la conquête, les comtes et les centeniers avaient été élus par le peuple; après ils furent nommés par le roi ou par ses délégués : ils étaient amovibles.

Les comtes et les centeniers, assistés des rachimbourgs (2), rendaient la justice dans

n'avait point encore imaginé de séparer. Le comte était le magistrat ordinaire. Les Lombards appelaient *duc*, l'officier que les Francs appelaient *comte*.

(1) M. Guizot, *Essais sur l'histoire de France*, 4° *Essai*, pag. 256.

(2) *Reich in burg*, notables. Il ne faut pas les confondre avec les *scabini*, échevins, qui furent institués

les terres immédiatement soumises à la juridiction royale.

Les propriétaires de fiefs ou bénéfices jugeaient, avec leurs vassaux, les hommes de
leur domaine.

Les bases de ce système judiciaire, sous la
première race, sont généralement reconnues
aujourd'hui ; il est inutile d'en rapporter les
preuves.

La difficulté consiste à savoir, comme je
l'ai déjà annoncé, s'il y avait des voies de
recours contre les jugemens, quelle était la
nature de ces voies, quel tribunal pouvait
en connaître, et quels étaient leurs effets.

Je consulterai d'abord le plus ancien de
nos textes, le pacte de la loi salique.

Lorsque les rachimbourgs r efusaient de
juger, *legem salicam dicere*, le poursuivant
répétait trois fois sa demande, et finissait par
leur adresser une sommation en ces termes :
*Ego vos tangano usque dum vos inter me
et contra causatorem meum legem judice-*

---

sous Charlemagne, pour suppléer à la négligence que
mettaient les rachimbourgs à se rendre aux plaids. Les
scabini furent des magistrats permanens, spécialement
tenus de juger.

tis. S'ils différaient alors, *si tunc dicendi legem distulerint*, sept d'entre eux, car il ne fallait rigoureusement que ce nombre pour faire un jugement, pouvaient être ajournés, *sole culcato* (1) , et condamnés à payer chacun cent vingt deniers ou trois sols (2).

Et si les rachimbourgs, au mépris de ce qui précède, refusaient encore de dire la loi et de se soumettre au paiement de l'amende, chacun des sept encourait une nouvelle condamnation de six cents deniers ou quinze sols (3).

(1) A un jour fixe. Voyez Ducange, v₁ₛ *solem culcare* et *collocare.*

(2) *Si quidem Rachimburgii in mallo residentes, cùm causa discussa fuerit inter duos causatores, admoniti ab eo qui causam requirit ut legem salicam dicant, et si legem dicere noluerint, tunc ab eo qui causam requirit, sint iterùm admoniti usque in tertiâ vice. Quod si dicere noluerint, tunc dicat ille qui causam requirit : Ego vos tangano usque dum vos inter me et contra causatorem meum legem judicetis. Et si tunc dicendi legem distulerint, sole culcato, septem de illis unusquisque centum viginti denariis, qui faciunt solidos tres, culpabilis judicetur.* Pact. legis salicæ, tit. 60, art. 1. Baluze, tit. 1, p. 320.

(3) *Si adhuc tunc Rachimburgii despexerint, nec legem dicere voluerint, neque de tribus solidis compositionem facere; tunc unusquisque illorum septem, culcato sole,*

J'ajouterai aux dispositions de la loi salique, celles de la loi des Allemands et de la
loi des Bavarois, qui forment les deuxième
et troisième capitulaires du roi Dagobert.

Si le juge, disait la loi des Allemands, a
prononcé contre la loi par cupidité, par haine
ou par crainte, il est coupable : il devra payer
douze sols à celui qu'il a injustement condamné, et lui restituer la valeur de ce qu'il
lui a fait perdre (1).

La loi des Bavarois condamnait le juge con-
cussionnaire, *si acceptâ pecuniâ malè judicaverit*, à restituer le double du dommage,
et à payer quarante sols au fisc (2).

---

*sexcentis denariis , qui faciunt solidos quindecim , cul-
pabilis judicetur.* Ibid. art. 2.

(1) *Si autem per cupiditatem , aut per invidiam
alicujus , aut per timorem, contra legem judicaverit,
cognoscat se deliquisse et duodecim solidis sit culpabilis cui injustè judicavit , et quod per illum
damnum passus est injustè, ille judex restituat ei.*
Lex Alamannorum, tit. 41, art. 2. Baluze, t. 1, p. 68.

(2) *Judex si , acceptâ pecuniâ, malè judicaverit ,
ille qui injustè aliquid ab eo per sententiam judicantis
abstulerit, ablata restituat ; nam judex qui perperàm
judicaverit in duplum ei cui damnum intulerit cogatur
exsolvere, quia ferre sententiam contra legum nostra-*

Voilà bien la prise à partie telle que nous l'avons encore à peu près ; ce qui suppose déjà l'existence d'un tribunal supérieur pour y faire droit; car les rachimbourgs que l'on accusait de déni de justice , de fraude, ou de concussion, ne se jugeaient pas et ne se condamnaient pas eux-mêmes (1).

M. Meyer en convient; mais il voit une grande différence entre la peine infligée au juge qui dénie ou qui vend la justice, et la réformation de son jugement; puis il ajoute : « Aucun passage de la loi salique, ni des autres lois des Germains, ni des capitulaires, *ne parle d'un appel*, *soit textuellement*, *soit virtuellement*. Partout le jugement reste valide; et, lors même que le comte ou les rachimbourgs sont punis, nulle part il n'est question de réintégrer les condamnés, soit dans leur bonne renommée, soit dans leurs biens : si le juge est condamné pour avoir

---

rum statuta præsumpsit, *et in fisco cogatur quadraginta solidos persolvere*. Lex Baiuvariorum, tit. 2 , art. 18. Ibid. pag. 106.

(1) Comment M. de Montesquieu a - t - il pu dire qu'alors on ne recevait pas les plaintes en déni de justice ou *défaute de droit?*

manqué à son devoir, *son arrêt n'en demeure pas moins inattaquable* (1). »

C'est ce qu'il faut examiner.

Je crois que l'idée d'un tribunal élevé qui punit le juge prévaricateur, a dû nécessairement se compliquer, en naissant, du pouvoir de réformer l'iniquité de la sentence. Ce respect dévotieux pour l'autorité de la chose jugée, que l'expérience et le bon ordre ont érigé en loi, et que nous observons, même après le jugement qui a fait droit sur une prise à partie, était un raffinement trop subtil pour les institutions ébauchées d'un peuple ardent et belliqueux. L'esprit de vengeance, l'âpreté des mœurs, et la susceptibilité de la législation, confondaient ensemble la partie et le juge ; de là cet usage, qui a subsisté si longtemps, d'intimer le juge sur l'appel, et de lui infliger une amende, soit pour déni de justice, *si legem dicere noluerit*, soit pour violation de la loi, *si legem non judicasset*, ce qui était bien différent, comme on va le voir.

S'il était prouvé que les rachimbourgs n'avaient pas jugé selon la loi, *legem non judi-*

(1) *Institut. jud.*, tom. 1ᵉʳ, pag. 468.

casse, chacun de sept d'entre eux était condamné à payer cent vingt deniers ou quinze
sols (1).

Mais si celui qui avait été condamné sou-
tenait que les rachimbourgs n'avaient pas
jugé selon la loi, et s'il ne pouvait le prouver ;
*si dicit contra legem judicasse sibi, et hoc
comprobáre non potuerit*, il devait payer quinze
sols à chacun des sept rachimbourgs (2) :
c'était l'amende *du fol appel*, suivant la Glose
de François Pithou (3).

L'auteur des *Origines* a calculé que cette
amende septuplée de quinze sols reviendrait

(1) *Similiter, si comprobati fuerint legem non judicasse, septem ex eis unusquisque sexcentis denariis, qui
faciunt solidos quindecim, culpabilis judicetur.* Pact. leg.
sal., tit. 60, art. 3.

(2) *Si autem Rachimburgii legem judicaverint, et
cui judicatum fuerit hoc sustinere noluerit, et dicit contra
legem judicasse sibi, et hoc comprobare non potuerit,
contra unumquemque de septem Rachimburgiis sexcentis
denariis, qui faciunt solidos quindecim, culpabilis judicetur.* Ibid., art. 4.

(3) *Francisci Pithœi Glossarium, sive interpretatio
obscuriorum verborum quæ in lege salicá habentur.*
Baluze, tom. 2, pag. 703.

aujourd'hui à quinze mille quinze livres de notre monnaie (1).

En admettant, avec M. Meyer, que le jugement cassé conservât toute sa force et toute sa vertu contre la partie lésée, je ne concevrais plus pourquoi cette partie se serait exposée aux chances si périlleuses d'un recours ; car il n'y avait point alors de ministère public pour se pourvoir d'office, dans l'intérêt seul de la loi. On m'objectera peut-être qu'elle profitait de l'amende encourue par les juges : mais, sans m'arrêter à discuter sur l'application de l'amende, sur les droits du fisc, et sur l'insuffisance d'une pareille réparation dans certaines affaires, je ferai une seule observation : c'est que les juges n'étaient amendables que lorsqu'il y avait contre eux appel de *vilain cas*, *blasphemia*, c'est-à-dire quand ils étaient accusés et convaincus d'avoir *méchamment et déloyaument jugé*. J'avoue que ce genre d'appel est celui dont il est le plus souvent parlé dans les vieux livres : cela tenait, comme je l'ai déjà dit, à la rudesse des mœurs et à l'ombrageuse susceptibilité de nos pères. Mais,

_____

(1) Tom. 3, pag. 101 ; voyez aussi Ducange, v^is *solidus* et *solidi aurei*.

quand le juge s'était trompé de bonne foi, on ne pouvait lui infliger aucune peine. Voici ma preuve dans la loi des Bavarois : *Si verò , nec per gratiam, nec per cupiditatem , sed per errorem injustè judicaverit, judicium ipsius in quo errasse cognoscitur, non habeat firmitatem ; judex non vocetur ad culpam* (1).

Ce texte est tranchant , et ne permet plus de soutenir que la sentence subsistait encore après que l'erreur avait été reconnue en appel. *Judicium in quo errasse cognoscitur , non habeat firmitatem.* M. Meyer n'a pas trouvé d'autre moyen pour détourner cet obstacle de la route qu'il s'était tracée , que de dire dans une note : « On pourrait croire que la loi des Bavarois indique des appels et des réformations des jugemens rendus en première instance ; mais, comme on n'y trouve rien, ni sur le tribunal auquel ils doivent être portés , ni sur la procédure en appel, nous ne croyons pas que ce soit le véritable sens de la loi (2). »

J'ai tourné et retourné le chapitre et la loi

---

(1) *Lex Baiuvariorum*, tit. 2, chap. 19. Baluze , tom. 1 , pag. 106.

(2) Baluze, tom. 1 , pag. 469.

tout entière, il ne m'a pas été possible d'y apercevoir un autre sens que celui exprimé par des mots connus, qui ne disent, en définitive, rien que de juste et de raisonnable.

Quel est donc le vrai sens, si celui-là n'est pas le véritable? C'est ce qu'il aurait fallu nous apprendre.

Si l'on ne trouve rien dans cette loi sur la procédure en appel, c'est que la procédure en appel n'était autre que la très-simple procédure de première instance.

Le doute de M. Meyer naît encore de ce que le tribunal où les appels devaient être portés, n'y est point désigné. Ce doute s'évanouira, si l'on veut bien se rappeler qu'il y avait nécessairement un tribunal supérieur chargé de recevoir les plaintes de déni de justice, et de punir les juges prévaricateurs. Or ce tribunal se trouvait tout établi, avec sa compétence hiérarchique, pour connaître d'un appel simple, et pour réformer une décision erronée; il n'était pas besoin de le désigner, c'était la Cour du roi, *placita majora.*

Cependant, lorsque la cour était en voyage à la suite du roi, l'appel était adressé aux évêques, qui exerçaient une sorte d'intendance sur les tribunaux de la nation, et qui renvoyaient l'affaire au même juge, *si contra legem injustè damnaverit*, pour qu'il eût à corriger sa première décision, *meliùs discussione habitâ* (1). Ce n'était pas la forme et la délicatesse de notre requête civile, mais c'en était l'effet. On appelait cette voie, amendement, *emendatio*.

En ce qui touche la juridiction des propriétaires de fiefs ou vassaux du roi, il est assez difficile de savoir quelle était sa mesure avant l'avénement de la seconde race. On trouve une charte de Louis le Débonnaire qui conférait à un fidèle nommé Jean le droit de juridiction sur tous les hommes de

_____

(1) *Si judex aliquem contra legem injustè damnaverit, in nostrî absentiâ ab episcopis castigetur, ut quod perperam judicavit, versatim meliùs discussione habitâ, emendare procuret.* Constitut. Clotharii regis, anno 560, art. 6. Baluze, t. 1, p. 106.

Ce texte a été mal compris par M. Espagne, qui a cru que les évêques avaient le droit de punir le juge, de casser et de réformer la sentence, s'il avait prononcé contre la loi. Les mots *emendare procuret* se rapportent évidemment au juge, et non aux évêques; autrement il aurait fallu : *emendare procurent.*

son bénéfice, et qui faisait défenses aux comtes
et à tous juges publics d'entrer dans son pour-
pris, d'y contraindre ses hommes, et de les
juger. Était-ce une faveur singulière concé-
dée à ce fidèle, que l'empereur paraissait
affectionner beaucoup? ou bien était-ce la formule ordinaire de la concession du droit de
justice attaché à la propriété? Il y a plus de
motifs pour adopter la première idée, car
un capitulaire de Charlemagne enjoignait aux
comtes et aux délégués de s'établir dans la
maison du propriétaire de fief qui ne rendait
pas la justice, et d'y vivre à ses dépens jusqu'à
ce qu'il eût accompli son devoir (1). Quoi

---

(1) *Si vassus noster justitias non fecerit, tunc et comes
et missus ad ipsius casam sedeant et de suo vivant,
quousque justitiam faciat.* Cap. 21, anno 779, c. 21.
Baluze, t. 1, pag. 198.

La preuve que *vassus noster* était un propriétaire de
fief résulte de ce que, suivant le même capitulaire,
chap. 9, le *vassus noster* qui ne remettait pas aux
plaids des comtes les voleurs réfugiés dans ses domaines,
perdait son fief et sa juridiction. *Vassi nostri, si hoc
non adimpleverint, beneficium et honorem perdant.* Ces
mots *honor*, *honore præditi*, s'appliquaient aux personnes ayant juridiction. *Cap. Ludovici Pii*, anno 819,
c. 23. Baluze, tom. 1, p. 617.

qu'il en fût, les propriétaires pouvaient être poursuivis, comme les autres juges, pour déni de justice, ou forcés d'amender leurs sentences, lorsqu'elles n'étaient pas conformes à la loi. La charte du fidèle Jean le porte expressément : *Quicquid Joannes et filii sui et posteritas eorum per legem judicaverint, stabile permaneat ; et si extra legem fecerint, per legem emendent;* ce qui suppose toujours un tribunal supérieur pour faire droit à la plainte et pour juger les cas d'amendement.

Il doit être permis de croire, d'après ces actes des Carlovingiens touchant la juridiction des propriétaires, qu'il n'en était pas autrement sous leurs prédécesseurs.

Ainsi l'on aperçoit dans les premiers établissemens qui suivirent la conquête, les traces originelles de l'appel, de la prise à partie, de la requête civile et de la cassation. Nous les retrouverons sous saint Louis. Tout cela était, sans doute, mal réglé, fort confus, et souvent très-vague dans l'application : c'était un éparpillement de principes qui n'étaient soumis à aucune forme déterminée ; mais leur empreinte est encore reconnaissable sur les débris des vieux monumens.

Les institutions périssaient lorsque la première race accomplit ses destins. Les plaids étaient livrés à la violence et à la cupidité ; les officiers de justice en multipliaient la tenue sans mesure, pour lasser ceux qui étaient obligés de s'y rendre, et pour exploiter à leur profit la mine féconde des amendes et des compositions. Il n'y avait plus ni protection ni sûreté dans aucune juridiction ; et les forts, en se faisant la guerre, écrasaient les faibles sous leurs pieds.

De ce chaos Charlemagne fit sortir, pour un temps, une administration régulière de la justice.

Il réduisit à trois, par année, le nombre des plaids auxquels les hommes libres devaient assister. Il leur défendit d'y porter leurs armes. Il enjoignit aux comtes de ne point remettre la tenue des audiences et de ne pas les abréger, pour courir à la chasse, ou se livrer à d'autres plaisirs. Il recommanda à tous ceux qui rendraient la justice de ne point monter sur leur tribunal, s'ils n'étaient à jeun et de sens rassis. Il ordonna qu'ils eussent de bons greffiers, et que tous les actes fussent écrits d'une manière nette et lisible. Il créa la magistrature permanente des *sca-bini.*

Ce ne fut pas seulement par des préceptes et des injonctions, trop souvent impuissantes, qu'il entreprit de réprimer les abus : il institua ses *missi dominici* ou délégués royaux, par lesquels il entrait dans tous les détails de l'administration, surveillait la conduite des hommes qu'il avait préposés au gouvernement de ses peuples, et révoquait ceux qui ne savaient ou ne voulaient pas juger selon l'équité. *Ut tollantur et tales eligantur quales et sciant et velint justè causas discernere et termi-nare* (1).

Le génie de Charlemagne ne pouvait dominer les mœurs de son siècle qu'en substituant partout sa puissance ferme et despoti-que, si l'on veut, à l'indépendante spontanéité de ces forces brutales et de ces mille pouvoirs qui s'entre-choquaient et s'arrogeaient partout l'empire.

Si j'ai prouvé que la pratique des appels n'était pas inconnue sous les rois de la pre-

_____

(1) *Capit.* anno 805 , cap. 12. Baluze , tit. 1 , pag. 426.

mière race, on croira sans peine que, loin
de se perdre, elle dut être particulièrement
en faveur sous un prince jaloux de traverser
la puissance féodale qui tendait à se constituer, et d'attirer à lui, comme sujets et comme
justiciables, les hommes que d'autres reven-
diquaient comme vassaux. Si l'appel n'eût
point existé, Charlemagne l'aurait inventé.
Aussi ne manqua-t-il point de prononcer des
peines contre ceux qui tenteraient de fermer
le chemin aux appelans, et de les empêcher
d'arriver jusqu'à son palais (1). Il avait coutume, à l'heure où il s'habillait, de faire
venir les parties devant lui ; il les écoutait avec
la plus grande attention, et jugeait presque
toujours sur-le-champ (2).

Les capitulaires de Charlemagne contiennent à peu près les mêmes dispositions, sur
les voies de recours contre les jugemens, que
les lois franques dont j'ai déjà cité des fragmens (3).

(1) *Ut nulli hominum contradicere viam ad nos venien-
do pro justitiâ reclamandi aliquis præsumat; et si quis
hoc facere conaverit, nostrum bannum persolvat.* Capit.
anno 789, c. 26. Baluze, tom. 1, pag. 254.

(2) Eginhart, *Vita Car. Magn.*

(3) Charlemagne fit une nouvelle promulgation du

Il y eut sous ce prince une innovation que M. Meyer semble n'avoir pas assez remarquée, et qui seule aurait dû faire naître l'idée des appels : c'est que le pouvoir judiciaire passa du peuple à un corps de juges, les *scabini*. Ils furent élus par les comtes et par les envoyés royaux, dans les assemblées où le peuple ne concourait guère aux choix que par sa présence (1).

Je sais que, pour l'adoucissement de la transition, les hommes libres conservèrent encore pendant quelques années le droit de prendre part aux jugemens, quand il leur convenait d'y assister; mais ils ne furent certainement pas plus empressés de fréquenter les plaids après l'institution des *scabini,* qu'ils ne l'étaient lorsque leur abandon rendit cette mesure nécessaire. Le droit de juger fut donc

pacte de la loi salique, en 798. Voyez aussi ses Capitulaires de 805 et 819. Baluze, t. 1, p. 425 et 617.

(1) *Ut missi nostri, scabineos, advocatos, et notarios per singula loca eligant, et eorum nomina, quando reversi fuerint, secum scripta referant.* Capit. anno 803, chap. 3. Baluze, tom. 1, pag. 393.

Scabinei boni et veraces et mansueti cum comite et populo eligantur et constituantur. Capit. anno 809, chap. 22. *Ibid.*, 467.

une commission donnée par le souverain, et l'appel au souverain devint une conséquence naturelle de ce nouvel ordre de choses, en supposant qu'il n'eût pas été pratiqué antérieurement.

Je sais aussi que M. de Montesquieu a dit : « Dans la seconde race, quoique le comte eût plusieurs officiers sous lui, la personne de ceux-ci était subordonnée, mais la juridiction ne l'était pas. Ces officiers, dans leurs plaids, assises ou placites, jugeaient *en dernier ressort* comme le comte même; toute la différence était dans le partage de la juridiction : par exemple, le comte pouvait condamner à mort, juger de la liberté et de la restitution des biens, et le centenier ne le pouvait pas (1). »

Je ne puis accorder un pareil système avec ce que le même auteur reconnaît plus loin : «Si l'on *n'acquiesçait pas* au jugement des échevins *(scabini)*, et qu'on *ne réclamât pas*, on était mis en prison jusqu'à ce qu'on eût acquiescé; et si l'on réclamait, on était conduit sous une sûre garde devant le roi, et l'affaire se discutait à sa cour (2). »

(1) *Esprit des Lois*, liv. 28, chap. 28.
(2) Voici le texte du capitulaire indiqué en note par

Donc les comtes ou les centeniers qui présidaient les *scabini* ne jugeaient pas en dernier ressort.

Quant aux centeniers, il faut bien admettre qu'un pouvoir supérieur veillait aux barrières de la juridiction qui leur avait été donnée en partage. S'ils venaient à étendre leur compétence sur un homme étranger à la centène, ou sur des matières qui ne leur avaient pas été attribuées, leurs jugemens étaient-ils en dernier ressort? Impossible de le supposer. Et qu'on ne dise pas que cela n'arrivait point; car, avec nos tribunaux bien mieux organisés, avec nos lois bien plus soigneusement rédigées, avec notre expérience enfin, nous voyons surgir chaque jour des

M. de Montesquieu : *De clamatoribus et causidicis qui nec judicium scabineorum adquiescere, nec blasphemare volunt, antiqua consuetudo servetur : id est, ut in custodiâ recludantur donec unum è duobus faciant. Et si ad palatium pro hâc re reclamaverint et litteras detulerint, non quidem eis credatur, nec tamen in carcere ponantur; sed cum custodiâ et cum ipsis litteris ad palatium nostrum remittantur, et ibi discutiantur, sicut dignum est.*

Reclamare signifiait en général *appeler*, et *blasphemare* signifiait particulièrement quereller le jugement comme faux et rendu par mauvaises voies.

incompétences *ratione personæ*, et des incompétences *ratione materiæ*. Toute limite de juridiction porte en soi la nécessité d'un appel.

Est-il plus vrai, comme l'a dit encore M. de Montesquieu (1), que l'on n'appelait point du comte à l'envoyé du roi, ou *missus dominicus*; que le comte et le *missus* avaient une juridiction égale et indépendante l'une de l'autre; que toute la différence consistait en ce que le *missus* tenait ses plaids quatre mois de l'année, et le comte les huit autres? Je ne le pense pas; et l'opinion de Loyseau, qui était aussi très-versé dans les antiquités du droit français, me semble devoir être préférée : « Par succession de temps, nos rois, ne pouvant prendre la peine ni avoir le loisir de vider tant *d'appellations*, les faisaient vider par des *commissaires* qu'ils envoyaient pour cet effet de temps en temps dans les provinces, afin que la justice *souveraine* fût rendue sur le lieu, au soulagement des peuples (2). »

Je ne concevrais guère en effet l'utilité et le relief des *missi dominici*, si leurs fonctions

---

(1) *Esprit des Lois*, liv. 28, chap. 28.
(2) *Des Offices*, liv. 1er, chap. 14.

eussent été bornées à venir remplacer les comtes pendant quatre mois de l'année. Ce fut surtout contre l'isolement et l'*indépendance* des pouvoirs locaux que l'institution des envoyés fut dirigée (1). Ce fut pour maintenir l'unité du système monarchique contre les ambitieuses prétentions de cette foule de petits tyrans éclos sous les monarques indolens de la première race (2), que Charlemagne établit la surveillance de ses *missi*, et leur supériorité sur ceux qu'ils allaient surveiller. Le peuple n'en aurait pas reçu un grand soulagement, si, nonobstant leur venue dans les légations, il eût fallu, d'un bout de l'empire à l'autre, se rendre au palais du prince, pour obtenir la réformation d'une sentence injuste, ou la réparation d'un déni de justice.

De même que le comte allait s'établir et vivre chez les propriétaires de fief qui ne rendaient pas la justice aux hommes de leur domaine (3), de même le *missus* se mettait en

(1) M. Guizot , *Essais sur l'Hist. de France* , 4me Essai.

(2) *Tyranni per totam Franciam dominatum sibi vindicantes*. Chron. centut. , *Recueil des Hist.* , tome 3, pag. 350.

(3) *Capit.* anno 779, c. 21.

garnison chez les évêques, les abbés et tous
ceux qui avaient le droit de juridiction, pour
y rendre à leur place la justice qu'ils avaient
refusée ou qu'ils avaient empêchée (1).

C'était par suite de cette supériorité que le
missus avait le droit de convoquer à son plaid
les comtes des environs (2), de les obliger à y
venir, ou à envoyer leurs viguiers (*vice-geren-
tes*), pour répondre et rendre raison sur chaque
affaire (3) : car les comtes devaient se porter
parties contre ceux qui appelaient de leurs
sentences, afin de convaincre de mensonge
les plaideurs obstinés (4).

(1) *Ut ubicumque ipsi missi, aut episcopum, aut ab-
batem, aut alium quemlibet honore præditum invenerint
qui justitiam facere vel noluit vel prohibuit, de ipsius
rebus vivant quandiù in eo loco justitias facere debent.*
Capit. anno 819, c. 23. Baluze, tom. 1, pag. 617.

(2) *Capit.* anno 812, cap. 8. *Ibid.*, pag. 498.

(3) *Ut omnis episcopus, albas et comes, exceptâ in-
firmitate, vel nostrâ jussione, nullam excusationem
habeat, quin ad placitum missorum nostrorum veniat,
aut talem vicarium suum mittat, qui in omni causâ pro
illo reddere rationem possit.* Capit. anno 819, c. 28.
Baluze, tom. 1, pag. 618.

(4) *De clamatoribus qui magnum impedimentum faciunt in palatio, ad aures domni imperatoris, ut missi*

La trace des degrés de juridiction paraît encore assez distinctement dans d'autres textes, qui recommandaient aux *missi dominici* de réformer tout ce qui aurait été fait contre la volonté du prince (1). Je ne citerai plus que la *commémoration* de Louis le Débonnaire, touchant les fonctions des *missi* : celui qui n'avait pas obtenu justice, par la faute du comte, pouvait porter sa plainte, *querelam suam*, devant le *missus*; et, s'il s'était d'abord adressé directement au roi, l'affaire était renvoyée au délégué, suivant que les circonstances le requéraient, pour qu'il la jugeât définitivement (2).

Loyseau avait donc raison de dire que les

---

seu comites illorum missos transmittant contra illos qui mentiendo vadunt, ut convincant eos. Capit. lib. 3, c. 59. Baluze, tom. 1, pag. 765.

(1) *Capit.* anno 812, c. 9. Baluze, t. 1, p. 498.

(2) *Omnis populus sciat ad hoc missos esse constitutos, ut quicumque, per negligentiam aut incuriam vel impossibilitatem comitis, justitiam suam adquirere non potuerit, ad eos primùm querelam suam possit deferre, et per eorum auxilium justitiam adquirere; et, quando aliquis ad nos necessitatis causâ reclamaverit, ad eos possimus relatorum querelas ad definiendum remittere.* Capit. anno 823, c. 26. Baluze, tom. 1, pag. 743.

missi dominici prononçaient, *vice regiâ*, sur les causes dévolues par appel au roi.

M. Meyer pense que cette *commémoration* n'avait pas trait aux affaires judiciaires, mais seulement à l'administration dans les comtés. Je ne vois aucun motif pour adopter cette opinion. Les mots *justitia*, *querela*, *reclamare*, indiquaient, dans le langage du temps, une demande en justice. Et d'ailleurs, cette ligne que nos lois modernes ont tirée, pour séparer le pouvoir administratif du pouvoir judiciaire, existait-elle alors? L'un et l'autre étaient réunis dans les mêmes mains ; les *querelles* administratives se vidaient comme les *querelles* judiciaires. Conçoit-on comment et pourquoi le *missus* aurait eu la puissance de réformer le comte en administration, et n'aurait marché que son égal en justice?

Je prie que l'on me permette encore d'essayer de répondre à une note de M. Meyer : « Il est singulier, dit-il (1), que de tous les savans qui ont prétendu que les appels étaient connus sous le règne de Charlemagne, et même avant, aucun n'ait rendu raison du phénomène que

(1) Tom, 1ᵉʳ, pag. 470.

ce mot ne se trouve dans aucune des lois du temps, dans le sens qu'y attachent les lois romaines. »

Ce prétendu phénomène tient à la différence des usages chez les Francs et chez les Romains.

Chez les Francs, la demande en justice était un cri de détresse, une clameur. C'est pourquoi les plaideurs sont appelés, dans les capitulaires, *clamatores vel causidici. Clamatores hoc loco sunt qui litigant* (1).

Clamer droit, ou simplement *clamer*, signifiait, dans les coutumes et dans les anciens auteurs, *demander, poursuivre* : de là *clame* ou *clain*, qui étaient employés pour *ajournement*(2). L'action en réintégrande était appelée *clain de rétablissement*, et l'action en complainte, *clain de simple saisine*. En Bretagne et en Normandie, *clamer garant*, c'était agir en garantie contre quelqu'un : de là aussi, en Normandie, la fameuse *clameur de haro*, qui pouvait être criée non-seulement pour malé-

(1) *Steph. Baluzii notæ ad lib. Capit.*, p. 1179; et Ducange, v° *clamare*.

(2) Coutumes d'Anjou, art. 69; du Maine, art. 80; du Bourbonnais, art. 159.

fice de corps, mais encore pour toutes les actions civiles provisoires (1).

Il était tout naturel que les *clamatores* de première instance prissent le nom de *reclamatores* en appel, car alors les cris recommençaient, et c'était le palais du prince qu'ils faisaient retentir : *magnum impedimentum faciebant ad aures domni imperatoris* (2). Aussi cette expression *reclamare* se trouve-t-elle dans tous les textes où il est question de recours (3).

(1) Voyez Basnage, sur *la Cout. de Normandie*, art. 54 et suiv.

(2) Baluze, t. 1, p. 765.

« Les appels se faisaient d'une manière analogue à des mœurs simples et grossières : les parties lésées se rendaient au palais du souverain, et demandaient à grands cris justice et réparation. Dans le royaume d'Aragon, la forme des appels au *justiza*, ou juge suprême, supposait que l'appelant était en danger imminent de mort, ou de quelque outrage violent. Il courait devant le juge en criant : *Avi, avi, fuerza, fuerza*, implorant son assistance immédiate pour qu'il lui sauvât la vie. » Robertson, *Introd. à l'Hist. de Charles-Quint*, pag. 389.

(3) *Glossar. F. Pithœi ad lib. Capit.*, v° *reclamare*. *Reclamatoria epistola quæ ad principem dirigitur ab eo qui se injustè possessionibus et prædiis suis vi aliquâ*

Elle était consacrée chez les Francs, comme *appellare* chez les Romains. *Si apud acta quis appellaverit, satis erit si dicat: appello* (1).

Il y a plus : c'est qu'on trouve chez les uns et chez les autres le mot *provocare* employé dans le même sens. Pas le moindre doute, sur ce point, en ce qui touche le droit romain ; je n'ai de preuve à fournir que pour les capitulaires. Or je lis dans le livre 7, chap. 386 : *Qui manifestam detegitur commisisse violentiam, non jam relegatione aut deportatione insulæ plectatur, sed supplicium capitale accipiat, nec interpositâ provocationis sententiâ quæ in eum fuerint dicta suspendantur* (2).

---

superiore queritur, quá illius justitiam implorat. Ducange, v° *reclamare.*

(1) *L.* 2, *ff. de appellat. et relat.* Appeler *apud acta,* c'était appeler de suite, *vivâ voce, ipso die,* l. 5, § *ibid.* Lorsque l'appel n'était pas fait de cette manière, on le faisait par libelle appellatoire : *Si autem hoc non fecerit, ad libellos appellatorios dandos biduum vel triduum computandum est.* Ibid.

Libelli qui dantur appellatorii itâ sunt concipiendi, ut habeant scriptum et à quo dati sint ; hoc est, qui appellet, et adversùs quem, et à quâ sententiâ. L. 1, § 4, ibid.

(2) Baluze, t. 1, p. 997.

Faut-il y trouver enfin le mot *appellare ?* Le voici, notamment dans les 181ᵉ et 333ᵉ chapitres du même livre : *Homicidæ , adulteri , malefici , venefici , convicti , si appellare voluerint, non audiantur* (1). — *Appellantem non debet afflictio ulla aut carceris aut detentionis injuriare custodia ; et liceat appellatori vitiatam causam appellationis remedio sublevare* (2).

Il serait inutile de citer encore. Les Francs s'étaient accoutumés à employer les expressions du droit romain, à mesure qu'ils avaient pu s'en instruire; leurs derniers capitulaires en sont remplis.

Je ne puis mieux résumer cette discussion sur l'état des choses au commencement de la seconde race, qu'en rapportant ce qui en a été dit par l'auteur des *Origines* (3).

« Tout ce qui était *rector populi*, juge ou gouverneur du peuple, pouvait être réformé

_____

(1) C'était, dans les mêmes termes à peu près, la disposition des lois romaines. L. 16 , ff. *de appellat.* ; et 2 , *Cod. quor. appellat. non recipiuntur.* C'était aussi le nouveau droit français pour les cas prévôtaux.

(2) Baluze, t. 1 , p. 1064 et 1097.

(3) T. 3 , p. 134 et 135.

par les commissaires (1), et devait également
se rendre à leur plaid. On le tenait dans plusieurs parties de la province, afin que ceux
qui avaient des plaintes à faire contre les
magistrats pussent s'y transporter commodément (2). Les défenseurs s'y rendaient de la
part des villes (3); c'était le comte qui y me-
nait les vicaires et les centeniers avec trois
ou quatre de ses assesseurs. Tous les évêques,
les comtes, les abbés, étaient obligés de s'y
rendre, à moins qu'ils n'en fussent empêchés
par maladie, ou que les ordres du roi ne
les appelassent ailleurs (4); mais, en ce cas
même, ils devaient y envoyer un vicaire, *vice-
gerens*, qui pût rendre raison de tout en leur
nom.

» Les comtes pouvaient être jugés ou par
le roi, ou par les commissaires; ainsi le
plaid où ceux-ci présidaient *était compétent
pour réformer leurs sentences*. Ce n'était
cependant pas par-devant eux qu'on les rele-
vait (5); mais le roi leur envoyait ordinaire-

(1) *Capit.* anno 823, c. 28.
(2) 3ᵐᵉ *Capit.* anno 812, c. 8.
(3) *Capit.* anno 823, c. 28.
(4) *Ibid.*, et *Loth.*, tit. 5, c. 24.
(5) *Capit. Synod. vernens.*, anno 755, c. 29.

ment les affaires mues dans leur district, et
alors ils les jugeaient définitivement (1). Ils
terminaient aussi toutes celles que les comtes
ne s'étaient pas trouvés en état de régler, ou
sur lesquelles ils n'avaient pas prononcé, soit
par négligence, soit par mauvaise volonté :
car les commissaires recevaient les plaintes
de déni de justice, aussi bien que la cour du
palais. »

Telle est aussi l'opinion de l'abbé de Mabli,
de M. Espagne, de H. Hallam, et celle de plusieurs écrivains allemands, comme M. Meyer
en convient lui-même (2).

L'anarchie, comprimée durant quarante-
sept années d'un gouvernement ferme et
régulier, reprit son cours dès que la main
de Charlemagne se fut retirée. Les *missi
dominici* parcouraient encore les provinces ;
on faisait des capitulaires dans lesquels on
rappelait les précédens ; on recommandait
toujours la stricte exécution des lois du
royaume : mais ces démonstrations étaient
vaines ; il n'y eut plus ni règles, ni formes

(1) *Capit.* anno 823, c. 26.
(2) *Instit. judic.*, tom. 1, pag. 466, à la note.

de justice, et les faibles redevinrent la proie
des forts. Les centeniers, les comtes et les
bénéficiers se constituèrent propriétaires de
leurs offices et de leurs fiefs ; ils les revendi-
quèrent à main armée, quand les successeurs de Charlemagne s'avisèrent de disputer
sur le droit d'hérédité. Les *missi* se firent
eux-mêmes un patrimoine de leurs légations,
et la couronne appauvrie se vit dans l'impuissance de faire face à des prétentions qui
éclataient de toutes parts. Certes il n'était plus
question d'appels, soit à la cour du souverain,
soit aux plaids des envoyés royaux, lorsque
le roi fut réduit à n'être plus que le seigneur
de Laon, et lorsque tous les échos des vieux
manoirs répétèrent cet axiome : *Entre toi,
vilain, et ton seigneur, il n'y a de juge fors
Dieu.*

Je puis me dispenser de parler avec détail
des guerres privées, et de cette confédération
turbulente de seigneurs et de vassaux qui
s'étaient partagé le pays, les habitans et le
pouvoir, lorsque commença la troisième race.
Tout le monde sait comment les appels se
vidaient dans ce temps-là, quand appel y
avait : car, si l'on s'était battu en première in-

stance, la défaite du vaincu avait fini le procès.
Mais on ne combattait pas toujours de prime
saut : certaines causes se décidaient d'abord
par droit ; du jugement de celles-là on pouvait appeler ; puis l'appel se démenait par
gages de bataille. C'était un défi aux juges ; la
partie condamnée leur disait : *Vous avez fet
jugement faus et mauvès, comme mauvès que
vous este....*

Un appel de cette sorte étant une injure
grave, un démenti formel, on ne pouvait le
faire directement au seigneur sans commettre
félonie, ce qui aurait entraîné pour l'appelant
l'obligation d'abandonner son fief avant
d'offrir le combat.

La provocation s'adressait donc aux pairs ;
elle devait avoir lieu à l'instant même où le
jugement venait d'être prononcé, car le
moindre délai le faisait tenir pour bon.

Entrer en lice avec tous les membres d'un
tribunal, et n'avoir que cette alternative, ou
de les vaincre tous l'un après l'autre, depuis
le lever jusqu'au coucher du soleil, ou d'être
pendu, c'était une manière d'appel terrible-
ment chanceuse. « Nul homme qui aimoit
son honor et sa vie ne devoit emprendre à
le faire ; si Dieu ne faisoit apertes miracles

pour lui, il moroit de vil mort, et de honteuse et vergogneuse (1). »

D'un autre côté, le combat judiciaire étant une sorte d'épreuve dans laquelle nos pères admettaient l'intervention du ciel en faveur du bon droit, ils devaient être fort embarrassés pour expliquer comment cinq ou six juges, par exemple, étaient tombés sous les coups de l'appelant, avant que la victoire restât au septième en manifestation de la justice et de la vérité d'une sentence qu'ils avaient tous rendue.

On admit des modifications : la partie à laquelle il ne convenait pas de se mesurer avec un tribunal tout entier, obtint la faculté de demander que chaque juge fût tenu de dire son avis à voix haute. Quand le premier avait prononcé, si le second *l'ensuivait*, c'est-à-dire s'il opinait de même, c'était le moment d'appeler, en disant que le jugement auquel l'ensuivant s'accordait, était faux, mauvais et déloyal, et que tel on le ferait contre lui. Alors les gages de bataille étaient reçus; de cette façon, l'appelant n'eut plus qu'un combat à soutenir.

(1) *Assises de Jérusalem*, chap. 112, pag. 88.

Toutefois il n'en restait pas moins exposé à être *pendu par son col*, en cas de défaite, ou à *avoir le chief copé*, s'il refusait de se battre après avoir faussé le jugement. A cette rigueur extrême on substitua de fortes amendes; « et pour che il fut résou que l'appellant fit bonne seurté de poursiévir son appel (1). »

Le gentilhomme combattait à cheval avec ses armes, et le vilain à pied avec un bâton et un écu de cuir, sans fer ni acier. Mais, si le gentilhomme défiait le vilain, il se soumettait à combattre comme lui, parce que « *l'appelloir doit suivre le défendoir en sa loy*. Et seroit cruelle chose, ajoutait Beaumanoir, si le gentilhomme appeloit un homme de poote (2), et s'il avoit l'avantage du cheval et des armes (3). »

Lorsqu'il y avait déni de justice, *défaute de droit*, il était permis d'attaquer directement le seigneur, de lui déclarer la guerre, ou de le traduire par appel à la cour du suzerain. Cet appel se démenait par raisons et faits tendants à prouver la *défaute;* mais, si des témoins

---

(1) Beaumanoir, chap. 61, pag. 314.
(2) Un homme en puissance d'autrui, serf.
(3) *Ibid.*

étaient produits, celui contre lequel ils venaient déposer leur mettait sus qu'ils étaient
faux et parjures, et l'on se battait encore (1).

Plus heureux que Louis le Gros, qui avait
tenté vainement de renouveler les *missi dominici* de Charlemagne, sous le nom de *juges
des exempts*, Philippe-Auguste parvint à instituer et à maintenir des baillis dans les provinces (2). Il n'y en eut d'abord que quatre : ceux
de Vermandois, de Sens, de Mâcon et de Saint-
Pierre-le-Moustier. On les multiplia dans la
suite, à mesure que l'autorité royale gagnait du
terrain; ils se prévalurent des *défautes de droit*
et des mauvais jugemens rendus dans les cours
des barons, pour évoquer les causes et les
juger eux-mêmes. Les cas royaux réservés aux
baillis s'étendirent peu à peu, et finirent,
avec le temps, par resserrer beaucoup la juridiction des seigneurs. Quels étaient ces cas
royaux ? Lorsque les barons de Champagne
vinrent faire cette question à Louis X, il leur
donna une définition qui dispense d'en cher-

(1) « Ainsi peuvent bien naistre gages de l'appel
qui est fait sur défaute de droit. » Beaumanoir, *ibid.*
Voyez aussi l'*Esprit des Lois*, liv. 28, chap. 28.

(2) Voyez ci-dessus, pag. 108 et 115.

cher d'autre : « C'est assavoir que la royale majesté est étendue ès cas qui, de droit ou de ancienne coutume, peunt et doient appartenir à souverain prince et à nul autre (1). »

Je reprends l'ordre des temps. Saint Louis vint : ce prince, qui sut allier à la plus fervente piété le plus noble héroïsme, aux mœurs les plus douces le caractère le plus ferme, consacra tous ses soins au soulagement du pauvre peuple, et à la réforme d'une législation inhumaine. Si l'on considère toutes les résistances qu'il eut à surmonter, tous les préjugés qu'il eut à déraciner, toutes les obscurités qu'il eut à éclairer, on sentira de quel courage, de quelle sagesse et de quelles lumières il dut être favorisé pour triompher de la barbarie de son temps. Saint Louis proscrivit le combat judiciaire dans ses domaines. Il fut permis d'appeler d'une injuste sentence sans avoir la lance au poing; les appels de *faux jugemens*, comme ceux de *défaute de droit*, ne se démenèrent plus par défi, mais par actes et par témoins.

Cependant il était trop habile pour heurter brusquement le préjugé qui attachait aux

_____

(1) *Ordonnances des Rois*, tom. 1, pag. 606.

appels l'idée d'une outrageuse félonie. Il renouvela les anciens recours par *amendement* : c'était, comme déjà je l'ai dit, une supplication au juge qui avait rendu la sentence, afin qu'il voulût bien y corriger ce qui n'était pas bon et juste.

Si l'amendement était refusé, on pouvait appeler au roi.

Ainsi les appels perdirent leur couleur hostile d'injure et de provocation. Les juges, plus ménagés par cette humble voie de supplication, qui leur permettait de revenir sur leurs pas sans compromettre leur dignité, furent mieux disposés à entendre les griefs des plaideurs, et s'accoutumèrent insensiblement à se voir réformer par un tribunal supérieur.

L'amendement fut pratiqué dans les justices royales seulement, c'est-à-dire dans les pays *de l'obéissance le roi.* Au dehors, les sentences rendues par les cours de barons furent soumises à l'appel devant le suzerain, et cet appel arriva, de degré en degré, jusqu'à la cour du roi, qui était le premier seigneur par *amont,* ou *le grand fieffeux* du royaume.

Le *faussement* se réduisit donc aux termes d'un appel ordinaire ; le mot seul fut conservé. On revint au bon sens primitif de la loi des

Bavarois : *Si judex per errorem injustè judica-*
verit, judicium ipsius in quo errasse cognos-
citur, non habeat firmitatem ; judex non vo-
cetur ad culpam (1). « Et sachiez quel nul
juge ne doit tenir à injure se l'on appelle de
sa sentence, selon droit escrit en code *de*
appellationibus, en la loi qui commence : *et*
in majoribus et in minoribus negotiis, etc. , où
il est escrit de cette matière (2 . »

Toutes ces choses ne s'accomplirent point
d'un seul jet et sans de grands efforts. Ce
fut une lutte longue et difficile que celle de
l'autorité royale contre l'espèce de souveraineté que les barons s'étaient arrogée dans
leurs terres. Leur fierté se mit en révolte à
l'idée de cet abaissement où l'on voulait les
réduire, de mener leurs hommes , et d'être

---

(1) Voyez ci-dessus, pag. 415.

(2) *Établissemens de saint Louis*, liv. **1**, chap. 81.
Voici la loi citée dans ce chapitre : *Et in majoribus et*
in minoribus negotiis appellandi facultas est. Nec enim
oportet sibi injuriam existimare, eo quod litigator ad
provocationis auxilium convolavit. L. 20 , Cod. de appel-
lat. Tout le monde sait que les Établissemens se composèrent de textes pris dans le droit romain , dans les
décrétales , dans les conciles , et des points les plus
sages des anciennes coutumes.

menés eux-mêmes par droit et par raison. Il
est pourtant plus facile de concevoir leurs
regrets que ceux d'un jurisconsulte anglais
du dix-septième siècle, qui s'est donné la
singularité de blâmer l'abolition du combat
judiciaire, et d'écrire que ces beaux coups
de lance et de dague « étaient fort préférables
à la procédure du palais, bien plus conformes
aux habitudes d'une nation guerrière, bien
plus propres à maintenir l'égalité entre les
parties, et à terminer promptement les procès (1). »

Il est à remarquer que cette aversion des
juges pour le frein des appels se manifeste
à toutes les époques de l'histoire où l'on voit
la civilisation se ranimer et essayer de faire
reprendre à la justice un cours plus réglé :
car le pouvoir judiciaire, quand il est par-
venu à se désordonner et à secouer le joug
des lois, n'est plus que le caprice de la force, et peut être le plus ambitieux de tous les
despotismes.

Les gouverneurs des provinces romaines
employaient toutes sortes de violences contre

---

(1) Th. Smith, *de republicâ et administratione An-
glorum*, lib. 3, cap. 3.

ceux qui voulaient appeler de leurs jugemens ;
ils les faisaient mettre aux fers, ou garder
à vue par des soldats. Constantin fit une loi
contre ces indignes excès : *Minimè fas est
ut in civili negotio, libellis appellatoriis ob-
latis, aut carceris cruciatus, aut cujuslibet
injuriæ genus, aut tormenta, vel etiam con-
tumelias perferat appellator* (1).

Sous Charlemagne, les comtes et les centeniers faisaient battre le pays, pour fermer
les chemins à ceux qui allaient implorer la
justice de l'empereur (2).

Le comte d'Anjou avait fait jeter en prison
un de ses vassaux, pour avoir appelé à la
cour du roi. Saint Louis manda venir le comte
son frère, et le réprimanda fortement, lui
disant qu'il ne devait y avoir qu'un seul roi
en France, et qu'il ne crût pas, parce qu'il
était son frère, qu'il lui pardonnât de violer
les règles de la justice : *Dicens ei quod unus
rex debebat esse in Franciâ, et quod crederet
quod, quia frater ejus erat, parceret sibi in
aliquo contra justitiam.* Il ordonna en même

_____

(1) Lib. 12, *Cod. de appellat.*
(2) Voyez ci-dessus, pag. 422, note 1, le capitulaire
de l'année 789.

temps de mettre le vassal en liberté, afin qu'il pût poursuivre son appel.

Ce fut pis encore durant les règnes qui suivirent.

Un arrêt rendu, en 1281, contre le comte d'Angoulême, lui défendit sous peine d'amende, suivant la loi de Charlemagne, de mettre empêchement au voyage des plaideurs qui se rendaient à la cour pour suivre leur appel (1).

Un manifeste de Philippe le Bel, publié vers l'an 1293, et qui se trouve à la fin des OLIM, accuse le roi d'Angleterre, en sa qualité de duc d'Aquitaine, d'avoir fait pendre les notaires qui recevaient les déclarations d'appel, d'avoir mis au pillage les maisons des appelans, de les avoir bannis, d'avoir fait déchirer quelques-uns d'eux en quatre parts, et d'avoir fait jeter leurs membres à l'eau.

L'évêque de Laon fut condamné, par un arrêt de 1310, pour avoir confisqué les biens de ses vassaux qui appelaient (2).

La même année, un abbé de Tulle avait

(1) OLIM *in hunc annum.*
(2) OLIM *in hunc annum.*

fait couper la main droite à un vassal, pour avoir appelé d'une sentence qui le condamnait à perdre la main gauche (1).

L'usage de rendre les juges responsables de leurs jugemens se conserva jusqu'au quatorzième siècle. Si l'appel était d'un juge royal, on l'ajournait pour soutenir sa sentence ; s'il était d'un juge seigneurial, on ajournait le seigneur qui l'avait institué. Un appel donnait toujours lieu à une amende ; elle était payée par le juge lorsque le jugement était infirmé, et par l'appelant, en cas de confirmation. L'ajournement des juges tomba en désuétude sous Philippe de Valois; depuis ce temps-là c'est à celui qui a gagné son procès en première instance de venir plaider contre l'appel, et l'on dit au palais : *factum judicis factum partis*. Il n'est plus resté de nos vieilles coutumes, touchant l'appel, que la peine d'une amende contre l'appelant qui succombe : *emendatur ratione vexationis curiæ*. Et c'est à tort, comme l'observe fort bien M. Henrion de Pansey, puisque l'appel n'a plus rien dans nos mœurs qui ressemble à une injure ou à

(1) Olim 1310.

une provocation. Ajoutez que ce n'est point, comme autrefois, le juge dont la sentence est attaquée qui reçoit l'amende; c'est le fisc.

« Au commencement, dit le chancelier de l'Hospital, en son *Traité de la réformation de la justice.* (1), les juges étoient intimez pour soutenir leurs judgemens; et, en cas de mal judgé, estoient souvent condamnez aux dépends envers les partyes, en leurs propres et privés noms : cela les tenoit en discipline, et s'efforçoient de rendre la justice le plus équitablement qu'ils pouvoient le faire. Il y avoit lors peu d'appellations de leurs sentences, veoire mesme y alleoit aulcunement de la réputation de ceulx qui se rendoient appellants, et en estoient moins estimez parmy les gens d'honneur; et, s'il advenoit que quelqung d'esprit processif les eust follement intimez, il estoit si bien et promptement chastié par la bourse, que les aultres y prenoient exemple et se gardoient de mesprendre. »

Il est fort vrai qu'au temps dont parle le sévère chancelier, les appels devaient être rares, car un seul parlement suffit longtemps pour l'expédition des affaires; encore

_____

(1) Tom. 2, pag. 293.

n'avait-il par année que deux tenues, dont chacune durait deux mois seulement. Depuis il a fallu créer d'autres parlemens, les rendre continuels, et y composer plusieurs chambres (1).

Je laisse l'histoire des appels et des parlemens au point où je l'ai prise dans le chapitre VII; ainsi l'exigeait l'ordre de mon travail. C'est un raccordement que l'on voudra bien faire.

(1) Voyez ci-dessus chap. 7, pag. 112 et suiv.

CHAPITRE XVI.

DES JUGES D'APPEL DEPUIS 1790. — DES COURS
ROYALES.

DE tous les plans présentés à l'Assemblée
constituante pour la formation des tribunaux
d'appel, le plus mauvais fut adopté.

On avait proposé d'abord une cour de
vingt juges pour trois ou quatre départemens;
mais la majorité crut voir renaître, dans ce
projet, les têtes menaçantes de l'hydre qu'elle
venait d'abattre. Il obtint à peine les honneurs
de la discussion.

M. Thouret imagina, pour chaque département, un tribunal supérieur divisé en deux
sections, l'une sédentaire, l'autre ambulante.

La section sédentaire, composée de trois
juges, aurait formé le fond du tribunal; seule

elle aurait statué sur les appels des sentences interlocutoires, en toutes matières; sur les appels des sentences définitives, en matière sommaire ; sur les demandes ralatives aux défenses d'exécution provisoire, et autres incidens de même nature.

Trois grands juges auraient formé la section ambulante, pour le service de quatre départemens; chaque année ils seraient venus se réunir aux juges sédentaires, dans le chef-lieu de chacun de ces départemens, et y tenir de grandes assises pendant deux mois et demi.

Les appels de toutes les sentences définitives des juges de district, en matière ordinaire, auraient été vidés à ces assises, sur le rapport d'un juge sédentaire, lequel n'aurait point eu voix délibérative; de sorte que les arrêts auraient été rendus par deux juges sédentaires et les trois grands juges ambulans.

« Il n'y a là, disait l'auteur de ce système, ni corporation inquiétante, ni association permanente, ni force matérielle par le nombre, ni force morale par l'esprit de corps. L'intervention périodique de la section ambulante dérange ou rectifie sans cesse les vues et les

affections particulières de la section sédentaire ; et la première, associée transitoirement
à des collègues différens, dans des lieux divers, est toujours préservée de la contagion du
préjugé local et de l'esprit particulier. »

Ces grands juges étaient, en petit, une imitation des juges de Westminster. Il n'y manquait que des jurés ; mais quelques-uns trouvaient le système d'autant plus ingénieux, qu'il
était tout disposé pour recevoir ce perfectionnement, aussitôt que la réforme de nos lois
civiles et de nos mœurs politiques serait
achevée.

Cependant il y avait encore dans les mots
et dans les idées de ce plan, des attributs
de supériorité et des gradations de pouvoir
qui le firent rejeter; les plus sages n'y virent
qu'une singularité inexécutable.

Enfin on trouva la solution de ce problème
d'égalité parfaite, qui consistait à avoir des
appels sans hiérarchie, et des degrés sans
élévation.

Un tableau de sept tribunaux les plus
voisins, dont un au moins hors du département, dut être formé dans chaque
district.

L'appelant eut la faculté d'exclure trois de

ces tribunaux, par son acte d'appel ; il fut permis à l'autre partie d'user du même droit, par une déclaration faite au greffe. Restait un tribunal non exclu, et l'appel lui était dévolu.

Lorsqu'il y avait trois parties plaidant pour des intérêts opposés, chacune d'elles ne pouvait exclure que deux tribunaux, sur les sept portés au tableau ; si le nombre des parties était depuis trois jusqu'à six, l'exclusion pour chacune se bornait à un seul tribunal ; si elles étaient plus de six, on faisait au tableau un supplément d'autant de nouveaux tribunaux qu'il y avait de parties excédant le nombre de six.

Au surplus, les plaideurs pouvaient, si bon leur semblait, convenir d'un tribunal entre tous ceux des districts du royaume, pour lui déférer la connaissance de l'appel ; mais cet accord se voyait rarement (1).

C'était une combinaison assez étrange que ces appels circulant entre des tribunaux placés sur la même ligne, dont l'un réformait un jour celui qui devait le réformer le lendemain. La souveraineté judiciaire, incertaine

(1) Loi du 24 août 1790, tit. 5.

et vague, ne résidait nulle part, et pouvait
s'asseoir partout; elle ne donnait pas plus de
garantie pour le dernier que pour le premier
ressort. Tel plaideur avait eu tous les **suffra-**
ges des cinq juges de première instance, qui,
sur l'appel, en trouvait trois contre lui. Réu-
nissez les opinions de ces juges, égaux en
nombre sur leurs siéges, égaux en autorité, et
probablement en lumières, et vous verrez
que le malheureux perdait son procès avec
une majorité favorable de sept voix sur dix.

Quelque mauvais que fût un pareil système, sur lequel il y aurait encore beaucoup
de remarques à faire, il n'en resta pas moins
en vigueur pendant longtemps; car, en l'an
IV, après la suppression des tribunaux de
district, les tribunaux civils de département
furent aussi juges d'appel les uns des autres.

L'organisation judiciaire de l'an VIII offrit
des proportions plus larges et plus régulières.
De véritables tribunaux d'appel furent institués; le président, les vice-présidens, les juges
et les officiers du ministère public furent
nommés par le gouvernement.

Chaque tribunal d'appel eut un nombre
de magistrats calculé d'après la population

de son ressort : ceux d'Ajaccio et de Colmar furent composés de douze juges seulement ; d'autres en eurent treize, quatorze, vingt, vingt-un, vingt-deux, et jusqu'à trente-un. Celui de Paris, qui comptait sept départemens dans sa circonscription, obtint trente-trois juges.

Les tribunaux de vingt à trente juges furent divisés en deux sections ; Rennes et Paris en eurent trois.

Le gouvernement se réserva le droit de choisir parmi. les juges le président et les vice-présidens. La durée de leurs fonctions fut limitée à trois ans ; mais ils purent être réélus (1).

Il fut dit que les juges seraient inamovibles, sauf le cas de condamnation pour forfaiture.

Je ne m'arrêterai point à quelques changemens que les circonstances firent naître, dans les années suivantes, jusqu'en 1810, parce que le fond resta le même. Les tribunaux d'appel reçurent le nom de cours d'appel, leurs présidens celui de premiers présidens, les vice-

---

(1) Voyez, pour les détails de cette organisation, la loi du 27 ventôse an VIII.

présidens celui de présidens, leurs commissaires celui de procureurs généraux, et leurs jugemens celui d'arrêts (1). On leur donna la toge et la pourpre des anciennes cours souveraines, dont le souvenir n'effrayait plus autant (2).

Cependant il est bon de savoir que, dans cet intervalle, on créa un grand juge ministre de la justice, avec le droit de surveiller, de reprendre même tous les membres de l'ordre judiciaire, et celui de présider les tribunaux d'appel, suivant le bon plaisir du gouvernement (3).

Il faut remarquer aussi que, sous le prétexte d'organiser le principe de l'inamovibilité, solennellement proclamé dans la constitution, on déclara que l'institution à vie serait donnée, après cinq années d'exercice seulement, aux magistrats dont la conduite aurait mérité cette faveur (4). C'était réduire la justice à une sorte de vasselage; c'était dire

(1) Sénatusc. org. du 28 floréal an xii, tit. 14.

(2) Arrêté du 2 nivôse an xi.

(3) Sénatusc. org. du 16 thermidor an x, art. 78, 80 et 81.

(4) Sénatusc. org. du 12 octobre 1807, art. 1 et 6.

au juge : Si ta conscience ne rend pas foi et hommage , *non es amicus Cæsaris.*

Jusqu'à l'époque où je suis arrivé , la justice civile et la justice criminelle avaient eu leurs magistrats séparés.

Les cours de justice criminelle n'étaient composées que d'un président, de deux conseillers-assesseurs et d'un procureur général ; un seul département formait leur ressort, et leurs attributions étaient en moindre estime que celles des autres cours, parce que la science du droit civil suppose des connaissances beaucoup plus étendues que l'application de la loi criminelle.

Cet isolement et ces bornes étroites frappèrent les regards du chef du gouvernement, lors des premières discussions du Code d'instruction criminelle; et il communiqua lui-même au Conseil d'état deux projets pour la réunion de la justice civile et de la justice criminelle.

« Dans l'état actuel des choses, disait-il, la poursuite des crimes est confiée à un magistrat de sûreté, à un juge instructeur, au procureur général , fonctionnaires isolés qui ne trouvent pas en eux assez de force pour attaquer les coupables puissans. Le tribunal ne peut les mettre en mouvement, ni ranimer leur énergie, car il est sans pouvoir sous ce rapport; et le président le plus ferme dans ses fonctions verrait commettre un délit, qu'il serait réduit à en être le témoin passif.

» Il faut, si le ministère public néglige ses devoirs, que la Cour criminelle puisse le mander et lui ordonner de poursuivre....

» Le ressort de la justice criminelle n'est pas assez étendu, et dès lors l'ordre civil n'est pas constitué en France; car il n'existe que lorsque la justice criminelle tient chacun dans le devoir. C'est surtout dans les pays qui ont une puissance militaire considérable qu'il convient de l'organiser fortement, afin que dans tous les temps il arrête le torrent de la force.

» Voilà le rapport sous lequel la réunion de la justice criminelle devient nécessaire. Il s'agit de former de grands corps, forts de la considération que donne la science civile, forts de leur nombre, au-dessus des craintes et des considérations particulières; qui fassent pâlir les coupables, quels qu'ils soient, et qui communiquent leur énergie au minis-

tère public. Il s'agit enfin d'organiser la poursuite des crimes : elle est nulle dans l'état
actuel des choses. »

Le système de la réunion fut combattu par
une foule d'objections tirées presque toutes
de la difficulté de le concilier avec le jugement par jurés. L'institution du jury fut à son
tour très-vivement attaquée, et les deux questions se mêlèrent. Enfin, après de longs débats,
on décida que la justice civile et la justice
criminelle seraient réunies, et qu'il y aurait
des assises (1).

Il fallut donc établir une nouvelle organisation sur ce plan : c'est celle de 1810. Je dois
dire, pour en parler au présent, c'est celle
des cours royales.

Les cours royales sont placées dans les
mêmes lieux, et ont pour ressort les mêmes
départemens que ceux désignés, pour les
tribunaux d'appel, dans la loi du 27 ventôse
an VIII.

Chacune se compose de vingt-quatre conseillers au moins, et de quarante au plus,

(1) Voyez M. Locré, *Législ. commerc. et crim.*,
tom. 1, pag. 220, 227 et 228.

y compris un premier président, et autant de présidens qu'il y a de chambres ou sections. Ils sont inamovibles.

A Paris, le nombre des membres de la Cour royale peut être porté à soixante.

Les conseillers-auditeurs près les cours d'appel n'ont point été supprimés; mais la loi du 10 décembre 1830 a dit qu'à l'avenir il n'en serait plus nommé.

Les cours royales composées de vingt-quatre conseillers au moins, forment trois chambres, dont une connaît des affaires civiles, l'autre prononce sur les mises en accusation, et la troisième sur les appels en matière correctionnelle.

Les cours qui comptent trente conseillers ont deux chambres civiles ; celle de quarante conseillers et au-dessus en ont trois.

Les chambres civiles ne peuvent rendre arrêt qu'au nombre de sept juges au moins. Cinq juges suffisent dans les autres chambres.

L'article 11 du décret du 6 juillet 1810 portait que, *dans le cas où les affaires civiles seraient en retard*, le premier président pourrait renvoyer des causes *sommaires* (1) à la

(1) Voyez ci-après, chap. 19.

chambre des appels de police correctionnelle
pour y être expédiées ; et, suivant un avis du
Conseil d'état donné le 10 janvier 1813, l'arrêt
pouvait être rendu par cinq juges, comme en
matière correctionnelle.

C'était une étrange bigarrure que l'attribution de cette chambre, où cinq conseillers suf-
fisaient pour vider des causes qui n'auraient
pu être jugées que par sept, dans une autre
chambre de la même cour.

Une ordonnance royale du 4 septembre
1828 considéra « que ces dispositions contradictoires des règlemens donnaient lieu à
un grand nombre de pourvois en cassation, et
prolongaient ainsi les procès au grand détri-
ment des parties. » En conséquence, à partir
du 1er novembre suivant, les chambres des
appels de police correctionnelle ont été composées de sept juges au moins , et elles n'ont
pu prononcer qu'au nombre de sept juges
sur les affaires civiles qui leur étaient ren
voyées.

Le premier président préside habituellement la première chambre civile ; il préside
aussi les autres chambres , quand il le juge
convenable.

Les présidens et les conseillers sont alter-

nativement attachés à toutes les chambres.
Un roulement général, qui s'opère tous les
ans, fait sortir le tiers des plus anciens membres de chaque chambre, pour les faire entrer
dans une autre (1).

Dans les cas de nécessité, les membres
d'une chambre civile ou criminelle peuvent
être respectivement appelés pour le service
d'une autre chambre.

Les questions importantes, et particulièrement celles qui concernent l'état des citoyens,
les prises à partie, et les affaires renvoyées
après cassation d'un arrêt, sont portées aux
audiences solennelles (2). Ces audiences se
tiennent dans la chambre où siége le premier
président; elles sont formées par les deux
chambres civiles. Dans les cours où il y a trois
chambres civiles, la seconde et la troisième
font alternativement ce service; dans celles
où il n'y en a qu'une, le premier président
peut requérir la chambre des appels de police

(1) Voyez l'ordonnance du roi du 11 octobre 1820.
(2) Règlement du 30 mars 1808, art. 22. Cet article
a été modifié par une ordonnance du 16 mai 1835, en
ce qui touche les appels relatifs aux séparations de
corps; aujourd'hui ces appels sont jugés par les cours
royales en audience ordinaire.

correctionnelle, pour la composition des audiences solennelles.

Toutes les fonctions du ministère public,
dans les cours royales, sont spécialement et
personnellement confiées au procureur général. Il a sous sa direction autant d'avocats généraux qu'il y a de chambres civiles, et un
avocat général pour la chambre des appels de
police correctionnelle. Le plus ancien prend
le titre de premier avocat général ; il remplace,
au besoin, le procureur général.

Il y a aussi des substituts attachés au
service du parquet. La surveillance et
l'autorité du procureur général s'étendent
sur les procureurs du roi et les substituts
établis près les tribunaux de première instance, et sur tous les officiers ministériels
du ressort de la cour.

Les avocats généraux portent la parole au
nom du procureur général, lorsqu'il ne la
porte pas lui-même, aux audiences des chambres qu'il leur a assignées. Les substituts
attachés au service du parquet remplacent
les avocats généraux, en cas d'absence ou
d'empêchement.

Un greffier en chef, des commis-greffiers

qu'il présente et qu'il fait admettre au serment, complètent l'organisation.

Quant à leur compétence en matière civile, les cours royales prononcent souverainement sur les appels des jugemens rendus par les tribunaux civils, sur les appels des ordonnances de référé (1), sur les appels des jugemens rendus par les tribunaux de commerce, sur les appels des sentences arbitrales, quand il s'agit d'une contestation qui aurait dû être jugée par un tribunal de première instance, cessant l'arbitrage (2), et sur les appels, des jugemens rendus par des arbitres forcés, entre associés, pour raison d'une société de commerce (3).

Les cours royales prononcent *omisso medio,* c'est-à-dire en premier et en dernier ressort, sur les prises à partie (4), sur la réhabilitation des faillis (5), sur les difficultés relatives à la jouissance des droits civils et politiques de ceux qui réclament contre la

---

(1) Cod. de proc., art. 809.
(2) Cod. de proc.. art. 1023.
(3) Cod. de comm., art. 52.
(4) Cod. de comm., art. 509.
(5) Cod. de comm., art. 604.

teneur des listes électorales (1), et sur les oppositions formées par les instituteurs, ou les maîtres de pension, contre les arrêtés des conseils académiques, et les contraintes décernées par les recteurs, pour le paiement des droits dus à l'université (2).

Ce que j'aurais à dire sur la discipline, dans ses rapports avec la procédure civile, trouvera mieux sa place lorsque j'expliquerai le titre *des audiences*, *de leur publicité et de leur police*, et les *dispositions générales* du Code.

La compétence des cours royales, en matière de crimes et de délits, n'entre point dans le plan que je me suis proposé. Cependant j'ai dit qu'elles étaient nées de la fusion de la justice civile et de la justice criminelle ; et, sans trop me jeter en dehors de mon sujet,

---

(1) Loi du 5 février 1817, art. 6. Cependant un arrêt de la Cour royale de Paris, du 12 novembre 1827, a décidé que cette espèce de contestation devait subir les deux degrés de la juridiction civile. Les difficultés relatives aux contributions ou au domicile politique du réclamant sont jugées par le Conseil d'état.

(2) Décret du 15 novembre 1811, art. 51 et suiv.

je peux ajouter un mot sur cette autre partie
de leur organisation.

L'action publique appartient au ministère
public.

Mais une cour royale peut, toutes les
chambres assemblées, entendre la dénoncia-
tion qui lui est faite par un de ses membres,
relativement à un crime ou à un délit ; elle
peut mander le procureur général pour lui
enjoindre de poursuivre, à raison de ces faits,
ou pour se faire rendre compte des poursuites
qui seraient commencées (1).

La chambre des mises en accusation, dans
les cours, remplace ce que l'on appelait le
jury d'accusation, avant le Code d'instruction
criminelle ; c'était le grand jury des Anglais.
Lorsqu'une affaire est renvoyée à cette chambre, elle examine s'il existe contre le *prévenu*
des preuves ou des indices d'un fait qualifié
crime par la loi, et si ces preuves et ces indices sont assez graves pour que l'*accusation*
soit prononcée (2).

---

(1) Art. 11 de la loi du 20 avril ; 64, 65 et 66 du
décret du 6 juillet 1810.

(2) Voyez le chap. 1, tit. 2, du Cod. d'inst.
crim.

En cas de mise en accusation, l'affaire est portée à la cour d'assises.

La commission de la chambre des députés, pour l'examen du projet de 1835, proposait d'attribuer à une seule *chambre criminelle* les mises en accusation et les appels de police correctionnelle, qui occupent actuellement deux chambres; et l'on convertirait la chambre des appels correctionnels en une chambre purement civile, afin d'obtenir une expédition plus prompte.

Mais il faut supposer, pour que l'on ait besoin de recourir à cette mesure, que l'élévation du dernier ressort dans les tribunaux inférieurs ne diminuera guères le nombre des appels en matière civile.

Les assises se tiennent ordinairement tous les trois mois, dans le chef-lieu de chaque département du ressort.

Le garde des sceaux ministre de la justice nomme, pour chaque tenue d'assises, un membre de la cour royale, qui les préside. Il nomme également les conseillers qui assistent le président aux assises du département où siége la cour royale (1).

(1) La loi du 4 mars 1831 réduisit de cinq à trois

Dans les autres départements, les assesseurs sont pris parmi les juges du tribunal de première instance du lieu où se tiennent les assises, à moins que la cour royale n'ait trouvé bon d'y envoyer des conseillers.

Lorsque le ministre de la justice n'a pas usé du droit de nommer les présidens d'assises, cette nomination appartient au premier président de la cour royale (1).

Le ministère public est exercé, aux assises du chef-lieu de la cour royale, par le procureur général, ou, en son nom, par les avocats généraux, ou par les substituts, ou par les conseillers-auditeurs attachés au parquet. Dans les autres départemens, l'accusation est soutenue par le procureur du roi ou par l'un de ses substituts.

Le procureur général peut faire le service des assises dans tout le ressort, quand il y croit sa présence nécessaire.

le nombre des magistrats composant les cours d'assises. L'examen du projet de 1835 a fourni à plusieurs cours royales l'occasion de demander le rétablissement de l'ancien état des choses : la Cour de cassation s'est associée à ce vœu, qui se justifie par les motifs les plus forts. On sent que je ne puis les reproduire ici.

(1) Décret du 6 juillet 1810, art. 79, 80 et 82.

Cette belle organisation a donné aux nouvelles cours l'aspect imposant des anciennes compagnies souveraines; mais elle n'a point reculé les limites que la révolution avait tracées autour du pouvoir judiciaire.

CHAPITRE XVII.

DE LA COUR DE CASSATION.

J'AI déjà parlé, en divers endroits, de la nature du pourvoi en cassation (1) : elle fut longtemps incertaine et méconnue ; longtemps cette voie de recours a été comme un vaste champ ouvert à l'intrigue, à l'ambition et à la faveur.

Lorsque la règle des appels fut bien établie, Philippe le Bel rendit le parlement sédentaire à Paris, et il en mit un à Toulouse, sous la condition que les gens de ce pays consentiraient à ne point appeler de ses arrêts : *Et quod parlamentum apud Tholosam*

(1) Voyez ci-dessus, pag. 124, 125, 264, 403 et 404.

tenebitur, si gentes terræ prædictæ consentiant quod non appelletur à præsidentibus in parlamento prædicto (1).

Les parlemens étaient une émanation du conseil du roi; ils rendaient la justice en son nom, et les décisions de cette justice devaient être souveraines. *Volumus, sancimus et etiam ordinamus quod judicata, arresta et sententiæ quæ de nostrá curiá, seu nostro communi consilio processerint, teneantur, et sine appellatione aliquá, executione mandentur* (2).

Cependant la barrière du dernier ressort n'empêche pas toujours l'erreur de se glisser à travers, et l'on reconnut qu'il serait juste, en certains cas, de corriger, de rétracter, ou même d'annuler les arrêts. L'ordonnance ajouta donc, aux dispositions déjà citées, que si les arrêts renfermaient quelques erreurs ou quelques ambiguïtés qui méritassent d'être sérieusement examinées, toutes corrections, interprétations, révocations et déclarations à ce sujet appartiendraient au roi, à son conseil commun, ou à la plus grande partie de

(1) Ordonn. du 23 mars 1302; voyez ci-dessus, pag, 112.

(2) Ordonn. de 1302, art. 12.

son conseil, ainsi qu'il lui plairait de le déterminer par une permission spéciale : *Et si
aliquid ambiguitatis vel erroris continere vi-
derentur, ex quibus meritò suspicio indiceretur,
correctio, interpretatio, revocatio, vel decla-
ratio eorumdem, ad nos vel nostrum commune consilium spectare noscantur, vel ad
majorem partem consilii nostri, per providam
deliberationem specialis mandati nostri, et
de nostrâ licentiâ speciali, super omnia anteà
requisita servetur.*

Ce texte aurait laissé beaucoup d'obscurités
à éclaircir, s'il n'eût pas été expliqué, en
l'année 1344, par Philippe de Valois. Les
requêtes en interprétation ou en rétractation
des arrêts, jugées dignes par le conseil du
roi d'être prises en considération, devaient
être renvoyées au parlement; le roi s'y rendait, et la cour, sous les regards du prince,
réformait elle-même ses propres décisions :
*Cùm tamen prout per prædecessores nostros
Franciæ reges semper fuit, et propter auto-
ritatem parlamenti, inviolabiliter observatum,
ne arresta curiæ nostræ, aliquatenùs, nisi
per ipsas gentes parlamenti nostri, in nostrâ
præsentiâ, cùm hoc præcipimus, vel nobis
absentibus, per ipsas quæ personam nostram*

immediatè representant , vel per ipsas, et ali-
quot alios consiliarios nostros , quandò ad hoc
cum ipsis mittimus , aliquo modo corrigantur,
vel alias mutentur (1).

Les requêtes en rétractation d'arrêts devaient
contenir *les propositions d'erreurs*; mais il
s'était introduit de grands abus en cette matière, tellement que, sans alléguer d'erreurs,
on faisait aisément réformer les arrêts, intervertir leur sens, ou suspendre leur exécution :
Plures nituntur, etiam de facto, per eorum
importunitatem , à nobis impetrare litteras,
absque eò quod asserant errores intervenisse in
arresto , ut contra arrestum et intellectum
ejus , et arresto nonobstante, quod etiam per
litteras annullamus , audiantur (2). On conçoit bien que, pour arriver jusque-là, les
importuns n'avaient garde de retourner devant
le parlement ; ils s'adressaient au conseil qui
leur avait frayé une large route, en s'attri-
buant le droit de réviser les arrêts. *Ut arresti*
executio usque ad certum tempus etiam suspen-
datur , vel quod partes super iis , super quibus

(1) Ordonn. de 1344 , art. 9. *Recueil des anciennes*
Lois franç., par MM. Isambert, etc., t. 4 , p. 484.
(2) *Ibid.*

arrestum fuit latum , coram aliis quàm coram gentibus parlamenti nostri, et non in ipso par- lamento, adjornatæ audiantur (1).

M. le président Henrion de Pansey dit que l'ordonnance de 1344 fut exécutée pendant tout le règne de Charles V , et que les efforts de l'intrigue, pour faire revivre les abus, échouèrent contre la sagesse du monarque (2).

Non, la sagesse de Charles V ne fut pas toujours assez forte pour maintenir en sa liberté le cours de la justice, et pour fermer la dangereuse plaie des évocations ; tant étaient grandes l'obsession et la ténacité des courti- sans ! Témoin ce mandement adressé au par- lement de Paris, le 22 juillet 1370 :

« De par le Roi. Nous sommes assez recors que aucunes foiz vous avons mandé, par im- portunité de requérans, de surseoir à pro- noncer les arrez jusqu'à certain temps sur aucunes causes; et aussi par l'infestation des gens de notre hostel et autres, nous avons voulu oir, par-devant nous, la plaiderie d'au- cunes petites causes dont il n'appartient point. Et pour ce que nous avons n'agaires esté et

(1) *Ibid.*
(2) *Autorité judic.*, t. 2, p. 177.

sommes acertenez que, par le délai desdiz arrez, le droit de partie a esté et est appéticié contre raison ; et semblablement, pour oir telz menues causes, notre parlement a esté empêché.

» Nous vous mandons que dores en avant, *pour quelconque lettre ou mandement que vous ayez de nous au contraire*, vous ne sursoyez ou delayez à prononcier et donner lesdiz arrez ; sur ce procediez touteffois qu'il vous semblera bon à faire, selon justice et raison : et aussi il n'est pas nostre entention de oir dores en avant telz causes, ne les rappeler par-devant nous (1). »

En parcourant les tristes fastes du règne de Charles VI, on rencontre aussi un mandement du 15 août 1389, par lequel il était enjoint aux gens du parlement de n'avoir aucun égard, soit aux lettres closes, soit aux lettres patentes qui leur seraient présentées de la part du roi, afin de suspendre la prononciation ou l'exécution des arrêts (2).

(1) *Recueil des anciennes Lois françaises*, par MM. Isambert, etc., t. 5, p. 346.

(2) *Ne litteris injustis et in lœsionem partium impetratis et obtentis, pareatis vel obtemperetis... sœpissimè con-*

Mais la faible voix du monarque se perdait dans le bruit des armes et dans le tumulte des factions qui déchiraient le royaume ; il semblait que les ordonnances, pour la réformation des abus, ne servissent alors qu'à les faire pulluler.

« Auquel temps, dit Pasquier en parlant des divisions entre les maisons d'Orléans et de Bourgogne, toutes les choses de France se trouvèrent étrangement brouillées et en grand désarroi. Aussi ceux qui avoient la force et puissance par-devers eux, pour gouverner toutes choses à leur appétit, faisoient évoquer les négoces qu'il leur plaisoit, par-devers le conseil du roi, qui étoit composé

tingit quod non nullæ partes in eâdem curiâ nostrâ litigantes et causas habentes, cavillationes et subterfugia ac causarum prolixitatem perquirentes, suosque adversarios fatigare, ac immensis laboribus et expensis afficere cupientes, plures à nobis litteras clausas et apertas per importunitatem et quandoquè per inadvertantiam obtinuerunt, et de die in diem obtinere satagunt, per quas, viâ justitiæ prætermissâ, vobis mandari et inhiberi procurant ne de eorum causis in præfatâ curiâ, quæ est totius justitiæ regni nostri speculum et origo, pendentibus et introductis cognoscatis.... Ibid., tom. 6, pag. 680. Cette ordonnance est très-remarquable, j'aurais voulu pouvoir la rapporter en entier.

ou de Bourguignons, ou d'Orléanois, selon
que les uns ou les autres des deux factions
avoient le crédit en la cour du roi Charles VI,
qui lors étoit mal disposé de son bon sens ;
et, par cette voie, frustroient ceux de la cour
de parlement des causes qui leur étoient af-
fectées.... Et, à peu dire, toutes et quantes
fois que les seigneurs qui gouvernoient
avoient envie d'égarer quelques matières, en
faveur des uns ou des autres, ils en usoient
en cette manière (1). »

Charles VII fit, en 1446 et en 1453 (2), de
nouvelles ordonnances pour l'administration
de la justice. On a dit de la dernière qu'elle fut
notre premier Code de procédure. J'observe
d'abord que l'une et l'autre sont muettes sur la
rétractation ou la cassation des arrêts ; et, sauf
quelques articles relatifs à la retenue des causes
en appel (3), au délai du recours (4), à l'exécution provisoire des jugemens (5), et aux
actions possessoires (6), je n'y ai vu qu'un

(1) Pasquier, *Rech. de la France*, l. 2, ch. 6.
(2) *Rec. des anc. Lois franç.*, par M. Isambert, etc.
(3) Ordonn. de 1453, art. 9.
(4) *Ibid.*, art 15.
(5) Art. 11.
(6) Art. 70.

détail fort minutieux pour la police des audiences, et la répétition d'un grand nombre
de maximes touchant les devoirs des juges, lesquelles se trouvaient déjà, soit dans les capitulaires, soit dans un règlement de Philippe
le Long, du mois de décembre 1520 (1).

J'oserais ajouter que l'ordonnance de 1453
a été beaucoup trop vantée, si l'on n'y trouvait pas le principe de la rédaction par écrit
des coutumes, usages et styles de tous les pays
du royaume (2).

Charles VII déclara, comme ses prédécesseurs, que tous les baillis et tous les justiciers
de ses états ne devaient avoir aucun égard,
ni obéir aux lettres dilatoires ou évocatoires,
souventes fois inciviles et déraisonnables, qui
lui seraient arrachées par *importunité des requérans et autrement* (3). Ces belles paroles
se reproduisent dans une foule d'ordonnances
des règnes suivans. Mais les effets y répondirent rarement : gravées dans le cœur des bons
rois, elles furent écrites comme des clauses

(1) Recueil de MM. Isambert, etc., tom. 3, pag.
254.

(2) Art. 125.

(3) Art. 66 et 67.

banales dans les édits des autres ; et il n'y eut pas toujours sûreté à les prendre à la lettre, et à refuser d'obéir. On cite cependant le trait courageux de l'avocat général Jean Juvénal des Ursins, dans l'affaire du duc de Lorraine (1), et l'arrêt rendu par le parlement de Paris, en 1406, contre Jacques de Bourbon, nonobstant des lettres closes du roi, portant ordre de surseoir (2).

La justice de Louis XI n'était pas celle des tribunaux réguliers ; ses commissaires la rendaient plus soudainement. Toutefois il fit une ordonnance, au mois de novembre 1479, pour fixer à deux années, à compter de la prononciation des arrêts, le terme dans lequel *les lettres, pour être reçu à proposer erreur contre iceux, devaient être impétrées ;* car plusieurs prétendaient qu'on pouvait y être reçu pendant trente ans. Louis XI ne manqua pas de dire aussi que, dans le cas où, *par importunité ou autrement*, des lettres à ce contraires seraient obtenues de lui ou de ses suc-

---

(1) Voy. Pasquier, *Rech. de la France*, l. 6, ch. 35.

(2) Lucius, *Placitorum summæ apud Gallos curiæ*, lib. 5, t. 4, § 8.

cesseurs, il voulait qu'il n'y fût aucunement obtempéré (1).

Charles VIII donna, sur la fin de son règne, des audiences où les moindres de ses sujets étaient admis. « Ce n'est pas, si l'on en croit Commines, qu'il y fit de grandes expéditions d'affaires ; au moins étoit-ce tenir les gens en crainte, et, *par espécial, ses officiers, dont il avoit suspendu aucuns pour pillerie.* » Mais l'accoutumance des abus déjoua les précautions du monarque, et le torrent des évocations continua de passer par la *brèche faite à la majesté royale et à l'autorité du parlement,* comme disait le seigneur des Ursins.

Qui ne croirait que le mal devait être à son comble ? Cependant il s'accrut encore après Louis XII. C'était une si grande commodité, pour les gens en crédit, de plaider au conseil, que des moyens nouveaux furent imaginés pour échapper à l'austère justice des parlemens.

Il n'y eut qu'à prétexter des récusations, sous couleur de suspicion, de faveur, de parenté ou alliance de l'une des parties avec

(1) *Recueil des anc. Lois franç.*, par MM. Isambert, etc., tom. 10, p. 818.

quelques-uns des présidens ou conseillers des cours, pour obtenir l'évocation des causes au grand conseil. De preuves, il n'en était aucun souci ; alléguer, c'était assez.

François Ier, « désirant oster et abolir toutes cauteleuses voies de ceux qui poursuivoient telles évocations, au retardement de justice, préjudice et dommage de ses sujets, » ordonna, par un édit du 18 mai 1529, que les moyens de récusation et de suspicion seraient préalablement vérifiés ; que, s'ils se trouvaient admissibles, et dans le cas seulement où il ne resterait pas, après le jugement des récusations, un nombre suffisant de magistrats pour terminer l'affaire (1), il y aurait lieu au renvoi; mais que ce renvoi serait fait au plus prochain parlement, et non au grand conseil, à moins que les parties n'y consentissent formellement.

Cet édit ne fut qu'une hypocrite démonstration du chancelier Duprat, de ce ministre qui *osa tout et trafiqua de tout.* Guillaume Poyet vint après, et ne fit qu'attiser le feu de

_____

(1) Il fallait qu'il en restât vingt aux parlemens de Paris, Toulouse, Bordeaux et Rouen, tant présidens que conseillers ; aux autres, douze.

la discorde que son prédécesseur avait allumé entre les parlemens et le conseil ; il fut condamné, en 1547, mais trop tard, pour *péculat, altérations de jugemens, faussetés commises et protégées, violences, abus de pouvoir, évocations vexatoires, etc., etc.* (1). Aussi les récusations avaient-elles conservé leur allure comme ci-devant. On fit bien mieux, on inventa des lettres pour être reçu à *alléguer nullités, griefs et contrariétés* contre les décisions des parlemens. Ce mode de recours engageait une nouvelle discussion sur tout le procès, sur les vices de la procédure, sur le mal jugé au fond, sur le désaccord des dispositions de l'arrêt entre elles ; et les cours, dépouillées de leur souveraineté, furent, comme des tribunaux inférieurs, soumises, par appel, à la censure du grand conseil.

Un nouvel édit parut au mois de mars 1545; celui-là, dicté par la sagesse la plus éclairée et par la plus inflexible probité, fut l'ouvrage du chancelier Olivier, l'une des belles illustrations de la magistrature française. Le préambule en est fort remarquable ; on y

(1) *Histoire du Procès du chancelier Poyet.* Londres, 1776.

voit les ravages incompressibles et toujours plus hardis de cette anarchie judiciaire, dont le tableau, partout ailleurs, passerait pour une exagération ; le voici : « Comme pour obvier aux abus et calomnies (1) dont plusieurs plaidoyans avoient accoustumé user, pour vexer et molester leurs parties, et les consumer en frais et mises insupportables, retarder le jugement des procez, et les rendre immortels, par le moyen des interdictions et évocations qu'ils obtenoient, en proposant causes de récusations procurées et procédans de leur fait, dol et coulpe, et autrement inadmissibles, supposans consanguinitez, affinitez et amitiez contre les présidens et conseillers de nos cours de parlemens; eussions, par l'advis des gens de notre conseil privé, décerné notre édict et ordonnance au lieu de la Bourdesière, le 18e jour de may 1529, lequel édict auroit été leu, publié et enregistré en nosdistes cours de parlement; néant moins, comme aucune d'icelles nosdistes cours nous

---

(1) Mauvaise chicane, vexations. *Per calomniam petere dicitur qui vexandi alicujus gratiâ petit. L.* 46, *ff. de petit. hered. L.* 29, § *penult.* , *de liber. caus.* Voyez Brisson, *de verb. signif.*

ont fait dire et remonstrer iceluy édict *n'estre gardé ni observé*, aussi par iceluy n'estre suffisamment pourveu ès cautelles et inventions des poursuivans, interdictions et évocations, *tellement qu'à présent plusieurs nos sujets sont autant et plus travaillez, au moyen desdistes évocations, qu'auparavant notredit édict.* Et outre, combien qu'il ne soit loisible, tant par dispositions de droict et ordonnances de nous et nos prédécesseurs, d'impugner les arrests de nosdistes cours souveraines, autrement que par proposition d'erreur, et en gardant les solemnitez requises ; néant moins, depuis quelques temps, aucuns ont trouvé moyen d'obtenir lettres pour estre reçeus à alléguer nullitez, griefs et contrariétez contre plusieurs arrests de nosdistes cours, à quoy ont esté reçeus, et, par cette voie, ont tenu l'exécution de plusieurs arrests en suspens ; et sur la vérification desdistes nullitez et contrariétez d'arrests, la procédure a été quelques fois plus longue et de plus grande mise, en notre grand conseil, que la principale instance ; et pour faire droit sur lesdistes nullitez et contrariétez d'arrests, font apporter toutes les pièces et productions desdists principaux procez, et iceux font revoir, *comme si c'étoit une voie d'appel.* Ce qui est rendre tous lesdists arrests *illusoires et sans effet,* et consumer en frais ceux qui les avoient obtenus à leur profit ; vexation et charge à nos sujets insupportable. »

Les dispositions des anciennes ordonnances, sur les propositions d'erreurs, furent renouvelées. Cette fois elles auraient été vigoureusement exécutées ; mais François Ier mourut, et la duchesse de Valentinois obtint de Henri II l'exil du chancelier.

Les sceaux lui furent rendus lors de l'avénement de François II, en 1559. « Le cardinal de Lorraine voulut gagner la bienveillance du public, en rétablissant dans ses fonctions un magistrat si zélé pour la justice (1). » Olivier mourut l'année suivante. L'Hôpital lui succéda.

Les états généraux avaient été assemblés ; leurs cahiers étaient remplis de doléances sur les faveurs désordonnées des évocations. L'Hôpital les entendit, et il fut décidé que « les prétendues nullités et contrariétés des arrêts des cours souveraines seraient jugées où les arrêts auraient été rendus (2). »

(1) *Abrégé de l'Hist. univ.,* par de Thou, liv. 10.
(2) Ordonn. d'Orléans , art. 38.

On commença à donner le nom de *requête civile* aux suppliques contenant les *propositions d'erreur*. Elles ne furent plus admises que pour de simples erreurs de fait.

L'ordonnance de Moulins n'offrit aucunes dispositions nouvelles sur ce point. Seulement il y était dit « que les requêtes civiles seraient renvoyées à la chambre où le procès aurait été jugé (1). »

. Cependant on confondait toujours les erreurs de fait, venant de la prévention ou de l'ignorance des juges, avec celles qui procédaient du dol des parties, comme les soustractions de pièces, ou des fautes des officiers ministériels, comme les nullités de procédure. On s'aperçut que, dans le premier cas, il était malséant d'obliger les juges à entendre critiquer leur première décision, et à la rétracter eux-mêmes. Le parlement fit des remontrances. Une déclaration, rendue en interprétation de l'ordonnance de Moulins décida que la requête civile serait portée à une autre chambre que celle où l'arrêt aurait été rendu, toutes les fois que la partie se plaindrait *du fait et faute du juge.*

_____

(1) Art. 61.

De même, on attribua au conseil du roi les requêtes fondées sur la contrariété des arrêts qui auraient été rendus par deux cours différentes ; et cela était indispensable : car laquelle de ces cours, égales en pouvoirs et en dignité, aurait statué sur la préférence ? Les parties, armées chacune de leur arrêt, se seraient donc fait la guerre, comme il advint en 1474, à l'occasion d'un procès jugé à Paris et à Bordeaux, dont s'ensuivirent *grans bateures, esclandes, mutilacions et violences oultrageuses* (1).

La requête civile ou la proposition d'erreur n'étant plus admise que pour erreur de fait, il restait à ouvrir une voie de recours contre les erreurs de droit : elle fut tracée, en 1579, par l'ordonnance de Blois (2). La violation expresse de la loi donna ouverture à la *cassation.* « Déclarons les jugemens, sentences et arrêts rendus contre la forme et teneur des ordonnances faites tant par nous que par les

_____

(1) Ordonnance du 7 avril 1474. *Recueil des anc. Lois franç.*, par MM. Isambert, etc., t. 10, p. 687.

(2) Cette ordonnance est datée de Paris, et parut trois ans après la tenue des états de Blois ; mais elle fut dressée sur leurs cahiers.

rois nos prédécesseurs, nuls et de nul effet et valeur. » Art. 208.

La cassation prit alors le caractère d'un acte de souveraineté législative. Elle dut être, pour ainsi dire, fulminée par le roi en son conseil, puisque le conseil du roi était la vraie source de la loi qu'il s'agissait de maintenir, contre les fausses doctrines ou les entreprises arbitraires des cours.

J'arrive à l'ordonnance de 1667. La disposition de l'article 208 de celle de Blois, sur la nullité et la cassation des arrêts contraires aux lois du royaume, s'y retrouve dans les mêmes termes, à peu près.

Mais la proposition d'erreur fut abrogée, c'est-à-dire qu'il ne fut plus permis de revenir devant le juge, pour alléguer la faute du juge lui-même sur l'appréciation des actes et des faits : sous ce rapport, plus de révision des arrêts; bien ou mal rendus, ils durent terminer le litige. Leur sceau fut celui de la vérité, et l'on dit comme à Rome : *Res judicata pro veritate accipitur.*

La requête civile resta pour le redressement de certaines erreurs qui ne pouvaient être imputées qu'à la fraude des parties, ou à la faute de leurs défenseurs; elle reçut un caractère plus nettement défini et des formes plus sévères. Les cas d'ouverture furent limitativement déterminés, afin qu'il devînt impossible de déguiser un véritable appel sous les couleurs indécises d'une requête civile (1).

Voilà le dernier état de la législation, sur les voies de recours contre les arrêts, à l'époque de 1790.

La commission du conseil du roi, chargée de prononcer sur les demandes en cassation, sur les conflits de juridiction, et sur les règlemens à faire entre les cours, prenait le nom de *conseil des parties*.

Le principe de cette institution était conforme à la nature du gouvernement.

Il y avait sans doute au conseil des parties des hommes du mérite le plus élevé; ses règlemens ne manquaient point de sagesse, mais ils n'étaient pas toujours scrupuleusement suivis. Ses actes appartenaient à l'exercice direct de l'autorité royale, source commune de laquelle tous les autres pouvoirs tiraient leur existence et leur force, et qu'ils troublaient quelquefois en revenant s'y mêler et s'y confondre.

(1) Voyez le tit. 35 de l'ordonn. de 1667.

Le roi, en son conseil, revisait, de pleine science et de pleine autorité, tous les jugemens; il réglait les compétences; il cassait les arrêts des parlemens; il évoquait le fond des affaires; il posait la borne où il voulait. Des listes variables indiquaient les conseillers d'état et les maîtres des requêtes qui devaient y assister; leur nombre, pour la validité des décisions, n'était point déterminé : le parent opinait avec son parent; leurs voix comptaient comme s'il n'eût existé aucun lien entre eux. Jamais il n'y avait partage d'avis, parce que la voix du chancelier était prépondérante. Enfin on ne trouvait point là ces garanties précieuses que la justice offrait aux plaideurs, dans les cours et dans les tribunaax ordinaires : l'indépendance des juges et la publicité des jugemens.

L'Assemblée constituante eut le rare bonheur de trouver, en cette matière, le plus juste et le plus sage milieu entre l'ardeur à tout détruire et l'obstination à tout conserver. Deux pouvoirs furent reconnus : l'un administratif et l'autre judiciaire. Une ligne fut tracée pour distinguer leurs attributions , arrêter leurs empiétemens, et maintenir leur mutuelle indépendance. Le conseil du roi

resta comme la sommité du pouvoir administratif (1), et un tribunal de cassation fut
institué comme le centre du pouvoir judiciaire.

Cette belle institution ne trouva point de
contradicteurs; mais, lorsqu'on vint à discuter
le mode de son organisation, les idées anglaises et le goût des justices ambulatoires
ne manquèrent pas de reparaître. Quelques-
uns proposèrent de faire tenir les assises de
cassation par des sections qui voyageraient
dans les différentes parties du royaume. C'était
un assez mauvais moyen pour obtenir cette
rassurante uniformité de jurisprudence à
laquelle on attachait un si haut prix : car il
pouvait arriver que la même question fût
agitée à la fois dans le nord et dans le midi,
et que l'assise de Strasbourg la jugeât tout
autrement que l'assise de Marseille. « Il n'y
a qu'un moyen de répondre à cela, disait
M. de Clermont-Tonnerre (2), c'est de faire
voyager le tribunal tout entier, de lui faire
perdre toute sa dignité, et de le réduire à juger
trois procès, pendant qu'il en jugerait trente.»

Il fut décrété qu'il n'y aurait pour toute

(1) Voyez la loi du 27 avril 1791.
(2) Séance du 24 mai 1790.

la France qu'un tribunal de cassation, qu'il serait sédentaire, et qu'il siégerait à Paris (1).

Les membres de ce tribunal furent élus pour quatre ans; leur nombre fut fixé à la moitié de celui des départemens. En conséquence, pour la première élection, on tira au sort, dans une séance de l'Assemblée nationale, chacun des quarante-deux départemens dont les électeurs devaient être appelés à choisir un juge de cassation (2). Il n'est pas besoin de dire que le nombre s'accrut ensuite avec celui des départemens.

Les choses restèrent dans cet état jusqu'à l'organisation judiciaire de l'an VIII. A cette époque, le choix des juges fut déféré au chef du gouvernement, la constitution proclama leur inamovibilité, et leur nombre fut invariablement fixé à quarante-huit.

Le sénatus-consulte du 28 floréal an XII donna au tribunal de cassation le nom de Cour, et à ses jugemens celui d'arrêts.

Il était dit dans le décret du 1er décembre 1790, art. 28 : « Provisoirement, et jusqu'à

(1) Décrets des 24, 26 mai, 12 août et 1er décembre 1790.

(2) Décret du 1er décembre 1790, tit. 2.

ce qu'il ait été autrement statué, le *règlement* qui fixait la forme de procéder au conseil des parties sera exécuté au tribunal de cassation, à l'exception des points auxquels il est dérogé par le présent décret. »

Il n'avait point encore été autrement statué, lorsque parut la loi du 27 ventôse an VIII. On y lit, art. 95 : « Jusqu'à la formation d'un code judiciaire, les lois et règlemens précédens seront suivis pour la forme de se pourvoir et celle de procéder au tribunal de cassation. »

Mais les auteurs du Code *judiciaire* ou de procédure ne s'étant point occupés des formes relatives aux demandes en cassation, il en résulte que l'ancien règlement du conseil, donné en 1738, forme toujours *la loi fondamentale sur la procédure spéciale qui doit être suivie devant la Cour de cassation*, sauf quelques points qui ont été modifiés, retranchés ou ajoutés par les nouvelles lois.

Je passe sur une foule de petites variations qui n'ont eu aucune importance ; je vais dire quelques mots de la composition actuelle de la Cour de cassation, et de sa compétence en matière civile (1).

_____

(1) Voyez le règlement de 1738, et les lois rendues

La Cour de cassation est composée de quarante-neuf membres nommés à vie par le roi, y compris un premier président et trois présidens (1).

Elle se divise en trois sections, composées chacune de quinze conseillers et d'un président.

Le premier président siége dans celle des sections à laquelle il veut s'attacher. Il préside les autres lorsqu'il le juge convenable.

La première section se nomme *section des requêtes ;* la seconde, *section civile ;* la troisième, *section criminelle.*

Il faut onze membres au moins, dans chaque section, pour rendre un arrêt.

Il y a près de la Cour de cassation un procureur général et six avocats généraux.

Le procureur général, ou l'un des avocats généraux, en son nom, porte la parole dans toutes les affaires.

Le greffier en chef nomme et présente à la Cour, pour les faire instituer, quatre commis-

sur cette matière depuis 1790, dans les *Lois de procédure civile*, de M. Dupin, pages 457-623.

(1) Ordonn. du 17 février 1815.

greffiers : il en est responsable, et par conséquent il peut les révoquer.

Des avocats attachés à la Cour de cassation,
et nommés par le roi, y remplissent les fonctions attribuées aux avoués dans les tribunaux ordinaires (1).

On connaît déjà la nature du pouvoir que
la loi a confié à la Cour de cassation ; on
sait qu'un pourvoi formé devant ce tribunal
suprême n'est pas une voie de ressort, parce
qu'il ne connaît jamais du fond de l'affaire.
Je ne répéterai point ce que j'ai été conduit
à dire, sur ce sujet, dans les chapitres qui
précèdent.

Il y a ouverture à cassation quand les formes substantielles et constitutives des actes,
ou celles dont l'observation est prescrite à
peine de nullité, ont été violées, et quand
un arrêt, ou un jugement en dernier ressort,
présente une contravention expresse à la
loi.

Le *mal-jugé* n'est pas toujours une contravention à la loi, car il n'y a d'autres lois,

(1) Loi du 27 ventôse an VIII, art. 93, 94 et 95 ; décret
du 25 juin 1806.

pour l'appréciation des faits et pour l'interprétation des clauses d'un contrat, que celles
de l'intelligence et de l'équité : le pouvoir régulateur ne pénètre pas jusque-là, autrement
la Cour de cassation ne serait qu'une autre
cour d'appel.

Le mal-jugé ne froisse qu'un intérêt privé ;
la contravention à la loi attaque les bases de
l'ordre et du repos public. Et comme les
particuliers ne peuvent compromettre l'autorité et la certitude de la loi, soit par leur silence, soit par leur acquiescement à une violation ouverte de ses dispositions, si le procureur général près la Cour de cassation apprend qu'il a été rendu un arrêt (1) contraire
aux lois, sans que ni l'une ni l'autre des parties ait réclamé pendant le cours du délai prescrit, il en poursuit d'office la cassation, dans
l'intérêt de la loi seulement.

Alors l'arrêt cassé reste dans toute sa force
à l'égard des parties ; nul comme acte émané

---

(1) Je n'ajouterai plus, *ou un jugement en dernier ressort*, parce qu'on sait qu'un jugement en dernier ressort
est aussi *souverain* qu'un arrêt. Tout ce que je dis pour
les arrêts, relativement à la cassation, s'applique de
soi-même aux jugemens en dernier ressort.

de la justice, il vaut pour elles comme transaction émanée de leur volonté (1).

Le pourvoi en cassation n'est ouvert que
lorsqu'il n'existe plus aucune autre voie de
recours; de là il est facile de conclure qu'on
n'est pas admis à déférer à la Cour suprême
un arrêt dont les dispositions ne sont que
préparatoires et ne lient pas les juges qui
l'ont rendu, parce que cet arrêt peut être corrigé en définitive.

Les tribunaux et les cours jugent les procès :
la Cour de cassation juge les jugemens et les
arrêts.

Tout cela est fort clairement résumé dans
un avis donné par le Conseil d'état, le 18 janvier 1806, dont voici les motifs principaux :

« La loi n'a établi que deux degrés de juridiction. Elle a créé les cours d'appel pour
juger en dernier ressort; mais les actes émanés
de ces cours n'ont le caractère de décisions
souveraines qu'autant qu'ils sont revêtus de
toutes les formalités requises pour constituer
un jugement. Si les formes ont été violées,
il n'y a pas de jugement, à proprement parler,

(1) Art. 88 de la loi du 27 ventôse an viii ; art. 441 et
442 du Cod. d'inst. crim.

et la Cour de cassation détruit un acte irrégulier ; si, au contraire, toutes les formes ont été observées, le jugement est réputé la vérité même.

» Deux raisons puissantes, d'un intérêt général, ont impérieusement exigé cette maxime. Des juges supérieurs sont établis pour réparer les erreurs d'une première décision. S'il était encore permis de remettre en question ce qui aurait été jugé par les cours, où faudrait-il arrêter ces examens ultérieurs ? et quelle plus forte garantie la société aurait-elle contre les erreurs de troisièmes ou de quatrièmes juges ?

» Cependant la stabilité des jugemens rendus par les cours repose, il faut en convenir, non sur la certitude acquise qu'un arrêt est juste, mais sur la présomption de sa justice, quand il est revêtu des formes qui lui donnent le caractère d'un jugement.

» Or, il est de la nature de toute présomption de céder à une vérité contraire, quand elle est démontrée ; si donc un arrêt se trouve en opposition formelle avec une disposition textuelle de la loi, la présomption de sa justice disparaît, car la loi est et doit être la justice des tribunaux : aussi la Cour de cassation a-t-elle le droit d'annuler encore, dans ce cas, les actes des cours.

» Voilà les seules garanties que les constitutions aient données contre les erreurs des magistrats. On ne pourrait s'écarter de ces principes conservateurs, sans tomber dans un arbitraire inconciliable avec le droit de propriété et avec la liberté civile. »

Il y a cependant quelques distinctions qu'il est bon de faire sentir.

Pour que la violation des formes prescrites à peine de nullité donne ouverture à la cassation, il faut qu'on puisse l'imputer aux juges qui ont rendu l'arrêt, c'est-à-dire que la nullité ait été proposée devant eux, et qu'ils aient refusé d'y avoir égard. Autrement ce serait une erreur, ou une omission involontaire, que l'on devrait faire réparer par le moyen de la requête civile (1).

On a disputé longtemps sur la question de savoir si la violation *des conventions légalement formées, qui tiennent lieu de loi à ceux qui les ont faites* (article 1134 du Code civil), devait être considérée comme une contravention à la loi.

_____

(1) Art. 480 du Cod. de proc.

On pense généralement aujourd'hui qu'il
n'y a contravention expresse à l'article 1134
du Code civil que dans un seul cas : celui où
un arrêt décide qu'une convention reconnue
pour avoir été légalement formée, n'oblige
pas les parties contractantes. Alors ce n'est
pas seulement la loi particulière du contrat,
c'est la loi commune qui est violée. Cet arrêt
doit être cassé.

Que si les juges ont interprété la convention d'après des faits et des circonstances, il
y a eu peut-être une injustice, une appréciation erronée de ces faits et de ces circonstances, qui blesse l'intérêt privé d'un plaideur :
mais cet accident ne porte aucune atteinte à
l'intégrité de la loi générale; il n'a aucune
influence sur la sécurité publique, parce que
les nuances d'une espèce individuelle ne s'é-
tendent pas en dehors du procès. La violation
de la loi du contrat n'est donc alors qu'un *mal-
jugé* qui échappe à la censure de la Cour de
cassation.

Cette théorie fait voir à sa majestueuse hauteur l'institution de la Cour suprême. S'il est
permis aux particuliers d'implorer son autorité, c'est uniquement lorsque leur intérêt se
trouve lié à l'intérêt général, au maintien des

lois du pays, et à l'uniformité de leur application.

Voici quelques exemples.

La loi définit la vente : c'est une convention par laquelle l'un s'oblige à livrer une chose, et l'autre à la payer. Elle est parfaite entre les parties, lorsqu'il y a consentement sur la chose et sur le prix (1). Or il est avoué que tous ces élémens constitutifs d'une vente existent dans les faits ou dans les actes de la cause : cependant un arrêt donne à la convention une autre nature, il la transforme arbitrairement en louage, en prêt, ou en dépôt. Ce n'est pas seulement un extrême *mal-jugé*, c'est une violation de la loi, parce que, donnant une fausse qualification au contrat, et le plaçant dans une classe à laquelle il ne devait pas appartenir, les juges l'ont affranchi des règles spéciales auxquelles il était soumis, et l'ont soumis à des règles qui ne pouvaient pas lui être appliquées. Il en serait de même d'une donation entre-vifs convertie en testament, et de tout ce qui dénaturerait le caractère *défini* de certains actes (2).

(1) Art. 1582 et 1583 du Cod. civ.

(2) Voyez l'arrêt de cassat. , sections réunies, du 26 juillet 1823.

Mais un arrêt décide qu'il n'y a pas eu consentement réciproque des parties, soit sur la chose, soit sur le prix, et que la vente n'est pas parfaite. Je suppose qu'il y ait erreur manifeste dans cette conséquence tirée des faits et des écrits; toutefois, comme la loi n'a pas déterminé les signes auxquels on doit reconnaître la qualité efficiente d'un consentement, il n'y aura point ouverture à cassation, car la loi n'a pas été entamée.

M. Carré faisait une distinction (1) : ou la clause d'un contrat est claire, ou elle est obscure. Dans le premier cas, il voulait que l'arrêt qui aurait forfait à l'évidence fût cassé; dans le second, il accordait l'impunité de l'interprétation. Je ne puis adopter cette doctrine, à moins que la loi ne marque le point où les lueurs douteuses disparaissent et se perdent dans les clartés de l'évidence. Les textes offrent-ils un modèle normal de l'évidence? Non; ce qui est pour celui-ci une lumière éblouissante, ne présente aux yeux de celui-là qu'un jour vague et incertain. Une fausse opinion sur la clause d'un acte n'est qu'une erreur ordinaire, quand la loi n'a rien statué

(1) *Lois d'organis. et de comp.*, t. 2, p. 780.

sur l'expression et les effets de cette clause ; et la Cour de cassation n'a pas été créée, comme une cour d'appel, pour redresser la fausse interprétation des contrats.

Autre exemple : il a été jugé qu'un verger ne faisait pas partie d'une maison des champs *vendue avec ses appartenances et dépendances.* C'est évidemment à tort, si l'on veut ; mais ce tort n'affecte qu'un intérêt privé; la loi générale n'en souffre pas , car elle n'a pas dit jusqu'où devaient s'étendre les *appartenances et dépendances.* Leurs limites sont dans la manière de voir et d'entendre, et cette manière n'a point de *criterium* légal.

Supposez maintenant qu'un arrêt ait adjugé l'argent comptant et les pierreries d'une succession au légataire *des meubles :* cet arrêt sera cassé, parce que la loi dit que le mot *meubles* employé *seul* dans la disposition de l'homme, *sans autre addition ni désignation,* ne comprend ni l'argent comptant, ni les pierreries (1).

Les présomptions qui ne sont point établies par la loi sont abandonnées aux lumières et à la prudence du magistrat ; mais il ne peut

(1) Art. 533 du Cod. civ.

admettre que des présomptions graves , précises et concordantes , et dans le cas seulement où la loi admet les preuves testimoniales. Tel est le texte de l'article 1553 du Code civil. M. Carré enseigne qu'il y a lieu à cassation , lorsqu'un arrêt est basé sur des présomptions , hors des cas où la preuve testimoniale est admissible : rien n'est plus juste et plus raisonnable, parce que la loi, en déterminant les cas d'admissibilité de la preuve testimoniale, détermine en même temps ceux où les présomptions peuvent être accueillies. Mais, ajoute M. Carré, l'article 1353 du Code civil prescrit une autre condition indivisiblement liée à celle de l'admissibilité de la preuve testimoniale : il faut encore, pour qu'il soit permis aux juges de se laisser toucher par des présomptions, qu'elles soient graves, précises et concordantes. « Il y a, ce sont les termes de l'auteur, même raison de décider en faveur de la cassation, lorsqu'il est maintenu que les présomptions sur lesquelles un arrêt est motivé n'ont pas les caractères auxquels la loi attribue les effets d'une preuve. Alors, continue-t-il, on présente à juger s'il y a eu violation de l'article 1353 ; et, comme il est impossible de résoudre la question sans prendre connaissance des faits et circonstances , il est de toute nécessité, pour savoir si la loi a été respectée ou enfreinte, que la Cour de cassation examine et apprécie à son tour le point de fait. »

Je regrette de ne pouvoir encore me rendre à cet avis. Je négligerai l'objection que je pourrais tirer de la loi du 16 septembre 1807 (1) : il vaut mieux suivre l'idée dominante de cette discussion. La loi a-t-elle tarifé le poids qui doit rendre les présomptions graves, la règle qui les fait précises, le caractère et le nombre des rapports qui produisent leur concordance ? Non ; ces inductions du connu à l'inconnu, ces sensations de conscience, toute cette mystérieuse philosophie de l'esprit humain n'est point définie dans les codes.

La conviction déclarée par un arrêt n'est pas plus *cassable* que la conviction déclarée par un jury, sous le prétexte que les présomptions qui l'ont formée n'auraient pas été assez graves , assez précises , assez concordantes.

(1) Voyez le *Répertoire de jurisprudence* , *v*° *société* , sect. 2 , § 3 , art. 2 , et la collection nouvelle de M. Dalloz, v• *cassation.*

Autrement il faudrait dire que ce n'est point aux lumières et à la prudence des magistrats ordinaires que les présomptions sont abandonnées, mais seulement aux lumières et à la prudence de la Cour suprême.

Certes la loi serait désavouée par la raison, si elle avait entendu mettre une différence entre les présomptions simples et les dépositions d'une enquête. Les unes et les autres doivent être graves et précises, pour composer une preuve *concluante* (1). Et cependant on ne s'est point encore avisé de songer à faire une ouverture de cassation du défaut de gravité, de précision et de concordance des faits admis en preuve.

L'incompétence et l'excès de pouvoir sont des violations de la loi (2).

La contrariété d'arrêts rendus par des cours *différentes*, entre les mêmes parties et sur les mêmes moyens, donne ouverture à la cassation (3).

Lorsque la contrariété existe entre des arrêts émanés de la même cour, on présume qu'elle

(1) Voyez les art. 253 et 254 du Cod. de proc.

(2) Voyez ci-dessus la distinction de l'incompétence et de l'excès de pouvoir, chap. 12, pag. 285, à la note.

(3) Art. 504 Cod. de proc.

a été produite par une erreur involontaire ; et c'est le cas de la requête civile. Cependant il faut encore distinguer : si cette présomption d'erreur involontaire vient à cesser ; par exemple, si l'autorité de la chose qu'elle a déjà jugée est opposée devant une cour par une des parties, contre une prétention que l'autre renouvelle ; et si, nonobstant cette défense, un second arrêt est rendu en sens contraire, alors l'erreur est commise en connaissance de cause : il y a contravention expresse à la loi, et l'on devra se pourvoir en cassation.

La Cour de cassation connaît des demandes en renvoi d'un tribunal à un autre, pour cause de suspicion légitime ou de sûreté publique.

Elle connaît aussi des demandes en règlement de juges, quand le conflit s'élève entre deux cours royales, ou entre deux tribunaux qui ne ressortissent pas à la même cour (1).

La prise à partie contre les cours d'assises, contre les cours royales, ou l'une de leurs chambres, est portée à la Cour de cassation (2).

---

(1) Art. 76 de la loi du 27 ventôse an VIII, et 363 du Cod. de proc.

(2) Art. 509 du Cod. de proc.

Le sénatus-consulte du 16 thermidor an
x avait déjà soumis les cours et les tribunaux à la surveillance du ministre de la justice, et à la censure *disciplinaire* de la Cour
de cassation. Ce principe a reçu depuis des
développemens qu'il faut voir dans le décret
du 30 mars 1808, et dans la loi du 20 avril
1810.

« Le pouvoir censorial a été institué pour
la dignité de la magistrature : il veille à ce
que la considération et le respect qu'elle doit
toujours mériter, et qui lui sont dus, ne
soient pas altérés, non-seulement par des prévarications, mais encore par des faits que
réprouveraient les bonnes mœurs. Il s'étend
donc sur la vie privée, comme sur la vie
publique des magistrats (1). »

A l'entrée de ce sanctuaire du culte rigoureux de la loi, se trouve la section des requêtes. Toutes les affaires civiles y sont d'abord
portées : le demandeur en cassation y compa-
raît seul ; son adversaire n'y est point partie,
et ne reçoit même pas communication du
pourvoi.

(1) *Répert. de la nouv. Législ.*, par M. Favard,
v₀ *cassation*, sect. 2, § 2, n° 6.

Si le pourvoi n'est pas *recevable* ou paraît évidemment mal fondé, il est rejeté ; l'arrêt attaqué reste dans sa force, et à l'abri de tout autre recours. Le demandeur est condamné au paiement de l'amende.

Lorsque le pourvoi est *recevable* et paraît mériter une discussion sérieuse, il est admis. Dans ce cas, le demandeur doit signifier l'arrêt d'admission à son adversaire, et l'assigner devant la section civile, dans les délais du règlement, à peine de déchéance. L'affaire se discute là contradictoirement. Le défendeur signifie sa défense, le demandeur peut répondre, l'autre peut répliquer ; c'est toute l'instruction.

Si le pourvoi est rejeté par la section civile, le demandeur est condamné à l'amende et aux dommages et intérêts de la partie.

Si la cassation est prononcée, la Cour ordonne la restitution de l'amende que le demandeur avait dû consigner en formant son pourvoi, ainsi que la restitution des sommes ou des choses perçues en vertu de l'arrêt annulé, et renvoie l'affaire devant d'autres juges, pour être reprise sur les derniers erremens qui n'ont pas été atteints.

Tous les arrêts sont rendus sur le rapport

de l'un des conseillers commis par le président de la section.

Lorsque le procureur général provoque la cassation d'un arrêt ou d'un jugement, dans l'intérêt de la loi, son pourvoi ne passe point par la section des requêtes, il est porté directement à la section civile.

Il est aussi des cas où la Cour suprême, en cassant un arrêt, ne renvoie point l'affaire devant une autre cour. Par exemple : lorsque l'arrêt cassé avait mal à propos reçu l'appel d'un jugement en dernier ressort, il n'y a plus rien à juger. De même, lorsque la cassation est prononcée pour contrariété d'arrêts, c'est le premier qui seul doit être exécuté.

Il manque beaucoup de détails à cette esquisse. Je me propose de parler, avec plus de développemens, des formes et des délais du pourvoi en cassation, dans un *appendice* que je placerai après le livre IV de la première partie du Code de procédure civile.

Les arrêts qui *rejettent* n'ont pas, en jurisprudence, la même autorité que les arrêts qui *cassent*. La raison en est simple :

Il est possible qu'il n'y ait pas eu violation expresse de la loi, dans l'appréciation de certaines circonstances particulières à l'espèce d'une cause. Le pourvoi est rejeté : cela ne prouve point qu'il eût dû être admis, en supposant le cas tout-à-fait contraire, parce que le texte formel de la loi ne se serait pas plus trouvé compromis dans l'un que dans l'autre.

Mais on conçoit que les arrêts qui cassent et annulent, en fixant un point de droit tout pur, doivent nécessairement avoir une influence plus puissante sur les questions semblables.

Cependant un arrêt, de si haut qu'il vienne, ne fait pas la loi ; il la déclare, comme les juges l'ont entendue ; et il n'est pas très-rare de voir entre les Cours royales et la Cour de cassation, de ces dissidences d'opinion, qui tiennent ou à la diversité des esprits, ou à la difficulté de la décision, ou à l'interprétation même des principes.

Je suis heureux de trouver ici l'occasion de citer les belles paroles que M. le premier président Desèze prononçait, le 5 novembre 1827, pour la rentrée de la Cour suprême : « Nous proclamons, et nous nous en faisons un devoir, que ces dissidences d'opinion n'ont jamais été un obstacle à tous les sentimens d'estime, de justice, de confraternité, de con-

fiance, qui ne doivent jamais cesser d'exister
entre des magistrats, qui, quoique séparés
de pays, de fonctions, de pouvoir, vivent
tous sous l'empire du monarque, et sont les
honorables esclaves des mêmes lois. Aussi,
Messieurs, est-ce sans étonnement que nous
avons vu souvent, et dans les occasions même
les plus remarquables, des cours royales
abandonner volontairement leur propre jurisprudence, pour adopter celle que la Cour
de cassation avait établie ; comme c'est de
même sans regret que nous avons vu d'autres
cours émettre, dans d'autres occasions non
moins importantes, des opinions opposées
aux nôtres, et y persévérer malgré nos arrêts.
Il est même arrivé quelquefois que la Cour
de cassation, pénétrée des motifs à l'aide desquels on combattait ceux qui l'avaient en-
traînée elle-même, n'a fait aucune difficulté
de revenir sur l'opinion qu'elle avait d'abord
adoptée, pour s'en tenir à celle des cours.
Ce ne sont pas là, au reste, des efforts qui
puissent coûter à des magistrats ; ce n'est
pas à eux qu'on peut reprocher de mettre de
la domination dans l'autorité, ou de la faiblesse dans les déférences. Ils n'y voient au
contraire que de la dignité et de la justice ; ils

regardent ces combats d'opinion comme utiles, comme ne présentant rien que de noble, comme tournant même souvent au profit de l'ordre public ; et enfin ils s'honorent de penser à cet égard comme d'Aguesseau, qui, dans ces discours qu'on ne saurait jamais trop rappeler, remarque « que c'est la Providence elle-même » qui permet quelquefois ces espèces de guer- » res innocentes entre les ministres de la jus- » tice, où tous les avantages paraissent éga- » lement partagés, où l'on voit combattre la » vertu contre la vertu, la doctrine contre » la doctrine, l'expérience contre l'expérience, » et où l'orgueil de l'homme, pleinement » confondu, est obligé de reconnaître l'humi- » liante incertitude des jugemens humains. »

Le législateur n'a pas manqué de prévoir ces oppositions de doctrines et ces divergences de jugemens, dont il vient quelquefois s'accuser lui-même.

Il était dit dans l'article 21 du décret du 1er décembre 1790 : « Lorsque le jugement aura été cassé deux fois, et qu'un troisième tribunal aura jugé, en dernier ressort, de la même manière que les deux premiers, la question ne pourra plus être agitée au tribunal de cassation, qu'elle n'ait été soumise au corps législatif, qui dans ce cas portera un *décret déclaratoire* de la loi ; et lorsque ce décret aura été sanctionné par le roi, le tribunal de cassation *s'y conformera dans son jugement.* »

Cette disposition était conforme au droit public du temps ; car, à cette époque, le pouvoir de proposer, de discuter et de décréter les lois, résidait tout entier dans le corps législatif. Le roi pouvait seulement inviter l'assemblée à prendre tel objet en considération.

La constitution de l'an III reconnut, dans les mêmes termes à peu près, la nécessité de l'interprétation, avec cette différence que le décret *déclaratoire* devait être sollicité et rendu après une première cassation.

Mais on n'y songea plus, en l'an VIII, quand on se mit à reconstruire l'organisation judiciaire. Il fut dit seulement, dans l'article 78 de la loi du 27 ventôse : « Lorsqu'après une cassation, le second jugement sur le fond sera attaqué par les mêmes moyens que le premier, la question sera portée devant toutes les sections réunies du tribunal de cassation. »

Peut-être croyait-on qu'un arrêt si solennellement rendu serait adopté, sans opposition, par les cours souveraines, comme la règle de leur jurisprudence. Le sort de l'affaire, après la cassation du second jugement, et dans le cas d'un troisième pourvoi fondé sur les mêmes moyens, ne fut donc pas prévu. Il résultait de cette lacune que la faculté de se pourvoir devenait indéfinie ; que les mêmes décisions pouvaient toujours renaître et se reproduire, malgré la cassation ; et que la lutte entre le tribunal régulateur et les nouveaux juges auxquels il renverrait successivement le fond de la cause, pouvait ne pas avoir de terme.

Le besoin de prévenir un inconvénient aussi grave se fit bientôt sentir. La loi du 16 septembre 1807 déclara qu'il y aurait lieu à interpréter la loi, dans le cas d'un troisième pourvoi ; mais elle ajouta que l'interprétation serait donnée dans la forme des règlemens d'administration publique, c'était à dire, par le Conseil d'état.

Il est de principe incontestable que celui qui a fait la loi a seul le droit de l'interpréter : or le Conseil d'état n'avait pas le pouvoir de faire la loi ; c'était donc une atteinte portée à la maxime : *Ejus est interpretari, cujus est condere.*

Mais on répondait, et cela était vrai, que le

Conseil était un des grands pouvoirs de l'État;
que dans ses attributions constitutionnelles
il avait déjà reçu la mission de préparer les
projets de loi, de les exposer, de les soutenir
devant le corps législatif, de résoudre les
difficultés qui s'élevaient en matière administrative, et le de développer, dans ses avis,
le sens des points de législation sur lesquels
le gouvernement était consulté (1). On aurait
pu ajouter qu'il y avait alors deux législateurs : le législateur de droit, dont les
pouvoirs négligés, ou plutôt asservis, dor-
maient, après la suppression du tribunal,
dans le sein d'une constitution morte; et le
législateur de fait, dont le Conseil d'état était
l'âme et le vivant organe ; que le gouvernement
ne se donnait plus guère le souci de déguiser
ses usurpations, et qu'il était assez naturel que
le Conseil d'état expliquât les ambiguïtés de la
loi, et révélât sa propre pensée, puisque, dans
la réalité, il était le véritable et le seul législateur (2).

(1) Constitution de l'an VIII, art. 52 et 53; règlement
pour l'organisation du Cons. d'état, du 5 nivôse an VIII,
art. 11.

(2) Voyez *les Questions de droit administratif*, de
M. de Cormenin, tom. 2, pag. 245.

Sous l'empire naissant de la Charte, la face des choses n'était plus la même, et la chambre des députés prit, le 21 septembre 1814, une résolution en ces termes :

« Lorsqu'un arrêt ou jugement des cours ou tribunaux aura été cassé deux fois, si un troisième tribunal juge de la même manière que les deux précédens, et qu'il y ait, par les mêmes moyens, un pourvoi en cassation, il y a lieu à l'interprétation de la loi, et il doit en être référé au pouvoir législatif par la Cour de cassation.

» La déclaration interprétative des lois est donnée par le pouvoir législatif dans la forme ordinaire des lois. »

Cette résolution fut portée à la chambre des pairs. La commission chargée de son examen proposa de l'adopter, sauf quelques changemens de rédaction qui ne touchaient en rien au fond du projet (1). Mais la sanction

----

(1) La commission demandait qu'au lieu de ces mots : *il doit en être référé au pouvoir législatif*, on substituât ceux-ci : *il en sera référé au ministre de la justice.* La raison qu'elle donnait de cet amendement était que la Cour de cassation ne devait pas être mise en rapport direct avec les deux chambres ; que l'initiative n'appar-

royale n'y fut pas donnée : le roi dit qu'il en délibérerait.

Le régime de la loi du 16 septembre 1807 subsistait-il encore ?

On a beaucoup écrit pour et contre cet état de choses.

Il ne peut y avoir de difficulté dans les pays où le prince fait seul la loi; c'est à lui de l'interpréter : *Quis legum enigmata solvere et omnibus aperire idoneus esse videbitur, nisi is cui soli legislatorem esse concessum est* (1) ?

« Si, dans les procès qui seront pendans en nos cours, disait Louis XIV, il survient aucun doute et difficulté sur l'exécution de quelques articles de nos ordonnances, édits, déclarations et lettres patentes, nous leur défendons de les interpréter; mais voulons qu'en ce cas elles aient à se retirer par-devers nous,

tient qu'au roi, et que c'est à lui seul que la demande en interprétation doit être déférée.

La commission écarta aussi l'expression de *pouvoir législatif*, comme trop vague et trop abstraite. Elle proposa cette autre rédaction : *La déclaration interprétative est présentée, discutée, adoptée et promulguée dans la forme ordinaire des lois.*

(1) *L.* 12, *Cod. de legibus.*

pour apprendre ce qui sera de notre intention (1). »

Frédéric tint le même langage dans son
Code.

Rien de plus légitime, si l'on eût distingué
l'interprétation d'autorité et l'interprétation
de doctrine. Mais l'usage et la force naturelle
des choses y pourvurent : car il serait impossible aux magistrats de rendre la justice, s'il
ne leur était pas accordé de percer l'écorce
de la lettre, pour découvrir l'esprit de la
loi (2).

(1) Ordon. de 1667, tit. 1ᵉʳ, art. 7.

(2) Il y a deux sortes d'interprétation des lois : l'interprétation *d'autorité*, et l'interprétation *de doctrine*.

La première consiste à résoudre les difficultés et les
doutes, par des règlemens ou dispositions générales qui
déclarent le vrai sens de la loi. Cette interprétation appartient au législateur, parce que nul autre que lui ne
peut mieux savoir ce qu'il a voulu prescrire : *quilibet
est optimus suorum verborum interpres, et sic etiam le-
gislator.*

La seconde est l'opinion des juges et des jurisconsultes sur la pensée du législateur, et l'application de
leur doctrine à un cas particulier. *Interim his qui jura
docent et illustrant, aut secundùm illa judicant, non erit
adempta facultas sensum ex legibus eruendi secundùm*

Dans les gouvernemens mixtes, où la puissance législative est partagée, le principe que l'interprétation d'autorité appartient aux législateurs, peut se compliquer de quelques inconvéniens.

Chez nous la loi se fait par le concours du roi et des deux chambres. Les chambres ne sont pas toujours assemblées; et si, dans l'intervalle d'une session à l'autre, il arrive qu'il y ait lieu à l'interprétation d'une loi, ce sera un nouveau sacrifice de temps et de longueurs ajouté aux fatigues des parties, déjà froissées par ces chocs d'arrêts et de cassations.

On peut supposer encore que les deux chambres ne soient pas d'accord, ou que le roi refuse sa sanction : ainsi la justice, vainement interrogée, serait forcée de rester muette sur les intérêts des citoyens.

Ces objections furent faites en 1814, et l'on convint, à la chambre des pairs, qu'il pourrait y avoir des inconvéniens dans la mesure pro-

---

probabiles conjecturas , cùm , absque hoc medio , interpretandi jura, nec doceri nec applicari valeant. Bohemer, *Introd. in jus public. univ.,* p. 406 et 407.

C'est pour faire cesser l'incertitude et la diversité des interprétations *de doctrine* , que le législateur élève la voix , et donne son interprétation *d'autorité.*

posée. Mais, ajoutait-on, quelle est la loi où il ne s'en rencontre pas? Ils naissent ici de la constitution du corps législatif, et nullement du principe de la loi. Or, quand des inconvéniens tiennent à la constitution même de l'Etat, on est dispensé d'y répondre.

Et l'on disait, après tout, que cette discordance des chambres, ce refus de sanction, et toutes les suppositions semblables, étaient de ces choses qui, métaphysiquement parlant, peuvent arriver, mais qui, considérées moralement, n'arrivent jamais.

Ces raisons furent développées à la tribune avec beaucoup de force et de talent; mais, au dehors, elles ne rallièrent point tous les esprits, et le système de la *résolution* fut combattu par un grand nombre d'auteurs, soit dans son principe, soit dans son exécution.

Les uns auraient voulu que la troisième cour d'appel à laquelle l'affaire serait renvoyée, après deux cassations, prononçât définitivement, et sans qu'il fût permis de se pourvoir de nouveau, dans le cas où elle partagerait l'opinion déjà émise par les précédentes (1). — Mais ne serait-ce pas réduire

(1) *Ordre légal en France*, par M. Duvergier de Hau-

les magistrats spécialement institués pour réprimer les excès de pouvoir et les décisions arbitraires, à rester spectateurs impuissans des atteintes portées à la loi, si, par un entraînement d'esprit de corps, trois cours royales cédaient à l'ambition d'élever leur pouvoir au-dessus de la Cour suprême? Ne serait-ce pas renverser l'ordre de la hiérarchie, et changer la nature des juridictions?

On parlait aussi d'obliger la troisième cour royale à prendre pour loi le second arrêt de cassation (1). — Ne serait-ce pas violer les conditions de l'établissement de la Cour suprême, qui, *sous aucun prétexte et dans aucun cas, ne* PEUT *connaître du fond des affaires* (2) ? Ne serait-ce pas à la fois lui conférer le pouvoir législatif, la pousser dans le domaine des tribunaux ordinaires, créer un troisième degré de juridiction, et faire déborder de vive force le cours de la justice?

D'autres proposaient de placer, entre

ranne, chap. 18. Ce système est celui de la loi du 30 juillet 1828, dont le texte sera rapporté dans les pages qui suivent.

(1) *Ibid.* C'est le fond du projet de 1835, comme on le verra bientôt.

(2) Loi du 1er décembre 1790.

ces deux extrêmes, l'idée de déroger, pour
le cas extraordinaire de l'interprétation ,
à l'article de la Charte qui fait concourir à la
formation de la loi les trois branches de la
législation (1). Ils disaient : La couronne et la
chambre des communes sont déjà si fortes ,
l'une par le pouvoir exécutif, l'autre par la
popularité qu'elle peut se donner , qu'il serait
au moins inutile d'ajouter à leurs prérogatives.
On remettrait donc à la chambre héréditaire
le droit d'interprétation ; alors plus de longueurs , plus de discordances à prévoir et à
redouter. La constitution y gagnerait plus
qu'elle n'y perdrait, puisque cette branche
de la puissance législative étant chargée de
contenir les deux autres dans leurs limites , ce
serait affermir les bases constitutionnelles que
d'ajouter à son éclat, à sa considération et à
sa force. — A part le grand danger de ces
vicissitudes d'exceptions et de ces ébranlemens
de la loi fondamentale qui a classé les différens
pouvoirs et défini leurs attributions, n'y au-
rait-il point eu de l'indiscrétion à investir une
cour politique du droit de prononcer sur les

(1) M. Henrion de Pansey , *Autorité judic.* , t. 2 ,
chap. 22.

matières civiles, qui exigent des études spéciales et l'expérience des applications ?

Quelques années s'écoulèrent, et la sanction
royale n'était point encore donnée à la résolution du 21 septembre 1814. Il fallait pourtant
connaître la règle qui devait gouverner cette
matière d'interprétation, et savoir, en définitive, si la loi du 16 septembre 1807 avait
été abrogée par la Charte, soit expressément,
soit tacitement.

Une occasion se présenta, et l'abrogation
fut proclamée avec un prétentieux éclat.

Depuis longtemps la rédaction incomplète
et louche des articles 115 et 160 du Code de
commerce excitait des réclamations, troublait
la jurisprudence, et rendait nécessaires quelques modifications interprétatives. Ces modifications avaient déjà fait l'objet d'un rapport
présenté au Conseil d'état, le 22 novembre 1811,
par M. de Gérando. Mais on fut alors d'avis
qu'il était plus légal de laisser aux tribunaux
toute liberté de juger, et à la Cour de cassation le soin de redresser les jugemens, s'il y
avait lieu ; qu'il n'était pas opportun de recourir à une interprétation, tant que les dis-

sidences prévues par la loi du 16 septembre 1807 ne se seraient pas manifestées.

Cependant il arriva, un peu plus tard, qu'un arrêt de la Cour royale de Paris fut cassé pour contravention à la généralité des termes de l'article 115. L'affaire ayant été renvoyée à la Cour de Rouen, elle y reçut la même décision qu'à Paris. Il y eut un nouveau pourvoi contre l'arrêt de Rouen ; et toutes les sections de la Cour suprême allaient se réunir, afin de prononcer sur cet autre recours, lorsque le gouvernement vint proposer aux chambres une loi d'interprétation.

Le 28 mars 1816, le garde des sceaux, M. Barbé-Marbois, disait à la chambre des pairs : « Messieurs, le roi nous a ordonné de vous présenter un projet *tendant à interpréter le sens* et à rectifier la rédaction de deux articles du Code de commerce, qui depuis plusieurs années ont fait naître des réclamations. »

Le 9 avril suivant, M. Desèze, parlant au nom de la commission chargée d'examiner la proposition, arrêta l'attention de la noble chambre sur la forme dans laquelle cette interprétation du Code était proposée par le roi, qui aurait pu faire usage de la disposition de la loi du 16 septembre 1807, interpréter lui-même, dans son conseil, une loi équivoque ou obscure, et donner à cette déclaration interprétative, rendue par forme de règlement d'administration publique, toute l'exécution et toute la force de la loi même.

« Avant la loi du 16 septembre 1807, disait M. le rapporteur, celle du 27 novembre 1790, qui avait créé la Cour de cassation, avait reconnu dans le corps législatif le droit d'interpréter, après deux cassations, les lois qui, par leur ambiguïté ou les vices de leur rédaction, se trouveraient dans le cas de l'être. C'était là pour ce corps imposant une sorte de pouvoir; et ce pouvoir semblait manquer à celui qui, dans son insatiable et sacrilège ambition, aurait voulu les envahir tous; il épie donc la première occasion qui pourrait se présenter, de s'emparer de l'interprétation de la loi; il s'en saisit, il en dépouille le corps législatif; il concentre ce droit dans sa personne seule, et l'exerce ensuite exclusivement.

» Eh bien, Messieurs, votre roi légitime, ce prince de la part de qui tout est justice ou bienfait, au lieu de s'investir, au contraire lui il se dépouille; il renonce lui-même à un ordre de choses qu'il trouve établi ; il ne veut pasd'une autorité qu'il ne regarde pas comme légale ; il est le premier à rendre au pouvoir législatif ses attributions naturelles ; il fait revivre en votre faveur les anciennes formes, et il vous propose aujourd'hui les interprétations de la loi, de la même manière qu'il vous propose la loi elle-même. »

Cette brillante apologie obtint l'assentiment du corps législatif qu'elle rétablissait dans la plénitude de ses droits (1), et tout promettait un retour ferme et durable aux principes de 1790.

Cependant le nouveau Conseil d'état, établi par l'ordonnance royale du 29 juin 1814, fut réuni en assemblée générale le 27 novembre 1823, *pour délibérer sur le mode d'exécution de la loi du 16 septembre 1807, relative à l'interprétation des lois.*

Cela ressemblait à un souffle sur des cendres éteintes, mais on parvint à réchauffer la ma-

_____

(1) La proposition, adoptée par la chambre des pairs, fut portée le 22 avril 1816 à la chambre des députés ; mais la clôture de la session ne laissa pas le temps nécessaire pour l'examen et le rapport. On ne s'en occupa qu'à la fin de janvier 1817. Le projet fut converti en loi le 12 mars, et reçut le 19 la sanction royale.

tière et à composer un avis portant que cette loi du 16 septembre 1807, dont l'abrogation avait été naguère si solennellement célébrée, n'avait point cessé de subsister ; *qu'elle était parfaitement compatible avec le régime constitutionnel établi par la Charte, et que le roi pouvait et devait, dans les cas prévus, et dans les formes déterminées, exécuter ses dispositions.*

Le Conseil d'état se fonda sur ce que toute justice émane du souverain, et qu'à lui seul appartient la portion de l'autorité judiciaire qui n'est pas comprise dans la délégation que les tribunaux ont reçue ; sur ce que l'exécution de la loi étant confiée au chef de l'État, c'est à lui de faire cesser les obstacles devant lesquels s'arrête la justice, qui n'est elle-même que l'exécution de la loi.

Mais en même temps, ce qui était fort remarquable, il fut reconnu « que cette décision accordée par le roi, à l'occasion d'un procès, ne serait qu'une interprétation *judiciaire* ; qu'elle n'aurait ni le caractère ni les effets d'une interprétation législative, et que, légalement bornée au cas particulier pour lequel elle aurait été donnée, *elle ne serait pas la règle nécessaire pour tous les cas analogues*, ce qui la distinguerait essentiellement de la loi. »

D'où il résultait que ce ne devait être qu'une interprétation de doctrine, un jugement individuel donné par le chef de l'état, afin de terminer un procès que la dissidence des cours royales et de la Cour de cassation pouvait rendre éternel. Tranchons le mot : c'était l'évocation d'une cause au Conseil.

Telle n'avait point été l'intention du législateur, en 1790 : la Cour de cassation devait se conformer, dans son troisième arrêt, au décret déclaratoire de la loi (1).

Les auteurs de la loi du 16 septembre 1807, en disant que l'interprétation serait donnée dans la forme des règlements d'administration publique, avaient également bien entendu que ce serait un décret d'intérêt général, dont l'autorité devait s'étendre sur tout l'empire, comme celle de la loi (2).

Le Conseil d'état de 1823, qui se portait

---

(1) Art. 91 de la loi du 1er décembre 1790.

(2) Voyez le discours de l'orateur du gouvernement, dans le t. 8 du recueil de Sirey, 2me partie, pag. 37. Voyez aussi l'arrêté des consuls du 5 nivôse an VIII, art.

ainsi héritier direct du pouvoir conféré par
la loi du 16 septembre au Conseil de 1807,
commettait donc une grande erreur, en supposant que cette loi n'avait point établi un
véritable droit d'interprétation réglementaire.
Il se constituait simplement comme un troisième degré de juridiction, et l'ordonnance
du roi intervenant dans un débat judiciaire
ne devait éteindre qu'une question privée. Or,
cette question pouvait toujours être agitée de
nouveau, dans une autre cour; les disputes revenaient avec tout leur cortége d'argumens; et
la loi, tourmentée par les systèmes, flottant au
milieu des doutes, allait se trouver dépouillée
de l'uniformité d'application qui l'affermit, et
de l'universalité de puissance sans laquelle
elle ne règne pas.

C'est ce qui ne manqua pas d'arriver.

Il fut question de savoir si un règlement du
28 février 1723, concernant le commerce de la
librairie, avait été remis en vigueur par les
lois de 1810 et de 1814, après avoir été abrogé
par la loi du 17 mars 1791. La négative ayant

11, et les art. 27 et suivans du sénatus-consulte du 28
floréal an XII.

été décidée dans la même affaire par deux arrêts que la Cour suprême avait cassés, un troisième arrêt jugea comme les précédens, et il y eut un troisième pourvoi.

La Cour de cassation prononça un sursis, et renvoya, pour l'interprétation, *devant qui il appartiendrait.*

Sur quoi intervint, le 1er septembre 1827, une ordonnance royale qui, vu *la loi du* 16 *septembre* 1807, vu *l'avis du* 27 *novembre* 1823; vu, etc., *et le Conseil d'état entendu*, décida que l'article 4 du titre 4 du règlement du 28 février 1723 devait encore être appliqué.

C'était un procès jugé.

Mais la difficulté se vint reproduire dans une autre affaire du même genre. Le 10 novembre 1827, le tribunal de Nantes rendit un jugement dans les termes suivans :

« Attendu que l'ordonnance du 1er septembre 1827 (celle dont je viens de parler), rendue sur l'avis du Conseil d'état, dans l'affaire du sieur Teste, n'est qu'une interprétation judiciaire, qui n'a ni le caractère ni les effets d'une interprétation législative, que l'intervention de l'autorité législative pourrait seule lui attribuer; que cette interprétation, légalement bornée au cas particulier pour lequel elle a été donnée, n'est pas la règle nécessaire de tous les cas analogues, en quoi elle diffère essentiellement de la loi, ainsi qu'il a été décidé par l'avis du Conseil d'état du 17 décembre 1823;

» Attendu que l'ordonnance du 1ᵉʳ septembre 1827 est elle-même basée sur cet avis du Conseil d'état;

» Attendu que le règlement de 1723 a été abrogé, etc.,

» Renvoie le prévenu de la poursuite dirigée contre lui. »

D'autres cours et d'autres tribunaux usèrent à l'envi du droit de juger la question dans un sens contraire à l'ordonnance du 1ᵉʳ septembre 1827 ; de sorte que chacune des affaires qui se succédaient, devait aller individuellement aboutir à un référé au Conseil d'état.

Les choses restèrent ainsi jusques au temps du ministère Martignac. On voulut enlever de nouveau au Conseil d'état les attributions d'interprétation qu'il avait reprises. (1)

La loi du 30 juillet 1828, qui fut alors rendue, consacra l'une des idées émises par M. Duvergier de Hauranne, dans son livre *De l'Ordre légal en France* (1).

Voici le texte :

« Art. 1er. Lorsqu'après la cassation d'un premier arrêt ou jugement en dernier ressort, le deuxième arrêt ou jugement rendu dans la même affaire, entre les mêmes parties, est attaqué par les mêmes moyens que le premier, la Cour de cassation prononce, toutes les chambres réunies.

» Art. 2. Lorsque la Cour de cassation a annulé deux arrêts ou jugemens rendus en dernier ressort, attaqués par les mêmes moyens, le jugement de l'affaire est, dans tous les cas, renvoyé à une cour royale.

» La cour royale, saisie par l'arrêt de cassation, prononce, toutes les chambres assemblées.

» S'il s'agit d'un arrêt rendu par une chambre d'accusation, la cour royale n'est saisie que de la question jugée par cet arrêt.

(1) Voyez ci-dessus, pag. 522.

» En cas de mise en accusation ou de renvoi en police correctionnelle, ou de simple police, le procès sera jugé par la cour d'assises, ou par l'un des tribunaux du département où l'instruction aura été commencée. Lorsque le renvoi est ordonné sur une question de compétence ou de procédure en matière criminelle, il ne saisit la cour royale que du jugement de cette question. L'arrêt qu'elle rend ne peut être attaqué, sur le même point et par les mêmes moyens, par la voie de recours en cassation : toutefois il en est référé au roi, pour être ultérieurement procédé par ses ordres à l'interprétation de la loi.

» En matière criminelle, correctionnelle ou de police, la cour royale à laquelle l'affaire aura été renvoyée par le deuxième arrêt de la Cour de cassation, ne pourra appliquer une peine plus grave, dans la même affaire, et entre les mêmes parties, que celle qui résulterait de l'interprétation la plus favorable à l'accusé.

» Art. 3. Dans la session législative qui suit le référé, une loi interprétative est proposée aux chambres.

» Art. 4. La loi du 16 septembre 1807,

relative à l'interprétation des lois, est abrogée (1). »

Pour ce qui concerne les matières civiles,
cette loi se résume en deux mots :

Après la cassation prononcée par les sections réunies de la Cour suprême, l'affaire
n'est point renvoyée, comme précédemment, à
un tribunal du même degré que celui dont le
jugement a été cassé, mais toujours à une
cour royale.

La décision de cette cour sur le point litigieux n'est plus attaquable : sa souveraineté
s'élève, en ce cas, au-dessus de tous les antécédens, et de toutes les interprétations ou les modifications contingentes; ce qui n'empêcherait
pourtant pas qu'on ne pût l'entreprendre, à
raison de quelque vice de forme; par
exemple, si elle n'était pas motivée.

Le droit d'interprétation est restitué au
pouvoir législatif; mais il est exercé seulement
après l'arrêt de la troisième cour royale, qui

(1) Cette loi n'était pas encore rendue lorsque parut
la première édition de mon Introduction. Je l'insérai
plus tard dans mon second volume, page 423. Je crois
devoir la replacer ici pour compléter la discussion qui
déjà se trouvait ouverte.

n'en restera pas moins, quoi qu'il arrive, l'irrévocable loi des parties.

J'étais loin de penser que ce système allait se convertir en loi, lorsque, dans ma première édition, je disais, ce que j'ai cru devoir maintenir dans celle-ci (1), qu'il tendait à renverser l'ordre de la hiérarchie, et à changer la nature des juridictions.

Cette dévolution d'une puissance exorbitante donnée aux cours royales, détruit le plus grand avantage que le législateur de 1790 s'était promis en instituant la Cour de cassation, « celui de fonder sur la jurisprudence centrale, unique et suprême de cette cour, le pivot auquel toutes les jurisprudences secondaires devraient finalement se rattacher, pour empêcher que l'unité de la législation ne soit rompue par la diversité de jurisprudence. » C'est ce que M. le procureur général Dupin disait à la Cour de cassation, le 4 novembre 1834, et il ajoutait : « Le recours en interprétation sera le plus souvent impraticable. En effet, est-il bien vrai qu'une seconde cassation soit toujours fondée sur une prétendue obscurité de la loi ? Non, Messieurs ; ordi-

(1) Voyez ci-dessus, pag. 522.

nairement, au contraire, c'est parce que la loi vous paraît très-claire, que vous cassez sans la moindre hésitation; et souvent même le sens de la loi vous paraît plus évident encore après le second examen que lors du premier. La loi vous fait donc demander une interprétation, alors même que vous n'en avez pas besoin. »

Toutefois il n'est pas sans exemple que le sens d'un article de loi soit enveloppé de quelque obscurité, et se puisse prêter à des disputes sérieuses parmi les jurisconsultes. Mais ce qui est vraiment inouï, c'est qu'au moment où le doute se trouve légalement constaté, où se déclare la nécessité d'un *référé*, et avant que le législateur, qui va être interrogé, ait éclairci sa pensée, on attribue à la décision d'une cour royale ce caractère de certitude parfaite, cette autorité absolue qu'elle n'a point pour les questions les plus simples et les plus transparentes.

On a fait la cour déléguée plus puissante que la cour qui délègue.

Cette loi de 1828 n'était point née viable, s'il est permis de s'exprimer ainsi; le gouvernement vient d'en proposer l'abrogation (1);

_____

(1) *Moniteur* du 26 janvier 1837.

les articles qu'il présente pour composer la
loi nouvelle ont été détachés du projet de
1835 (1). Les voici :

« Art. 1. Lorsqu'après la cassation d'un
premier arrêt, ou jugement rendu en premier
ressort , le deuxième arrêt ou jugement
rendu dans la même affaire, entre les mêmes
parties, procédant en la même qualité, sera
attaqué par les mêmes moyens que le premier, la Cour de cassation prononcera, toutes
les chambres réunies.

» Art. 2. Si le deuxième arrêt ou jugement
est cassé pour les mêmes motifs que le premier, la cour royale ou le tribunal auquel
l'affaire est renvoyée ne pourra remettre en
question le point de droit fixé par la Cour
de cassation , et sera tenue de s'y conformer.

» Art. 3. La cour royale statuera en audience
ordinaire, à moins que la nature de l'affaire

_____

(1) Déjà M. le garde des sceaux a produit séparément
le titre de ce projet relatif aux justices de paix. « Des
observations qui ont été recueillies, a-t-il dit, est ré-
sultée la conviction que les diverses parties de ce travail n'ayant pas entre elles une relation nécessaire ,
l'examen en serait simplifié par leur séparation. »
Moniteur du 7 janvier 1837.

n'exige qu'elle soit jugée en audience solennelle.

» Art. 4. La loi du 30 juillet 1828 est abrogée. »

J'y reviendrai tout à l'heure.

Il n'est peut-être pas déplacé de signaler ici une préoccupation qui, dans ces derniers temps, s'est emparée des esprits. En général, chacun semble tourmenté de l'idée que l'application d'une loi interprétative à des questions écloses avant l'interprétation, ne peut être qu'une véritable rétroactivité. M. le rapporteur du projet de 1835 disait à la tribune de la chambre des députés, que l'article 2 du Code civil se composait originairement de deux parties, la première portant que la loi n'a point d'effet rétroactif, la seconde ajoutant *qu'une loi explicative d'une autre loi règle même le passé ;* et que cette dernière partie avait été supprimée, *parce qu'elle aurait détruit le principe.*

Ces paroles, si j'ose en dire mon avis, renferment une erreur d'autant plus dangereuse qu'elle tombe de plus haut. Il importe de conserver dans leur pureté les traditions de nos Codes.

La seconde partie de l'article 2 du Code

civil ne fut point retranchée parce qu'elle aurait détruit le principe de la non-rétroactivité, mais uniquement parce qu'elle était inutile. Tout le monde sait que ce qui est inutile ne détruit pas ce qui est utile.

L'article avait été présenté en ces termes :

« La loi ne dispose que pour l'avenir ; elle n'a point d'effet rétroactif.

» Néanmoins la loi interprétative d'une loi précédente aura son effet du jour de la loi qu'elle explique, sans préjudice des jugemens rendus en dernier ressort, des transactions, décisions arbitrales et autres passées en force de chose jugée. »

Lorsque la discussion commença au Conseil d'état, M. Portalis exposa, dans la séance du 4 thermidor an IX, que tous les tribunaux approuvaient la première partie de l'article, mais que la seconde était l'objet de plusieurs observations ; et il continua ainsi :

» Le tribunal d'Agen prétend que les lois, même simplement interprétatives ou explicatives, ne doivent point avoir d'effet rétroactif.

» *L'opinion de ce tribunal est isolée.*

» Ceux de Lyon et de Toulouse voudraient que l'on déterminât les bornes dans lesquelles une loi *purement explicative* doit se renfermer.

» Le tribunal de Douai observe que les jugemens en dernier ressort ne sont pas les seuls qu'on doive respecter dans l'application d'une loi interprétative ; que les jugemens de première instance qui ont été acquiescés, ou dont on n'a point interjeté appel dans le délai de droit, méritent la même faveur.

» L'observation est juste : on pourrait aisément remplir les vues de ceux qui la font, en ajoutant un mot qui pût envelopper toutes les *décisions passées en force de chose jugée.*

» Mais il serait plus difficile de déterminer, *en thèse,* ce qu'on doit entendre par une loi *purement interprétative.*

» Il serait peut-être sage de supprimer la seconde partie de l'article, *en laissant les choses dans les termes du droit commun.* »

Telle fut la conclusion de M. Portalis ; et l'on ne supposera point que ce qu'il appelait *le droit commun* était *l'opinion isolée* du tribunal d'Agen.

Le procès-verbal de la séance énonce que plusieurs membres du Conseil demandèrent que la seconde partie de l'article fût retranchée *comme inutile.*

Le Conseil adopta la première partie de l'article et retrancha la seconde.

Le Tribunat alla plus loin, il fit demander par ses orateurs la suppression de l'article tout entier, par ce motif que le principe de la non-rétroactivité devait être plutôt un précepte de droit et de morale, qu'une disposition législative (1). Et cependant personne ne croira qu'en considérant l'article comme inutile, le Tribunat ait entendu porter atteinte au principe de la non-rétroactivité.

Ces termes du droit commun, que le Conseil d'état laissa subsister, disaient qu'une loi interprétative ne fait point une disposition nouvelle, lorsqu'elle explique une disposition déjà faite. La loi interprétative régit même le passé, sans qu'on puisse l'accuser de rétroactivité, parce que, comme l'a dit Bacon, elle est contemporaine de la loi qu'elle interprète : *Non enim tum incipit interpretatio cùm declaratur, sed efficitur tanquam contemporanea ipsi legi* (2).

Une loi rétroagit, si elle annule des droits acquis. Je sais bien qu'on a dit que l'obscu-

----

(1) Discours de M. Andrieux au corps législatif.

(2) *De Retrosp. legum*, *Aphor.* 51.

rité ou l'insuffisance dans les termes d'une loi étaient comme des droits acquis ; mais on a répondu avec une grande force de raison que l'évidence seule constitue le droit. Il n'y a point de droits irrévocablement acquis lorsque toutes les voies de recours ne sont pas encore fermées; et comme, jusqu'à la loi de 1828, on ne s'était jamais avisé de renvoyer l'interprétation législative après la décision irrévocable du procès, les termes du droit commun remettaient les parties dans l'état où elles se trouvaient avant les arrêts successivement attaqués, et la loi interprétative ne faisait point un injuste retour sur un passé fini. « Les erreurs ou les abus intermédiaires ne font point droit, disait encore M. Portalis dans son admirable discours préliminaire du Code civil, à moins que, dans l'intervalle d'une loi à l'autre, elles n'aient été consacrées par des transactions, des jugemens en dernier ressort, etc. »

La constitution de l'an III, qui portait aussi sur son frontispice le précepte de la *non-rétroactivité* des lois, n'obligeait pas moins, article 256, le tribunal régulateur à se conformer aux lois *qui seraient données en forme d'interprétation*, dans tous les cas où, après

une cassation , le second jugement sur le
fond serait attaqué par les mêmes moyens
que le premier.

Et s'il était vrai que le Conseil d'état eût
voulu , dès ses premiers pas dans la discussion du Code, abroger l'antique maxime :
Is qui declarat nihil novi dat , il n'aurait pas
donné, depuis , une foule d'avis pour expliquer le sens dans lequel telles et telles lois
devaient être entendues. Il n'était pas au pouvoir du Conseil d'état de faire seul des lois
nouvelles, et ses règlemens interprétatifs s'u-
nissaient et s'incorporaient, par la nature des
choses, aux textes qu'ils interprétaient.

Cette discussion de l'art. 2 du Code civil
n'amena donc point la conséquence que M. le
rapporteur du projet de 1835 a cru devoir en
tirer. Ce qui a été enseigné, appris, pratiqué,
appliqué , jugé de tout temps, en matière
d'interprétation , subsiste encore. Une loi
purement interprétative ou déclarative n'est
autre chose que l'esprit qui respira dans la
loi interprétée, aussitôt que celle-ci fut mise
au jour. C'est le même son qui se répète
plus distinctement pour ceux qui d'abord
n'ont pas su ou n'ont pas voulu bien entendre ; mais il ne dit rien de plus , rien de

moins. Ce prétendu *passé* sur lequel on dit que
la loi interprétative rétroagit, c'est l'avenir que
devait régir la loi interprétée. Il n'y eut jamais
là d'effet rétroactif.

Le principe demeurant sauf, je conviendrai
maintenant que dans le système de nos institutions actuelles, avec un pouvoir législatif
multiple, avec un régime où l'initiative des lois
appartient aux chambres comme au roi, une
loi *purement* interprétative ou *déclarative* doit
être un événement assez rare. Il est difficile que
la proposition ne reçoive point des amende-
mens, des modifications, des restrictions; qu'il
n'intervienne point quelque transaction entre
des idées, des intérêts divers, et qu'il n'en
sorte point une loi nouvelle. Evidemment
alors cette loi nouvelle ne pourrait plus, sans
effet rétroactif, être appliquée aux questions
préexistantes.

Il y a cet autre inconvénient que j'ai déjà
fait apercevoir : les chambres ne sont pas
permanentes comme l'assemblée nationale de
1790 ; et si, dans l'intervalle d'une session à
l'autre, il arrivait que l'interprétation d'une loi
devînt nécessaire pour le jugement d'un procès,
ce serait un nouveau sacrifice de temps et de
longueurs ajouté aux fatigues des parties.

La loi du 30 juillet 1828 y avait pourvu , car il est déjà permis d'en parler au passé ; elle avait attribué à la troisième cour royale le droit de trancher sans retour le nœud de dissidence, puis la loi interprétative venait après donner tort ou raison à la décision irrévocable.

La proposition nouvelle reporte au deuxième arrêt de la Cour suprême l'autorité définitive de la chose jugée, en ce qui touche le point de droit litigieux ; la troisième cour royale ne pourra pas le remettre en question , elle sera tenue de s'y conformer.

Ici se reproduiront sans doute tous les argumens tirés des conditions de l'établissement de la Cour de cassation, et l'on ne manquera pas de répéter que, sous aucun prétexte et dans aucun cas, elle ne peut connaître du fond des affaires.

Tout bien considéré, je pense, en définitive, que ces alarmes sont fort exagérées. La Cour de cassation ne pénétrera pas plus avant dans le fond des affaires, qu'elle ne l'a fait jusqu'à présent ; elle ne jugera point les procès, elle ne jugera que les arrêts ; elle cassera lorsque la loi aura été violée, mais, cette justice faite, elle renverra toujours la cause et les parties

devant d'autres juges, qui mettront un arrêt
à la place de celui qui n'est plus. Il n'est donc
pas exact de dire qu'une voie nouvelle de
ressort va s'ouvrir de vive force, et s'étendre
jusqu'à un troisième degré de juridiction.

Le principe qui ne permet pas que la Cour
suprême connaisse du fond des affaires est-il
tellement absolu qu'il n'ait jamais admis aucune exception ? Lorsqu'une cour royale a
reçu par erreur l'appel d'un jugement de
dernier ressort, l'arrêt qui casse ne renvoie
point le fond, c'est-à-dire la question de
compétence, devant une autre cour ; il ordonne simplement que la décision des premiers juges sera exécutée (1). Lorsqu'un accusé a été condamné à une peine quelconque,
si la Cour suprême casse, parce qu'il n'y
avait ni crime, ni délit, ni contravention
dans le fait imputé, aucun renvoi n'est prononcé (2). Il en est de même encore, quand
l'arrêt d'une cour est cassé comme contraire
à un premier arrêt rendu par une autre cour,
entre les mêmes parties et sur les mêmes
moyens. « En ce cas, dit M. Merlin, en quoi

(1) Règlement de 1738, part. 2, tit. 4, art. 19.
(2) Code d'instruction criminelle, art. 429.

consiste le fond de la cause? Il consiste uniquement dans la question de savoir s'il existe entre les arrêts une contrariété telle, que le dernier ne puisse pas être maintenu. La Cour de cassation ne peut donc pas, *d'après l'essence même des choses*, casser cet arrêt sans juger le fond; elle ne peut donc pas, en le cassant, renvoyer le fond devant une autre cour (1). »

Si de nombreuses exceptions sont venues depuis longtemps modifier et restreindre la disposition trop indéfinie de la loi du 1er décembre 1790, si la loi s'est amendée elle-même, pourquoi ne pourrait-elle pas aujourd'hui attribuer au second arrêt de cassation, que les sections réunies rendront dans la même affaire, une autorité souveraine et définitive? N'est-ce pas aussi une conséquence nécessaire de la nature des choses telles que nos institutions les ont faites, puisque tout le monde reconnaît que la durée d'un procès pourrait n'avoir pas de terme, si, pour le vider, il fallait toujours attendre qu'une loi interprétative fût votée à l'unisson par les divers organes du pouvoir législatif?

(1) *Quest. de Droit*, aux mots *Contrariété de jugement*, § 2.

La Cour de cassation est placée au sommet
de l'ordre judiciaire; son ressort n'a d'autres
limites que celles du royaume; elle est chargée de la conservation des lois : à qui mieux
peut-il convenir d'en fixer l'esprit et le sens ?
Comment parviendrait-elle à remplir le but
de son institution , si l'on abandonnait à
chacune de nos vingt-six cours royales le privilége de se faire une jurisprudence à part et
sans contrôle ?

Dira-t-on que c'est inconstitutionnellement
communiquer à la Cour de cassation une
portion de la puissance législative ? Ce serait
une erreur. La décision de la Cour de cassation , dans les cas spécifiés par le projet, ne
sera point une loi ; son autorité sera restreinte
à la cause jugée, et aux parties qui auront figuré au procès,

On me répliquera peut-être que cette décision, n'ayant rien de réglementaire, donnera
uniquement un moyen de finir les instances,
et non de faire cesser les ambiguïtés de la loi
et les incertitudes de la jurisprudence.

Je répondrai que l'unité de la jurisprudence sera mieux assurée par l'unité de la
Cour qui fut établie pour la fixer, et qu'il
faut bien aussi rattacher quelques idées d'auto-

rité morale à cette suprématie d'un tribunal régulateur.

Sous la loi de ventôse an VIII, lorsque la Cour de cassation cassait indéfiniment, les cours d'appel sentaient, en général, la nécessité de se conformer à sa doctrine, pour ne pas exposer leurs arrêts à d'inévitables échecs. Il y a dans le nouveau projet plus de motifs encore pour espérer un résultat pareil.

Mais cet espoir serait-il trompé? Une dissidence plus opiniâtre, une perturbation plus sensible dans l'administration de la justice viendraient-elles révéler le besoin impérieux d'une loi interprétative? Alors le pouvoir législatif pourra toujours intervenir, car il ne s'agit point d'abroger son droit d'interpréter.

Il sera difficile, et j'en suis déjà convenu en présentant sous toutes ses faces l'état de la question, mais il ne sera pas rigoureusement impossible que les chambres s'accordent à déclarer purement le sens dans lequel la loi interprétée doit être entendue. La rareté de l'application ne porte pas atteinte au principe; et, dans le cas qui vient d'être énoncé, la force réglementaire du *décret déclaratoire*, comme disait la loi de 1790, remontera au jour de la promulgation de la loi interprétée.

Mais s'il fallait remplacer un texte douteux, objet d'une lutte incessante, par des dispositions plus claires, plus précises, plus intelligibles, ce ne serait plus une interprétation; il y aurait innovation, et la loi *innovative* n'aurait d'effet que pour l'avenir.

CHAPITRE XVIII.

DU MINISTÈRE PUBLIC.

———o———

Quelqu'un a dit, avec une grande raison :
« La plupart du temps, on n'a trouvé dans
les écrits des anciens que ce que l'on croyait
d'avance devoir y trouver. »

Ainsi, les auteurs qui ont parcouru l'histoire du droit romain, avec des dispositions
à y découvrir l'origine du ministère public,
n'ont pas manqué d'en apercevoir les premières traces dans l'établissement des *ratio-*
nales ou *procuratores Cæsaris*, au temps
d'Auguste.

Comme les Francs avaient conservé dans
les Gaules ce qui leur convenait de l'administration de Rome, il n'y a eu qu'un pas à faire
pour trouver chez eux des *procuratores* ou

actores regis. Suivant une opinion assez commune, cette espèce d'agens serait le type du noble emploi, dont toute la hauteur et toute la dignité ont été peintes d'un si beau trait, quand on a dit d'un magistrat célèbre, qu'il fut l'homme de la loi et l'orateur de la patrie (1).

Pour bien apprécier la solidité d'un système, il faut un peu fouiller autour de sa base.

A Rome, les *rationales* furent d'abord des régisseurs ou intendans établis dans les domaines du prince, pour percevoir ses revenus, veiller à ses intérêts, repousser les usurpateurs et gourmander les tributaires négligens. Plus tard, Constantin leur attribua le droit de juger les causes fiscales, c'est-à-dire

---

(1) Eloge de M. Antoine-Louis Séguier, premier avocat général du parlement de Paris, prononcé à l'Institut, le 2 janvier 1806, par M. Portalis, ministre des cultes.

On connaît le mot de Gustave III, lorsque M. Séguier lui fut présenté : « Il faudrait n'être pas d'Europe, pour ignorer le nom d'un homme aussi éloquent. » Aujourd'hui tout le monde en dirait autant de son panégyriste.

qu'ils devinrent à la fois juges et parties : *ad fiscum pertinentes causas rationalis decidat*(1). Certes, ce n'est point pour de telles lois que la sagesse des Romains doit être vantée.

M. de Montesquieu a fort judicieusement observé que leurs formes populaires, touchant la poursuite des crimes, ne pouvaient s'accorder avec le ministère d'une partie publique (2). Il faut en dire autant de leur procédure civile ; et c'est s'abuser, je crois, que de voir dans les fonctions anomales de ces receveurs transformés en juges fiscaux, des traits de ressemblance avec nos officiers du ministère public. Les Romains ne leur avaient point fait l'honneur de les charger de protéger les veuves, les orphelins et les pauvres. On nommait à ces personnes un avocat pour les défendre, lorsqu'elles en avaient besoin. Accuser et poursuivre était un droit commun à chaque citoyen. L'amour de la gloire et l'amour de la patrie créaient des accusateurs; il fallait souvent choisir entre ceux qui se présentaient, et Cicéron n'obtint la faveur d'ac-

(1) *L.* 5, *Cod. Ubi causæ fiscales vel divinæ domus hominumque ejus agantur.*

(2) *Esprit des Lois*, liv. 28, chap. 36.

cuser Verrès, qu'après l'avoir disputée à Cœci-
lius Niger (1).

Il y avait chez les peuples germaniques des
officiers auxquels ils donnaient le nom de
Schulteti (2), ce qui signifiait, en langage
teuton, *exacteurs de dettes*. Après l'invasion,
ils les appelèrent, en latin, *procuratores,
actores*.

Chaque maison royale eut son procureur
ou *actionneur*. Il revendiquait les sujets
domaniaux; c'était à lui que l'on s'adressait
pour réclamer les serfs des particuliers, qui
s'étaient réfugiés dans les terres du roi; il faisait payer les revenus et les impôts. Lorsque
le prince devait passer dans son district, le
procureur ordonnait les préparatifs de récep-

(1) *Si plures existant qui reum in publicis judiciis ac-
cusare volunt, judex eligere debet eum qui accuset, causâ
scilicet cognitâ, estimatis accusatorum personis, vel de
dignitate, vel de eo quod interest, vel ætate, vel moribus,
vel aliâ justâ de causâ. L.* 16, *ff. de accusat.* Voyez le
Dict. de Prost de Royer, tom. 2, pag. 208 et 209.

(2) *Schultetus, schutetus vel sculdais : apud Theu-
tones,* schould-heel, schoud-heyd, *vel* schuldeys :
*noxæ debitivæ exactor, qui pœnas irrogat et mulctas
exposcit ab iis qui deliquerunt.* Ducange, *v°* sculdais.

tion ; il exigeait les corvées et les provisions
nécessaires pour le transport et la subsistance
de la cour (1).

La loi n'avait pas d'autres organes et d'autres défenseurs, dans les tribunaux, que les
juges eux-mêmes. Les comtes se portaient
parties contre ceux qui appelaient de leurs
sentences, et ils les faisaient suivre à la cour
du roi par un député du plaid, pour répondre aux griefs, ou pour étouffer les cris
des plaignans (2). Mais comme le prince avait
droit à une bonne partie des amendes et des
confiscations, il entretenait aussi des agens
chargés de veiller à cette branche importante
de son revenu. Ces agens, à l'instar des *rationales* de Rome, prirent l'habitude de se
constituer juges dans les causes où il échéait
composition au profit du roi. Tout cela s'introduisit naturellement dans le régime féodal,
dès que l'hérédité des bénéfices en eut fait
autant de souverainetés.

On dira, peut-être, que ce sont bien là les
premiers signes de la naissance du ministère
public, puisque, de nos jours, il est encore le

(1) Hincmar, *Epist.*, tit. 14, cap. 22.
(2) Voyez ci-dessus, pag. 428.

défenseur du domaine et des droits de la couronne.

Je répondrai qu'il ne faut pas prendre des analogies pour des origines; car, avec un pareil procédé, il serait trop facile de faire jaillir partout des sources historiques.

Le ministère public est aujourd'hui ce qu'il fut, aussitôt qu'on vit surgir, au sein du parlement, cet ordre régulier de justice, sans lequel les royaumes ne peuvent avoir *durée ne fermeté aucune*, comme a dit Charles VII. Il veille aux intérêts de la société tout entière ; il est le défenseur du domaine royal, et celui de toutes les propriétés, parce qu'on ne peut ni appauvrir le peuple sans appauvrir le trône, ni blesser une seule propriété sans blesser du même coup toutes les autres. Souvent on l'a entendu conclure lui-même au rejet des actions formées sous le nom du roi, et combattre les prétentions des *fiscaux* qui auraient voulu tout réduire en *régales*. Je demande d'où procéderait une affinité entre cette belle magistrature, et les antiques défenseurs du fisc, ces part-prenans du *fredum*, ces agens ombrageux et avides, pour qui défendre c'était attaquer, et conserver c'était envahir ?

Il y avait, dans les lois franques, des tarifs
de compositions pécuniaires pour la réparation des crimes; la poursuite en était toute
civile; chaque particulier pouvait l'intenter.
Là, il n'était pas besoin de ministère public,
et l'exercice en eût été trop périlleux, quand
toutes les querelles judiciaires se vidèrent en
champ clos : car, suivant l'expression de
M. de Montesquieu, qui aurait voulu se faire
le champion de tous contre tous ?

On trouve dans le Répertoire de jurisprudence, au mot *Ministère public*, un article
attribué à M. Garat, qui fait cependant partie
de la collection des œuvres de M. Lacretelle
aîné, imprimée en 1807. L'auteur a emprunté au livre des *Origines de l'ancien gouvernement de la France, de l'Allemagne et
de l'Italie*, une analyse des fonctions que
les Saïons exerçaient chez les Visigoths : « Nous
avons cru, dit-il, devoir rapporter ce mor-
ceau en entier; il est précieux pour expliquer
l'origine si obscure et si ignorée du ministère
public. »

Je ne copierai point, à mon tour; ce serait
trop long et assez inutile. Le Répertoire est
entre les mains de tout le monde. Je citerai

seulement de cette compilation les traits principaux que l'on a érigés en preuves, et je prierai qu'on me permette d'y entremêler quelques observations.

Voici le début : « C'est à l'époque de Char-
» lemagne qu'on voit le défenseur du fisc de-
» venir un magistrat conservateur des lois, et
» protecteur des opprimés. Chaque canton
» avait un comte qui tenait un tribunal de jus-
» tice ; dans chacun de ces tribunaux il y avait
» un officier appelé *Saïon*. Les lois françaises
» ne nous expliquent pas quelles étaient ses
» fonctions, mais les formules de Cassiodore
» nous les présentent dans un grand détail. »

Première observation : la constitution des Visigoths n'était pas la même que celle des Francs, et Cassiodore ne connaissait pas les lois particulières à ces derniers, car il n'en a pas dit un mot ; il n'a parlé que de l'état politique des Gaulois, sujets des Goths et des Visigoths du midi de la France.

Si les fonctions des saïons eussent été d'une aussi haute importance dans l'administration de la justice des Francs, pourquoi donc Charlemagne et ses successeurs n'en auraient-ils fait aucune mention, dans les détails souvent minutieux de leurs capitulaires, touchant l'office des comtes, des viguiers, des centeniers, des rachimbourgs, des scabins, etc. ? Au vrai, les saïons n'étaient, chez les Francs, que des officiers chargés de donner les ajournemens, d'amener les récalcitrans devant les juges, et de procéder à l'exécution des sentences. Ils s'appelaient saïons, à cause de la *saie* (*sagum*) dont ils étaient revêtus ; comme, de notre temps, on a appelé *hoquetons* les archers et les gardes qui portaient la soubreveste à laquelle ce nom avait été donné (1). Cela va infiniment mieux à l'origine des huissiers ou sergens, *servientes* (2), qu'à celle du ministère public.

Ce qui a pu tromper l'auteur de l'article du Répertoire sur l'importance des saïons, c'est que les Visigoths reconnaissaient deux espèces de saïons : les saïons ordinaires, et les saïons royaux. Ces derniers étaient destinés à porter

_____

(1) *Saïones vel sajones, à saio vel sago, ipsorum veste propriâ nuncupari videntur. Quomodo* hoquetons *appellari videntur ii qui veste ejusdem nominis utuntur.* Ducange, *v° Saïones.*

(2) Il y en a qui croient que sergent est un abrégé de *serre gens.* Cette étymologie rappelle un peu certain érudit espagnol, qui voulait que le nom de Sénèque fût dérivé de *se necans.*

les ordres du souverain sur tous les points de l'empire; ils concouraient quelquefois à leur exécution (1). On conçoit qu'ils devaient être beaucoup plus relevés que les autres.

Je vais tâcher de le démontrer, et, pour cela, je reprends la citation du Répertoire.

« Le saïon devait se rendre partie contre » les violateurs des lois; il contraignait ceux » qu'une sommation juridique n'amenait point » devant le juge; il usait d'adresse pour les y » forcer. Il ne devait point craindre de se rendre » odieux, pourvu qu'il devînt redoutable aux » méchans. Il était l'exécuteur des sentences » rendues par le juge auprès duquel il oc-» cupait; dans leur exécution il ne devait pas » s'écarter de l'intention du juge. »

Ceci est extrait du titre 3, liv. 12, des *Variarum* de Cassiodore. C'est une espèce de circulaire adressée aux saïons détachés auprès des chanceliers : *universis saïonibus qui sunt cancellariis deputati;* elle a, comme les

_____

(1) *Saïones apud Gothos et Visigothos dicti apparitores, regii videlicet et magistratus ministri, qui ad eorum jussa exequenda semper præsto erant.* Ducange, v° *Saïones.*

lois visigothes en général , et suivant l'expression de Montesquieu , une physionomie
de puérilité et de gaucherie (1) ; elle est pleine
de rhétorique et vide de sens , frivole dans le
fond et gigantesque dans le style. On y trouve,
par exemple , cette prétentieuse sentence , à
propos de la charge des saïons : *Ægris non
una causa salutis est : alter cibis reficitur ,
alter per abstinentiæ beneficia tenuatur ; hic
lavacra mollia , ille ferrum quærit ad vulnera,
et varium pascit remedium diversa qualitas
passionum.*

Je reviens au point de ma discussion : on
dit que *les saïons devaient se porter parties
contre les violateurs des lois.* Il y aurait bien
là quelque chose du ministère public; mais je
n'ai rien vu, en lisant le texte, qui puisse autoriser une pareille supposition. Serait-ce dans ces
mots : *ut contra nullum alium erigaris, nisi
qui legibus parere despexerit ?* Evidemment ,
ils n'ont trait qu'à l'exercice des contraintes ,
car il faut lire *exigatis* au lieu d'*erigaris* (2).
Et puis, aurait-on recommandé à des officiers

(1) *Esprit des Lois*, liv. 28 , chap. 1.
(2) *Notæ Gulielmi Fornerii in variarum formularum
libro Cassiodori*.

revêtus du plus noble caractère, chargés de la belle mission de maintenir tous les droits et de veiller à tous les intérêts, de se faire plutôt haïr qu'aimer : *Timeri te ampliùs volumus quàm probari ?*

Les saïons, députés çà et là, n'avaient point de résidence fixe, et point de fonctions arrêtées ; ils revenaient à la cour du prince, après avoir vaqué au fait de leur course ; et ils recevaient la promesse d'un nouvel emploi, si l'on était content de leur dévotion (1). *Nos autèm gratanter accipimus cum laude venientem, et otio vacare non sinimus quem probabiliter egisse sentimus.*

Je poursuis :

« Le saïon faisait rentrer dans leurs biens » ceux qui en avaient été dépouillés injuste- » ment. »

On croirait peut-être que c'était là une des attributions générales de l'office du saïon ; point du tout. La phrase citée se rapporte au titre 20 du liv. 3 des Formules; ce titre contient un ordre particulier adressé à Grimoda, saïon, pour se rendre auprès de Faustus, préfet

---

(1) C'était leur titre d'honneur : *devotionem tuam deputamus.*

du prétoire, et le menacer de toute la colère
de Théodoric, s'il ne restituait pas les domaines qu'il avait enlevés à un nommé Casto-
rius. Il était également enjoint au saïon de
charger de fers et d'amener aux pieds du roi
ceux qui se seraient prêtés à des actes fraudu-
leux, dans les vues de favoriser l'usurpation
et la désobéissance de Faustus.

« Le saïon contraignait les débiteurs à ren-
» dre à ceux qui les avaient cautionnés, l'ar-
» gent que ceux-ci avaient payé à leur dé-
» charge. » Liv. 2, tit. 13.

Cela signifie-t-il que le saïon était un juge
qui contraignait en jugeant, ou un huissier qui
contraignait en exécutant? C'est ce qu'il faut
éclaircir. Il s'agissait d'un débiteur de deniers
royaux, pour lequel un certain Venantius avait
répondu : or ce Venantius, homme très-mal
noté, *notus solummodò querelis assiduis*, avait
eu recours à une foule de moyens illicites pour
se dispenser de remplir son engagement, et
le receveur public se trouvait exposé à perdre
la somme. Sur la requête présentée par ce
receveur, le prince donna ordre à un saïon
d'assigner directement Venantius : *In presenti
negotio decernimus conveniri, ut legaliter
convictus, ea quæ promisisse suggeritur, sine*

aliquâ morâ tergiversationis adimpleat. Voilà
encore un mandement isolé, un fait individuel que l'auteur a présenté comme l'article
d'une loi générale sur la compétence des
saïons.

Tout ce que l'on pourrait extraire des formules du chancelier de Théodoric, touchant
les saïons, rentre dans cet ordre de choses. Ils
n'étaient mis en action qu'en vertu des commissions particulières qui leur étaient adres-
sées, et ces commissions étaient souvent étrangères à l'ordre de la justice ; ils étaient des
messagers, des agens pour la manutention
politique et domestique, plutôt que pour la
manutention civile.

Par exemple, on envoyait un saïon pour
marquer les lieux où devaient s'établir les
Romains (liv. 4, tit. 82). On les chargeait de
conduire dans les ports les matelots levés pour
l'équipement des flottes (liv. 3, tit. 19). On
leur faisait parcourir les forêts, pour choisir
et faire abattre les arbres propres à la construc-
tion (liv. 5, tit. 20). On les dépêchait sur le
passage des troupes, pour veiller à l'ordre de
la marche et à la distribution des vivres (liv. 5,
tit. 10). On leur faisait faire des tournées pour
visiter les maisons de poste, et pour réprimer

les prétentions illégitimes de ceux qui, sans y avoir droit, exigeaient des chevaux ou des voitures au compte de l'Etat (liv. 5, tit. 3).

Certes, voilà une mine très-féconde pour les amateurs d'origines, qui se plaisent à admirer la physionomie antique du génie dans la vieille enfance des siècles barbares. Je m'étonne qu'ils n'aient pas encore découvert sous la casaque diaprée d'un saïon visigoth, non-seulement le type de nos procureurs du roi, mais encore celui de nos intendans militaires, de nos agens forestiers, de nos commissaires de marine, de nos inspecteurs des postes, etc., etc. (1).

J'ai dit qu'il y avait deux espèces de saïons : les saïons ordinaires, et les saïons royaux. En effet je trouve dans le tit. 25 du liv. 2 de

---

(1) Remarquez que l'auteur du livre *des Origines*, d'après lequel on a copié ces documens extraits de Cassiodore, concernant les fonctions des saïons, ne les a point placés dans son chapitre du *Ministère public*, mais dans celui ayant pour titre : *Des juges ou procureurs fiscaux.*

M. Pailliet a également emprunté ces documens pour son *Dictionnaire universel de Droit français*. Il n'en a point fait usage aux mots *administration de la justice*, il les a adaptés au bel article de *l'Ancienne administration française* du dictionnaire de Prost de Royer.

la loi des Visigoths, une disposition par laquelle il était défendu aux saïons qui marchaient pour les particuliers, d'exiger un salaire au-dessus de la taxe : *quia cognovimus quod saïones qui pro causis alienis vadunt, majores pro labore suo mercedes quàm merentur accipiunt.* Le saïon infidèle qui négligeait d'exécuter la sentence du juge, était passible de dommages-intérêts envers la partie lésée; il s'exposait même, dans certains cas, à être battu de verges : *quod si ea quæ judex ordinare decrevit, saïo callidus implere neglexerit, res de quâ agitur, si unciam auri, vel infrà, valere consisterit, illi cui res debita est, idem saïo de suo auri solidum reddat.... idem verè, si super duas uncias, usque ad liberam auri, eadem res valere probatur, X flagella suscipiat; ac sic, crescente auri numero, crescat et pœna flagelli.*

Il faut croire que les saïons français dont il est parlé une seule fois dans les ordonnances de Charlemagne, à propos des pillages que les comtes faisaient exercer sur les Espagnols réfugiés (1), n'étaient que des sergens,

_____

(1) *Dicunt etiam quod aliquas villas quod ipsi (His-*

comme ceux de la loi visigothe que je viens
de rapporter. Toutefois il y avait aussi,
parmi nos *sergens*, des degrés de supériorité ; car, suivant l'ancienne coutume de Normandie, au titre des *semonces* ou *ajournemens*, les barons étaient *semoncés* par le bailli,
ou par le vicomte, ou par le *maître sergent*,
en présence de quatre chevaliers, au moins,
qui devaient porter témoignage de la *se-
monce*.

C'est assez parler des saïons.

Il n'y avait pas encore de ministère public
au temps de saint Louis. Voyez les Etablissemens de ce prince, et les Coutumes de Beauvoisis par Beaumanoir (1).

Cependant les juges fiscaux, dont j'ai fait
mention au commencement de ce chapitre,
étaient redescendus à leur véritable rang d'administrateurs et de receveurs. On avait donné

---

pani) *laboraverunt, laboratas illis abstractas habeatis,
et beboranias illis superponatis, et saïones qui per for-
cia super eos exactant.* Baluze, *Præcept. pro Hispanis
qui in regnum Francorum confugerant.* Tom. 1, p.
499.

(1) *Esprit des Lois*, liv. 28, chap. 36.

aux baillis et aux sénéchaux la garde des droits du roi. Lorsqu'il y avait lieu de défendre ces droits en justice, *ils nommaient une personne suffisante pour ce faire*, laquelle, avant de plaider, était obligée, comme tous les avocats, de jurer qu'elle ne procédait point par esprit de chicane et de vexation.

Philippe le Long ordonna, en 1318, « qu'il y aurait au parlement une personne *pour avoir cure de faire avancier et délivrer les causes le roi*, et qu'elle serait de son conseil avec ses avocats; *item*, qu'en la chambre des enquêtes y aurait une autre personne, *ayant cure de faire cherchier et délivrer les enquêtes qui toucheroient le roi.* » Je sais qu'on pourrait citer des ordonnances antérieures, et notamment celles du 13 mars 1302, qui contenaient des dispositions à peu près semblables; mais elles n'avaient point été exécutées, ou elles l'avaient été mal, difficilement et par intermittences : car on a vu rarement, surtout à cette époque, les abus qu'un pouvoir avide avait rivés dans la rouille des vieilles traditions, céder aux premiers coups de la réforme. Les nouvelles idées sur l'administration de la justice restèrent longtemps stériles sur un sol ingrat; c'est ainsi que la direction de l'aimant

vers le nord fut connue plus d'un siècle avant
que l'on songeât à faire usage de la boussole.
Nous sommes toujours plus ou moins formés
par les circonstances dans lesquelles nous
vivons, a dit M. Portalis (1); cette grande vérité est écrite à chaque page de l'histoire de
tous les âges.

L'établissement du ministère public ne date
que des jours où l'administration de la justice,
prenant un cours plus réglé, se détacha de
la puissance féodale; où la magistrature sédentaire commença de former un ordre dans
l'État, fit passer le patronage des hommes
d'armes aux gens de loi, et opposa les mœurs
graves et studieuses des parlementaires à la
pétulante ignorance des preux. Les procureurs
du roi servirent merveilleusement à diriger
cette régularité naissante, à maintenir l'influence de la couronne dans les tribunaux, à
défendre ses droits contre les prétentions des
grands vassaux, et contre les tentatives du
pouvoir ultramontain. La diversité des coutumes, l'adoption du droit romain dans quelques provinces, toutes ces législations avaient

(1) *De l'usage et de l'abus de l'esprit philosophique*,
chap. 3.

besoin d'un organe qui expliquât les limites de leur empire respectif et les difficultés de leur application, qui présentât aux juges des considérations sur les questions qui leur étaient soumises, et sur les rapports qu'elles pouvaient avoir avec le bon ordre et l'utilité publique.

Le ministère public devint le protecteur des faibles et des opprimés, et l'accusateur légal des coupables.

« Ainsi naquit cette belle institution qui a préservé nos gouvernemens modernes de cette foule de délateurs, devenus les fléaux des familles et de l'état, sous les empereurs de l'ancienne Rome; cette institution qui, sur tous les points d'un vaste empire, donne un organe à la loi, un régulateur à la jurisprudence, un appui consolant à la faiblesse, un accusateur redoutable au méchant, une sauvegarde à l'intérêt général contre les prétentions toujours renaissantes de l'intérêt particulier, enfin une sorte de représentant au corps entier de la société (1). »

Ce qui distingue éminemment l'origine du

_____

(1) M. Portalis, *Eloge de M. l'avocat général Séguier.*

ministère public, en France, de la vieillerie des *rationales* et des *schulteti*, c'est que pendant longtemps les causes du roi furent plaidées par des avocats du barreau. Il y avait des procureurs généraux et des procureurs du roi en titre, mais point d'office d'avocat du roi.

« Avant la vénalité des charges, dit M. Boucher d'Argis, tous les avocats du roi, soit aux bailliages, soit au parlement, étaient choisis parmi les avocats des parties. On commettait un avocat pour le roi, à chaque cause où le roi avait intérêt. Dans la suite, cet emploi fut fixe et donné à titre d'office, mais ce n'était point à prix d'argent : ce fut la récompense du mérite jusqu'en 1573, qu'un avocat célèbre acheta cet office, au milieu des réclamations de tout l'ordre des avocats (1). »

Je viens de mettre mon opinion à côté de celles que l'on a déjà publiées sur l'origine du ministère public ; mais je n'ai point eu la ridicule prétention d'arriver à une vérité historique entièrement satisfaisante : c'est un trop rare bonheur, quand on n'a pour se

(1) *Histoire abrégée de l'ordre des Avocats*, chap. 16. Voyez aussi le *Dialogue des Avocats*, par Loisel.

guider que les textes douteux du moyen-âge.

François Ier défendit à *ses* avocats *au parlement* « de prendre aucune charge de judicature, ou pension d'autres personnes, et de plaider aucunes matières, soit civiles, soit criminelles, autres que ses causes (1). »

Cependant l'ordonnance de Moulins permit aux avocats du roi, *des bailliages et autres justices royales*, de postuler, consulter et écrire pour les parties, dans les affaires où le roi n'aurait point d'intérêt. Cela fut encore toléré sous l'ordonnance de Blois, mais par provision seulement, *et jusqu'à ce qu'il leur eût été pourvu de gages suffisans*. Il en est de même aujourd'hui chez les Anglais : ils ont une ombre de ministère public dont les officiers se réduisent à trois : l'*attorney général*, le *sollicitor général*, et l'*attorney* près la Cour du banc du roi, ou *maître de l'office de la couronne*. L'*attorney général* et le *sollicitor général* n'ont point de gages fixes ; rien ne s'oppose à ce qu'ils soient employés pour des particuliers, dans les causes où le gouvernement n'est pas intéressé.

Le Code de procédure civile dit formellement

_____

(1) Ordonn. d'octobre 1535.

que les parties ne pourront charger de leur
défense, soit verbale, soit par écrit, *même à
titre de consultation*, ni les juges, ni les
officiers du ministère public, même dans les
tribunaux autres que ceux près desquels ils
exercent leurs fonctions. Néanmoins il leur est
permis de plaider, *devant tous les tribunaux*,
leurs causes personnelles, celles de leurs femmes, parens ou alliés *en ligne directe*, et celles
de leurs pupilles (1). La défense devient alors
un devoir qui s'accorde très-bien avec l'indépendance de la magistrature.

Lorsque le ministère public eut acquis cette
constitution fixe et régulière qui a jeté un si
grand éclat, ses officiers retinrent pour eux
la dénomination de *gens du roi*, que l'on donnait auparavant à tous les officiers de judicature et de finance. Philippe de Valois appelait
les trésoriers de ses troupes *gentes nostræ* (2),
et Charles VI, dans des lettres de 1394, qualifiait de gens du roi les juges de Provins.

Le procureur général *avait la plume*, comme on disait alors, et les avocats généraux
avaient la parole.

(1) Art. 86.
(2) Ordonn. du mois de juin 1338.

Les événemens des derniers siècles nous ont appris jusqu'à quel point le pouvoir judiciaire avait étendu son influence sur l'administration de l'État. Émule de la puissance législative, il revisait, modifiait, ou rejetait les édits; rival du pouvoir administratif, il contrôlait ses opérations, arrêtait ses mouvemens et jugeait ses agens. Ce n'est pas ici le lieu d'examiner si cette fière attitude de la magistrature ne fut qu'un ambitieux esprit de domination, et si la hauteur de ses prétentions a été justifiée par une suffisante compensation d'avantages réels; je rapporte ce qui était, pour donner une idée de l'imposant ministère de la partie publique dans ces temps-là.

Tout le monde sait la part que prit le parlement aux affaires de la Fronde. Au milieu d'une séance orageuse on manda les gens du roi. L'avocat général Talon vint : il improvisa la plus belle harangue sur le désordre des affaires publiques, et fit succéder un calme religieux au dévergondage des jeunes conseillers. « Je n'ai jamais rien ouï ni lu de plus éloquent, dit le cardinal de Retz lui-même; il accompagna ses paroles de tout ce qui leur put donner de la force : il invoqua les mânes d'Henri le Grand ; il recommanda

la France à saint Louis, un genou en terre.
Vous vous imaginez peut-être que vous auriez
ri à ce spectacle, mais vous en eussiez été
ému comme toute la compagnie, qui s'en
émut si fortement, que j'en vis les clameurs
des enquêtes commencer à s'affaiblir (1). »

Le nouvel ordre de choses que la révolution
a fait naître était incompatible avec l'intervention des tribunaux dans les affaires publiques.
Il a fait rentrer l'autorité judiciaire dans ses
limites naturelles, et ces limites ont dû circon-
scrire en même temps l'exercice du ministère
public.

Autrefois les procureurs et les avocats généraux étaient propriétaires de leurs charges.
Il est vrai que leurs provisions contenaient la
clause : *pour exercer tant qu'il nous plaira ;*
mais il n'y avait point eu d'exemple de révocation.

En 1790, on fit des juges temporaires et
des commissaires du roi inamovibles ; ce fut
un contre-sens. Toutefois il y a encore aujour-
d'hui des publicistes qui réclament l'inamovibilité en faveur du ministère public, pour
assurer son indépendance. L'exercice du mi-

(1) *Mémoires du cardinal de Retz*, liv. 3, an 1651.

I.   37

nistère public est un mandat; il ne peut y avoir de mandat irrévocable ; ce serait une aliénation des droits du mandant. L'indépendance d'un officier du ministère public consiste, non à censurer l'autorité qui l'a commis, mais à se démettre de son mandat, lorsque la voix de sa conscience, ou les embarras de sa position, ne lui permettent plus de le conserver.

J'ai déjà parlé de la composition du ministère public dans les cours et les tribunaux.

Au criminel, le ministère public agit *par voie d'action*. Au civil, et c'est sous cet aspect seulement que je dois le considérer ici, il n'agit que *par voie de réquisition*, excepté dans les cas spécifiés par la loi (1). Il serait trop long de rappeler tous ces cas ; on en trouvera des exemples dans les articles 184, 190 et 191 du Code civil, pour certaines nullités de mariages, et dans l'article 491, pour l'interdiction d'un furieux que sa famille abandonne à lui-même, ou d'une personne en démence qui n'a pas de famille.

L'article 14 de la loi du 8 novembre 1814,

(1) Lois du 24 août 1790, tit. 8, art. 2, et du 20 avril 1810, art. 46.

relative *à la liste civile et à la dotation de la couronne*, portait : « Les biens de la couronne sont régis par le ministre de la maison du roi, ou, sous ses ordres, par un intendant. Le ministre, ou l'intendant par lui commis, exerce *les actions judiciaires du roi;* et c'est contre lui que toutes les actions à la charge du roi sont dirigées, et les jugemens prononcés. Néanmoins, conformément au Code de procédure civile, les assignations lui sont données en la personne des procureurs du roi et des procureurs généraux, lesquels *sont tenus de plaider et de défendre les causes du roi*, soit dans les tribunaux, soit dans les cours. »

Ces règles ont été remplacées par l'article 26 de la loi du 7 mars 1832, ainsi qu'il suit :

« Les actions concernant la dotation de la couronne seront dirigées par et contre l'administration de cette dotation.

» Les actions intéressant le domaine privé seront dirigées par et contre l'administration de ce domaine.

» Les unes et les autres seront d'ailleurs instruites et jugées dans les formes ordinaires, sauf la présente dérogation à l'article 69 du Code de procédure civile (1). »

Les articles 48 et 49 du décret du 6 juillet 1810 contiennent des dispositions qu'il est nécessaire de faire connaître.

« Dans les causes importantes et ardues, les avocats généraux communiquent au procureur général les conclusions qu'ils se proposent de donner : ils font aussi cette communication dans toutes les affaires dont le procureur général veut prendre connaissance.

» Si le procureur général et l'avocat général ne sont pas d'accord, l'affaire est rapportée par l'avocat général à l'assemblée générale du parquet, et les conclusions sont prises à l'audience, conformément à ce qui a été arrêté à la majorité des voix.

» En cas de partage, l'avis du procureur général prévaut. Le procureur général peut aussi, lorsque son avis n'a pas prévalu au parquet, porter lui-même la parole à l'audience, et conclure d'après son opinion personnelle. »

Le ministère public veille au maintien de l'ordre dans tous les tribunaux ; il surveille

(1) Voyez mon second volume, pag. 231.

les officiers de police judiciaire et les officiers ministériels du ressort (1).

Les membres du parquet et les membres des tribunaux sont placés dans une indépendance mutuelle. Les juges ne sont point liés par les réquisitoires ou par les conclusions du ministère public, mais ils n'exercent à son égard aucun droit de surveillance et de discipline ; seulement ils instruisent l'autorité supérieure, toutes les fois que les officiers du ministère public s'écartent du devoir de leur état, et qu'ils en compromettent l'honneur, la délicatesse et la dignité (2).

Le procureur général rappelle à leurs obligations ceux des officiers du ministère public de son ressort dont la conduite est répréhensible (3).

Les procureurs généraux des cours royales sont eux-mêmes soumis à la surveillance du procureur général près la Cour de cassation (4).

Je réserve les explications de détail pour

(1) Loi du 20 avril 1810, art. 45, 46 et 47.
(2) Loi du 20 avril 1810, art. 61.
(3) *Id.*, art. 60.
(4) Sénatus-consulte du 16 pluviôse an x, art. 84.

les titres du Code de procédure auxquels se
rattache l'intervention du ministère public :
c'est dire que j'aurai souvent l'occasion d'y
revenir.

CHAPITRE XIX.

DES OFFICIERS MINISTÉRIELS.

Un officier ministériel est celui qui est nommé par le roi, pour prêter son ministère aux magistrats ou aux parties. Tels sont les avoués, les greffiers, les notaires, les commissaires-priseurs et les huissiers.

En général, les officiers ministériels répondent des dommages résultants des fautes qu'ils commettent dans l'exercice de leur profession. Ils sont soumis à un cautionnement affecté, par premier privilége, à la garantie des condamnations prononcées contre eux, pour faits de charge (1). Ils peuvent même, suivant la

(1) Loi du 25 nivôse an XIII, art. 1.

gravité des cas , être suspendus ou destitués de leurs fonctions.

Un officier ministériel , *non destitué*, a la faculté de traiter de sa charge et de présenter un successeur à l'agrément du roi. Cette faveur s'étend à ses héritiers et ayant-cause (1).

Les avoués représentent les parties devant les tribunaux ; ils ont le droit exclusif de postuler et de conclure pour elles (2), c'est-à-dire de rédiger tous les actes , et de remplir toutes les formalités prescrites par les règles de la procédure, pour préparer les voies de la justice.

Il y a près de chaque tribunal civil d'arrondissement, et près de chaque cour royale, un certain nombre d'avoués fixé par le gouvernement : on les appelait autrefois *procureurs*.

Nul ne peut être appelé aux fonctions d'avoué s'il n'est âgé de 25 ans ; s'il n'a suivi le cours de procédure et celui de première année sur le Code civil , dans une faculté de droit; s'il n'a subi un examen devant les professeurs et obtenu un certificat de capacité. Il doit justifier , en outre, de cinq années en-

(1) Loi du 28 avril 1816, art. 91.
(2) Loi du 27 ventôse an VIII , art. 93 et 94.

tières de *cléricature* chez un avoué. Cependant il paraît que les bureaux du ministère de la justice n'exigent que trois années, lorsque le candidat est licencié en droit (1).

Comme dans l'ancienne législation romaine les actions du droit formulaire étaient légitimes,

___

(1) M. A. Chauveau, rédacteur du *Journal des Avoués*, avait consulté sur ce point M. le garde des sceaux. La réponse suivante lui a été transmise, le 20 décembre 1827, par M. le procureur du roi près le tribunal de première instance de Paris.

« Sa Grandeur Mgr le garde des sceaux de France me charge de vous faire connaître, en réponse à la demande que vous lui avez faite, que nul ne peut être nommé aux fonctions d'avoué, s'il ne justifie de cinq années entières de cléricature chez un avoué; mais que cependant il suffit de trois ans, si le candidat est licencié ou docteur. »

Je saisis avec empressement cette occasion de recommander le *Journal des Avoués* à ceux qui étudient et à ceux qui pratiquent la procédure. M. Chauveau rapproche et compare avec beaucoup de soin les arrêts, pour tirer de leur conformité ou de leur opposition les observations les plus judicieuses; il indique les auteurs que l'on peut consulter sur chaque question; il y joint des formules à l'usage des officiers ministériels, et réunit ainsi tout ce qui peut à la fois éclairer la science et diriger la pratique.

legis actiones , id est legitimæ actiones (1), il n'était pas permis d'agir en justice au nom d'un autre : *nemo alieno nomine lege agere potest*(2), car on ne pouvait acquérir par celui que l'on n'avait pas en sa puissance (3).

Il y avait cependant quelques exceptions puisées dans la nature des choses, et dans des considérations d'intérêt public.

Ainsi, le peuple, les villes, les communautés, tous ces êtres moraux qui ne peuvent comparaître en personne, étaient représentés par un agent ou syndic : *Actor sive syndicus , per quem , tanquàm in republicâ , quod communiter agi fierique opporteat , agatur , fiat* (4).

Les pupilles étaient défendus par leurs tuteurs.

La loi *hostilia* permit aussi de poursuivre l'action *furti* , au nom de ceux qui se trouvaient chez les ennemis, au nom des absens

(1) L. 2, § 6 , ff. *de Orig. juris.*
(2) L. 123, ff. *de Reg. juris.*
(3) Inst. , *per quas personas cuique acquiritur* , § 5.
(4) *Tit. ff. quod cujuscumque universitatis nomine , vel contra eam agatur.*

pour les affaires de la république, et au nom des personnes en tutelle (1).

Mais on reconnut bientôt les inconvéniens de la règle et l'insuffisance des exceptions. L'âge, la maladie, les voyages, une foule d'autres motifs pouvaient empêcher un homme de se présenter lui-même devant les juges, et le meilleur droit, faute d'être soutenu, se perdait dans les rigueurs d'une gêne absurde; il fut donc permis de se faire représenter par des procureurs (2). Toutefois, comme il fallait sauver le vieux principe, à l'aide de ces fictions que les Romains aimaient tant, on imagina de considérer le procureur comme propriétaire et maître du procès qu'il se chargeait de poursuivre ou de défendre (3). Le jugement se prononçait contre lui; il pouvait interjeter appel, et même constituer, à

(1) *Ibid.*

(2) *Sed quia hoc non minimam incommoditatem habebat, quòd alieno nomine neque agere, neque excipere actionem licebat, cœperunt homines per procuratores litigare; nam et morbus, ætas, et necessaria peregrinatio, itemque aliæ multæ causæ, sæpe hominibus impedimento sunt quominus rem suam ipsi exequi possint.* Inst., lib. 4, tit. 10, *de iis per quos agere possumus.*

(3) L. 22 et 23 *Cod. de procurat.*

cet effet, un autre procureur, comme si c'eût été sa propre affaire (1).

Les procureurs étaient tenus de toutes les obligations du mandataire, et leurs fonctions expiraient avec le procès : ils ne furent jamais admis dans les affaires criminelles (2), ni pour les actes de la juridiction volontaire, tels que l'adoption, l'émancipation, etc.

Au surplus, l'usage des procureurs, à Rome, n'était point imposé comme une obligation ; il fut seulement accordé comme une faveur, que les parties étaient libres de ne point accepter, si elles voulaient agir en personne (3).

C'est un trait assez remarquable, dans les premières mœurs judiciaires des peuples, que ce système prohibitif qui, presque partout, privait les parties de la faculté de se faire représenter devant les juges.

La loi d'Athènes avait, sur ce point, la même disposition que l'ancien droit de Rome : *Apud*

---

(1) *Meminisse oportet quod procurator, lite contestatá, dominus litis efficitur, et ideò per procuratorem appellare potest.* L. 4, § ult. , *ff. de appell. et relat.*

(2) L. penult., § 1 , *ff. de publicis judiciis.*

(3) L. 1, § 2, *ff. de proourat.* Voyez mon troisième volume, pag. 169.

Athenienses, dit Quintilien , *alieno nomine causam dicere non licebat*.

En France , chacun devait aussi comparaître de sa personne. Si l'une des parties était malade , si elle était hors d'état de parler , le président du plaid, ou l'un des juges , rendait compte de l'affaire ; ou bien , dans le cas d'une véritable nécessité, il donnait un défenseur aux absens , aux infirmes , aux idiots, aux veuves et aux orphelins : encore ne le pouvait-il faire qu'avec l'agrément des autres juges (1).

Les villes et les églises avaient des avoués qui les représentaient en justice.

En Angleterre , avant Edouard Ier , on ne pouvait plaider par procureur qu'avec une

_____

(1) *Ut nemo in placito pro alio rationare usum habeat... sed unusquisque pro suâ causâ , vel censu, vel debito rationem reddat , nisi aliquis sit infirmus , aut ratione nescius , pro quibus missi vel priores qui in ipso placito sunt, vel judex qui causam hujus rationis sciat, rationetur cum placito.*

Vel si necessitas sit, talem personam largiatur ut rationem qui omnibus probabilis sit , et qui in ipsâ bene noverit causâ. Quod tamen omninò fiat secundùm convenientiam priorum vel missorum qui præsentes adsunt. Cap. Caroli Magni , anno 802. Baluze, t. 1 , p. 365.

permission expresse du roi. La faculté de se faire représenter devant les tribunaux n'est devenue un principe général que par le treizième statut de ce prince, chap. 10 (1).

Nos procureurs ou avoués s'appellent chez les Anglais *attorneys*, du vieux mot *attourné* que les Normands leur avaient porté. On le trouve dans une ancienne charte concernant le patronage des églises en Normandie, et dans la coutume de Loudun, chap. 15, art. 38. Il y est employé pour désigner un solliciteur, commis ou député, chargé de poursuivre en justice les droits d'un autre.

Les établissemens de saint Louis disaient comment un homme malade, vieil ou infirme, *ayant essoine de son corps*, devait établir *procureur pour lui*, lorsqu'il était ajourné en justice. Il ne pouvait se faire représenter que par son fils aîné ; et, s'il n'avait pas d'enfant, c'était l'héritier présomptif de sa terre qui devait venir (2).

Nul n'était ouï par procureur en demandant (3) ; mais cette trop rigoureuse prohibi-

(1) Comm. de Blakstone, liv. 3, chap. 3.
(2) Liv. 1, chap. 102.
(3) Beaumanoir, chap. 4. L'auteur du grand Coutu-

tion reçut des accommodemens. Les deman-
deurs furent admis à se faire représenter, en
prenant des lettres de chancellerie, qui se
vendaient six sols parisis.

« Il falloit, dit le chancelier de l'Hôpital (1), obtenir des lettres du prince, que l'on
appeloit lettres de grâce, pour plaider par
procurateur, comme nous l'enseigne l'ancien
style du parlement. Boutellier, en la Somme rurale, dit précisément que aulcung
n'est reçu à plaider par procureur, sans
lettres de grâce du roy notre sire, dont
il doit faire apparoir par lettres-patentes, les
quelles lettres ne duroient qu'un an, de manière que la charge de procureur, ainsi con-
stituée, expiroit toujours avec le parlement ; et
s'il n'estoit vidé, il falloit renouveler cette
procuration par le bénéfice du scel de la
chancellerie, dont les secrétaires combinoient
un grand gain, qui estoit un intérêt et charge
pour les parties, pour raison de quoi elles se
plaignoient.

mier, qui vivait sous Charles VI, dit *qu'au procureur
du demandeur faut grâce.*

(1) *Traité de la Réformation de la justice*, t. 1, pag.
255.

» Pour y remédier, l'an 1528, par ordonnance de François Ier, feurent toutes lettres et procurations confirmées, et ordonné qu'elles seroient continuées jusqu'à l'expresse révocation d'icelles. Il arrivoit aussi parfois que, pour d'autres causes, le roy accordoit cette grâce, tantôt aux grands seigneurs, qui estoient empêchez pour le service de la couronne, tantôt aux simples gentilshommes ou bourgeois, qui n'avoient pas la capacité pour déduire bien à point et soutenir leur fait, contre ung bien entendu et plus subtil qu'eulx. »

Le nombre des procureurs fut d'abord excessif. C'est à ces premiers temps, où la foule des clercs, des scribes, des procureurs, inonda les portiques du palais, qu'il faut rapporter la source d'une opinion qui a fait jeter tant de cris, et rimer tant de poètes. Le commerce, les arts et l'industrie étaient à peine connus ; la population était craintive et sédentaire ; l'ignorance était profonde ; le servage avait corrompu les mœurs, et l'on vit une foule de gens, faute de mieux, s'adonner au métier de poursuivre les causes devant les tribunaux. Plus le nombre des travailleurs était grand, moins il y avait d'argent à gagner ; « et cette sorte de gens , la plupart desquels n'avoient d'autre but que de faire multiplier, proviguer et immortaliser les procez, ne trouvoit jamais maulvaise cause, excepté quand ils avoient une pauvre partie qui n'avoit pas moyen de fournir aux frais, ou qu'ils avoient épuisé leurs clients jusqu'aux mouelles (1). »

On prit soin, à plusieurs reprises, de réduire le nombre des procureurs ; dans la suite on les établit en titre d'office.

Les abus de confiance, les brigues, les exactions, cet art captieux de distiller la justice goutte à goutte, tout cela fut souvent signalé par des édits, des arrêts de règlement et des mercuriales. Mieux eût valu ne pas consacrer par ces édits l'énormité des procédures et l'immensité des ressorts ; mieux encore eût valu compter et punir les coupables, que de généraliser le blâme et de faire gronder sur la tête de tous des foudres qui n'éclataient presque jamais. Chaque profession a son lot, a dit Montesquieu ; mais ce lot n'est pas toujours réparti avec justice et discernement.

Les mœurs graves et austères des cours

(1) L'Hôpital, *ibidem.*

souveraines avaient corrigé, autour d'elles, et par un irrésistible ascendant, les antiques désordres du palais. La corruption et les honteuses manœuvres s'étaient cachées dans les petits siéges; c'est là surtout que la comédie prenait ses rôles de fripons et ses figures grotesques.

Il y avait, à cette époque, une sorte de moquerie de convention, qui s'attachait à des noms, à des états, à des costumes. Elle ne réussirait plus de nos jours; ses piqûres seraient à peine senties, nous sommes devenus trop positifs. Mais le ridicule qui se tire du fond des choses fut presque toujours aussi meurtrier que le mépris : c'est encore de même. Or, le fond des choses vaut infiniment mieux aujourd'hui qu'autrefois; on a comblé ces vieilles ornières de procédure, où se traînait une routine avide et corrompue. Les avoués, sortis de nos écoles de droit, ont des sentiments plus élevés et plus généreux, parce qu'ils comprennent mieux l'utilité de leur profession, parce qu'ils possèdent une instruction plus franche et plus développée. Il y a moins d'ivraie mêlée dans le bon grain. La poussière du greffe couvrait jadis les plus criminelles prévarications; aujourd'hui la pu-

blicité, cette vigilante sentinelle, livre les abus
au contrôle de la morale et à l'action de la
justice : ses mille voix évoquent la honte et
réveillent les consciences endormies.

En Angleterre, les parties ne sont point obligées, comme en France, en Allemagne et en
Espagne, d'avoir un *attorney* pour les matières
civiles ; mais la nécessité y fait la loi. On se
perdrait infailliblement dans le dédale des
procédures anglaises, si l'on ne se donnait
pas un guide, et ce guide coûte fort cher.

« Quiconque n'a pas cinq ou six cents livres
sterling, pour s'amuser à plaider , n'est
point en état de commencer un procès. Si sa
fortune lui permet de recourir aux tribunaux,
une équivoque peut lui faire perdre la cause
la plus juste. Aux yeux d'un légiste anglais ,
la modicité des salaires serait une note d'in-
famie (1). »

Les fonctions d'avoué sont incompatibles
avec celles d'avocat.

Les avoués sont chargés de l'instruction des
procès.

(1) Bentham, *Truth versus Ashurst*, etc. Londres,
1823.

La plaidoirie appartient exclusivement aux avocats, sauf les exceptions qui suivent :

La première a été établie pour les avoués qui ont obtenu le diplôme de licencié en droit, dans l'intervalle de la loi du 22 ventôse an XII, concernant les écoles de droit, à l'ordonnance du 2 juillet 1812, portant règlement pour la plaidoirie.

La seconde a lieu lorsque le nombre des avocats n'est pas suffisant pour l'expédition des affaires.

Les avoués peuvent aussi plaider, dans les causes où ils occupent, *les incidens de procédure, et les demandes incidentes susceptibles d'être jugées sommairement.*

Tel est le dernier état de choses, relativement à l'exercice de la plaidoirie : il a été fixé par une ordonnance du 27 février 1822.

Cependant les avoués des chefs-lieux de département ont prétendu que le droit de plaider les affaires sommaires (1), qui leur

(1) Il faut bien se garder de confondre les *affaires sommaires* avec les *incidens de procédure* et les *demandes incidentes*, qui doivent être jugées *sommairement.*

La nature sommaire d'une cause se détermine par l'objet de la contestation, et par la demande introduc-

avait été accordé par le décret du 2 juillet 1812,
subsistait encore, nonobstant les termes de l'ordonnance du 27 février 1822, que l'on a attaquée, sous prétexte d'inconstitutionnalité. La
question a d'abord été diversement jugée; mais
on a reconnu, en définitive, que cette ordonnance formait un règlement complet sur le privilége des avocats et sur les attributions des
avoués, et qu'elle avait abrogé tout ce qu'elle

tive de l'instance. La procédure pour cette sorte d'affaires est plus simple, plus rapide; elle est dégagée
d'une partie des formalités prescrites pour les autres
causes : c'est un abrégé, *summarium*, de l'instruction
ordinaire.

Des incidens peuvent s'élever dans le cours d'une
instruction ordinaire; ils ne font point à eux seuls
une cause, ils sont une émanation, un épisode de la
cause principale : mais comme ils arrêtent la marche
de la procédure, la loi veut qu'il y soit statué avec célérité, *sommairement*. Telle est ici la signification de ce
mot.

Un incident de procédure est du ressort de l'avoué ;
c'est un obstacle à écarter, une explication à donner,
une communication à faire, quelque chose à régulariser ; il n'est pas besoin d'avocats pour cela.

Mais une cause *sommaire* peut être d'un grand intérêt, quoiqu'elle n'admette point toutes les solennités
de l'instruction ordinaire, et présenter à décider des
questions fort graves : c'était un motif pour ne pas les
laisser plaider par d'autres que par des avocats.

n'avait pas formellement réservé des décrets antérieurs (1). Les avoués se prévalaient surtout de l'article 67 du tarif du 16 février 1807, qui n'alloue point d'honoraires aux avocats dans les matières sommaires. La Cour suprême a répondu que cette disposition, utile aux parties, et honorable pour le barreau, se conciliait très-bien avec le droit exclusif de plaider, accordé aux avocats (2).

Il arrive quelquefois que des particuliers, sans titre, font des procédures et des actes judiciaires sous le nom d'un avoué. Cette fraude s'appelle *postulation;* elle peut avoir les plus funestes inconvéniens, compromettre les droits des parties et la dignité de la justice. Les anciens règlemens prescrivaient des recherches, et prononçaient des peines sévères contre ceux qui se livraient à la postulation; ils punissaient également les procureurs assez complaisans pour prêter leur nom. Ces dispositions ont été renouvelées par un décret du 19 juillet 1810 (3).

(1) Arrêt de cassation du 15 décembre 1834. Rec. périod. de Dalloz, 1—414.

(2) Arrêt de cassation du 11 décembre 1826. *Journal des Avoués*, t. 32, p. 284 et suiv.

(3) Voir le Nouveau Répertoire de jurisprudence, v° *postulation.*

Les greffiers sont établis près de chaque cour ou tribunal, pour écrire tous actes et procès-verbaux du ministère du juge, pour recevoir les déclarations des parties, dans certains cas, garder les minutes, et délivrer des expéditions.

Ils sont tenus de présenter aux magistrats près desquels ils exercent leurs fontions, et de faire admettre au serment, le nombre de commis-greffiers nécessaire pour les remplacer au besoin.

Un greffier fait partie essentielle d'une cour ou d'un tribunal : le jugement rendu sans son assistance serait radicalement nul. Il en serait de même de tous les autres actes du ministère du juge, *dont il doit rester minute;* car le greffier qui les écrit devient responsable de leur conservation.

Je fais une distinction entre les actes dont il doit rester minute, et ceux pour lesquels cette précaution n'est point exigée, parce qu'il a été prétendu, dans quelques cours, que l'assistance et le contre-seing du greffier étaient nécessaires pour tous : c'est une erreur. Les ordonnances que le juge donne dans son hôtel

et qu'il met au bas des requêtes, ces ordonnances qui restent aux mains des parties, et
qui ne vont point se placer parmi les minutes
du greffe, sont valables nonobstant l'absence
du greffier.

De même que l'art et la discipline militaires ont leurs gens d'armes, dit La Roche
Flavin, ainsi la discipline publique a ses sergens, ses licteurs, ses appariteurs : *suos
statores, lictores, executores, viatores, apparitores habet.*

L'origine des sergens est presque aussi ancienne que la monarchie. J'en parlerai avec
plus de détail au titre des *ajournemens*.

On donna le nom d'huissiers, *hostiarii*, à
ceux qui gardaient les portes du tribunal.
Cette qualification ayant été rendue commune
à tous les huissiers, on a appelé *huissiers audienciers* ceux qui faisaient le service auprès
du juge, pour les distinguer des autres. Cette
distinction subsiste encore.

En 1811, le ministre de la justice fut chargé
de présenter un rapport sur l'organisation et
les attributions des huissiers, sur les règlemens de police et de discipline auxquels ils

devaient être soumis, et sur les bases d'une communauté à former entre ceux d'un même arrondissement communal.

Les cours et les tribunaux furent consultés; ces travaux préparatoires produisirent le décret du 4 juin 1813. C'est le Code des huissiers; on y trouve réunies une foule de dispositions éparses dans les lois anciennes et modernes, et l'aplanissement de plusieurs difficultés que l'expérience avait signalées.

Je vais en extraire ce qui se rapporte plus particulièrement au dessein de cette Introduction.

Le roi nomme les huissiers des cours et tribunaux. Ils sont révocables.

La Cour de cassation seule a le privilége de nommer et de révoquer les siens.

Les conditions exigées pour la nomination aux fonctions d'huissier, sont : 1° l'âge de 25 ans ; 2° un certificat de travail, pendant deux ans au moins, dans l'étude d'un notaire ou d'un avoué, ou chez un huissier, ou pendant trois ans au greffe d'une cour royale ou d'un tribunal de première instance ; 3° une attestation de bonne conduite et de capacité, délivrée par la chambre de discipline des huissiers de l'arrondissement.

Les huissiers sont chargés de faire toutes citations, notifications et significations requises pour l'instruction des procès, ainsi que tous les actes et exploits nécessaires , pour l'exécution des ordonnances de justice, des jugemens et des arrêts.

Autrefois il y avait des huissiers qui, suivant le titre de leurs offices , avaient le droit d'exploiter par tout le royaume : tels étaient les huissiers à cheval du Châtelet de Paris , les premiers huissiers audienciers des juridictions royales, les huissiers des cours supérieures, de la connétablie et maréchaussée de France. Aujourd'hui tous les huissiers ont les mêmes attributions , et le droit d'exploiter seulement dans l'étendue du ressort du tribunal civil de l'arrondissement où ils résident. Hors de ces limites , ils sont sans pouvoir.

Ainsi, un huissier de la Cour de cassation instrumente exclusivement à Paris , pour les affaires de la compétence de sa cour, et, pour les cas ordinaires , concurremment avec les autres huissiers de la capitale.

Les huissiers d'une cour royale font exclusivement auprès d'elle le service pour les audiences, pour les enquêtes, les interrogatoires et autres commissions. Ils donnent les significations d'avoué à avoué : mais ils ne peuvent exploiter par tout le ressort ; leurs fonctions sont circonscrites dans les bornes du tribunal de première instance du lieu où siége la cour.

Les huissiers désignés pour le service personnel près des tribunaux de commerce et des justices de paix, sont choisis parmi ceux de l'arrondissement. Toutes citations et exploits, pour les justices de paix, appartiennent aux huissiers qui y sont attachés (1).

D'après ces explications, il est aisé de voir que les tribunaux de première instance ont seuls des *huissiers audienciers* et des *huissiers ordinaires*. Les autres tribunaux et les cours n'ont que des huissiers audienciers.

Les prisées et les ventes publiques d'effets mobiliers étaient faites, avant 1790, *par des jurés-priseurs-vendeurs de meubles ;* leurs offices avaient été créés par Henri II, en 1556. Tour à tour supprimés et rétablis par divers édits et arrêts du conseil, ils disparurent dans les premières réformes de la révolution, et il

(1) Code de procédure, art. 4 et 52; décret du 14 juin 1813, art. 28.

fut dit par l'art. 1er du décret du 26 juillet 1790,
« que les notaires, greffiers, huissiers et sergens seraient autorisés à faire des ventes de
meubles dans les lieux où elles étaient *ci-
devant* faites par les jurés-priseurs. »

Cet état de choses dura jusqu'à la loi du
27 ventôse an ix, qui créa quatre-vingts *commissaires-priseurs*, auxquels elle donna le
privilége exclusif de faire, à Paris, les prisées
et les ventes publiques de meubles, et le
droit de concurrence avec les notaires, greffiers et huissiers, pour les ventes de même
nature qui se feraient dans le département de
la Seine. Ils furent soumis à un cautionnement.

On ne songea point, pendant longtemps
encore, à en mettre dans les départemens ;
ce fut seulement par la loi de finance du 28
avril 1816 qu'il fut dit, article 89 : « Il pourra
être établi dans toutes les villes et lieux où Sa
Majesté le jugera convenable, des commissaires-priseurs, dont les attributions seront
les mêmes que celles des commissaires-priseurs créés à Paris par la loi du 27 ventôse
an ix. Ces commissaires n'auront, conformément à l'art. 1er de ladite loi, de droit exclusif que dans le chef-lieu de leur établis-

sement : ils auront , dans tout le reste du département , la concurrence avec les autres officiers ministériels , d'après les lois existantes. »

Une ordonnance royale rendue, en exécution de cet article , le 26 juin de la même année , a placé des commissaires-priseurs dans les villes chefs-lieux d'arrondissement , ou qui sont le siége d'un tribunal de première instance, et dans celles qui , n'ayant ni sous-préfecture ni tribunal , renferment une population de cinq mille âmes et au-dessus.

Les commissaires-priseurs sont nommés par le roi ; ils doivent avoir vingt-cinq ans accomplis ; ils sont sous la surveillance du procureur du roi du tribunal de première instance. Leurs fonctions sont compatibles avec celles d'huissier , de notaire et de greffier de justice de paix , c'est-à-dire avec celles des officiers qui les exerçaient avant eux , qui les exercent encore là où ils n'ont pas été établis , et qui ont conservé la concurrence hors des chefs-lieux de leur établissement (1).

(1) « Les greffiers de justice de paix, *seulement* , partagent avec les notaires et les huissiers le droit de faire les ventes publiques de meubles , dans les lieux où il

Remarquez que la loi n'a confié aux commissaires-priseurs que ces opérations rapides, où la tradition de l'objet vendu et l'acquittement du prix n'emportent aucun trait de temps entre celui qui vend et celui qui achète. Là tout se consomme à l'instant même ; le commissaire-priseur met en vente, reçoit les enchères, et touche le prix : le procès-verbal n'est qu'une sorte de renseignement destiné à régler le compte qu'il devra rendre à qui de droit.

Toutes autres espèces de ventes mobilières sont de la compétence des notaires ; seuls ils ont reçu la mission de donner une sanction authentique aux contrats qui lient les parties entres elles, comme lorsqu'il s'agit d'une époque .de livraison, d'un terme de paiement, d'un bail de caution, d'une clause pénale, etc. Les commissaires-priseurs, les huissiers et les greffiers ne pourraient y jouer d'autre rôle que celui de témoins inutiles, sans pouvoir et sans responsabilité.

On a élevé la question de savoir s'ils avaient le droit de procéder aux ventes publiques de fruits et de récoltes sur pied.

n'a pas été établi de commissaires-priseurs. » M. Carré, *Lois d'organis. et de compét.*, t. 1, p. 308.

Quant aux récoltes et fruits *saisis*, point de difficulté ; la saisie est *mobilière*, car les articles 634 et 635 du Code de procédure la soumettent aux formalités prescrites pour la *saisie-exécution.*

Mais si la vente n'est pas la suite d'une saisie, les fruits tenant encore au sol seront-ils réputés meubles, ou conserveront-ils au moment de la vente, comme auparavant, leur nature d'immeubles ?

L'article 92 de la Coutume de Paris disait : «Bois coupé, foin fauché, supposé qu'ils soient encore sur champ, et non transportés, sont réputés meubles. Mais quand ils sont sur pied et pendans par racines, ils sont réputés immeubles. » Le Code civil a reproduit cette disposition, dans les mêmes termes à peu près : « Les récoltes pendantes par racines et les fruits non encore cueillis sont immeubles. Dès que les grains sont coupés et les fruits détachés, quoique non enlevés, ils sont meubles. Si une partie seulement de la récolte est coupée, cette partie seule est meuble. » (Art. 520.)

La règle ne reçoit d'exception, et les récoltes sur pied ne sont fictivement mobilisées, que dans le cas d'une *saisie-brandon* : la saisie les détache de droit, pour ainsi dire, quoique par le fait elles tiennent encore à la terre.

Mais le propriétaire du sol, qui fait de sa récolte sur pied une vente volontaire, ne vend pas un objet qui soit meuble par sa nature, car, au moment de la vente, cet objet ne peut se transporter d'un lieu à un autre ; ce n'est pas non plus une chose qui soit *meuble* par la détermination de la loi, car la loi la déclare *immeuble*.

D'où il suit que les commissaires-priseurs n'ont que le droit de vendre aux enchères : 1° les effets mobiliers corporels, avec exposition, livraison et paiement, séance tenante ; 2° les récoltes sur pied, et les fruits pendans, mais seulement quand il y a eu saisie.

La Cour de cassation l'a ainsi jugé, sous la présidence du garde des sceaux, le 1er juin 1822, en revenant sur une décision contraire qu'elle avait rendue le 3 mars 1820 (1).

Voici les motifs de son arrêt :

« Attendu que les commissaires-priseurs établis par le roi dans les départemens, en vertu de l'art. 89 de la loi du 28 avril 1816, ont les attributions que l'art. 1er de la loi du 27 ventôse an IX a conférées aux *commis-*

_____

(1) Sirey, t. 22 ; 1re part., p. 277.

saires-priseurs , vendeurs de meubles établis
à Paris ;

» Attendu que ces attributions sont exclu‑
sivement la prisée de meubles et les ventes
publiques, aux enchères , d'effets mobiliers;

» Attendu que par ces mots , *effets mobi‑*
liers, il faut entendre , en ce cas , les choses
qui sont meubles par leur nature ou par la
détermination de la loi , *avant la vente et au*
moment de la vente, et non celles qui ne sont
mobilières que par l'effet de la vente même,
sauf les exceptions spéciales qui pourraient
être portées par les lois , et notamment celle
introduite au Code de procédure civile , au
titre de la *saisie-brandon* (1). »

La doctrine que la Cour de cassation a
constamment maintenue depuis cet arrêt ,
contre les prétentions des commissaires-pri‑
seurs, et celles des huissiers qui aspirent à la
même concurrence , ne s'est point impatro‑
nisée dans le plus grand nombre des cours
royales.

Les huissiers de l'arrondissement des
Andelys disaient qu'ils étaient en droit ,
comme les notaires , de procéder , dans tous

(1) Sirey , t. 22, 1ʳᵉ part. , p. 308.

les cas, aux ventes publiques de fruits et de
récoltes sur pied. Ils perdirent leur procès
en première instance, mais la Cour royale
de Rouen réforma le jugement, et leur donna
gain de cause (1).

L'arrêt de Rouen fut cassé (2). L'affaire fut
renvoyée à la Cour de Paris, qui rendit une
décision semblable à celle de la Cour de
Rouen (3).

Il y eut un second pourvoi : l'arrêt de
Paris fut cassé comme celui de la Cour
de Rouen, par les chambres réunies de la
Cour de cassation, et sur les conclusions de
M. le procureur général Dupin (4).

C'était sous l'empire de la loi du 30 juillet
1828. La Cour suprême renvoya de nouveau
la cause et les parties devant la Cour d'Orléans, et ordonna qu'il en serait référé au roi,
pour être, par ses ordres, procédé à l'interprétation de la loi.

La Cour d'Orléans a jugé comme l'avaient
fait celles de Rouen et de Paris (5). Or, ce

(1) Arrêt du 18 février 1826, Sirey, 26-2-316.
(2) Arrêt du 10 décembre 1828, Sirey, 29-1-256.
(3) Arrêt du 16 mai 1829, Sirey, 29-2-153.
(4) Arrêt du 8 juin 1831, Sirey, 31-1-228.
(5) Arrêt du 8 mars 1833, Sirey, 33-2-470.

troisième arrêt ne pouvant plus être attaqué par la voie du recours en cassation (1), voilà que, dans un petit coin de la Normandie, les huissiers et les commissaires-priseurs, s'il y en a, sont irrévocablement admis à concourir avec les notaires, pour les ventes publiques des fruits et récoltes sur pied.

Cependant un projet de loi interprétative avait été présenté dans la session de 1832. L'interprétation n'a pas été la même dans les deux chambres, et le projet n'a point encore subi toutes les épreuves parlementaires par lesquelles il doit passer ; peut-être même ne sera-t-il pas reproduit. En attendant, la Cour de cassation persiste dans sa jurisprudence (2), et je crois que c'est à bon droit.

Les commissaires-priseurs ne peuvent vendre les meubles incorporels que l'on désigne vulgairement sous le nom de *fonds de commerce ;* c'est un privilége qui appartient aux notaires, et qui comprend accessoirement le droit de vendre les objets mobiliers et cor-

(1) Voyez ci-dessus, pag. 535 et 536.
(2) Voir les deux arrêts du 4 juin 1834, Sirey, 34-1-402.

porels servant à l'exploitation du fonds de commerce (1).

Une autre difficulté s'est élevée. Les commissaires-priseurs ont soutenu que, non-seulement ils avaient le droit, comme les courtiers de commerce, de vendre des marchandises neuves à l'encan, mais qu'ils n'étaient point obligés, comme eux, d'observer les formalités prescrites par les décrets des **22** novembre 1811 et 17 mai 1812, et par l'ordonnance du 9 avril 1819. Ces formalités peuvent se résumer ainsi :

1° Autorisation du tribunal de commerce, quant à la nature des marchandises qui peuvent être vendues ;

2° Déclaration du vendeur que les marchandises sont sa propriété ;

3° Catalogue imprimé et affiché des marchandises à vendre, indiquant les magasins où elles sont déposées, les jours et heures où elles peuvent être visitées, intervalle fixé par le tribunal entre ces affiches et la vente;

4° Valeur des lots, qui ne peuvent être au-dessus de 2,000 fr. à Paris, et de 1,000 fr. ailleurs.

(1) Recueil périodique de Dalloz, 1836-1-159.

Il importait de régler la liberté des ventes à l'encan, et de mettre ordre aux abus qu'elle peut entraîner. Ce genre d'industrie suscite au commerce sédentaire une désastreuse concurrence, et il est difficile qu'il la supporte là où le bon marché des objets mis en vente résulte tout à la fois, et d'une provenance souvent équivoque, et de l'exemption dont jouit le colporteur, pour les charges attachées au domicile. Difficilement on conçoit cette supériorité de confiance qui serait accordée au commissaire-priseur, et qui l'affranchirait des entraves auxquelles le courtier resterait soumis.

Toutefois la Cour royale de Paris a consacré cet affranchissement, en se fondant sur le principe pur de la liberté du commerce. Ceci est trop absolu; il n'y a point de liberté qui ne doive avoir son règlement, parce qu'il n'y a point de liberté qui ne puisse se corrompre par l'excès. La Cour de cassation vient de casser l'arrêt de la Cour de Paris (1). L'affaire a été renvoyée à la Cour d'Amiens: c'est une de celles où la question ne s'était pas encore présentée.

(1) Voyez le Recueil périodique de Dalloz, 1836-1-385.

Il est défendu aux commissaires-priseurs de s'immiscer dans les ventes à faire par les employés des douanes, et autres agens des administrations publiques. Mais un avis du Conseil d'état, du 18 août 1818, leur a reconnu le droit de procéder aux ventes mobilières, par suite de saisie pour contributions directes, à l'exclusion des porteurs de contraintes (1).

Je l'ai déjà dit : les officiers ministériels sont responsables des nullités et des fautes qu'ils commettent dans l'exercice de leurs fonctions, soit par ignorance, soit par négligence, *vel faciendo, vel omittendo.* Nous avons banni du palais le vieil axiome : *A mal exploiter point de garant.*

Toutefois il est des causes où le préjudice de certaines nullités ne saurait être racheté par toute la fortune de celui qui les a faites. La probité, l'instruction, voilà les plus solides de toutes les garanties ; et l'on demande, depuis longtemps, pourquoi ceux qui veulent exercer la profession d'huissier ne sont pas soumis à la condition du cours de procé-

(1) Cet avis se trouve au Répertoire de M. Favard, v° *commissaires-priseurs*, t. 1, p. 532.

dure et du certificat d'aptitude, que l'on exige pour les avoués.

A plus juste raison encore, doit-on s'étonner de cette facilité qui crée chaque jour des notaires, avec des *attestavit* de *stage* délivrés par le vendeur de l'office, ou accordés par un patron trop complaisant. Les fonctions de notaire tiennent à la procédure, au droit civil, au droit commercial, à tous les droits, à tous les intérêts. Ils sont des juges volontaires; ils donnent, comme les autres juges, la force exécutoire à leurs actes. Il y a plus : ce qu'ils ont écrit et prononcé n'est pas, comme les sentences des autres juges, sujet à l'appel. Leur influence s'étend sur tous les détails de la vie civile ; ils sont dépositaires des titres et des secrets des familles ; ils sont les hommes de toutes les confiances. Dans les campagnes, les parties contractantes n'ont pas d'autres guides qui puissent les éclairer sur la force, sur le sens et sur les suites d'une transaction.

D'où naissent tous ces procès qui rendent la propriété incertaine, et qui vont troublant sans cesse la paix des familles? De la mauvaise rédaction des actes.

Si l'on veut avoir partout des notaires éclai-

rés, il faut à la fois leur donner le moyen, et
leur imposer la nécessité de l'être ; ou bien il
faut, comme en Angleterre, exiger que les
contrats soient écrits sur un papier *spécial*,
portant en marge la notice des lois relatives à
l'acte qu'il s'agit de dresser.

Les tabellions formaient à Rome un grand
collége, sous la direction d'un *primicerius ;* ils
devaient être jurisconsultes, savans dans l'art
d'écrire et de parler, et d'une probité reconnue. Ils n'admettaient dans leurs rangs que
des candidats éprouvés par de longs travaux.
Après l'élection, ils les présentaient à l'audience du préfet de la ville ; ils juraient tous
que leur choix n'avait été déterminé ni par
intérêt, ni par indulgence ; puis les nouveaux
élus recevaient du magistrat un anneau, sur
lequel un cachet était gravé. On observait,
dit Cujas, pour leur admission, toutes les cérémonies qui se pratiquent en France pour le
doctorat.

« Il n'est qu'un seul moyen de donner à
tous les notaires l'estime qu'ils doivent avoir,
disaient, en 1786, les auteurs de l'*Encyclo-
pédie méthodique* (1) ; et ce moyen nous le

(1) Partie de la jurisprudence, v° *notaires.*

trouvons dans les écrits des plus grands magistrats. Ce serait de faire une loi précise pour
interdire des fonctions qui tiennent de si près
au bonheur public, à ceux qui n'auraient pas
le serment d'avocat, et qui, pendant deux
ans au moins, n'auraient pas fait un cours
de droit. »

Cette loi à faire fut solennellement promise
par l'orateur du gouvernement, qui vint exposer, en l'an xi, les motifs de celle relative à l'organisation du notariat. Voici ses
paroles :

« Sans doute qu'à la probabilité imposante que procure le stage, on ajoutera d'autres garanties d'instruction, lorsque les écoles
de droit seront rétablies, et qu'on exigera surtout du candidat qui se destinera aux places
de première classe, quelques-unes des preuves d'études et de savoir qui seront demandées
à ceux qui devront remplir les autres fonctions
judiciaires. »

Les écoles de droit furent rétablies l'année
suivante, en l'an xii; mais il n'a point encore
été dit que les aspirans aux fonctions de notaire seraient tenus d'y prendre des degrés.

CHAPITRE XX.

DES AVOCATS.

L'ORDRE des avocats appartient à l'organisation judiciaire.

Considéré dans l'exercice de sa profession, un avocat n'appartient qu'à lui-même ; son indépendance est la meilleure garantie de sa bonne foi.

L'indépendance de l'avocat n'est point ce titre banal que prend une fastueuse oisiveté ou la turbulence d'un esprit fort, ni cette insultante pédanterie qui songe moins à défendre une cause qu'à attaquer des vérités constantes et précieuses ; ce n'est ni l'affranchissement des devoirs du citoyen paisible, du sujet fidèle, ni le mépris des convenances, ni cette liberté farouche qui brave la justice et ses ministres, et dont les accens ressemblent au bruit d'une émeute.

Celui qui ne rend compte qu'à lui-même de ses travaux et de ses loisirs, qui peut arriver à une glorieuse élévation sans perdre aucun des droits de sa première liberté; celui que la sagesse fait noble sans la naissance, riche sans de grands biens; celui qui voit les grands déposer chez lui l'éclat de leur rang, et attendre de ses conseils la paix et le repos de leurs familles; celui dont les occupations ne sont que des exercices de droiture, de justice et de religion, celui-là peut s'enorgueillir de son indépendance : c'est la nôtre.

Lorsque le titre et la profession d'avocat devinrent, à Rome, sous les derniers empereurs, un office public, une faveur du pouvoir, l'autorité morale des jurisconsultes tomba en discrédit; car les honneurs et l'éclat extérieur d'une place ne suffisent pas toujours pour obtenir cette confiance qu'inspirent un noble désintéressement et des talens éprouvés.

Chez nous, la profession d'avocat est incompatible avec toutes les fonctions de l'ordre judiciaire, à l'exception de celles de suppléant; avec les fonctions de préfet, de sous-

préfet et de secrétaire général de préfecture ;
avec celles de greffier, de notaire et d'avoué ;
avec les emplois à gage et ceux d'agens
comptables ; avec toute espèce de négoce : les
agens d'affaires en sont exclus.

Le conseil de l'ordre exerce une sorte de
juridiction sur chacun de ses membres.

Cette juridiction n'a pas d'autres lois que
les règles de l'honneur.

On trouve partout l'ancienne histoire des
avocats et ses belles traditions ; il ne reste plus
rien à dire sur ce sujet.

En 1790, l'ordre fut détruit à propos d'une
disposition relative au costume des juges :
*Les hommes de loi, ci-devant appelés avo-
cats, ne devant former ni ordre ni corporation, n'auront aucun costume particulier dans
leurs fonctions* (1). Ces mots, jetés négligem-
ment et sans discussion dans un article de loi,
firent disparaître nos priviléges ; mais, sur les
débris de toutes les institutions, à travers
d'horribles ténèbres, on vit briller encore le
courage et le dévoûment de nos plus illustres
devanciers.

(1) Loi du 11 septembre 1790, art. 10.

La loi du 22 ventôse an XII rétablit les écoles de droit, et ordonna la formation du tableau des avocats. Ce qui pressait le plus, c'était la nécessité de purger le barreau d'une foule ignorante et cupide, et d'y répandre l'eau lustrale.

La réorganisation ne s'opéra que par le décret du 14 décembre 1810; ce fut un fâcheux mélange de protection, de gêne et de servitude.

Dans cet état de choses, l'ordonnance du 20 novembre 1822 parut presque un bienfait; c'est par celle du 27 août 1830 que l'ordre a recouvré ses antiques libertés (1).

Un avocat doit être fier de ses droits, mais il doit se plaire en même temps à parler de ses devoirs; les uns et les autres se confondent dans la dignité de sa profession.

Les devoirs de l'avocat sont ceux de l'homme le plus sévèrement intègre.

(1) J'ai parlé, dans le chapitre précédent, du privilége des avocats pour la plaidoirie. La discipline intérieure de l'ordre n'ayant que des rapports éloignés avec la théorie de la procédure civile, je crois pouvoir me dispenser de faire ici l'analyse des ordonnances du 20 novembre 1822 et du 27 août 1830. Elles sont assez connues, on les trouve dans tous les recueils.

M. l'avocat général Portail disait, en 1707 :
« Il est, même en matière civile, des espèces
où l'on ne peut défendre la cause sans offen-
ser la personne, attaquer l'injustice sans dés-
honorer la partie, expliquer les faits sans se
servir de termes durs : dans ces cas, les faits
injurieux, dès qu'ils sont exempts de calomnies, sont la cause même, bien loin d'en être
les dehors ; et la partie qui s'en plaint doit
plutôt accuser le déréglement de sa conduite
que l'indiscrétion de l'avocat. »

Mais, hors ces cas d'une cruelle nécessité,
il faut, comme le gladiateur dont parle Mar-
tial, savoir vaincre sans blesser; il faut savoir
pénétrer dans les replis du cœur, deviner les
ruses des passions, et peindre les hommes
dans tous les états, avec ce goût de décence
et de probité qui rend moins amers les fruits
de la justice.

Dans les pays où l'instruction est secrète,
où la publicité du raisonnement passe pour
une offense séditieuse, les avocats ne sont à
peu près que des agens d'affaires, et leurs
fonctions se réduisent à écrire d'obscurs mémoires qui vont grossir le sac d'un dossier de

procédure. Le grand Frédéric supprima les plaidoiries dans son royaume. On dit que Bonaparte fut tenté d'imiter cet exemple; ce qu'il y a de certain, c'est que, du temps de l'empire, nous n'avons point vu de ministre demander que son nom fût conservé sur le tableau des avocats.

Il est encore des faiseurs de systèmes, qui, loin de reconnaître l'utilité des avocats pour l'administration de la justice, affectent au contraire de redouter leur influence, et qui voudraient ne donner aux parties d'autres défenseurs que les juges eux-mêmes.

Bentham leur a répondu :

« Ce protectorat des juges exigerait deux conditions essentielles : une connaissance entière de tout ce qui concerne la cause, et un zèle suffisant pour en tirer le meilleur parti. De la part d'un juge, on ne peut ni espérer le même degré d'information sur chaque affaire individuelle, ni le même intérêt en faveur de chaque partie.

» Supprimez les avocats, un injuste agresseur aurait souvent deux avantages d'une nature oppressive, celui d'un esprit fort sur un esprit faible, et celui d'un rang élevé sur une condition inférieure. Dans une cause

d'une nature douteuse ou complexe, à moins
de supposer des juges inaccessibles aux fai-
blesses humaines, ces deux avantages pourraient être trop dangereux pour la justice,
et même, dans le cas d'une parfaite impartialité, ils laisseraient les juges exposés à des
soupçons odieux.

» Mais les avocats, sauf des cas de corruption fort rares dans le système de la publicité, ne se refusent à personne, et sont
les mêmes pour tous; ils rétablissent l'égalité
entre les parties plaidantes. La rivalité même
qui existe entre eux leur fait déployer, dans
chaque occasion, quel que soit leur client,
riche ou pauvre, petit ou grand, illustre ou
obscur, toute la force du talent qu'ils possèdent, et qu'ils ne peuvent négliger sans se
nuire à eux-mêmes. L'honneur et l'intérêt sont
ici les auxiliaires du devoir (1). »

Nul ne peut exercer les fonctions d'avocat,
s'il n'a obtenu le grade de licencié en droit,
et s'il n'a prêté, en cette qualité, le serment
prescrit par la loi. Mais le diplôme seul n'at-
teste que l'idonéité de celui qui l'a obtenu.
Il faut d'autres études à l'avocat; il faut qu'il

(1) *Traité des preuves judiciaires*, tom. 1; p. 198.

apprenne la science de l'application, la marche des affaires, les règles de la discussion, les usages du barreau; et, pour cela, il faut qu'il suive avec assiduité les audiences des tribunaux. C'est l'obligation du stage; sa durée est de trois ans. *Leges in scholis deglutiuntur, in palatiis digeruntur,* a dit Dumoulin : cette maxime est de la plus grande vérité, surtout en ce qui concerne les lois de la procédure. Dans le Dialogue des avocats de Loisel, on parle d'un jurisconsulte « qui fut homme de grand sens et savoir, et puissant en son parler, mais qu'on ne pouvait, sauf correction, appeler un grand homme de palais, d'autant qu'il connaissait peu les formalités de justice. » Ignorer la procédure, c'est courir le risque de tomber dans des fautes irréparables, et se réduire à l'impuissance de défendre une cause, lorsqu'elle est attaquée par ses moyens de forme.

Aucun genre d'étude n'est étranger à un avocat; il doit posséder ce que Cicéron appelait, *omnium rerum magnarum atque artium scientia.* Comment entendra-t-il les lois romaines, s'il ne connaît le gouvernement des Romains et ses révolutions? les lois françaises, s'il ne connaît pas ce que les Français ont été dans les divers âges (1)?

Une grande prévention s'était élevée autrefois contre les talens littéraires du barreau ; il semblait exhérédé des honneurs académiques : on disait que, même sur le terrain des avocats, les gens de lettres avaient conservé une éclatante prééminence, toutes les fois qu'ils avaient voulu y descendre.

Pour ce qui touche les honneurs du fauteuil, on sait que l'Académie, affectée du refus de M. le premier président de Lamoignon, qu'elle avait été chercher dans sa retraite de Bâville, arrêta que les visites de sollicitation, qui n'étaient encore que d'usage, seraient, à l'avenir, de devoir, et qu'elle regarderait comme seuls éligibles les candidats qui demanderaient publiquement leur adoption. Louis XIV, toujours soigneux de la gloire des lettres, qui le lui ont si bien rendu, approuva le règlement ; et, pour y mettre le sceau d'un grand nom, il engagea le prince Armand de Rohan, évêque de Strasbourg,

(1) Voyez les Lettres sur la profession d'avocat, par M. Camus.

à donner le premier exemple de cette défé-
rence.

Dès lors les classes les plus élevées de l'État
se soumirent de bonne grâce aux visites académiques. L'ordre des avocats s'y refusa seul,
et, pendant près d'un siècle, aucun d'eux ne
vint se présenter à la porte du sanctuaire.

Enfin les comices du palais se départirent
de cette rigueur, dont les lettres gémissaient
en secret. M. Target vint, en sollicitant les
suffrages de l'Académie, porter, au nom de son
ordre, un vœu de ralliement et faire cesser cet
affligeant divorce.

Quant au mérite littéraire, je conviendrai
que les jurisconsultes du quinzième siècle ne
s'en montrèrent guère jaloux.

Étrangers à la révolution que la découverte
de l'imprimerie avait produite, ils conservèrent pendant longtemps leur ténébreuse
méthode d'argumentation, et la barbarie de
leur langage.

Mais, dans le siècle suivant, les interprètes
du droit romain commencèrent à s'exprimer
avec moins de rudesse, et à imiter l'élégance
des décisions du Digeste. On les vit, animés
d'une docte émulation, chercher dans les réflexions des philosophes, dans les récits des

historiens, dans les fictions des poètes, et jusque dans les jeux antiques de la scène, tout ce qui pouvait servir à mettre en lumière le véritable sens des textes.

L'école de Cujas fut un prodige de science en toutes choses; l'érudition prit une grande faveur, et l'on se mit à en jeter partout avec abondance. Toutefois les règlemens du bon goût n'avaient pas encore été vérifiés et enregistrés au palais. Ce luxe de citations empruntées aux écrivains de la Grèce et de Rome, ces recherches sur les institutions, sur les origines, sur les usages, pouvaient orner fort convenablement des leçons et des commentaires; mais on ne sentit pas qu'elles étaient, au barreau, d'une inutilité et d'une prétention ridicules, surtout lorsque rien de tout cela n'avait un rapport direct avec les points du procès.

Le premier président Achille de Harlai disait à la fin d'une mercuriale, dans une audience solennelle: «Procureurs! Homère vous apprendra votre devoir dans son admirable Iliade, liv. 10.» Expilly, qui fut avocat, et président au parlement de Grenoble, puis conseiller d'état, plaidait, en 1604, une cause où il s'agissait d'un marché passé avec un ou-

vrier, pour monter et entretenir l'horloge
d'une petite ville. Il fit l'histoire des horloges,
des clepsydres et des cadrans solaires ; il ex-
pliqua comment se comptaient les heures, et
à quel instant précis commençait le jour chez
les divers peuples du monde ; il cita, à l'appui, cinquante passages tirés des historiens ,
des poètes, des naturalistes , des prophètes et
des saints pères (1).

Je ne m'arrêterai point aux plaidoyers de
Patru, qu'on appela le Quintilien français,
qui fut le conseil et l'ami des chefs de notre
littérature, et qui heureusement fit des
efforts inutiles pour détourner La Fontaine
d'écrire des fables, et Boileau de composer
l'Art poétique.

Je me hâte d'arriver au temps où la pureté du style , la sagesse de l'érudition, le sentiment des convenances, l'action du discours
et les belles inspirations de l'éloquence, fon-
dèrent l'illustration du barreau français : c'est

(1) Les plaidoyers d'Expilly ont été imprimés à Paris,
en 1612. On trouve beaucoup d'exemples très-curieux
de cet abus de citations au palais, dans une notice du
savant M. Berriat-Saint-Prix , lue à la Société royale
des Antiquaires , le 9 juillet 1823 , et imprimée dans la
Thémis , tom. 5, p. 433.

l'époque de Cochin. Un peu plus tard, ce
fut celle de Gerbier : il avait, disent les contemporains, une dialectique ferme et lumi-
neuse, l'art de répandre un grand intérêt
dans les discussions juridiques, une rare présence d'esprit au milieu des mouvemens de
l'âme et des élans de l'imagination, cette action
pleine de grâce et de dignité, et tous ces dons
précieux que Cicéron, en se peignant lui-
même, exigeait pour former l'orateur.

Les questions les plus élevées du droit public, les grands principes de la législation
civile et criminelle, furent traités dans les
mémoires des Lacretelle, des Target, des Desèze et de tant d'autres, avec une force de
pensée, un art et une aisance de langage,
que les gens de lettres pouvaient leur envier.

L'alliance de l'étude du droit avec tous les
genres d'étude s'est plus intimement formée,
à mesure que les circonstances ont agrandi
la carrière. Politique, sciences, histoire,
beaux-arts, tout est entré dans le domaine
de l'avocat. La France nomme avec orgueil
ces notables du barreau, que nous voyons
chaque jour s'engager, sans efforts, dans une
discussion nouvelle, changer de ton, de manière, avec une merveilleuse facilité, et dis-

poser à volonté de toutes les ressources du style. Au fait de tout, prêts à parler de tout, infatigables, et ne fatigant jamais ceux qui les écoutent, ils savent donner à tous les sujets un charme inattendu, tantôt ménageant les traits de leur érudition avec une sage économie, et tantôt les semant avec toute la négligence de la richesse.

Un savant géographe, M. Barbié du Bocage, revendiquait, il y a quelques années, des droits de collaboration et de copropriété sur *le Voyage pittoresque de la Grèce*. La plaidoirie de l'avocat prit naturellement un caractère tout académique : ce n'était, comme l'a dit un connaisseur habile (1), qu'en faisant la part de l'érudition qui fournit les matériaux, et celle de la méthode et de l'imagination qui les dispose et les embellit, qu'il était possible de répartir avec équité le prix de l'ouvrage entre les deux collaborateurs ; et, pour exercer le privilége consacré par le § 3 de l'article 2101 du Code civil, il devenait nécessaire d'invoquer lés dieux d'Ho-

(1) M. Hennequin, *Dissertation sur le régime hypothécaire*, lue à la bibliothèque des avocats de Paris, le 20 mars 1821.

mère, et de s'environner des héros de Sparte
et d'Athènes.

———

J'ai voulu examiner préliminairement des
questions, des origines et des systèmes, dont
la discussion aurait trop embarrassé les explications que je me propose de donner sur les
titres du Code de procédure. Ce qui peut
manquer à cette Introduction se retrouvera
dans les volumes suivans : il faut savoir tirer
le trait qui termine une étude.

J'ai l'espoir que l'on voudra bien ne pas
refuser à mon plan quelque mérite d'intérêt
et d'utilité. La théorie de la procédure ne sera
jamais bien comprise, si l'on n'aspire pas à
se mettre en rapport avec l'esprit du législateur, si l'on ne visite pas les sources où il a
puisé, et si l'on ne cherche pas à découvrir,
sous l'enveloppe des formes, les principes de
justice et de morale qui doivent éclairer la
pratique elle-même, et lui faire perdre, en la
relevant, son allure étroite et minutieuse.

FIN DE L'INTRODUCTION.

TABLE

DES CHAPITRES DE L'INTRODUCTION.

—

FIN DE LA TABLE.

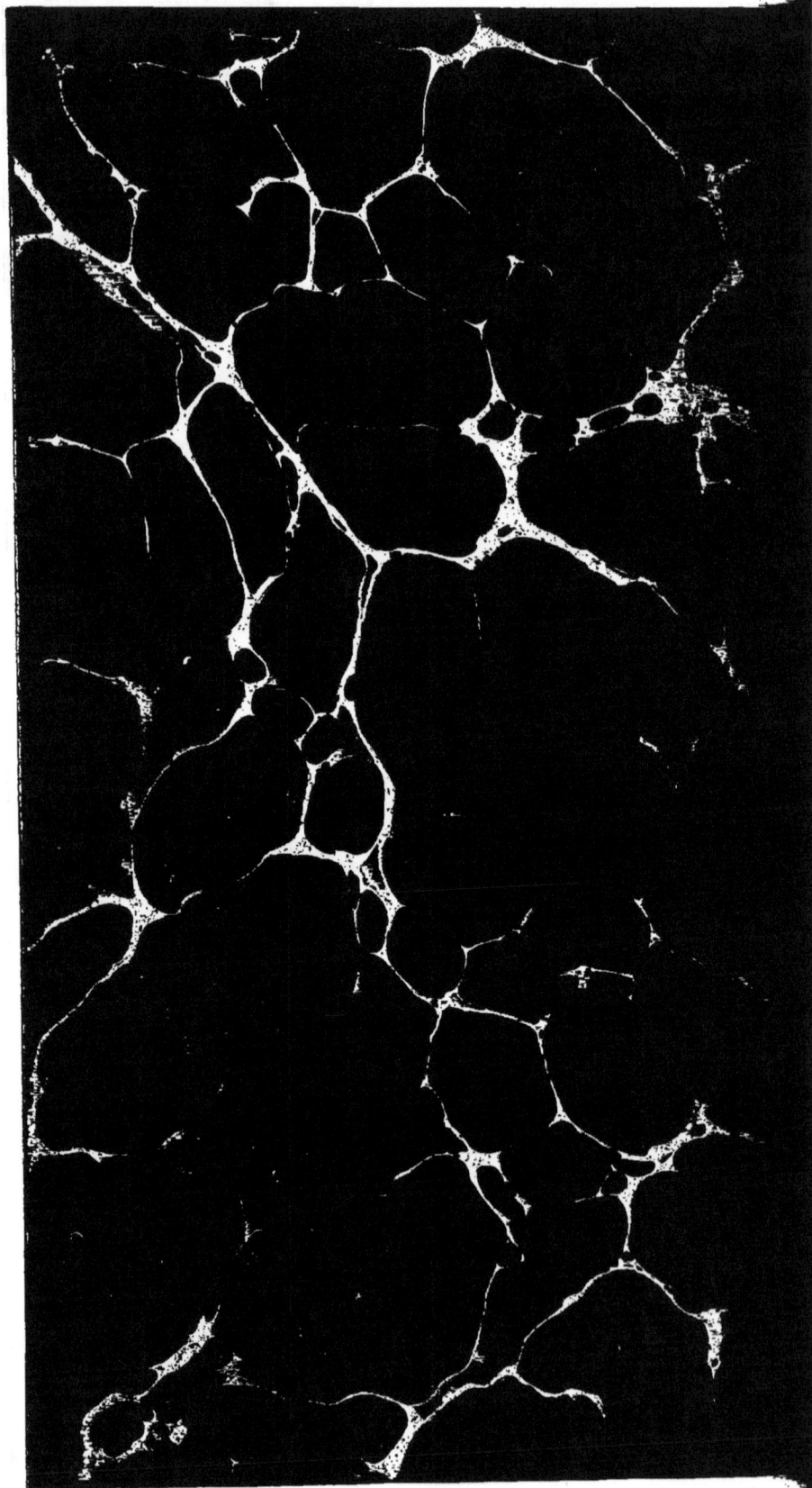

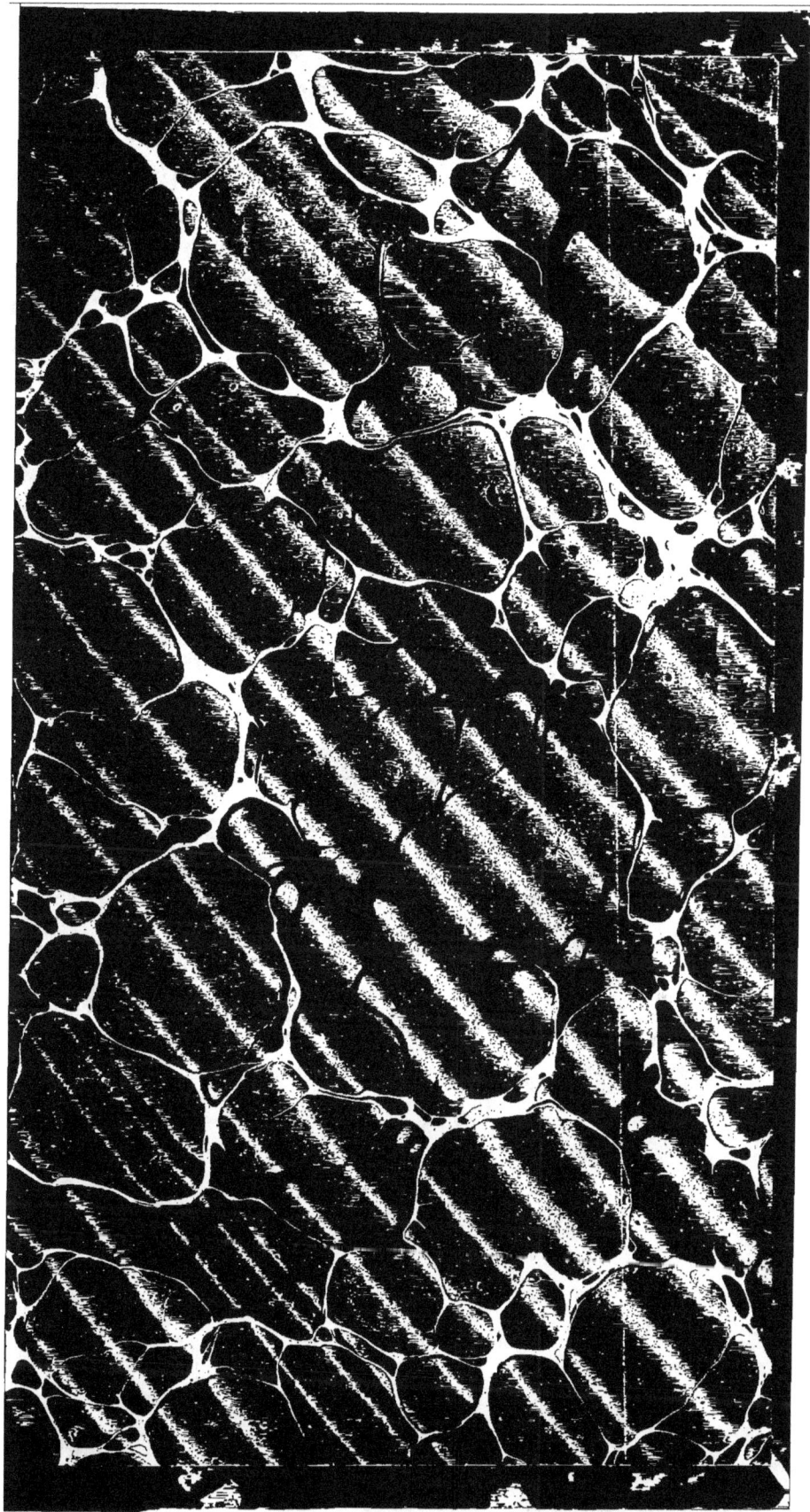